当　代　世　界　学　术　名　著

从新判例看刑法

（第3版）

[日] 山口 厚／著
付立庆　刘　隽　陈少青／译

中国人民大学出版社
·北京·

“当代世界学术名著”
出版说明

中华民族历来有海纳百川的宽阔胸怀，她在创造灿烂文明的同时，不断吸纳整个人类文明的精华，滋养、壮大和发展自己。当前，全球化使得人类文明之间的相互交流和影响进一步加强，互动效应更为明显。以世界眼光和开放的视野，引介世界各国的优秀哲学社会科学的前沿成果，服务于我国的社会主义现代化建设，服务于我国的科教兴国战略，是新中国出版工作的优良传统，也是中国当代出版工作者的重要使命。

中国人民大学出版社历来注重对国外哲学社会科学成果的译介工作，所出版的“经济科学译丛”“工商管理经典译丛”等系列译丛受到社会广泛欢迎。这些译丛侧重于西方经典性教材；同时，我们又推出了这套“当代世界学术名著”系列，旨在迻译国外当代学术名著。所谓“当代”，一般指近几十年发表的著作；所谓“名著”，是指这些著作在该领域产生巨大影响并被各类文献反复引用，成为研究者的必读著作。我们希望经过不断的筛选和积累，使这套丛书成为当代的“汉译世界学术名著丛书”，成为读书人的精神殿堂。

由于本套丛书所选著作距今时日较短，未经历史的充分淘洗，加之判断标准见仁见智，以及选择视野的局限，这项工作肯定难以尽如人意。我们期待着海内外学界积极参与推荐，并对我们的工作提出宝贵的意见和建议。我们深信，经过学界同仁和出版者的共同努力，这套丛书必将日臻完善。

中国人民大学出版社

译者简介

付立庆，1976 年出生，中国人民大学法学院教授、博士生导师，中国人民大学首批杰出学者“青年学者”（A 岗）。曾获第二届首都十大杰出青年法学家提名奖（2016）。北京大学法学博士、东京大学法学政治学研究科客员研究员。著有《主观违法要素理论——以目的犯为中心的展开》《犯罪构成理论：比较研究与路径选择》等，译有山口厚《刑法总论》（第二版，独译）《刑法总论》（第三版，独译）《从新判例看刑法》（第二版，与刘隽合译）等。

刘隽，1980 年出生，法学博士（中国人民大学），福建省福州市人民检察院干部，主任科员。发表文章多篇，译有《从新判例看刑法》（第二版，与付立庆合译）等。

陈少青，1988 年出生，清华大学法学院博士后，中国人民大学法学博士、早稻田大学法学研究科外国人研究员。独立在《法学家》《政治与法律》等法律核心期刊发表论文多篇。

译 序

日本东京大学山口厚教授的《从新判例看刑法》一书即将由中国人民大学出版社出版，译者之一的付立庆博士邀我为本书的中译本作序。我为本书的出版，感到十分高兴。

山口厚教授是日本著名刑法学家，他对刑法总论与分论都有精深的造诣，但在其《刑法总论》和《刑法各论》翻译到我国之前，《从新判例看刑法》一书的率先出版，我以为是具有某种象征意义的。记得在 2007 年 9 月底，我和张明楷教授等参加在东京大学举办的中日刑事法学术交流会议，看到山口厚的《刑法总论》只有 408 页，而《刑法各论》却有 661 页，从篇幅上来说明显地“重各论而轻总论”，与我国刑法学界“重总论而轻分论”形成了鲜明的对照，遂问山口教授其中之故。山口教授的回答出乎我的意料，他说刑法总论是原理性的，理论体系较为成型，作者发挥的空间不是太大，但刑法各论涉及对具体犯罪的研究，由于存在大量的判例，并且这些判例是活生生的，不断推陈出新的，因而为作者的学术研究提供了丰富的资料。在这种情况下，各论研究的发达就是十分自然的。山口厚教授的这段话给我留下深刻的印象，颠覆了我以为著名刑法学家更为重视总论原理的印象，领悟到当刑法理论研究达到一定程度，各论就会成为刑法知识的持续增长点，尤其是当我从山口教授那里了解到，日本东京大学法学部的刑法学科自小野清一郎以来形成一个传统，就是大约每两三个月，东京大学的教授等理论研究者和包括最高裁判所的法官在内的实务人士都会举办一次判例研讨会，已经坚持半个多世纪了。从这里也可以看出，日本刑法学界对于司法实务、对于判例的重视程度。正是不断地从司法实务和判例中吸收营养，才能使刑法理论不断地发展和创新。

山口厚教授的《从新判例看刑法》一书就是以一种专题的形式对刑法中的重大理论问题进行研究的著作。它的内容除涉及因果关系、不作为、正当防卫、过失犯、未遂与既遂、罪数等刑法总论问题外，更多地涉及伤害罪、侵入住宅罪、盗窃罪、抢劫罪、诈骗罪、伪造文书罪、贿赂罪等刑法各论问题。本书以判例为基本线索，从刑法理论上予以展开，对裁判理由进行法理上的阐述与评论，从而实现了刑法理论与司法判例之间的良性互动：一方面，从司法判例中抽象出某些法律规则，形成某些法理性的结论，以此充实与丰富刑法理论；另一方面，将刑法理论适用于司法判例的解释，对裁判理由进行法理审视，从而对司法实务具有指导意义。山口厚教授的《从新判例看刑法》一书在形式与内容上都有别于刑法体系书，对于学习与研究刑法者来说，都是一部不可多得的参考书。

山口厚教授《从新判例看刑法》一书在我国的出版，对于中国的司法实务具有参考价值。尽管我国刑法与日本刑法存在重大差别，但还是存在一些共通的问题需要从法理上加以解决。例如，本书的第1章被害者行为的介入与因果关系，就涉及存在被害者行为介入的情况下，如何认定因果关系的问题。山口厚教授选择的第一个判例是日本最高裁判所平成15年（2003年）7月16日决定。在该判例中，被害者在受到4名被告人长达3个小时的严重暴行以后，为逃脱被告人等的追赶而进入高速公路，被急速行驶的汽车撞倒，并被随后而来的汽车碾过而死。对此，一审判决否认被告人的上述暴行与被害人的死亡之间存在因果关系，二审判决则肯定被告人等的暴行与被害人的死亡之间的因果关系，最高裁判所认可了二审判决的结论。通过上述案例分析，山口厚教授指出：判例并非在明示地采纳像相当因果关系说等这样的特定的理论立场的基础上，具体适用上述立场的理解而给出个别案件的解决结论的。山口教授总结上述判例的判断框架是，在能够认定“被告人的行为的危险性现实化为结果”的时候，就可以肯定行为与结果之间的因果关系。在此基础上，山口教授提出了“行为之危险性的现实化”的命题。由此可见，日本司法判例在因果关系的判断上，也越来越向危险性的实质判断的方向发展。这与客观归责的原理是具有一定相似性的。我国也存在类似案例。例如王照双强奸案。[1]被告人王照双于2005年5月13日凌晨3时许，钻窗潜入北京市西城

〔1〕参见国家法官学院、中国人民大学法学院：《中国审判案例要览》（2007年刑事审判案例卷），29～33页，北京，人民法院出版社、中国人民大学出版社，2008。

区灵镜胡同×号楼×门×室，从客厅的皮包中窃得人民币100元及手机1部。王又进入大卧室，看到熟睡的李某某（女，殁年39岁），遂将李唤醒，对李进行威胁并撕破李吊带背心捆住李的双手，强行将李某某奸淫，后即钻窗逃离现场。李某某到阳台呼救时，因双手被捆，坠楼身亡。对此，裁判理由认定，在案证据显示，王照双为实施强奸捆绑被害人双手，正是这一行为直接导致被害人在阳台呼救时因难以控制身体平衡而坠楼身亡。捆绑被害人，在王照双犯罪时属于其强奸实行行为的一部分，被害人到阳台呼救时虽然犯罪人已完成强奸的实行行为，但此时被害人意识上不能确定对方是否已经结束侵害，被害人双手仍被捆绑意味着犯罪暴力尚在持续地对被害人发生作用，捆绑被害人双手实际上是被告人犯罪暴行的延续。在此情况下，被害人到阳台呼救的行为应是其反抗犯罪人侵害行为的表现，并最终导致被害人在呼救反抗时坠楼身亡的结果。也就是说，被害人的死亡与犯罪人的犯罪暴力之间存在事实上的因果关系，客观上是由被害人反抗犯罪人的强奸所导致，而非意外事件。在本案中，被害人系在临高呼喊时坠楼身亡，因而存在被害人的介入行为。那么，能否据此肯定被告人的强奸行为与被害人的死亡结果之间的因果关系呢？判决结论持肯定的态度，并从暴力延续这一角度作了分析。但张明楷教授对此作了否定性评判，认为无论是根据直接性理论还是采用相当因果关系说乃至条件说，都难以认定本案的上诉人的捆绑行为与被害人的坠楼死亡之间存在因果关系。〔2〕如果按照山口厚教授所说的“行为之危险性的现实化”的观点，可能容易得出在本案中存在因果关系的结论。因为毕竟在阳台上呼救时因捆绑而站立不稳导致坠楼，与被告人的捆绑行为之间还是存在一定的直接性的，它和那些强奸后自杀情形完全不同。因此可见，对于因果关系的判断，尤其是对存在被害人或者第三人介入行为的因果关系的判断，是存在相当大争议的。关键在于，刑法理论应当对此作出法理上的论证。

山口厚教授《从新判例看刑法》一书在我国的出版，对于中国的刑法理论具有启迪意义。在相当长的一段时间内，我国的刑法理论还是局限在法条与司法解释的解释上，因而立法论与解释论占据着主导

〔2〕 参见张明楷：《结果加重犯的认定——评北京市高级人民法院［2006］京高刑终字第451号判决》，载《中国法律评论》，第1卷，135～143页，北京，法律出版社，2007。

地位，适用论则十分薄弱。虽然我国学者也强调理论与实践相结合，但理论与实践之间总是存在隔膜，形成两张皮，即使对于司法实务问题的研究，也更多地停留在案例分析的水平上。这当然与我国不存在正式的判例制度有关，学者自身也要负若干责任。现在我国最高人民法院正在建立案例指导制度，以典型案例指导审判实践，进一步统一司法尺度，规范裁判标准，总结审判经验。在这种情况下，刑法学者应当将更多的学术资源投入到案例研究当中。近年来，我一直关注案例指导制度，并从事着判例刑法的研究，已经完成了我承担的国家社科基金项目《判例刑法研究》，其最终成果《判例刑法学》已由中国人民大学出版社出版。在这种情况下，拜读山口厚教授的这本书，某种亲近感油然而生。

在中日刑事法学术交流活动中，我与山口厚教授多有交往。2008年4月24日，我任职的北京大学法学院还专门邀请山口厚教授访问中国，并在北京大学作了《日本刑法学中的行为无价值论与结果无价值论》的报告。〔3〕本书译者之一的付立庆博士，是我在北大指导的刑法专业博士生，现已经毕业，为中国人民大学法学院讲师。付立庆在北大攻读博士学位期间，有幸于2004年至2006年在日本东京大学大学院法学政治学研究科访学两年，师从山口厚教授。现在，付立庆和另一译者刘隽经过努力，将山口教授的《从新判例看刑法》一书译成中文出版，这是中日刑事法学术交流中的一大幸事。获悉山口厚教授的《刑法总论》与《刑法各论》也将由付立庆主持译成中文出版，十分高兴，但愿早日见到山口厚教授的大作在我国问世。

是为序。

陈兴良

2009年1月6日

谨识于北京大学法学院科研楼609工作室

〔3〕该报告的文字版载《中外法学》，2008（4），590～595页。

中文版序

这次，我的《从新判例看刑法》（第2版）（有斐阁，2008年版）被翻译成中文出版，使得中国的广大读者也能读到本书，就作者而言，这是非常值得高兴的事情。

本书在介绍以日本最高裁判所的判决和决定为中心的近年来的判例、裁判例的同时，对其中所涉及的问题予以分析、研讨，并且对于与之相关的一直以来的判例和学说也予以稍微详细的介绍和讨论。据此，本书也就试图通过对于新的判例、裁判例的研讨，能够对于现今日本的判例和学说的水准予以明确。广大读者通过阅读本书，可以触摸到日本刑法解释的最新动向以及讨论的最前沿。特别是，由于判例与学说都是通过探究具体事件之解决的应有方式而向前发展，所以我衷心希望，诸位读者通过对于依据具体事案来研讨判例与学说的本书的阅读，能够加深对于日本的判例与学说的理解。

由于包含了很多介绍他国的具体事案的内容，本书的翻译想来是相当困难的。对于为本书的翻译付出辛劳的中国人民大学法学院讲师付立庆博士和福建省福州市人民检察院的刘隽博士，我谨在此致以深深的谢意。

山口　厚

2009年7月23日

东京，时值盛夏

第 3 版前言

距离第 2 版的出版已经过去 6 年。在此期间出现了重要的最高裁判例，学说也有进一步发展。从这个意义上讲，这本书本来早就应该被修订，但之前因为一些事情导致不得不暂别研究领域，所以才迟迟未能实现，现在时间终于充裕。此次对旧版的叙述进行必要的补充修订，追加 3 章新的内容，作为第 3 版予以出版。新加的内容中，两章是关于近年变动显著的共犯论，一章是对诈骗罪的新动向进行检讨。

本书及第 1 版是以《法学教室》杂志上连载时所探讨的判例为基础的，虽然这些判例在当时被表述为“新判例”，但随着时间的推移，时至今日再称为“新判例”会稍感不安。申言之，这些判例在学习研究上的重要性并无任何变化。对于这些判例，笔者只在认为必要的地方进行了补充修订，若读者能基于当下的理解对此类判例加以学习和掌握的话，将不胜荣幸。

本书的出版得到有斐阁杂志编辑部田中朋子先生的大力相助。笔者在此深表感谢。

山口　厚

2015 年（平成 27 年）1 月

第 2 版前言

近年来最高裁判所判例的动向之中，存在着引人注目之处。所以，虽然出版旧版后仅仅过了两年，考虑到在旧版发行之后判例的发展，笔者还是决定对旧版的论述加以必要的补充，并追加了两章对最新的最高裁判所判例的检讨，出版了这个第 2 版。本书基本的思路，在已收录于本书的第 1 版“前言”中有过说明，即希望通过结合具体的事案对判例、裁判例予以检讨，若借此能够对于提高读者运用刑法的能力有所助益的话，那笔者就不胜荣幸了。

本书的出版得到了《法学教室》主编渡边真纪先生的大力相助。笔者想在这里感谢他无微不至的关照。

山口　厚

2008 年（平成 20 年）9 月

第1版前言

本书是以在《法学教室》上连载的以《从新判例看刑法》为题的论文为基础，予以增删修正，并且新增加了一篇有关贿赂罪的论文而形成的。我所预想的本书读者，是对刑法解释学的基础有着基本理解的、法科大学院的法学学生等诸君。目的是通过对于判例、裁判例的检讨，更为深化这些读者对刑法解释学的理解，并且通过就具体事案来检讨判例、裁判例的判决，提高读者对刑法解释学的运用能力。

本书各章节的论述，以近年来发生的判例、裁判例为素材，在此基础上加以检讨，目的是通过检讨和分析，进一步推进读者对于各章有关问题的判例与学说的理解。换言之，本书并非简单地停留在对新的判例、裁判例的解释上，而是以此为前提，对与判例有关的重大问题进行充分解读，这样，在将采用的判例、裁判例放置于判例、学说的走向中考察的同时，也打算明确其对于一直以来的判例、学说发展所具有的意义。此外，在对于新的判例、裁判例进行深度检讨并一并学习与各章问题相关的判例与学说的现状的同时，也试图在哪个问题有真正检讨的必要、哪个问题怎样考虑是妥当的等问题上，能给读者诸君带来尽可能的考察。笔者的计划是，读者诸君在对新的判例、裁判例有了正确理解的同时，能够在坚实地立足于解释学的基础之上，拓宽从与判例有关的基础问题直到其周边相关问题的理解。这个计划可能是极其“贪婪”的。

最初写作本书的想法，是在与《法学教室》的前主编西野康树先生的恳谈中产生的。此外，作为本书基础的原稿在连载时，得到了《法学教室》现任主编龟井聪先生极大的帮助，本书的出版还得到了他的种种关怀。借此机会，再次向两位表示谢意。

山口　厚

2006年（平成18年）7月

于法科大学院暑期学校

判例集、杂志等的简称

（以左栏所列作为引用时的简称）

刑录	大审院刑事判决录
刑集	大审院刑事判例集、最高裁判所刑事判例集
高刑集	高等裁判所刑事判例集
下刑集	下级裁判所刑事裁判例集
集刑	最高裁判所裁判集　刑事
刑月	刑事裁判月报
新闻	法律新闻
判特	高等裁判所刑事判决特报
裁特	高等裁判所刑事裁判特报
东高刑时报	东京高等裁判所判决时报　刑事

刑法	刑法杂志
现刑	现代刑事法
警研	警察研究
法协	法学协会杂志
曹时	法曹时报
判时	判例时报
判タ	判例タイムズ
法セ	法学セミナー
最判解刑事篇 平成（昭和）××年度	最高裁判所判例解说刑事篇 平成（昭和）××年度
平成（昭和）××年度重判解（ジュリ××号）	平成（昭和）×× 年度重要判例解说（ジュリスト××号）
セレクト××（法教××号别册附录）	判例セレクト××（法学教室××号别册附录）
法教	法学教室
ジュリ	ジュリスト

目 录

CONTENTS

上篇 总论

第 1 章 被害者行为的介入与因果关系 …… 3

一、导语 …… 3

二、最近的最高裁判例 …… 5

三、判例中因果关系的判断 …… 8

四、最高裁判例的评价与展望 …… 13

第 2 章 利用了被害者行为的法益侵害 …… 16

一、导语 …… 16

二、最高裁平成 16 年（2004 年）1 月 20 日决定 …… 18

三、自伤、自杀与意思的瑕疵 …… 22

第 3 章 不作为的杀人罪 …… 31

一、导语 …… 31

二、最近的最高裁判例 …… 31

三、关于保障人地位 …… 36

四、共同正犯的成立范围 …… 42

第 4 章 正当防卫的周边 …… 43

一、导语 …… 43

二、正当防卫与第三者的法益侵害 …… 43

三、防卫过当与假想防卫的交错 …… 52

第5章　过失犯的成立要件 …… 55
一、导言 …… 55
二、最近的最高裁判例 …… 57
三、过失犯中的注意义务 …… 61

第6章　实行的着手与既遂 …… 71
一、导言 …… 71
二、最近的最高裁判例 …… 72
三、实行的着手 …… 76
四、构成要件的过早实现 …… 79

第7章　共犯的因果性与共犯关系的解消 …… 85
一、导语 …… 85
二、最高裁判所平成21年（2009年）6月30日决定 …… 86
三、以往的判例·裁判例 …… 88

第8章　承继的共犯 …… 97
一、导语 …… 97
二、最高裁判所平成24年（2012年）11月6日决定 …… 97
三、共犯的因果性（实质论）与从属性（形式论）的交错 …… 102

第9章　罪数论 …… 113
一、导言 …… 113
二、最近的最高裁判例 …… 113
三、不可罚的事后行为 …… 120
四、牵连犯 …… 125

下篇　各论

第10章　伤害的含义 …… 131
一、导语 …… 131
二、最近的最高裁判例 …… 132

三、伤害的含义 …… 134
四、作为加重结果的伤害 …… 139

第 11 章 侵入住宅罪的成立要件 …… 141
一、导言 …… 141
二、最近的最高裁判例 …… 142
三、侵入的含义 …… 149
四、侵入的对象 …… 154

第 12 章 盗窃罪中的占有的含义 …… 158
一、导言 …… 158
二、盗窃罪中的他人占有 …… 159
三、盗窃罪与遗失物等侵占罪之间的认识错误 …… 166

第 13 章 不法领得的意思 …… 169
一、导言 …… 169
二、最近的最高裁判例 …… 171
三、盗窃罪中的不法领得目的 …… 174
四、诈骗罪与不法领得的目的 …… 177

第 14 章 不动产的占有与侵夺 …… 184
一、导言 …… 184
二、不动产的占有 …… 186
三、侵夺的含义 …… 193

第 15 章 事后抢劫罪的成立范围 …… 199
一、导言 …… 199
二、最近的最高裁判例 …… 200
三、对于“盗窃的机会继续中”的解释 …… 204
四、其他问题 …… 209

第 16 章 诈骗罪中的交付行为 …… 212
一、导言 …… 212

二、最高裁判所于平成 15 年（2003 年）12 月 9 日的决定…… 213
三、交付行为的要件 …… 217
四、对于本案的若干检讨 …… 224

第 17 章　信用卡的不法使用与诈骗罪的成立与否 …… 226
一、导言 …… 226
二、不法使用自己名义的信用卡 …… 227
三、不法使用他人名义的信用卡 …… 229

第 18 章　文书的不法取得与诈骗罪的成立与否 …… 239
一、导言 …… 239
二、最高裁判所的两个判例 …… 240
三、文书的交付与诈骗罪的成否 …… 245

第 19 章　根据诈骗对象限定诈骗罪的处罚 …… 256
一、导语 …… 256
二、最近的最高裁判所判例 …… 257
三、诈骗罪处罚的限定 …… 267

第 20 章　错误汇款与财产犯罪 …… 272
一、导言 …… 272
二、近年来刑事判例与学说的动向 …… 274
三、关于“存款的占有” …… 277
四、欺骗行为 …… 279
五、告知义务 …… 281
六、补论：遗失物等侵占罪的成立与否 …… 282
七、结论 …… 283

第 21 章　亲属关系与财产犯罪 …… 284
一、导言 …… 284
二、最近的最高裁判例 …… 285
三、亲属相盗特例的适用与准用 …… 289

第 22 章　赃物的返还与赃物罪的成立与否 …… 297
一、导言 …… 297
二、赃物罪的保护法益与罪质 …… 298
三、有关盗窃物返还案件的最高裁判例 …… 300
四、请求权的含义 …… 304

第 23 章　制作名义人的含义与有形伪造 …… 308
一、导言 …… 308
二、最高裁判所于平成 15 年（2003 年）10 月 6 日的决定 …… 309
三、有形伪造的含义 …… 311
四、制作名义人的含义 …… 315

第 24 章　贿赂罪的职务关联性 …… 321
一、导言 …… 321
二、最近的最高裁判例 …… 322
三、一般的职务权限 …… 327
四、职务密切关联行为 …… 329

附录　日本刑事诉讼法　第三编　上诉 …… 332
第二版译者后记 …… 342
第三版译者后记 …… 345

上篇 总论

第 1 章 被害者行为的介入与因果关系

一、导语

在刑法解释论之中，时至今日，因果关系都是争论最多的领域之一。在学说之中，过去，在刑法上的因果关系论中存在着，“没有行为就没有结果”这一关系（条件关系）存在即可、仅此已足的条件说，与更进一步地将条件关系用相当性这一概念、标准来限定的相当因果关系说的基本对立，其中，相当因果关系说占据通说的地位。此后，争论就在作为通说的相当因果关系说的内部，围绕着相当性的判断标准展开，存在着认为应该客观地进行相当性判断的客观说（客观的相当因果关系说）与以一般人有认识可能性的事实为基础、加上行为者的知识来进行相当性判断的折中说（折中的相当因果关系说），这两者之间的对立。而且，在争论的过程之中，又产生了相当性判断的构造的问题，就相当性概念来说，可以说从例如指出了能够区别行为对于结果的相当性（这被称为广义的相当性）与因果经过本身的相当性（这被称为狭义的相当性）等主张中，能够看到相当因果关系说内部争论的进展和深化。进而，在此之后，更进一步，指出依据相当性这一基准来判断和限定因果关系是不充分、不合适的，因果关系论应该“改弦更张”为“客观的归属论”的见解也成为有力的主张，可以说将围绕因果关系的讨论推进到了新的阶段。

相对地，就判例来说，尽管过去判例采纳的是条件说的见解，可值得注意的是，在昭和 42 年（1967 年）美国兵轧人逃跑事件的最高裁决定[1]中，采纳了相当因果关系说的标准，在条件关系存在的事件中否认了因果关系的存在，而在该决定之后，可以说这样的倾向并未得到延续。[2] 不过，在昭和60年代以后，在具有深远意义的案例中进行因果关系判断的判例迭出不穷。在上述判例中，虽未采用在明示了一定的理论立场之后、根据理论立场来作出对案件的判决这样的裁判路径，但在各个判例中，都作出了重要的判示，特别是，相当因果关系说中的相当性判断的含义、妥当性被作为问题点，针对上述问题点所提出的疑问[3]（这就是所谓的“相当因果关系说的危机”的原因），使得在学说上，对一直以来的争论进行了再检讨，促进了争论更进一步的展开和深化，可以说这具有特别重要的意义。由于判例的任务在于对具体案件的妥当解决，而不是旨在宣明一定的理论立场，所以上述判例的判示并不意味着判例的“理论的立场”以明确的形式得到了宣示，但我们也可以根据昭和60年代以后的最高裁判所判例的收集，明确最高裁判所有关因果关系判断的一定框架。在对此予以明确化的基础上，批判地予以检讨是必要的。

在本文中，笔者将首先介绍两个最近的最高裁判所作出的与因果关系有关的判例，这两个判例都是在行为者实施了构成要件该当行为（实行行为）之后介入了被害者的行为并且发生了构成要件的结果的事例，笔者将确定这两个判例在近时有关因果关系的判例的动向之中的位置，并试着进行检讨。这是因为，在展示有关因果关系的判例的判断框架的基础上，在判例之间的关系上，确认这两个判例所具有的意义是非常重要的。

〔1〕 最决昭和42・10・24（指最高裁判所昭和42年10月24日决定，最判则是指最高裁判所判决，大决、大判则指大审院时代的大审院的决定与判决。以下依此类推——译者注），刑集21卷8号1116页。

〔2〕 对于有关被害者因素对结果的发生具有影响的案件，最判昭和46・6・17（刑集25卷4号567页）沿袭了最判昭和25・3・31（刑集4卷3号469页）等，可以说是采取了条件说的判例。

〔3〕 参见大谷直人：《被认为是即便在介入了第三者的暴行的场合也能认定当初的暴行与死亡之间的因果关系的事例》，最判解刑事篇平成2年度241页以下。

二、最近的最高裁判例

(一) 最高裁平成15年（2003年）7月16日决定〔4〕

1. 事案

4名被告人，在与其他两人共谋的基础上，在深夜的公园中，在将近2小时10分钟的时间内，针对被害人反复实施了不间断的极为严重的暴行，接着，在公寓的居室之中，在约45分钟的时间之内，又断续地实施了同样的暴行。被害人瞅准了空隙，穿着袜子就从公寓的居室中逃走了。被害人由于对被告人等抱着极度的恐惧感，在逃跑之后约10分钟，为了逃脱被告人等的追赶，进入距离上述公寓约763米到810米的高速公路上，被急速行驶的汽车撞倒，并被随后而来的汽车碾过而死。

第一审判决（长野地松本支判平成14·4·10）认为，就这一事实来说，“本案被害者在本案高速公路主线上的事故现场遭遇事故，属于从就被告人等的本案第1、2现场的暴行来看所能预料的范围之外的事态，不能认为属于暴行的危险性以另外的形式现实化的产物，无法认定被告人等实施的上述暴行与本案被害人的死亡之间存在如检察官所主张的那种形式的因果关系”，从而，肯定了被告人们在伤害罪的限度内成立犯罪。

与此相对，控诉审判决（东京高判平成14·11·14）认为，“被害者逃脱被告人等追踪的最为安全的方法是，选择立即进入本案高速公路，对之予以认可是相当的。从而……如果设身处地地从被害人的状况来看被害人的上述选择，可以说该选择是在万不得已的情况下实施的，从一般人的角度来看，也不能说是异常的行为，从而，即便对被告人等来说，承认被害人的上述行为属于其有预见可能的行为也是相当的”。因此，判决肯定了被告人等的暴行与被害者的死亡之间的

〔4〕 参见最决平成15·7·16刑集57卷7号950页。关于本决定的解说有，山口雅高：《认为暴行与该被害者从现场逃跑的途中遭遇的交通事故所引起的死亡之间具有因果关系的事例》，最判解刑事篇平成15年度407页以下；深町晋也：《认为暴行与该被害者从现场逃跑的途中遭遇的交通事故所引起的死亡之间具有因果关系的事例》，《法学教室》281号148页以下（2004年）；曾根威彦：《被害者在逃跑中的事故死与因果关系》，平成15年度重要判例解析，ジュリ1269号156页以下（2004年）；等等。

因果关系，认可了伤害致死罪〔5〕的成立。

2. 最高裁决定

最高裁判所接受了被告人的上告，并作出了如下判断，认可了原判决的判断。

“尽管只能说，被害者试图逃走而闯入高速公路的行为本身属于极为危险的行为，但也可以认为被害者在承受着被告人等的长时间的严重、恶劣的暴行，对于被告人等有极度恐惧感的情况下，在力图逃离必死之境地的过程中，刹那之中选择了那样的行动。这样的行动，作为逃脱出被告人等的暴行的方法来说，不能说是显著的不自然、不相当的。因此，由于可以将被害者闯入高速公路导致死亡，评价为起因于被告人等的暴行，那么肯定了被告人等的暴行与被害者的死亡之间的因果关系的原判决，就可以认可为是正当的判决。”

（二）最高裁平成16年（2004年）2月17日决定〔6〕

1. 事案

被告人在与其他几人共谋的基础上，在深夜饮食店街的路上，对被害者实施了用啤酒瓶殴打其头部、用脚踹其头部等等的暴行，共犯者中的一人用破了底儿的啤酒瓶扎了被害者的后颈部等处，使该被害者由于左后颈部刺创而造成了左后颈部血管损伤等的伤害。被害者所负的左后颈部的刺创，达到了颈椎的左后方，损伤了深颈静脉、外椎骨静脉周边等，导致大量出血。被害者在受伤后，直接搭乘熟人所开的汽车到医院就诊，接受了旨在止血的紧急手术直到第二天天亮之

〔5〕 与我国刑法的设置不同，在日本刑法典中，伤害他人致人死亡，是存在单独的罪名的，即伤害致死罪。日本刑法典第205条规定了该罪：“伤害他人身体导致其死亡的，处三年以上有期惩役。”——译者注

〔6〕 参见最决平成16·2·17刑集58卷2号169页。本决定的解说有，前田严：《即便是被害者在暴行所引起的伤害的治疗中由于不遵从医师的指示而使治疗的效果未能发挥，也仍被认为是暴行与死亡的结果之间存在因果关系的事例》，最判解刑事篇平成16年度128页以下；大谷晃大：《即便是被害者在暴行所引起的伤害的治疗中由于不遵从医师的指示而使治疗的效果未能发挥，也仍认为暴行与死亡的结果之间存在因果关系的事例》，《研修》674号15页以下（2004年）；岛田聪一郎：《受到暴行伤害的受害人在进行治疗时，因为没有听从医生的指示，导致未取得治疗效果，即便如此，判决仍然认定暴行与死亡结果具有因果关系的案例》，ジュリ1310号171页以下（2006年）；等等。

前。术后，被害人的病情暂时得以稳定。主治医生认为，就治疗期间来说，要是顺利的话，预计需要约3周的时间。但是，在当天之中，被害者的病情急变，虽转到其他医院进行治疗，但还是在事件发生的5日之后，被害者由于前述的左后颈部刺创的头部循环障碍所导致的脑机能障碍而死亡。此外，被告人在控诉审的法庭上提出，听说在前述的病情急变之前，被害者试图擅自出院，因此作出了从身体上拔出治疗用管子等等的举动，而这是病情急转直下的原因。

第一审判决（大阪地判平成14・10・22)，根据上述事实肯定了伤害致死罪的成立。控诉审判决（大阪高判平成15・7・10）也认为“伤害与（被害者的）死亡之间，具有原因与结果的关系这一点是很明显的”。“被告人的主张是，由于（被害者）在医院擅自拔掉管子而导致死亡，因果关系由此而断绝了。但是，上述的伤害作为被害者死亡的重要原因这一点是明显的，该被害者不遵从医师的指示、未能保持安静等等的事情，由于是在受到伤害的被害者在走向死亡的过程之中一般所能预想的事态，所以不能否定被告人的行为与死亡结果之间有刑法上的因果关系。”控诉审判决以此为理由，认可了原判决的判断。

2. 最高裁决定

最高裁判所接受了被告人的上告，作出了以下判断，认可了原判决的判断。

“被害者不遵从医师的指示，未能尽力保持安静，从而导致降低了治疗效果，这样的可能性是存在的，这一点在记录上不能否定。”“根据以上等等的事实关系，由于被告人等的行为而使被害者所受的前述伤害，其本身是能够带来死亡结果的对身体的伤害，即便是在被害者死亡结果发生之前的时间里，像上述那样的，介入了被害者由于没有遵从医师的指示、未能保持安静而使治疗的效果未能发挥这样的事情，也应该说被告人等的暴行所产生的伤害与被害者的死亡之间的因果关系是存在的，所以认定本案成立伤害致死罪的原判决，是正当的。”

（三）被害者行为介入的含义

在上述两个判例中，都肯定了被告人等的暴行与被害者的死亡之间的因果关系（两者都属于能够肯定被告人等的暴行与被害者的死亡之间存在条件关系的案件，不仅如此，进一步也可以说判例在对被害者的行为的意义等加以检讨、作出因果关系的判断之际，表现出了最高裁判所并非立足于条件说来进行判断）。在最高裁平成15年（2003年）7月16日的决定（以下简称为“平成15年判例”）中，被害者死亡的物理原因，虽是撞上了急速行驶的高速公路上的汽车、被碾压过去所产生的伤害，但问题在于，为了逃脱被告人等的暴行，作出了这样的危险举动的被害者的行为，对于暴行与被害者的死亡结果之间的因果关系具有怎样的影响。相对地，在最高裁平成16年2月17日决定（以下称为“平成16年判例”）中，被害者死亡的物理原因是被告人等所加之的伤害，被害者的行为虽然不过是使得医师的治疗效果得以减损（具有其可能性）的行为，却也需要追问这样的被害者的行为对于因果关系的判断具有怎样的意义。

三、判例中因果关系的判断

（一）关联判例中的因果关系判断

与介入了被害者行为的事例有关的判例，在与平成15年判例相关联的意义上特别重要的是，由于在从被告人处逃走时摔倒等而发生了伤害、致死的结果的案件。在大审院时代，有被害人难以忍受被告人所加诸的火伤的苦痛，并且也是为了避免新的暴行，纵身跳入水中，并因心脏麻痹而死亡的案件。在该案件的判例中，肯定了被告人所加之的伤害与被害人的死亡之间的因果关系。〔7〕而作为最高裁判所的判例，对于被害者在被共犯者强奸之后，更感觉到有被被告人等强奸的危险，在逃跑中摔倒而负伤的事案，判例肯定了强奸与伤害之间的因果关系〔8〕；对于难以忍受被告人等的暴行的被害者，力图逃走而落入了池中，由于头部磕到了所露出的岩石，造成基于头部摩擦挫伤的蛛网膜下出血而死亡的事案，判例肯定了暴行与由于受伤而导致的死亡结果之间的因果关系〔9〕等等，上述判例都是重要的判例。在这些判例中，对于被害者受到了暴行，为了逃脱必死的局面而在逃跑的过程中由于摔倒而发生了死伤的结果，肯定了上述结果与当初来自被告人的暴行之间的因

〔7〕参见大判昭和2·9·9刑集6卷343页。

〔8〕参见最决昭和46·9·22刑集25卷6号769页。

〔9〕参见最判昭和59·7·6刑集38卷8号2793页。

果关系。判例得出上述结论，可谓是理所当然的[10]，可以说是不可能有不同看法的。相对地，平成 15 年判例的案情的特殊性在于，所介入的被害者的行为是极为危险的，而且，被害者在认识到此危险的情况下，仍然作出了这样的行为。因此，该判例的案情与上述在逃跑中不留神摔倒而受伤的案情有重要的不同之处。

在上述判例之外，就介入了被害者行为的案件展示了特别重要意义的判断的是以下两个判例。第一个判例被称为柔道正骨师事件。该案是有关被告人是一名柔道正骨师，答应了像是感冒了的被害者的诊察、治疗之要求，由于被告人指示了错误的治疗方法（并且，即便在被害者的症状恶化之后，还再三出诊并反复作出了同样的指示），而被害者又忠实地遵从了这一方法，最终症状恶化而死亡的案件。根据上述案情，判例认为“被告人的行为，由于其本身具有可能使被害者的病状恶化、从而引起死亡的结果的危险性，即便是没有接受医师的诊察、治疗而仅仅托付给被告人的被害者一方不可否认的也有错误，被告人的行为与被害者的死亡之间仍具有因果关系”[11]。第二个判例被称为夜间潜水事件。该案是有关作为水肺潜水（scuba diving，指潜水者背负氧气瓶，借瓶内氧气呼吸，长时间潜水——译者注）指导者的被告人，在夜间潜水的指导中不慎走到别处离开了听课生，在被告人离开听课生的期间，由于指导辅助者以及被害者的不合适的行动而导致被害者溺死的案件。对于该案，判例认为“被告人在夜间潜水的讲习指导中，不是注意听课生等的动向，而是不慎重地移动、离开了听课者，以致无法看护这些听课者，这样的行为本身，就是具有引起这样一种结果的危险性的行为。这种结果就是，如果没有指导者的适当的指示、指导恐怕就不能采取应付事态之措施的被害者，在大海中用光了氧气，进而在无从采取合适措施的情况下，溺水而死。尽管指导辅助者以及被害者也存在不合适的行动这一点不容否认，但上述行动属于由于被告人的以上行为所诱发的，所以不妨碍肯定被告人的行为与被害者的死亡之间的因果关系”[12]。在这些判例中，（明示地，或者是依循

〔10〕 这是因为，由于暴行等被害人的逃走行为是别无选择的，而且，在逃脱于必死之境地的过程中摔倒，也是经常会发生的情况。

〔11〕 最决昭和 63・5・11 刑集 42 卷 5 号 807 页。

〔12〕 参见最决平成 4・12・17 刑集 46 卷 9 号 683 页。

判旨的文脉）指出了被告人的行为是具有可能引起结果发生的危险性的行为，进而指出，被害者有错误，或者（不合适的）行为是由于被告人的行为所“诱发”的，这几点非常重要。此外，在夜间潜水事件中，回避“很可能引发死亡结果的危险性”是结果回避义务的内容，因果关系当然予以肯定。

（二）行为之危险性的现实化

正如本文开篇所述，就判例有关因果关系的见解来看，早就存有争论。诚然，判例并非在明示地采纳像相当因果关系说等这样特定的理论立场的基础上，具体适用上述立场的理解而给出个别案件的解决结论，然而收集近期以来有关因果关系的案件的判例判断并加以分析，也能够明确判例大致的判断框架。那就是，在能够认定“被告人的行为的危险性现实化为结果”的时候，就可以肯定行为与结果之间的因果关系。〔13〕可以说上述的柔道正骨师事件决定、夜间潜水事件决定也是依据这样的思考方法所得出的，而以明确的形式显示了这样的思考方式的，则是下述的，最高裁判所关于大阪南港事件的决定。〔14〕该案是有关被告人在第一现场对被害者施以暴行，致其由于脑出血而处于意识丧失的状态，而后被告人将被害人运到第二现场（大阪南港材料仓库）并放置于该处，被害者虽是由于脑出血而死亡的，但在其活着的时候，不知是谁用四棱木棒殴打了被害者的头部（这造成了导致死亡时间提前等若干影响）的案件。在这一事案中，最高裁认为，“在犯罪人的暴行成为被害者的死因的伤害的场合，即便由于其后由第三者所加之的暴行而导致死亡时间提前，也可以肯定犯人的暴行与被害者的死亡之间的因果关系”。在该案中，决定显示了以下的理解，即被告人对于在被告人的行为之后所介入的（从“存疑时有利于被告”的原则出发假定的）第三者的（假定为出于故意的）行为的预测可能性、预见可能性的程度不是关键，不会成为任何

〔13〕在运用这样的判断框架进行判断的时候，对于被害者的因素对结果的引起具有决定性影响的案件，即便这一点不能说是有认识可能的，大致上因果关系也不会被否定。参见最决昭和49・7・5刑集28卷5号194页；最判昭和46・6・17刑集25卷4号567页等等。

〔14〕参见最决平成2・11・20刑集44卷8号837页。

问题[15]，由于第一现场的（成为死因的伤害所具有的）暴行的危险性在第二现场现实化为被害者的（基于上述死因的）死亡结果，所以能够肯定被告人的暴行与被害者的死亡之间的因果关系，仅仅是具有使死期提前若干这样程度之影响的第三者的行为，由于是在行为者的行为后介入的，无法左右这一判断。这样来看，在判例中，并不意味着根据被告人的行为、介入事情、结果发生这样的一连串的具体的因果经过，是否能被“在经验法则上作一般预测”[16]来判断因果关系这一点就很明确。[17]与此同时，在因果关系判断中，由于属于相关案件中的介入因素，即由于第三者行为的预测可能性不成为问题，导致在学说上提出了针对预测可能性的意义上的相当性的判断在案件解决中的有用性、妥当性的疑问。[18]在学说之中，虽然也有反对最高裁有关大阪南港事件的判断的论者[19]，但多数论者对于最高裁的结论本身是赞成的。在此基础之上，采相当因果关系说的论者力图整合最高裁的上述结论，对相当因果关系说进行“再编成”（重构）的问题也被推到了前台。[20][21]

类似大阪南港事件这样，在由于被告人当初的行为成为死因的伤害的场合，未能给死因带来任何变更、只不过是使死亡时间稍稍提前此类程度的行为的介入，指向结果的“行为之危险性的现实化”恐怕

〔15〕被告人对于出于故意的第三者的行为的预测可能性，在没有特别情况的限度以内，应该被否定。

〔16〕最决昭和42·10·24刑集21卷8号1116页。

〔17〕参见林阳一：《以最近的判例理论为中心》，《刑法杂志》37卷3号56页以下（1998年）。此外，参见林阳一：《刑法中的因果关系理论》（2000年）。

〔18〕参见大谷直人：《被认为是即便在介入了第三者的暴行的场合也能认定当初的暴行与死亡之间的因果关系的事例》，最判解刑事篇平成2年度241页以下。

〔19〕参见齐藤诚二：《关于所谓“相当因果关系说的危机”的管见》，《法学新报》103卷2、3合并号，755页以下（1997年）；小林宪太郎：《因果关系与客观的归属》，103页以下（2003年）等等。

〔20〕参见井田良：《试论因果关系的“相当性”》，《犯罪论的现在与目的行为论》79页以下（1995年）；曾根威彦：《相当因果关系与最高裁判例》，研修549号3页以下（1994年）；曾根威彦：《相当因果关系的构造与判断方法》，司法研修所论集99号1页以下（1997年）；曾根威彦：《从相当因果关系说的立场出发》，刑法37卷3号88页以下等等。因此，相当因果关系说实现了理论的“深化”。

〔21〕同样也存在以相当因果关系说的界限、破绽为主题，主张向客观归属论转换的论著，比如，山中敬一：《从客观归属论的立场出发》，刑法37卷3号71页以下；此外，参见山中敬一：《刑法中的客观归属理论》（1997年）。

是不可否定的。〔22〕对于相应的结果来说，相当性程度很低的第三者的行为，由于对“行为之危险的现实化”几乎没什么影响，在对其判断之际就是不重要的，因此可以说，行为人对介入的预测可能性不成为问题，这一点可谓理所当然。并非在因果经过中所有的介入事情对因果关系的判断来说都是重要的，从对于结果的相关度（对于结果的“贡献”度）的观点来看，只有重要的介入因素才对因果关系的判断具有影响。大阪南港事件的最高裁决定所判示的上述见解，具有重要意义。不过，我们虽然支持该决定的上述见解，但是终归不能说行为人对介入因素的预测可能性对于因果关系的判断来说完全没有意义。在以“行为之危险的现实化”来理解因果关系的时候也是一样，必须考虑行为人对介入因素的预测可能性的场合，如下所述，还是存在的。

与大阪南港事件不同，如果结果发生的直接原因是被告人行为后的介入因素所导致的，就不能认为是被告人的行为的高度危险性现实化为直接结果了。在这种场合，行为所具有的危险性，是由于介入因素而导致直接结果发生的危险性，由于危险的（对于引起结果有“贡献”的）介入因素以介入的可能性为内容，则为了肯定因果关系，行为人对介入因素的预测可能性就是必要的。可以说，该危险性是指，由于介入因素实际上的介入，该因素成为媒介导致了结果的现实化。在逃跑中因为摔倒而受伤的案件中，因被告人的暴行而逃跑本身是迫不得已的事情，而且，在逃脱的过程中不留神摔倒也是十分常见的，因此，当然能够肯定上述案件中的“行为的危险性”及“其现实化”。此外，在夜间潜水事件中，被告人离开被害人等并且无法照看到这些人的行为，属于具有使尚属不成熟的听课生即被害者作出不合适行为的很高的危险性，也是有预测可能性的行为（从而，对被告人来说，被要求必须照看到那些听课生），这样的行为正好“导致”（惊恐的）听课生的不合适的行为，结果是使作为听课生的被害者死亡，因此，认定上述案件的“行为之危险性的现实化”是没有问题的。再者，在柔道正骨师事件中，其特色在于，被告人的不适切的指示，由于行为是使被害者服从指示（从而被害者服从该指示），因而能够认定行为

〔22〕作为认可了死因这一观念具有重要意义的见解，可参见高山佳奈子：《死因与因果关系》，成城法学63号171页以下（2000年）。但是，即便是对作为判断危险的现实化的基准来说，死因的同一性具有重要的意义，但将该标准绝对化是否妥当想来仍是有疑问的。

的危险性。由于被告人在被害者的症状恶化之后仍去出诊并且反复作出同样的指示，强力地促使被害者服从他的指示，而且被害者也忠实地服从了他的指示，因而可以说“行为之危险性”也就“现实化”为与其所指示的内容一致了。

类似于以上案件，在被告人行为的危险性使结果现实化的场合，判例采取了肯定其因果关系的态度。〔23〕〔24〕近来的判例明确以该基准判断因果关系。〔25〕可以将被告人的行为达致结果的因果过程，理解为危险的实现、现实化的过程，那么判例的这一态度，其本身就可以说是正当的、应予以支持的思考方法。再者，由于认为在相当因果关系说中的相当性的基础上也存在这样的危险实现的思考是可能的，所以从相当因果关系说的立场出发也能够支持上述结论。只是，在这一场合对于相当因果关系的理解来说重要的是，在相当性判断中，介入因素的介入、因果经过的通常性或预测可能性。当然，上述情况尽管重要，但其本身并不具有独立的意义，无论如何都只能将其理解为是在判断危险实现时的判断要素之一。

四、最高裁判例的评价与展望

接下来，笔者将以对近期判例的理解为前提，来检讨平成 15 年判例以及平成 16 年判例的意义所在。

〔23〕在高速公路上泊车并使得他人所驾驶的汽车也停下来，这一过失行为导致连环追尾的交通事故，并造成死伤事故。对此，判例肯定了行为与结果之间的因果关系（最高裁判所决定平成 16・10・19 刑集 58 卷 7 号 645 页）。判例的理由是，被告人行为的重大的危险性，以及其后所介入的他人的行动等，是为被告人的过失行为以及与此密切关联的一连串的暴行所诱发的。也可以说，该决定采用了与上述判例一样的判断框架。关于该决定的解说有，上田哲：《在高速公路上泊车并使得他人所驾驶的汽车也停下来，这一过失行为导致连环追尾的交通事故，并造成死伤，判决认定行为人的泊车行为与死伤结果之间有因果关系的案件》，最判解刑事篇平成 16 年度 454 页以下等等。

〔24〕在将被害人拘禁在汽车后备箱内，在道路上停车导致后方车辆因疏忽而追尾，被害人因此身亡的案件中，判决认为“即便被害人死亡的直接原因是第三人引起追尾的严重过失行为”，也能认定成立因果关系（最高裁判所决定平成 18・3・27 刑集 60 卷 3 号 382 页）。关于该决定的解说有，多和田隆史：《将被害人监禁于停在道路上的普通汽车后备箱内的行为与该车后方行驶车辆与之追尾导致被害人死亡之间的因果关系的事例》，最判解刑事篇平成 18 年度 233 页以下等。

〔25〕最决平成 22・10・26 刑集 64 卷 7 号 1019 页（日航机异常接近事件）。

首先，如前所述，就平成 15 年判例的案件来说，作为结果发生的物理原因的（由于在高速公路上受到碾压而发生的）受伤原因是，被害者（在知道的情况下）作出了闯入高速公路这样“本身极为危险的行为”。为了肯定被告者等的暴行与被害人的死亡之间的因果关系（为了肯定行为的危险性现实化为结果这一点），就有必要认定为了逃离被告人的暴行而作出这样的行为的可能性（换言之，这样的行为导致被害者死亡的危险性）。比如说，为了逃脱于暴行，在存在其他容易的并且安全可靠的逃跑途径的同时，选择极为危险的途径因而死亡的场合，即便是逃脱于当初的暴行这一点是没有疑义的，由于难于一般性地认可介入被害者之极为危险的行为而引起死亡的结果的可能性与危险性，就应该否定暴行与死亡之间的因果关系（这种场合，被害者的死被理解为是由于被害者自身的自发行为）。相对地，在平成 15 年判例的事案之中，被害者由于遭受长时间的严重、顽劣的暴行而抱有极度的恐惧感，在这种状态中为了逃脱必死境地的过程中一瞬间地作出了危险的行为，这一点是重要的。在该案中，迫不得已地逃脱出被告人等的暴行的被害者，由于陷入了难以作出冷静判断的状态，是能够肯定其根据瞬间的判断、作出极为危险的行为的可能性的。如果能够肯定这一可能性，被高速公路上疾驰的汽车碾压而死，就可谓正是这一危险的现实化。而且，判例认为，由于被害者的行动“不能说是显著的不自然、不相当”，从而判断被害者的行为及其死亡结果是“起因于”被告者等的暴行。换言之，如果被害者的行为“显著的不自然、不相当”，则另当别论，只要不属于上述情况，既然实施了使被害人除了逃脱而别无选择的这样的暴行，就能够认为暴行的危险以逃走过程中被害者的行为为媒介现实化为死亡结果，也就能够肯定其因果关系的存在了。

其次，在平成 16 年判例的案件中，被害者死亡的物理的原因是由于被告人的暴行所导致的，这一点是重要的。如前所述，在大阪南港事件中，在由于被告人的暴行而形成了成为死因的伤害的场合，即便是由于第三者的暴行而使死期得以若干提前，也能够肯定暴行与死亡结果之间的因果关系。而在平成 16 年判例的案件中，被告人等所造成的伤害“其本身是可能带来死亡结果的身体伤害”，可以说被害者的行为，不过是未能阻止这一伤害现实化为死亡结果而已。在这个意义上，也就是“行为的危险性”无妨碍地“现实化”为结果。即便介入的因素属于积极的（促进结果实现的）加害行为，如果该因素引起该当结果的相关性程度低，如果能够认为介入因素并不妨碍行为的危险性向结果的现实化转化的话，那么在介入了这样的行为的场合，也就是这样的介入行为不过是减损了阻止、妨害行为的危险性向结果之现实转化的行为之效果的场合，可以说当然能够肯定行为的危险性的现实化。〔26〕在学说上，虽然也有对上述见解提出疑问的主张〔27〕，但就“行为的危险性的现实化”这一见解来看，直接否定该见解在我看来是不可能的。〔28〕原因在于，在物理的相关性程度低的介入因素的场合，如果无法否定这种场合的因果关系（危险的现实化），那么在不具物理的相关度的不作为的场合不否定因果关系（危险的现实化）就是理所当然的。但是，这种理解可能会带来的问题是，在能够认定被告人所带来的伤害，以通过医生的适当治疗为前提就不具有死亡危险的场合（换言之，通过治疗，当然可以预料到能达致不存死亡之虞的状态这样的场合）。在上述场合，因为治疗的阻止、拒绝等的行为才使死亡的危险增高，为了肯定伤害行为与死亡结果之间的因果关系，就有必要特别地肯定，作出这样的（阻止、拒绝的）行为的可能性是由当初的暴行等所带来的。在不能认定这一点的场合，就不应该肯定当初的暴行与死亡结果之间的因果关系。

最后，归纳一下对判例的检讨，通过实行行为的危险现实化判断因果关系，存在如下两个类型：第1种类型是，实行行为直接成为结果原因（作为死因的伤害）的场合，原则上无论之后的介入要素如何，均肯定危险结果的现实化。第2种类型是，结果的直接原因来自实行行为之后的介入行为的场合，若实行行为的危险性对于通过介入行为产生结果而言是必要的，则实行行为借助介入要素惹起结果的直接原因导致结果发生，肯定因果关系的成立。平成16年判例属于前者，平成15年判例属于后者。

〔26〕虽然与原判决不同，最高裁未将被害者的行为是否属于“一般所能预料的行为”作为判断的问题点，但是，从大阪南港事件的决定等判例的判断框架出发，也是能够理解最高裁判所的判示的。

〔27〕参见佐伯仁志：《因果关系论》，山口厚、井田良、佐伯仁志：《理论刑法学的最前线》，19页（2001年）。

〔28〕参见前田严：《即便是被害者在暴行所引起的伤害的治疗中由于不遵从医师的指示而使治疗的效果未能发挥，也仍被认为是暴行与死亡的结果之间存在因果关系的事例》，最判解刑事篇平成16年度150页。

第 2 章 利用了被害者行为的法益侵害

一、导语

人毁损自己财产的行为不成立犯罪。侵害自身的法益不属于处罚的对象，这在刑法中，可谓是“当然的法理”〔1〕。毫无疑问在侵害的对象是自己的财产时，这些自损行为的参与者（教唆、帮助）也是（参与到欠缺构成要件该当性的行为中去，不成立共犯）不可罚的。此外，对财产等的损害即便是他人实施的，如果存在“被害者的同意”，也能否定犯罪的成立。不过，上述这些情况，是以能够认定法益主体具有不存瑕疵的处分意思为前提的，在该限度内，法益主体所作出的法益处分是有效的，不能追究参与者的刑事责任。

相对地，根据有关生命的立法，另外根据有关身体的解释，同样是对“存在被害人同意”的生命或者身体的伤害，对它的处理与上述处理是不同的。换言之，就生命来说，自杀行为（自然，仅其未遂成为问题）本身虽然不属于处罚的对象，但对于自杀行为的参与（教唆、帮助）以及同意、嘱托杀人却被认为构成犯罪（刑法第 202 条〔2〕）。此外，就身体来说，尽管由于不处罚自伤行为，从而对自伤

〔1〕 可以说自己使用受规制的药物成立犯罪属于例外，在这里，可以认为该禁止规范背后存在彻底防止药物的恶害向社会蔓延这一强烈的关心，也可以说自己使用受规制的药物已经不仅仅是单纯的自伤行为了。

〔2〕 日本刑法典第 202 条的规定是：（自杀参与以及同意杀人）“教唆或者帮助他人自杀，或者受他人嘱托或者在得到他人承诺后杀害该人的，处六个月以上七年以下惩役或者监禁。”——译者注

行为的参与（教唆、帮助）也（与对自损行为的参与同样的理由）不可罚，但就同意暴行、同意伤害来说，除少数说外，一般认为，在一定的限度内〔3〕，上述行为属于暴行罪、伤害罪〔4〕的处罚对象。〔5〕在这里，就同意暴行、同意伤害来说，与对自伤行为的参与不同，由于能够认定行为引起暴行、伤害的（单独正犯的构成要件要素的）正犯性，从而能够肯定暴行罪、伤害罪的构成要件该当性。〔6〕

上述探讨的问题及结论，以作为法益主体的人具有处分自己的法益的能力，并且，处分意思没有瑕疵为前提。从而，在法益主体虽有处分能力，但其处分意思有瑕疵的场合，就有可能导致侵害成为处分对象的法益也成立犯罪。不过，即便在上述场合，由于不能肯定法益主体的自损、自杀、自伤行为（尽管意思具有瑕疵）的构成要件该当性，就上述行为的参与者来说，并不具有作为共犯的可罚性，仅仅止于以介入了被害者的行为并引起了法益侵害为内容，具有正犯的刑事责任而已（而且，即便是在不成立杀人罪的场合，如果能够肯定有效的处分意思，在与成立参与自杀罪的平衡上，是否成立参与自杀罪仍然是个问题）。就上述行为的参与者而言，在什么样的场合能够肯定其具有正犯的刑事责任，在什么样的场合仍然能够否定其可罚性，或者是仍然能够肯定其成立参与自杀罪，这是本文所关心的问题。对于介入了被害者的行为而引起的法益侵害，如果能够肯定行为人具有正犯的责任，一般认为，这种情况属于利用被害者的间接正犯案件，问

〔3〕关于这一点，参见山口厚：《刑法总论（第2版）》，161页以下（2007年）。

〔4〕日本刑法中，暴行罪与伤害罪是两个不同的罪名，两者之间的主要区别在于暴行罪的成立要求行为人对他人身体不法行使了有形力，但没有造成伤害结果。日本刑法典第204条规定的是伤害罪："伤害他人身体的，处十五年以下惩役或者五十万元以下的罚金或者科料。"第208条规定的则是暴行罪："实施暴行而没有对他人造成伤害的，处二年以下惩役、三十万元以下罚金或者拘留或者科料。"——译者注

〔5〕关于同意伤害成立伤害罪，参见最高裁判所昭和55年11月13日决定，刑集34卷6号396页等等。而同意暴行，由于原本比较轻微，虽然难以认为该行为本身成为处罚的对象，但是由同意的暴行而发生了死亡结果时，根据不认定为成立过失致死而认定为成立伤害致死，从而间接地肯定同意暴行的可罚性就是问题点。肯定成立伤害致死的判决有，大阪高等裁判所昭和40年6月7日判决，刑集7卷6号1166页等等；肯定成立过失致死的判决有，大阪高等裁判所昭和29年7月14日判决，裁特1卷4号133页等。

〔6〕就同意暴行、同意伤害来说，虽然从实行者不具有引起暴行、伤害的正犯性的理解出发，不可罚说能够得以支持，但在采纳正犯性根据物理的引起结果的样态来判断这一传统的见解时，就对生命具有危险的伤害而言，肯定同意伤害的可罚性大概是妥当的。

题是此类案件的成立要件。

最近，最高裁判所作出了与上述问题相关的、可供参考的有关判例。以下，笔者将首先对该判例加以介绍，然后开始问题的研讨。

二、最高裁平成16年（2004年）1月20日决定〔7〕

（一）事案

被告人为了得到以（自己假装与其结婚的女性）被害者为被保险人的5.98亿元的保险金，对很早以前就对被告人极为惧怕的被害者，交替实施暴行、胁迫，恶劣地迫使她自杀（以便伪装成因事故死亡的假象）。平成12年1月11日凌晨2点多，在爱知县的知多半岛的渔港，被告人命令被害人驾驶她的汽车坠海自杀。被告人虽然没能使被害者产生自杀的决意，但是却令其达到了这样的一种想法，即除了遵从被告人的命令、驾车坠海然后从车中逃出且从被告人的面前消失（不让其看见）之外，没有其他方法。被害者被迫决意驾车坠海，虽然当时被害人无奈驾驶汽车从悬崖上坠入悬崖下方的海中，但被害者从被水淹没的车中逃了出来，幸免于死。

有关上述事实的问题是，是否成立杀人未遂罪。〔8〕辩护人主张，即使被害者连人带车一起坠入海中了，由于是被害者基于自己的自由意思而实施的行为，所以不能说指示了“就这样做”的被告人的行为，是杀人罪的实行行为，而且，对于被害者，被告人由于只不过有在被害者的自由意思的基础上劝其自杀的意思，不能说他具有杀人罪的故意等等。

〔7〕参见最高裁判所平成16年1月20日决定，刑集58卷1号1页。有关该决定的解说有，藤井敏明：《出于使人自杀而取得保险金的目的命令被害者从岩壁之上连汽车一起滚落海中的行为被认为该当杀人未遂的案件》，最判解刑事篇平成16年度1页以下；桥田久：《命令被害者从岩壁之上连汽车一起滚落海中的行为被认为该当杀人未遂的事例》，法教289号152页以下（2004年）；伊东研祐：《利用被害人杀人》，平成16年度重判解（ジュリ1291号）155页以下（2005年）；小林宪太郎：《判决认定出于使他人自杀从而取得保险金的目的命令被害人从悬崖上驾驶汽车坠海的行为该当于杀人未遂罪的案件》，ジュリ1319号175页以下（2006年）等等。

〔8〕在日本刑法典中，并非所有罪的未遂都能够予以处罚，而是只有在分则中明确规定的未遂罪才能予以处罚，而且与我国刑法的规定不同的是，具体罪的未遂有独立的罪名，如杀人未遂罪。日本刑法典第203条杀人未遂罪规定：“第一百九十九条和前条犯罪的未遂，应当处罚。”日本刑法典第199条和第202条分别规定的是杀人罪与自杀参与和同意杀人罪。——译者注

第一审判决（名古屋地判平成13·5·30）作出了如下判示，肯定了杀人未遂罪的成立。(1) 在本案当时，能够认定将被害者连同汽车一起坠入海中的行为，属于是对于该女（被害人）的生命具有很大现实危险的行为。(2) 连车一起坠海的被害人的行为，“如果是被被告人所强制的，就属于欠缺意思决定的自由的行为，能够认定杀人罪的实行行为性，如果还没有达到上述程度，则属于该女自由的意思决定的行为，那么被告人的‘跳到海里去’的指示行为，不过是单纯的自杀教唆行为”。“被害者……无法违背被告人的指示，处在除了连车一起飞跃到海中之外没有其他选择的状态，因此，（被害人）连车一起飞跃海中的行为，是为被告人所强制的、欠缺意思决定的自由的行为，从被告人的角度来看，该当了利用了（被害者的）行为的杀人行为。”(3) 对于被害者连车一起飞跃海中这一行为本身，“会产生侵害该女的生命的现实的危险这一点，被告人有认识”。被告人有意识地逼迫被害者无从选择、迫不得已地跳到海中，而就被害者的行为来说，“该行为是为被告人所强制的，（被告人对于被害者的行为是）欠缺意思决定的自由的行为具有认识，而且，也能够认定被告人是希望（被害者）死亡的”。

控诉审判决（名古屋高判平成14·4·16）作出了如下判示，也认可了第一审判决的结论。“被害者绝非出于自己的自由意思而连车带人一起坠海的，她处在没有其他选择的心理状态之中，能够认定为被被告人强制而连车带人一起坠入海中……而就被告人来说，既然能够认定他是利用了被害者的上述状态，指示被害者驾车坠海，迫使被害者连车一起坠入海中，由于能够将其认定为具有侵害生命的现实危险性的行为，那么就不能否定被告人的杀害意思和杀人的实行行为性。”（而且，判决也认为，“即便被害者没有由于胁迫等而陷入不能抗拒的绝对强制下，没有完全地失去意思决定的自由，根据被害者与行为者的关系、被害者被置于的状况、其身心的状态等，若是被害者受到了可以说是选择其他的行为显著困难、选择导致自己死亡的行为也没什么不合理的这种程度的暴行、胁迫的话，就应该将该暴行与胁迫理解为成立杀人罪”。）

（二）最高裁决定

针对被告人的上告，最高裁判所作出了如下判示，认可了原判决的结论。

“根据以上所认定的事实，被告人出于通过伪造事故、使被害者自杀从而取得巨额保险金的目的，在研究了使被害者自杀的方法以及准备了为实施上述行为所使用的汽车等之后，对于极度惧怕被告人并因此服从被告人的被害者，在犯行的前日、渔港的现场，交替实施暴行和胁迫，固执地要求被害人通过驾车坠海自杀，面对哀求的被害者，仍然使她保证在第二天实施上述自杀行为，在本案的犯行当时，对于被害者来说，可以说她陷入了除了顺从被告人的命令、驾车坠海之外别无选择的精神状态中了。

“被告人，在本案当日，对于陷入以上精神状态的被害者，命令她从渔港的悬崖上驾车坠海，对被害者来说，是被加诸了具有很高的使自己死亡的现实危险性的行为，因此命令被害者迫使其驾车坠海的被告人的行为，应该说该当于杀人罪的实行行为。

“而且……被害人并没有服从被告人的命令而自杀的意思，这一点虽说是与被告人的预期相反，但就强迫被害者实施死亡的现实危险性很高的行为而言，由于被告人对此不存在任何认识上的欠缺，因而对被告人而言，以上（被害者没有自杀的意思而与被告人的预期相反）这一点，应该说不能成为应否定杀人罪的故意的理由。”

（三）一直以来的关联判例、裁判例

有关利用被害者的行为引起法益侵害的案件，以前的判例，首先，有（1）最高裁判所昭和59年3月27日的决定（刑集38卷5号2064页）。该案是有关被告人在严寒的深夜，把喝得醉醺醺的、经受了暴行而相当衰弱的被害人带到了河堤上，带着未必的杀意，强迫被害者脱掉上衣、裤子，一边围着威胁该人一边追赶其直至河岸边缘，使得无路可逃的被害者摔落到河中，导致该人溺水而死的案件。判例肯定了杀人罪的成立。关于本案，由于接近于物理力行使的强制而使被害者摔落河中，而且在被害者摔落河中之后，被告人还用棍子对水面又戳又敲，所以可以说判决肯定了杀人罪的成立是不存在疑问的。

在下级审之中，首先，（2）广岛高等裁判所昭和29年6月30日的判决（高刑集7卷6号944页），本案是有关怀疑妻子不忠的丈夫（被告人），针对妻子反复实施暴行、胁迫，加诸肉体的、精神的压迫，导致“决意与其承受在此之上的被告人的压迫，不如选择去死”

的妻子自杀了的案件。由于“没有确凿的证据”证明暴行、胁迫“应该认定为到了使被害者丧失意思自由的程度”，所以判决仅仅认定了教唆自杀罪的成立。另外，(3) 浦和地方裁判所熊谷支部昭和 46 年 1 月 26 日的判决（刑月 3 卷 1 号 39 页），本案也是有关被告人命令由于遭受暴行等而处于畏惧状态的同居女子去跳河，导致其溺水而死的案件，判例作出了“从入水时的状况来看，认为当时（被害者）处于虽然预料到有可能死亡但也不得不跳河这样的绝对的强制，即处在失去了行动自由的状态是不能想象的”等判示，由于欠缺具有杀意的证明而宣判了无罪。与此相对，(4) 鹿儿岛地方裁判所昭和 59 年 5 月 31 日的判决（判时 1139 号 157 页），本案是有关被告人对被害者加诸超过两小时的私刑，使其无论在肉体上还是在精神上都到了接近极限的状态，陷于抗拒不能状态的被害者咬断了自己的右手小拇指的案件，判例肯定了伤害罪的间接正犯的成立。此外，(5) 福冈高等裁判所宫崎支部平成元年 3 月 24 日的判决（高刑集 42 卷 2 号 103 页），本案是有关被害者由于受到欺骗而受到心理强迫，误认为要想从现状中逃脱出来除了自杀之外无路可走，而被迫自杀的案件。判例认为“犯罪人致他人于自杀的境地，不管是由于物理强制导致的，还是由于心理强制导致的，其使自杀者的意思决定产生了重大的瑕疵，由于不能将上述情形认定为自杀者基于自由的意思而为，所以已经不能认为上述行为属于教唆自杀，应该理解为该当了杀人的行为”了，而被害人“误认为要想从现状之中逃脱出来，除了自杀之外别无他途”，“由于被害人如果能够对自己的客观状况有正确认识，恐怕被害人就不会处于作出自杀决意的状态，所以其自杀决意是与真意相违的，具有重大瑕疵的意思”。判例以上述理由，认定使被害者产生误信并使之自杀的本案行为，属于该当了利用被害者行为的杀人行为，肯定了杀人罪（抢劫杀人罪）的成立。

以以上判例、裁判例为参照，在理解有关本案的最高裁判所判例时，能够理解根据本案案情肯定杀人未遂罪的成立作为判例的意义，特别是，判例以被害人处于实施被强制的行为（属于有很高的死亡的现实危险性的行为）“无法选择其他行为的精神状态”为根据，肯定了该当于“杀人罪的实行行为”这一点是重要的。

三、自伤、自杀与意思的瑕疵

（一）意思的瑕疵与法益处分的有效性

已如前述，在能够认定为出自法益主体的有效的法益处分的场合，除从监护的见地出发给予保护的生命、身体法益之外，不追究参与者的刑事责任。如果是生命法益，根据对于生命侵害的正犯性的有无，分别成立同意、嘱托杀人罪（在能够认定引起法益侵害的行为之正犯性的场合）或者参与自杀罪（在否定了引起法益侵害的行为之正犯性的场合）；如果是身体法益，限于能够肯定引起伤害的行为的正犯性的场合，在一定的要件之下，成立伤害罪。这是因为，在上述场合，在法益处分与法益主体的意思相符合的时候，就物理的被引起结果来说，应该否定有法益侵害性（生命、身体法益以外的场合）或者应该减轻其法益侵害性（生命、身体的场合）的缘故。与此相对，在生命、身体法益的场合，如果否定了法益处分的有效性，那么是否成立杀人罪、伤害罪就成为问题了，而在法益处分意思存在瑕疵的场合，即与法益主体相关，（1）欠缺法益处分能力的场合，（2）由于欺骗而基于错误产生法益处分意思的场合，（3）法益处分属于被强制的场合。以上等等场合（其要件仍是个问题），是不能否定或减轻物理的被引起结果的法益侵害性的。

在法益处分意思存在瑕疵时，首先，（1）与法益处分能力相关，应该否定欠缺必要的判断能力的幼儿[9]以及重症的精神障碍者[10]的法益处分能力，恐怕没有什么疑问。问题是在前述（2）（3）的场合。在这些场合，需要探讨的是以下两个方面的问题：（a）依据处分意思的瑕疵，是否能够否定存在有效的法益处分；（b）（如果能够否定存在有效的法益处分）对于引起法益侵害的参与行为而言，是否能够认定行为的构成要件该当性。其中，主要的、前提的问题虽然是（a），但（b）也是学说近来争议的热点。[11] 即，在处分意思存在瑕疵，不

〔9〕 参见大判昭和9·8·27刑集13卷1086页。

〔10〕 参见最决昭和27·2·21刑集6卷2号275页。

〔11〕 例如，请参见中森喜彦：《假装自杀与杀人罪》，《刑法判例百选Ⅱ各论（第6版）》5页（2008年）。

能认定为有效处分的场合，可以说能够作为法益处分有效性的基础的情形是不存在的，能够肯定法益侵害的发生。在主观的、客观的参与法益主体的瑕疵处分的案件中，就参与了法益侵害的人的参与行为而言，存在能否肯定单独正犯的正犯性、构成要件该当性（在很多情况中也将其称为“实行行为性”）的问题。如果得到了法益主体的同意，杀人、伤害行为是他人自身实施时，虽然容易肯定引起法益侵害的行为的正犯性[12]，但在通过欺骗、强迫他人自杀、自伤而参与的场合，对于是否具有正犯性进行慎重的检讨也就有必要了（如后所述，通过强制而压制了被害者的意思使其作出自伤行为，在这样的场合，法益处分是无效的，从而，作为结论，也能肯定其正犯性。在这个意义上，在典型的欺骗、强制的案件之中，由于能够认定（a）也就能够认定（b）。但是，如果当初的行为对于造成结果的相关的程度较低，进而只能将其认定为帮助的参与行为时，是否肯定其正犯性可能也是个问题）。这里的问题是，是否成立利用被害者的间接正犯。而以下所检讨的，也是通过介入被害人的行为并导致法益侵害的（2）（3）的场合。

（二）出于欺骗的场合

1. 判例

在由于欺骗而引起错误，基于错误而作出了生命法益的处分的场合（作出自杀行为的场合，或者，同意他人对自己的杀害的场合），判例对于能够认定为没有欺骗恐怕就不会产生法益处分的意思的案件，将相应的法益处分就认定为无效，并肯定了杀人罪的成立。例如，对于被告人利用女性被害者挚爱自己并且相信会追随她死亡这一点，虽然没有追随死亡的意思却假装要共赴黄泉，使该女误信，并使其自杀，即所谓的假装一同自杀案件。判例认为自杀的决意是“与真意不相符合的有重大瑕疵的意思”，将使他人误信会追随而死而使他人自杀的行为，认定为成立杀人罪。[13] 在这里，出于欺骗行为的错

〔12〕 即便在这一场合之中，就同意伤害、杀人而言，虽然能够考虑否定引起法益侵害的行为具有单独正犯的正犯性，但是如果根据正犯性的判断是依据引起物理结果的因果样态进行的这种通说的见解的话，还是会肯定同意伤害、同意杀人的正犯性。

〔13〕 参见最判昭和 33·11·22 刑集 12 卷 15 号 3519 页。

误与立足于条件关系（即没有出于欺骗的错误的话，大概就不会产生）的法益处分意思是“具有重大瑕疵的意思”，由于这一法益处分是无效的，故判例认定为成立杀人罪，但判例的判示并不意味着，被告人的行为成立杀人罪，除要求因欺骗的错误与自杀意思、死亡结果的引起之间有条件关系之外，还需要有其他内容。

2. 错误的含义

检讨上述判例的立场，会产生下述疑问，即基于欺骗的教唆自杀与杀人之间得到了恰当的区别了吗？为什么这样说呢？由于教唆方法没有限制，虽然也没有排除使用欺骗的方法，但是教唆自杀与杀人罪的构造也是一样的，也要求教唆行为与自杀行为之间存在条件关系。而且，像前面提到的福冈高等裁判所宫崎支部的平成元年 3 月 24 日的判决中的案件那样，在通过欺骗使被害人产生错误认识，并因该错误控制了被害人的意思使其产生了法益处分的意思的场合，为了肯定杀人罪的成立，必须将法益处分认定为无效，进而应该要求和认定被害人因误信导致一定限度的意思被压制，但这一结论并不意味着只能通过“没有欺骗则没有法益处分意思”来得出。在通过欺骗而使被害人产生错误认识，由于该错误（出于意思的压制之外的方法）而产生了处分法益的动机的场合，也可以得出上述结论，因此可以说问题的关键是有必要解释，因错误认识而产生自杀意思的含义（为什么这样的错误使自杀意思成为无效）。

如果根据上述理解来对判例的见解予以重新审视，重要的是，如何理解有关生命法益处分的理由的错误，也就是“动机的错误”（在将法益处分视为无效的意义上）。可以将判例的见解归纳为，持将“基于一定的理由而处分生命法益的自由”全面地作为保护对象的立场（即，在基于某种理由而意图处分生命法益的场合，只要该理由具有左右处分有无的意义，在这一理由上被欺骗的时候，就应该将法益处分视为无效，就判决立场的结果来看，判例是想保护行为人根据自己的意图来处分法益的自由）。判例的立场是有疑问的。原因在于，首先，能够指出的是，直接杀人与通过欺骗而强制杀人的不均衡。换言之，在通过欺骗而强制的场合，如同判例所认定的那样，对于仅仅为了避免轻微的意思的压制这样的目的而作出法益处分的场合，法益处分不被认为是无效的（结果是，不保护这样的“由于一定的理由而处分生命法益的自由”）。此外，就生命法益来说，尽管刑法是否必须保护处分生命法益的自由也有可能是个问题，但由于判例将自杀意思视为无效，就导致了对生命法益全面予以保护的结果，这也是有疑问的。所谓保护处分生命的自由可能是有问题的，如果考虑到即便是通过物理力阻止了想要自杀的人的自杀行为，也被理解为不成立刑法第223条第1项的强要罪〔14〕（岂止如此，反而是应该称赞的）的话，大概就明确了。〔15〕因此，至少用刑法来保护“由于一定的理由而处分生命法益的自由”，应该说是有疑问的。

换言之，根据判例的立场，认为法益处分意思与仅仅根据条件关系而产生的错误是重要的，因此否定法益处分意思的有效性，持该立场的结果就是，就连不应该被保护的处分生命法益的自由，也被包含于生命法益中全面地被保护。在这个意义上，根据判例的理解，通过欺骗（通过意思的压制之外的方法）而导致被害人产生法益处分意思的动机时，杀人罪的成立范围变得过于宽泛，这是有疑问的。可以说判例的见解的基本问题是，缺少从法益处分意思与有关条件关系的错误的意义、重要性的（在通过欺骗而压制了意思的场合所采用的）平衡的角度来进行考虑。关于生命的处分，从什么样的错误会使法益处分意思、法益处分成为无效（从而，奠定了法益侵害的基础）的角度考虑是必要的，从这样的角度出发，限定地理解有关错误也是不可缺少的。

关于生命的处分，根据上述角度所能够考虑到的问题是，在被害人因为错误，对被引起的法益侵害欠缺认识的场合，由于上述场合不是与法益主体的意思相符合的事态，因而在这种场合并不丧失法益侵害性。换言之，由于认识存在瑕疵而否定法益处分的有效性，这样的

〔14〕 日本刑法典第223条规定了强要罪，该条第1项规定如下：“以威胁加害生命、身体、自由、名誉或者财产而胁迫他人，或者使用暴力，使他人实施其无义务实施的事项，或者妨害他人行使权利的，处三年以下惩役。”——译者注

〔15〕 为了避免误解，必须在此说明的是，即便认为不应保护处分生命的自由，有关生命的处分意思是无效的，也不应该将同意杀人作为杀人罪处罚。这是因为，没有瑕疵的自杀意思这一事实本身，使得生命侵害的法益侵害性减轻。进而言之，此处所谓处分生命的自由不过是“由于一定的理由而处分生命的自由”这种被限定了内容的自由而已。而且，在不同意杀人这一意义上的处分生命的自由当然是值得保护的自由，正确地说，限于本文所讨论的问题，至少，所谓不应保护处分生命的自由，就成了只不过不保护处分生命的“一定的自由”。

思考方法，只能以法益关系的错误说为基础。〔16〕一直以来的法益关系的错误说（除了在诈骗罪的场合）是将法益处分的自由从法益之中排除了的，这一见解作为保护法益的通说（就连应受保护的法益处分的自由作为保护的对象都予以否定这一点）虽然是有疑问的，但该见解基本的思考方法本身（即便是不支持所谓的法益关系的错误说的论者也难以否定）〔17〕却具有一般的妥当性。通过对问题点的利益的要保护性的检讨，避免有可能产生疑问的，即导致保护"由于一定的理由处分生命法益的自由"的结果，作为抑制不妥当的处罚之扩张的基本原则来说，具有重要的意义。〔18〕

如果将法益关系错误说的核心、其本身所具有的一般的妥当性的思考方法再度予以整理并加以阐释，为如下所述。即，即便属于一般引起法益侵害的事态，仅在此事态与法益主体的（没有瑕疵的）意思相符合的限度内，不能肯定此类事态的法益侵害性。〔19〕即，反而言之，在被引起的事态与法益主体的意思不相符合的场合（比如，以为仅仅是被木制球砸到这一轻微的物理力的时候，实际上受欺骗而被铁制球砸到这样的重大的物理力作用的场合），此类事态不会丧失其法益侵害性，也意味着能够肯定引起了法益侵害。关于这一结论，在被引起的法益侵害的质、量、程度上存在错误的场合是明确的，即便除此之外，在有关法益侵害性的法评价的基本事实存在错误的场合（比如，对不存在的紧急避险状况予以欺骗的场合）等等，可以说也是能够肯定的。〔20〕相对地，问题是，既然一般来说，将上述的法益处分

〔16〕参见山中敬一：《被害者的同意中的意思欠缺》，《关西大学法学论集》33 卷 3·4·5 合刊号 271 页以下（1983 年）；佐伯仁志：《关于被害者的错误》，《神户法学年报》1 号 51 页以下（1985 年）等等。对于法益关系的错误说，近期的批判性的研究有，上嶌一高：《被害者的同意（上）（下）》，《法学教室》270 号 50 页以下，272 号 76 页以下（2003 年）；森永真纲：《被害者的承诺中的欺骗、错误（1）（2·完）》，《关西大学法学论集》52 卷 3 号 199 页以下（2002 年），53 卷 1 号 204 页以下（2003 年）等等。

〔17〕法益关系的错误说与对其批判的见解的对立点在于，对于应该被保护的"法益"的理解，即有关理解什么是"法益关系的"错误的方法。

〔18〕参见山口厚：《"法益关系的错误说"的解释论的意义》，《司法研修所论集》111 号 97 页以下（2004 年）。

〔19〕上述结论可以通过以下例子明确，即虽然任意地切断他人毛发（根据判例）成立暴行罪，但如切断他人毛发是因为本人的委托等与本人的意思相符合的场合，这原本就不能被称为"暴行"。

〔20〕参见山口厚：《问题探究 刑法总论》，83 页（1998 年）。

的自由，也作为法益的构成部分来理解不容否定，那么即便是在处分的目的、理由陷入错误的场合，由于上述场合属于法益关系的错误（被引起的事态与法益主体的意思不相符合），肯定上述场合的法益侵害性也不是不可能的。这一结论，从因被欺骗而交付了价值对等的物也成立诈骗罪来看，大概就明白了（因为，虽然交付是对等的，但使被害人陷入交付物品的目的、理由的错误，妨害了被害人出于这样的目的而处分财产的自由）。一直以来的法益关系的错误说，一般不保护法益处分的自由（财产虽是例外），这是过于狭窄地理解了保护法益。〔21〕而判例的见解，（由于欠缺是否应该保护法益处分的自由的视角）把法益处分的自由全面地作为保护的对象，如此来理解保护法益则过于宽泛，上述两种理解都是有疑问的。法益处分的自由也是应该（一般地或者作为原则来）保护的，（否定或者至少）限制保护生命法益的处分自由，对于通过欺骗而使人产生自杀的意思并使之自杀的案件来说，仅肯定参与自杀罪的成立想来是妥当的。

因此，根据本文的立场，有关伪装一同自杀的案件，仅仅成立参与自杀罪。接下来，笔者想对近段时间以来受到关注的欺骗行为的（从将法益处分意思视为无效的立场出发）“实行行为性”（正犯性、因果关系）予以若干论述。在判断欺骗行为对法益处分意思的作用时，关键是判断行为的“实行行为”性的有无，这是最重要的。有关杀害行为本身是行为人所实施的案件，能够肯定其正犯性这一点是明确的，有问题的案件是，在与具体的生命侵害行为的关系上不能肯定行为的正犯性（比如说，仅仅将盛毒的玻璃杯递给想要自杀者）的场合，必须追问能否肯定欺骗行为本身的正犯性。在这种场合，由于自杀意思是无效的，那么判断的关键就是，能否肯定欺骗行为→错误→自杀意思→自杀行为→死亡结果之间这一正犯的因果关系，为了肯定杀人罪的成立，必须认定具备上述要件。因此，能够否定欺骗行为的“实行行为性”的是，欺骗与自杀意思之间不存在条件关系的场合，或者无法证明存在条件关系的场合（在能够认定为“难道不是从最开

〔21〕关于自由法益也是，监禁罪中的场所移动的自由，如果是利用飞机来进行的，是可以考虑对该法益的处分的。此外，即便是身体，就轻微的案件而言，也不意味着对身体的处分是完全不能考虑的。就这些场合中的处分自由来说，否定对上述法益的保护是没有理由的。

始就具有自杀意思吗”的场合），因为欺骗而产生自杀意思是极为异常的场合（尽管如此，也不能将行为者使用了特别手段使被害人产生自杀意思之类的场合，评价为“异常”）等等，以上场合是有必要留意的。仅在上述场合要求在一般的场合并不要求的某种附加的要件，由于欠缺这种附加的要件而否定“实行行为性”（正确地说，就是杀人罪的构成要件该当性），作为解释论而言，是没有理由的。

（三）出于强制的场合

通过强制使被害人产生法益处分的意思时，问题是，为了认定该意思无效而需要确定必要的意思压制的程度。前述所引的昭和59年最高裁判所的决定，是有关实施危险的物理强制行为的案件（而且，在被害者摔落之后，进一步实施了针对被害者的行为），可以说是易于肯定成立杀人罪的案例。与此相对，最高裁判所平成16年的决定，则是有关通过心理强制而使被害人作出了危险行为的案件，问题是能否认为作出危险行为的意思是无效的。在迄今为止的下级审判决中，判断意思是否无效的一般标准是，丧失意思自由〔22〕，处在绝对的强制下而失去行动的自由〔23〕，类似于上述的严格标准。尽管也存在以处在抗拒不能为判断标准的判例〔24〕，但判决没有将存在重大瑕疵的意思认定为自由意思的标准〔25〕，也有判决指出判断标准是被害人是否具有自由意思（平成16年最高裁判所决定的原审判决也是这样认定的）。不过，一直以来，如果具体的案件属于意思压制较高的案件，一般来说判例都肯定了杀人罪、伤害罪的成立。平成16年的最高裁判所决定是以被害人（精神上）除了实施危险以外别无选择作为标准来判断的，该决定没有改变要求有相当程度的意思的压制这一标准，可以将这一标准解释为并不要求被害人处在绝对的强制之下或是要求失去意思自由的程度。〔26〕因为在被害者通过实施危险行为来保住性

〔22〕参见广岛高判昭和29·6·30高刑集7卷6号944页。

〔23〕参见浦和地熊谷支判昭和46·1·26刑月3卷1号39页。

〔24〕参见鹿儿岛地判昭和59·5·31判时1139号157页。

〔25〕参见福冈高宫崎支判平成元·3·24高刑集42卷2号103页。

〔26〕对最高裁判所的这一决定提出疑问的论述有，桥田久：《命令被害者从岩壁之上连汽车一起滚落海中的行为被认为该当杀人未遂的事例》，《法学教室》289号153页（2004年）。

命的限度内，被害人仍然还是有意思自由的。

一般认为，在认定法益处分的意思无效时，只需要有能够肯定利用被害者成立间接正犯而必要的意思压制程度就可以了，不需要达到绝对的强制或者丧失意思自由的程度。〔27〕这是因为，在即便未达到上述程度，但也将意思压制到了相当程度并据此强迫被害人进行了法益处分的场合，尽管法益处分本身仍旧留有若干自由处分的余地，但根据被害人是由于意思的压制而进行处分的，也能够认定法益处分是无效的。〔28〕判断的标准虽然是必要的意思压制程度，但在考虑这一点的时候，实定法上，在其他场合所确定的意思压制标准也是很好的参考。原因在于，可以说在那些标准中体现了现行刑法将法益处分设定为无效时的思考方法，能够列举的此类标准有，“足以压制被害者反抗的程度”（抢劫罪的标准）〔29〕，“使被害者的反抗显著困难的程度”（强制猥亵、强奸罪的标准）等。当然，作为要件的意思压制程度，应该根据相应法益的价值、性质等而有所区别是可想而知的，进而，根据政策上的需要来确定标准的可能性也是有的。但是，未必有必要要求达到了绝对的强制或者丧失意志自由的程度，即便参考以上这些标准，一般认为也能够肯定并不需要达到绝对的强制或者丧失意志自由的程度。这样来看，如果能够认定被强制者除了作出被强制的行为之外别无他途（即便不能说除此之外的其他办法是完全不可能的），在我看来就能够认定法益处分无效。因此，就平成16年的最高裁判所决定的案件来说，能够肯定杀人未遂罪的成立。

关于平成16年的最高裁判所决定的案件，判例没有肯定被害者的自杀意思，但判例认为，通过强制“使被害人自杀这种具有很高的现实危险性的行为”是重要的，因此判例认为自杀意思的有无不具有决定性意义。可以说判例虽然谈到了错误问题，但即使是在被害人已有自杀意思的场合，判例也会作出相同的判断，这一点十分重要。换言之，可以说为了使他人产生自杀意思，更高程度的意思压制是必要

〔27〕也参见金筑诚志：《大コンメンタール刑法（8）》，116页（1991年）。

〔28〕参见山口厚：《基于欺骗的“被害者”的同意》，《田宫裕博士追悼论集（上）》321页以下（2001年）。

〔29〕参见最高裁判所昭和24年2月8日判决，刑集3卷2号75页，等。

的，但是从判例的判示中可以看出，对于本案而言，案中程度的意思压制就足够能被认定为利用了被害人的行为。而且，在通过强制使他人实施有很高的死亡危险的行为的场合，就是否成立杀人罪而言，若离开必要程度的意思压制的有无，被害人自杀意思的有无就不具有决定性意义，可以说前述昭和59年最高裁判所的决定的判示明确了这一点。

第 3 章
不作为的杀人罪

一、导语

在因不作为而导致构成要件的结果的案件中，问题是犯罪（而且是将一定的不作为作为构成要件要素的真正的不作为犯以外的犯罪）成立的要件有哪些？即不真正不作为犯的成立要件问题，该问题是刑法总论中的一个难题。尽管现在的学说认为，成立不真正的不作为犯的必要要件是，不作为者处于保障人的地位（从而具有基于此的法的作为义务）〔1〕，然而在何种的场合能够认定被告人处于保障人的地位并不是不言自明的。关于这一点，学说的现状是存在各种争议的。

最近，最高裁判所作出了肯定不作为杀人罪成立，即不真正不作为犯形态的杀人罪成立的判例。〔2〕本章，将以这一引起了广泛关注的判例作为研讨的素材，并对不真正不作为犯中的保障人地位的问题进行若干检讨。

二、最近的最高裁判例

（一）案情

如下所述，在最高裁判所的决定中所概括的（根据控诉审判决的

〔1〕 参见山口厚：《刑法总论（第 2 版）》，79 页以下（2007 年）。

〔2〕 参见最高裁判所平成 17 年（2005 年）7 月 4 日决定，刑集 59 卷 6 号 403 页。关于本决定的解说有，藤井敏明：《受到了危重病人的亲属的委托、对病人进行所谓“能量治疗”（参照判决）的人，让其家人将住院之中的病人从医院之中运送出来之后，未使之接受必要的医疗措施而就那样放置不理致其死亡的场合，判决认为是成立基于未必的故意出于不作为的杀人罪的案件》，曹时 59 卷 2 号 733 页以下（2007 年）；塩见淳：《被认定为不作为杀人的案件》，平成 16 重判解（ジュリ1313 号）160 页以下（2006 年）等等。

认定）本案事实为，（1）被告人自称自己拥有特别的治疗能力，即通过用手掌拍打患者的患处能将能量输送给患者，能够提高患者自己治愈自己的能力（以下简称“能量治疗”）等，因而聚集了很多信众。（2）A是被告人的信奉者，因脑内出血而病倒住进了兵库县内的医院。A由于意识障碍处在需要吸痰和打点滴的状态，虽然没有生命危险，但需要治疗几周时间，估计治愈后也会留有后遗症。A的儿子B，也是被告人的信奉者，希望父亲能够不留后遗症地得以康复，因此委托被告人对A进行能量治疗。（3）被告人虽然不曾对脑出血等危重病人施行过能量治疗，但因接受了B的委托，为了在其所滞留的千叶县某宾馆内进行上述治疗，在明知主治医生有暂时不能让A出院的警告，也明知B等家属希望得到主治医生的许可后再将A送到被告人处之意图的情况下，仍然指示B等人：“点滴治疗很危险，今天和明天是关键时刻，要在明天之内把A带来”等等，被告人使仍处于以点滴等医疗设施为必要状态的A从所住医院被运送出来，导致其生命产生了具体的危险。（4）B等人委托被告人对被运送到上述宾馆中的A施以能量治疗，被告人在看到A的病情后，虽认识到如果对A置之不理，A就有死亡的危险，但为了避免前述让病人出院到己处治疗的错误指示露馅，就有必要继续对A施以能量治疗，因此被告人以未必的杀意，在未让A接受对他来说是维持生命所必需的除痰、水分的点滴等医疗措施的情况下，就那样将A放置了大约1天的时间，导致A因痰引起的呼吸道堵塞而窒息死亡。

公诉机关根据本案的事实，以被告人犯杀人罪、共犯者B犯保护责任者遗弃致死罪〔3〕，提起了诉讼。〔4〕第一审判决（千叶地判平成14·2·5，判タ1105号284页）根据以下认定，肯定了被告人杀人罪的成立。首先，判例认为“B让K等人，拔掉住在I医院的A的点滴

〔3〕日本刑法典第217条规定了遗弃罪，即：“遗弃因年老、年幼、身体障碍或者疾病需要扶助的人的，处一年以下惩役。”第218条规定了保护责任者遗弃罪，即：“对于老年人、幼年人、身体障碍者或者病人负有保护责任而将其遗弃的，或者对其生存不进行必要保护的，处三个月以上七年以下惩役。”第219条规定了遗弃致死伤罪以及保护责任者遗弃致死伤罪，即：“犯前两条之罪而致人死伤的，与伤害罪比较，依照较重的刑罚处断。”——译者注

〔4〕判决认定B成立保护责任者遗弃致死罪（千叶地判平成13·9·28，该判决未发表在公开刊物上）。

装置、摘掉他的氧气面罩，然后将他弄下病床并带到医院外面，用汽车和飞机把A运送到没有任何医疗设施的宾馆内，在该宾馆，被告人及B等人，未实施任何被害人生存所需的必要措施。上述行为该当于杀人罪的实行行为”。另外，判决还指出“上述本案连续的实行行为是由作为与不作为复合而成的”。上述判断的前提思考是，拔掉点滴装置以及氧气面罩并将A带出医院外的行为，“无疑是对A的生命有巨大危险的行为”，但“假如仅仅是将A从I医院中带了出来，但采取了能够保障其安全的适当转移手段，转移目的地是其他的医院等具备与I医院相同或者更好的医疗设备时，由于不能认为上述行为也有导致A死亡的具体的危险性，所以只能说上述行为还处于‘拆下点滴装置及氧气面罩，将A带出医院外’阶段，不能说，将上述行为认定为杀人的实行行为是充分的，也不能认定上述行为对A的死亡有具体的、现实的危险性”，但是，“将处于前述状态的A，送到不具备任何医疗设备的宾馆后，如果不采取任何维持其生存的必要措施，当然有可能导致A的死亡结果的具体的现实的危险性，因此，一并考虑前述的在拆下点滴装置以及氧气面罩后将病人带出医院的行为所具有的危险性，就能够认定上述连续的行为对于A的生命产生了具体的、现实的危险性”。其次，关于被告人的杀意，判决认为“B向被告人详细地报告了A的病情，因此被告人不仅对A的病情、将A带出医院不让A接受医学治疗的危险性、有可能导致其死亡有认识，而且对于所谓的‘能量治疗’是无法治愈病人的也有认识，因此，能够认定被告人是因为有试试看对A施以‘能量治疗’的立场上的必要，另外，也有收取治疗费等原因，勉强实施本案行为的”，“能够认定被告人有对A的杀意”。再者，关于被告人与B的共谋，判决认为“B最终决意违反F医师等的治疗方案，强行把A带出医院……在该时点，被告人与B之间，在强行使A脱离医生的治疗、将其带到没有准备任何的医疗设备的被告人处这一层面成立共谋”〔5〕。

被告人针对第一审判决提出了控诉，控诉审判决（东京高判平成15·6·26）认为，“在被告人自己亲眼看到运送到本案宾馆的A的情

〔5〕 另外，对于B，判例认为：“因为能够认定B非常希望A康复，即使B对A的死亡结果有预见，也不是持容认意思，不能认定B有杀人故意是明确的，所以B仅成立保护责任者遗弃的故意”。

况之前，认定被告人有杀意还是有疑问的”，不过，“在被告人自己亲眼看到运送到本案宾馆的A的情况之后，能够说被告人有容认A死亡的动机，可以认定被告人对A抱有未必的杀意”，由此作出了如下判示，肯定了杀人罪的成立。即，“被告人指示B等将A从I医院带出来，运送到本案宾馆，由于被告人实施了上述先行行为，能够认为，被告人就应该对被运送到本案宾馆的A，承担使其立即接受维持生存所必要的医疗措施的作为义务。但是，因为可以说被告人抱有未必的杀意，怠于履行上述作为义务而导致了A的死亡，所以可以考虑将被告人在自己亲眼看到了A的情况以后的行为，确认为所谓的不真正不作为犯，能够追究其杀人罪的责任”。

（二）最高裁平成17年（2005年）7月4日决定

接受了被告人上告的最高裁判所作出了如下判示，认可了肯定杀人罪成立的原判决，驳回了上告。

“根据以上的事实关系（前记（一）开头所列的从1到4的事实），能够认定，在由于可归责于其本人的事由使患者的生命产生了具体的危险后，被告人的立场是在宾馆内，受信奉被告人的患者亲属的委托，对被运送来的重病患者进行全面的治疗。此时，被告人明知患者处于重病状态，因为被告人自己能够救A是没有根据的，所以应该说被告人负有立即使患者接受维持生命所必要的医疗措施的义务。但是，被告人以未必的杀意，在没有使患者接受上述医疗措施的情况下，放任不管患者的死活，导致了患者的死亡，所以，原判决认为被告人成立不作为的杀人罪，与没有杀意的患者亲属在保护责任者遗弃致死罪的限度内成立共同正犯是正确的。”

（三）本判例的意义

本判例所认可的原判决（控诉审判决），与第一审判决不同，是特别以以下问题作为问题点的，即，在与认定了被告人的杀意的时点的关系上，将被告人的行为认定为，从医院带走被害者A后，违反了使被害人立即接受维持生命所必要的医疗措施的义务，在未使其接受相应的医疗措施的情况下放任不管，导致了患者的死亡属于不作为，并据此肯定了杀人罪的成立。在控诉审判决中，与第一审判决不同，并没有把从医院带出被害人的行为作为实行行为的内容，而是将其置于，与未使被害人接受医疗措施这一不作为相关的，能够认定被告人的保障人地位即作为义务的事由的位置。此外，根据这一见解，控诉审判决虽认为从医院之中（将被害人）带出来这一作为，具有“对于生命的重大危险”，但就其性质本身来说，第一审判决认为其欠缺导致死亡的现实的、具体的危险，否定了该行为具备杀人罪的实行行为性，而控诉审判决却并未将第一审判决的如许判断的当否作为问题。〔6〕

本判例受关注的是以下两点。第一点是，本判例是以何种事由为根据认定被告人处于保障人的地位，即应该承担作为义务的。由于第一审判决，将本案实行行为理解为“作为与不作为复合而成”，换言之，是将从医院（把被害者）带出来和未使之接受必要的医疗措施两者一体予以把握的，因此，在第一审判决中，没有明确的判示有关被告人保障地位的判断。而在控诉审判决中，在与能够认定故意的时点的关系上，专门论述了不作为的实行行为性问题，控诉审判决是以“指示 B 等人，把 A 从 I 医院带出来，运送到本案宾馆”这一先行行为为根据，认定被告人“就应该对被运送到本案宾馆的 A，承担使其立即接受维持生存所必要的医疗措施的作为义务”。换言之，控诉审判决以先行行为作为保障人地位的根据。与此相对，在最高裁判所的决定中，所论及的下述理解是重要的。即决定认为“在**由于可归责于其本人的事由**使患者的生命**产生了具体的危险**”这一先行行为，与“被告人的立场是在宾馆内，受信奉被告人的患者亲属的委托，对被运送来的重病患者进行全面的治疗”这一责任之间存在依存关系。换言之，决定不仅将危险的先行行为，而且将保护责任、存在依存关系也作为了保障人地位即作为义务的根据。在最高裁的决定中，没有仅将先行行为作为保障人的地位即作为义务的根据，并且，也没有将先行行为从上述根据中排除，这两点是受到了关注的判示内容。

本判例受到关注的第二点内容是，判例明示了这一判断，即就故意内容不同的共同正犯者所成立的犯罪来说，具体而言，在具有杀意的被告人和不具有杀意的被害者的亲属 B 之间，“在保护责任者遗弃

〔6〕是否将从医院带出被害人的行为认定为实行行为与以下问题的解决有关，即，“在从医院之中带出患者的阶段患者就死亡的场合，（若根据第一审判决）对于有杀意的被告人来说，还能认定被告人不成立杀人罪吗？”的问题。解决该问题，应该检讨的是杀人罪的实行行为性所要求的危险性的内容、程度。参见最决平成 16・3・22 刑集 58 卷 3 号 187 页。

致死罪的限度内成立共同正犯”。能够将判例的这一判断理解为，是立足于近来所谓的部分犯罪共同说的见解，这也是受到了关注的判示内容。

三、关于保障人地位

（一）关于排他的支配

如上所述，在能够肯定危险的先行行为的存在，保护责任、依存关系的存在的本案之中，一般认为，肯定有杀意的被告人对被害人有保障人的地位即作为义务没有什么问题。在能够认定为与判例案情类似状况的场合，即便采要求存在排他的支配因而严格理解保障人地位的要件的见解（排他的支配说）〔7〕，大概也能够肯定被告人的保障人地位。因为，被告人基于自己的意思，在宾馆这一封闭空间内，使自己处于受委托对患者进行全面治疗的状态〔8〕，而且，也能够将该行为认定为给被害者带来了危险的先行行为。〔9〕

就被侵害的法益来说，在行为人出于自己的意思而设定了排他支配的场合，一般认为能够肯定行为人的保障人地位，但是问题是，根据排他的支配说的主张，为了肯定存在排他的支配（中的排他性），也就是为了肯定保障人的地位即作为义务，有必要检讨其必需的要件。最近，在对排他的支配说加以检讨的学说中，甚至有见解认为排

〔7〕参见西田典之：《不作为犯论》，载芝原邦尔等编：《刑法理论的现代的展开 总论Ⅰ》，67页以下（1988年）（根据自己的意思设定排他的支配，或者，排他的支配与社会继续的保护关系的存在）；佐伯仁志：《保障人地位的发生根据》，载《香川达夫博士古稀祝贺·刑事法学的课题与展望》，95页以下（1996年）（因排他的支配与先行行为而导致危险）；林干人：《刑法总论（第2版）》，156页以下（2008年）（对于危险源或法益设定排他的支配）等等。排他的支配说是近来有力的见解。参见井田良：《刑法总论的理论构造》，41页以下（2005年）。

〔8〕当然，A的亲属B反悔，转而求诸医生的治疗也不是不可能的，但既然被告人和B之间存在共犯关系，根据排他的支配说，不能否定被告人对被害人的排他支配。因为，排他的支配是通过共犯者的全体行为来判断的。参见西田典之：《不作为的共犯》，《法学协会杂志》122卷4号6页以下（2005年）。

〔9〕参见佐伯仁志：《保障人地位的发生根据》，载《香川达夫博士古稀祝贺·刑事法学的课题与展望》，95页以下（1996年）。另外，参见佐伯仁志：《不作为犯论》，《法学教室》288号54页以下（2004年）。

他的支配不是保障人的地位即作为义务的要件，而是正犯性的要件[10]，进而，还有见解主张不管是保障人的地位即作为义务的要件，还是正犯性的要件，排他的支配都是不必要的。[11]

即便同属排他的支配说，在要求有排他的支配这一点上虽然是共通的，但具体内容并不一样。有一种有力的见解指出，为了确保不真正不作为犯与作为犯构成要件的等价性，“不作为者掌握指向结果的因果趋势”是必要的，并由此得出了排他的支配的要件。[12] 不过，一般并不认为，根据前述前提，就能充分地确认排他性支配的存在。实际上要件论的实际情况是，根据的是论者的态度，即论者是在何种程度内限定地肯定保障人的地位的？另外，再根据其内容的妥当性来考虑如何认定。

首先，即使不作为的共犯也是以保障人的地位即作为义务的存在为其成立要件的，因此，笔者想就为了肯定保障人地位排他的支配是否必要这一问题加以检讨。如前所述，有见解以排他的支配是正犯性的要件为由，将排他的支配从保障人的地位即作为义务中分离出来，该见解认为即便在单独正犯来说，排他的支配可能成为不真正不作为犯的成立要件，但就欠缺正犯性的共犯来说，排他的支配是不必要的。[13] 该见解认为，对于在介入作为正犯引起结果场合的共犯来说，不能说该共犯原本就“掌握了指向结果的因果趋势”（可以这样说的是作为正犯），因此，既然作为共犯的成立不要求排他的支配，那么不作为共犯的成立也是一样的。关于不作为共犯的成立，不是不能考虑共犯是否通过正犯“掌握了指向结果的因果趋势”（在此限度内，被要求是一种修正的排他支配[14]）这一问题的。但是，一般认为对

〔10〕 参见岛田聪一郎：《不作为犯》，《法学教室》263 号 113 页以下（2002 年）。这一见解是在能够将排他支配确认为正犯性要件的范围内来考虑排他的支配的。也可以将该见解视为排他的支配不要说。

〔11〕 参见高山佳奈子：《不真正不作为犯》，载山口厚编著：《Close Up 刑法总论》，39 页以下（2003 年）。

〔12〕 参见西田典之：《不作为犯论》，载芝原邦尔等编：《刑法理论的现代的展开 总论Ⅰ》，67 页以下（1988 年）；佐伯仁志：《保障人地位的发生根据》，载《香川达夫博士古稀祝贺・刑事法学的课题与展望》，95 页以下（1996 年）。

〔13〕 参见岛田聪一郎：《有关不作为的共犯（1）（2・完）》，载《立教法学》64 号 1 页以下（2003 年），65 号 218 页以下（2004 年）。

〔14〕 即，能够考虑将正犯与共犯作为一体的情况下判断排他的支配。参见西田典之：《不作为的共犯》，《法学协会杂志》122 卷 4 号 6 页以下（2005 年）。

于共犯的成立，上述要件并不是必需的。原因在于，对于正犯，虽有可能几个犯人各自独立地作为共犯参与犯罪（同时共犯），但此时，无法认定个别共犯者也有修正的排他支配。例如，各自对计划侵入某公司事务所实施盗窃的行为者，告诉其侵入路线的人，约定收购盗窃物的人，虽然各自都能以帮助而成为处罚的对象（同时帮助），但不论何人，都不能说由于正犯引起了结果，所以该人“掌握了指向结果的因果趋势”。针对正犯复数的共犯（即便是修正的）排他的支配也不是共犯成立的必需要件。

针对正犯复数的共犯（同时共犯）是可能的，而共犯的成立不能要求排他的支配，这一点对于单独正犯来说也有重要意义。这是因为，既然同时犯是可能的，排他支配的存在就不是必需的要件。一直以来，都肯定了过失犯的成立不需要存在排他支配。换言之，一般认为，过失犯中存在广泛的同时正犯（过失同时犯），因此，不需要存在排他支配，不仅在过失作为犯的场合，在过失不作为犯的场合当然也是妥当的，即便没有排他的支配，也能够肯定过失的不作为者的保障人地位即作为义务。进而，因为能够在一定范围内承认故意犯背后的故意犯（具体而言，就是将故意行为作为道具利用的间接正犯），甚至承认纯粹的同时犯〔15〕，所以即使在故意犯中排他的支配，仍然有可能不是保障人的地位即作为义务的必需要件。在我看来，同时犯的可能性与排他的支配（中的排他性）这一概念，原本就是不相容的。

（二）若干考察

因此，即便排他的支配（中的排他性）既不是肯定保障人地位即作为义务的必要要件，也不是充分要件〔16〕，当然，上述结论并不意味着使问题得到了解决，可以说不过是又回到了原点。研究保障人的地位即作为义务的一般要件是学说的紧要课题。对这一问题的详细研

〔15〕 在大阪南港事件（最决平成2·11·20刑集44卷8号837页。参照本书第1章是相关内容）那样的案件中，第二行为人成立伤害致死罪或杀人罪，其与第一行为人之间的关系，是同时犯。

〔16〕 因为，即便有保障人的地位即作为义务，也并不意味着没有阻止正犯犯行的人全部成立正犯。在与作为正犯的关系上，应该根据与构成要件实现有关的不作为者的正犯性的有无来判断。

讨只能留待其他机会了，以下，笔者想对解决问题的方向进行若干检讨。

首先，学说上存在着这样的见解，即认为不真正不作为犯中的保障人的地位即作为义务的要件，要求一定的作为是为了正当化对行动自由的制约，而这一正当化只能适用于不作为导致法益危险变高的场合。〔17〕因此，这一见解认为在因先行行为产生危险的场合，是保障人的地位即作为义务的基本类型。〔18〕不过，这一见解想来存在以下疑问。首先，即使将保障人的地位即作为义务把握为正当化对行动自由的制约的要件，也不过是指出了正当化处罚不作为的一个要件而已，就不真正不作为犯来说，问题的关键是，不真正不作为犯与作为犯之间的“构成要件的等价性”。另外，即使产生危险的人（根据禁止侵害）具有消除危险的义务，但在不履行这一义务导致结果发生的场合，是认定成立因先行行为而导致的结果的犯罪，并对其予以处罚，还是仅仅要求其消除危险，避免结果发生？这是有疑问的。况且，为了正当化对行动自由的制约，即使认可保障人地位要件对于抑制产生危险的意义，特别要件确实是必要的，也不能说自由制约的正当化仅限于以上场合。例如，一般认为，能够肯定有责任保护他人的人（例如，为了将交通事故的被害者送往医院，而将其收容于自己车中的人）的保障人地位即作为义务，但是，是无法认定在上述场合，行为人增加了对被害人的危险的。如后所述，一般认为，即使保障人地位在产生、增加危险的场合是有意义的，也应该说该意义与上述见解的理解是不同的。

其次，在学说之中，有见解主张，在不作为者有法的作为义务的场合，即对某一不作为作事实的评价是导致法益状态的恶化，但如果对其进行法的评价，由于作为义务者应该保护法益，即便没有导致法益状态的恶化，根据从懈怠作为义务会导致结果发生中寻找处罚不作为之根据的立场〔19〕，认为指向作为的规范义务的存在是不真正不作

〔17〕 参见佐伯仁志：《不作为犯论》，《法学教室》288号60页（2004年）；岛田聪一郎：《有关不作为的共犯（2・完）》，《立教法学》65号228页（2004年）。

〔18〕 参见岛田聪一郎：《有关不作为的共犯（2・完）》，《立教法学》65号251页（2004年）。

〔19〕 参见高山佳奈子：《不真正不作为犯》，载山口厚编著：《Close Up 刑法总论》，58页以下（2003年）。

为犯的要件。[20] 但是，这一见解存在以下疑问，即是否负有任何法的作为义务的不作为者，怠于履行法的义务，即便根据法的评价未导致法益状态的恶化，一般也都能够肯定成立不真正不作为犯？因此，即便根据这一见解，对法的义务进行限定也是不可少的，但根据对是否导致法益状态的恶化进行法的判断的立场，可以说要求法益保护的规范中的作为义务是不真正不作为犯的成立要件，不过困难的是，如何判断法益状态正在恶化，有可能进行这一判断吗？

要而言之，在不真正不作为犯中，能够将因不作为而导致结果，与因作为而导致结果同视（**同视可能性**）时，就能够肯定与导致结果有关的犯罪的构成要件该当性，上述结论不过是根据常理得出的。[21]

根据上述纯粹的判断规范进行判断时，由于保障人的地位即作为义务的界限是极为模糊的，就有必要根据事实基础，努力确定这一界限。在这个意义上，排他的支配说将“掌握指向结果的因果趋势”作为判断的关键，其出发点可谓极为正确。不过，即便是作为犯也明确地不要求完全的支配因果经过，因此与其将“因果经过的支配”作为判断的关键，倒不如将已有人主张过的有无“结果原因的支配”作为判断的关键更为合适。因此，已如前述，在判断保障人地位时，排他性并不是必需的要件[22]，能够肯定不作为者对结果原因的支配，换言之，能够肯定不作为者对于不发生结果是有责任的、有依存关系的就可以了。

能够将法益侵害的过程表述为使危险产生→危险增大→导致结果，不过如果在与不作为的关系上理解法益侵害的过程，可以分为以下两种情况：第一种情况是，由于不适当的措施→潜在的危险源产生或者增加了危险→导致结果；第二种情况是，使容易受侵害的法益的脆弱性表面化→增大侵害的危险→导致结果。对结果原因的支配意味着，支配了有可能导致结果的危险的原因。法益侵害的有无，应该根

〔20〕 参见高山佳奈子：《不真正不作为犯》，载山口厚编著：《Close Up 刑法总论》，67页以下（2003年）。

〔21〕 参见山口厚：《不真正不作为犯论要》，载《小林充先生·佐藤文哉先生古稀祝贺·刑事裁判论集（上）》，22页以下（2006年）。

〔22〕 这一见解的具体含义是，即便是存在其他的可能救助者，也不能否定行为人的保障人的地位即作为义务。例如，养育婴儿的双亲中的某一方不履行作为义务时，当然，能够要求另一方履行作为义务。

据法益侵害的危险程度以及相对的法益方的防御程度来判断，因此，能够将对结果原因的支配分为：（1）对危险源的支配；（2）对法益脆弱性的支配。[23]（1）所谓对危险源的支配，意味着在对危险物进行管理的场合，在对汽车等危险装置进行操作的场合，从事危险作业的场合等等。相对的，（2）所谓对法益脆弱性的支配，典型的例子是父母养育婴儿的场合等承担保护责任的案例。在本决定的案件中，对法益脆弱性的支配是肯定保障人地位即作为义务的决定性根据。[24]而且，一般认为这两者间的关系并非是单方的、排他的，也可能存在能够同时认定双方要素的场合。

而且，在先行行为产生或者增加了危险的案例中，以此本身为理由，是不能肯定对结果原因的支配的。在实施有可能产生或者增加危险的行为这一阶段，根据对危险源的支配，即便能够肯定在这一阶段的保障人地位即作为义务，但有必要留意的是，在导致措施错误的危险以后的阶段，很难说行为人支配着导致结果的原因。例如，在驾车时要是眼看着就要撞到人的话，就要求行为人进行适当的方向盘、刹车器等操作（对危险源的支配），可是一旦事故发生、导致他人负伤时，就伤害的恶化来说，原因的支配是不存在的（和恰好在场与事故无关的人一样）。在这个意义上，将先行行为从保障人的地位即作为义务的发生原因中除外的见解[25]，姑且不论其理由，结论是正确的。

根据以上根据，能够认定处在保障人的地位即作为义务的人，怠于实施被期待的行为，导致了危险的产生与增加时，就能够认定该不作为的构成要件该当行为性（实行行为性）。在这个意义上，危险的产生、增加虽然不是为了肯定保障人的地位即作为义务而必需的前提，但是要想确认处罚，与作为犯的场合一样，危险的产生与增加也是必要要件。

〔23〕不仅包括已经表面化的危险源与脆弱性，而且也包括潜在的危险源与脆弱性。

〔24〕在本判例所认可的原判决中，是专门将先行行为所产生的危险作为肯定保障人的地位即作为义务的根据的，不过，本判例虽然并未否定这一考虑，但却是着眼于保护的依存关系来肯定保障人的地位的。如后所述，仅将先行行为作为保障人的地位即作为义务的根据是有疑问的。

〔25〕参见西田典之：《不作为犯论》，载芝原邦尔等编：《刑法理论的现代的展开 总论Ⅰ》，91页（1988年）。西田典之在《不作为的共犯》一文中的批判是正确的，《法学协会杂志》122卷4号5页（2005年）。

四、共同正犯的成立范围

在共同引起了构成要件的结果的共同者之间，如果故意的内容不同，那么问题是，究竟在何种范围内成立共同正犯？众所周知，关于这一问题，存在着犯罪共同说与行为共同说之间的见解对立。〔26〕关于这一问题，1979年4月13日最高裁判所的决定（最决昭和54·4·13刑集33卷3号179页），针对共谋实施暴行、伤害的被告人P等7人中的Q具有未必的故意而成立杀人罪的案件，指出“应该说没有杀意的P等6名被告人，在杀人罪的共同正犯和伤害致死罪的共同正犯的构成要件重合的限度内，成立轻的伤害致死罪的共同正犯。换言之，虽说Q犯杀人罪的起因是与P等6名被告人共谋实施暴行与伤害，客观上也实现了该当于杀人罪的共同正犯的事实，尽管如此，由于P等6名被告人没有杀人罪这一重罪的共同正犯的意思，因而没有理由说P等6名被告人成立杀人罪的共同正犯，假如认定上述6名被告人在罪名上成立重的杀人罪的共同正犯，而在刑罚上仅仅处以暴行罪或伤害罪的结果加重犯，即伤害致死罪的共同正犯的刑罚，就只能说是错误的”。在该案中，由于判例认定有轻故意的行为人在轻故意犯罪的限度内成立共同正犯，所以判例的结论，无论根据部分犯罪共同说的立场，还是根据行为共同说的立场来说明都是可能的。

与此相对的，在本判例中，判例认定有重故意（杀意）的人，在与其他共同者共通的轻故意的限度内成立共同正犯，换言之，判例没有肯定成立与重故意相关之罪的共同正犯，据此，可以说判例是采取了与部分犯罪共同说相近的见解。本判例的重要意义就在于此。换言之，重要的是判例明确指出，有重故意（引起了结果）的共同者成立与重故意相应的故意犯罪，但在共通的轻罪的限度内成立轻罪的共同正犯。

〔26〕参见山口厚：《刑法总论（第2版）》，301页以下（2007年）。

第 4 章
正当防卫的周边

一、导语

作为违法性阻却事由的正当防卫（刑法第 36 条[1]），虽然本身就是极为重要的解释问题，但在其周边也存在着若干需要检讨的问题。在本章中，笔者想对这些问题进行研究，并进行问题的整理和若干检讨。本章所要研究的问题是，（1）实施正当防卫行为侵害了“紧急不法的侵害”者（以下，简称为“侵害者”）以外的第三人的法益时的处理。（2）整理有关防卫过当、假想防卫以及假想防卫过当的概念。最近，在下级审的判决中出现了与前者有关的，具有重要意义的判决；另外，由于一般认为学者间对于后者的理解存在若干混乱，所以笔者也想将该问题纳入本章的研讨。

以下，笔者想在先对在正当防卫时给第三人造成了法益侵害的问题加以检讨后，对假想防卫与防卫过当之间的交叉领域进行简略的解说。

二、正当防卫与第三者的法益侵害

（一）问题点

1. 成为问题的诸类型

有关针对紧迫不法侵害的防卫行为，侵害了侵害者以外的第三人

〔1〕 日本刑法典第 36 条规定了正当防卫制度：“为了防卫自己或他人的权利，对于急迫的不法侵害不得已实施的行为，不罚。超出防卫限度的行为，可以根据情节减轻或者免除处罚。”——译者注

的法益的案件，在以下场合可能存在问题。[2]

第 1 种类型是，在侵害者利用第三人所有的物或是第三人本人进行侵害的场合，防卫行为侵害了该第三人所有的物或者是第三人本人的案件。例如，（1）A 将 C 所有的花瓶砸向 B 的头部，B 用身边的木刀挡开花瓶，结果花瓶碎了。（2）A 把 C 推向 B，B 则推开 C，结果导致 C 摔倒并负伤。这类案件中的问题是，防卫者是否成立对 C 的花瓶的故意毁坏财物罪，是否成立对 C 的伤害罪。

第 2 种类型是，为了避免紧急的不法侵害，利用第三者所有的物实施防卫行为，因此侵害了第三者所有的物的案例。例如，（3）A 用小刀侵害 B，B 用身边 C 所有的花瓶扔向 A 借以防身，结果花瓶碎了。这类案例中的问题是，防卫者是否成立对 C 的花瓶的故意毁坏财物罪。

第 3 种类型是，在上述两种类型以外的场合，为了避免紧急的不法侵害，实施防卫行为，却侵害了侵害者之外的第三人的案例。例如，（4）A 使用小刀侵害 B，B 为了保护自己，用地上的石头砸 A，但石头没有砸中 A，却砸中了 A 旁边的 C，致 C 负伤；（5）A 一边将 C 作为盾牌保护自己一边试图（朝 B）开枪，B 为了保护自己而开枪，子弹射中了 A 和 C，导致 A 和 C 负伤；（不考虑使用手枪本身是否得到了许可）在这类案例中的问题是，防卫者是否成立对 C 的犯罪。

2. 关于第 1 种类型

首先，笔者想就第 1 种类型进行检讨。对于如何解决该类场合的问题，虽然存在着多种见解，但基本的思考方法大致上有，作为紧急避险解决的见解（a 说）和作为正当防卫解决的见解（b 说）。

紧急避险说（a 说）的根据是，正当防卫所能够允许的是限于对侵害人的法益侵害，因此侵害属于第三者的法益不能被视为正当防卫阻却违法性。换言之，该说认为正当防卫阻却违法性的根据在于被侵害者的法益对于侵害者的法益的绝对优位性[3]，理所当然的，例如，在能够认定侵害者丧失了法益的法益性，或者，有需要对被侵害者的

〔2〕参见香川达夫：《防卫行为与第三者》，《刑法解释学的现代的课题》，106 页以下（1979 年）；斋藤诚二：《正当防卫与第三人》，载《森下忠先生古稀祝贺・变动期的刑事法学（上）》，219 页以下（1995 年）；川端博：《正当防卫权的再生》，199 页以下（1998 年）等等。

〔3〕参见山口厚：《刑法总论（第 2 版）》，113 页以下（2007 年）。

法益加以保护的“法确证的利益”时，由于丧失法益性的是侵害者的法益，能够认定法确证的利益，所以正当防卫所能够允许的法益侵害，仅限于对侵害者的侵害。因此，该说认为侵害侵害者以外的第三人的法益，不能作为正当防卫而被允许，但在符合紧急避险要件时，例外地阻却违法性而已。

与此相对，正当防卫说（b说）的根据是，第三人或者第三人所有的物本身就构成紧急的不法侵害。换言之，关于上述案例（1），正当防卫说认为C所有的花瓶本身构成了对B的紧急不法侵害，关于上述案例（2），正当防卫说认为C自身（C的身体）构成了对B的紧急不法侵害。如果这样理解，对C的法益侵害，作为对（实际上，并不一定是第三人的）侵害者C的正当防卫而被允许。因此，在紧急避险说中被作为前提的，正当防卫所能够允许的法益限于对侵害人的法益侵害，这样的理解得以维持。这一理解的问题是，在类似C欠缺行为性、有责性的案例中，能够肯定C实施了紧急的不法侵害吗？如果否定C实施了紧急的不法侵害，就不能允许以正当防卫为由对C进行法益侵害。换言之，在上述类型的案例中，为了采正当防卫说，有必要将紧急不法侵害的要件解释为不要求行为性与有责性。那么，这种理解能够肯定吗？〔4〕既然对于紧急的不法侵害仅要求以“紧急不法”为要件，一般认为就不需要有责性要件，对行为性要件是否必要则曾经有过争议。所谓的对物防卫肯定说的见解是，不需要行为性要件，接下来，笔者将在研讨对物防卫肯定说的同时，对为了认定紧急的不法侵害，行为性要件是否必要加以考察。

对物防卫肯定说，是从保护紧急的不法侵害的被侵害者的角度出发的见解，该说认为能否认定对被侵害者的紧急不法侵害的行为性，从防卫必要性的角度出发，行为性与紧急不法侵害的认定无关，因此不需要行为性要件。换言之，对物防卫肯定说认为，侵害者是人时能够进行正当防卫，如果是野生鸟兽的侵害则防御必须限制在紧急避险的限度内，进行上述区分是不妥当的。与此相对，对物防卫否定说根据以下两点批判了对物防卫肯定说。（1）形式上，所谓的不法或者违

〔4〕而且，为了避免不当地限制正当防卫，即使防卫行为造成了对第三人的法益侵害时，也有可能理解有必要允许此类防卫行为，但这一理解的根据仅仅是结论是否正确，必须解释认可该结论的理由，这一点是有可能被指出来的。

法，仅仅是指对人的行为的评价，对物的状态不能有这样的评价（尽管能说人的袭击是不法的，但不能说野猪的攻击是不法的）；（2）实质上，由于欠缺行为性者没有任何的过失，应该与被侵害者的法益同样、同程度地保护该法益，因此，对该法益的侵害只能在紧急避险的限度内被允许。首先，关于第一点，若是认为将对物防卫与一般正当防卫进行比较，即便在均衡性上肯定对物防卫实质上是妥当的，但将欠缺行为性的事态评价为不法或者违法是有问题的话，这一问题可以通过不以正当防卫，而是以类似于正当防卫的超法规违法性阻却事由（准正当防卫）这种解释上的整理来解决。真正的问题是第二点，即（欠缺行为性的）第三人法益的要保护性。换言之，因为没有过错的第三人的法益与被侵害者的法益值得同等保护，所以比较宽泛地允许对第三人法益的侵害，不属于正当防卫的规则，应该根据紧急避险的规则严格地判断侵害的违法性。如何反驳这一理解的妥当性与适当性，才是对物防卫肯定说需要解决的问题。采这一理解的学说虽然也是有力的主张〔5〕，不过，根据这一理解，从上述“归责性”的观点出发，因为没有理由区别行为性与有责性，就会导致“紧急的不法侵害”成立不仅要求行为性要件，也要求有责性要件。〔6〕结果，根据这一理解，即使可能将（根据刑事政策否定了责任能力的）刑事未成年人实施的侵害解释为“紧急的不法侵害”，但是，对于心神丧失者实施的侵害，不得不说只能以紧急避险来应对，而不能进行正当防卫。但是，学说上一般来说没有采纳这一结论，而且，该结论也并不妥当。〔7〕这就意味着，在认定正当防卫的要件之一的紧急的不法侵害时，不需要侵害者的责任（有责性）要件，因此，“归责性”要件也是不必要的。〔8〕换言之，正当防卫并不是根据法益衡量（通过侵

〔5〕参见井田良：《刑法总论的理论构造》，159页以下（2005年）。该见解认为，在攻击者的“归责性”的基础上，能够否定或者减弱第三人法益（被侵害法益）的要保护性，而这正是正当化（相比于紧急避险）更为宽泛地认定正当防卫的要件的理由。此外，参见井田良：《违法性阻却的构造及其实质的原理》，载山口厚、井田良、佐伯仁志：《理论刑法学的最前线》，68页以下（2001年）。

〔6〕参见井田良：《违法性阻却的构造及其实质的原理》，载山口厚、井田良、佐伯仁志：《理论刑法学的最前线》，69页（2001年）。该文肯定了对无责任者的正当防卫的限制。

〔7〕近来的见解有，高山佳奈子：《正当防卫论（上）》，法教267号84页（2002年）。

〔8〕不过，在判断防卫行为的必要性时，事实上这些要素恐怕是有影响的。

害者与被侵害者之间的“过错比较”）来确定其界限的，有必要根据防卫必要性（对不要求忍受[9]的侵害的防卫）的观点，来确定法益侵害允许性的界限。防卫的必要性与侵害者的“归责性”无关，认为“归责性”是判断防卫必要性的关键的见解，通过导入“过错比较”，相对化被侵害者的保护与侵害者之间的关系，意图限定正当防卫的允许范围，可以说这一见解是把紧急避险与正当防卫作为一个整体（存在连续关系）来理解的。可是，正当防卫与紧急避险不同，对于紧急避险来说，法益比较是必需的要素，即所谓的补充性要件，但对于正当防卫而言不要求这一要件（即不要求除了实施防卫行为外，为了避免侵害，没有更好的减少侵害性的方法），因此，不是通过“比较”相关法益来确定允许进行正当防卫的范围。[10]

结论是，为了肯定正当防卫，只能认为，不需要侵害者的过失，从而，即使对欠缺行为性与侵害性的侵害者进行正当防卫也是可能的。因此，根据以上所述，能够将对物防卫理解为作为正当防卫（或者准正当防卫）而阻却违法性。[11]

以上论述奠定了正当防卫说（b说）的基础。即，只要是被侵害所利用的，不管是第三人所有的物还是第三人的身体，都可以对其进行正当防卫。

3. 关于第2种类型

第2种类型，即对使用第三人所有的物进行防卫，并侵害该物，一般认为要通过紧急避险说来解决。这是因为，由于紧急的不法侵害也属于现在的危险，有可能对其进行紧急避险，而且，侵害了侵害者以外的第三人的利益时，不能认定是由于第三人所有的物导致了紧急的不法侵害。

〔9〕所谓不要求忍受，不是先入为主地从结论出发来判断，而是根据独立的依据得出的难以忍受结论。例如，对于死刑判决的执行，死刑犯不能以正当防卫对抗，这是因为死刑囚有忍受执行的义务（这与认为死刑犯的生命相对于执行而言不被保护是一样的）。

〔10〕从“过错比较”论出发，在正当防卫中，也导入上述的补充性要件虽也是可能考虑到的，不过不得不说该见解并不妥当。

〔11〕最近的对物防卫肯定论有，佐伯仁志：《正当防卫论（1）》，法教291号80页以下（2004年）。否定说有，高山佳奈子：《正当防卫论（上）》，法教267号85页8页（2002年）（但是，这一见解的问题大概在于，与认为紧急的不法侵害不需要责任要件之间的一贯性）。

虽有所重复，但为了确保这一解决与将第1种类型认定为正当防卫的这一解决之间的整合性，也只能这样解决。因为在第1种类型中，能够肯定第三人的身体与所有物产生的紧急不法侵害，所以第三人实际上是侵害者，允许对其进行正当防卫，而与之相对的，在第2种类型中，无法认定第三人是侵害者，也就不能允许正当防卫，而只能以紧急避险来解决。

根据紧急避险说，对于上述案例（3），为了阻却损坏花瓶的违法性，就要求为了防卫紧急的不法侵害，除了损坏花瓶之外，没有其他别的方法。

4. 关于第3种类型

在防卫紧急的不法侵害时侵害了第三人的法益的场合，既不属于第1种类型也不属于第2种类型的，还有第3种类型。在这一场合中，有与其他类型不同的固有问题，有特别值得检讨之处。近来，出现了以该类型的案件为对象，并作出了判断的下级审判决〔12〕，接下来，笔者将首先介绍该判决，并在此基础上加以检讨。

（二）最近的判决

1. 案情

在年轻人团伙间的斗殴中，被告人想要对与自己的亲哥哥乙互相争夺木刀的对方团伙中的甲施以暴行，在急速倒车时，撞到了甲的右手（但是并未导致甲受伤），还撞倒了乙，导致乙被碾压致死。另外，被告人急速倒车的原因是，赶走对方团伙成员，救出乙与其一起逃走。

第一审判决（大阪地方裁判所堺支部平成13年7月19日判决，判タ1114号297页）认为，根据以上事实，被告人为了帮助乙，施加了使用汽车向甲急速倒车以求赶跑甲等人的暴行，“该暴行的结果，虽然不是其所希望的结果，却将自己的亲哥哥乙也撞倒在本案车辆下，导致乙被碾压致死，因此，被告人除成立对甲的暴行罪之外，还成立对乙的伤害致死罪”。

〔12〕 参见大阪高判平成14·9·4判タ1114号293页。关于该判决的解说有，佐久间修·精选03（法教282号别册附录）28页（2004年）等等。

2. 判决

大阪高等裁判所认为，被告人对甲实施的暴行，虽然该当于暴行罪的构成要件，但成立正当防卫阻却违法性，关于被告人是否成立对乙的伤害致死罪，判决作出了以下的判示，否定了伤害致死罪的成立。

“如前所述，如果以将被告人急速倒车这一行为认定为正当防卫为前提，那么问题就是，应该如何认定该防卫行为的结果，以及完全没有预料到的驾车撞倒乙并将其碾压致死的行为。将对完全没有实施不法侵害的乙的侵害，解释为客观的正当防卫是不妥当的，而且，偶然的、意外的撞倒并碾压乙的行为是欠缺客观的紧急行为性的行为，而且不能说这一行为是为了避险而实施的，所以认定为紧急避险也是不合适的。但是既然被告人主观上认识为正当防卫并且据此实施行为，那么就应该说，被告人驾驶本案车辆撞倒并碾压乙的行为，不存在能够指向故意非难的主观事由，因此，作为所谓的假想防卫的一种，能否追究其过失责任另当别论，应该说是不能肯定故意责任的。”“原判决没有像前述的那样明确地指出特别理由，却认定被告人对甲有暴行的故意，根据所谓的方法的错误，认定被告人错误地碾压了乙，并依据法定的符合说，追究被告人对于乙的伤害致死的刑责。关于本案，能够像前述的那样认定被告人对甲的行为属于正当防卫，对乙的行为属于假想防卫的一种，据此考虑被告人的刑事责任，即使根据错误论的观点来考察，认为不能追究对乙伤害致死的刑责也是相当的。换言之，一般而言，在对某人（A）实施暴行行为，却没有预料到导致了他人（B）伤害或者死亡的结果的场合，这种情况属于所谓的方法错误，适用法定的符合说，即认为对 A 的暴行（构成要件的）故意，也及于同样都是‘人’的 B。这样理解的根据是，对犯罪人来说，A 和 B 同样都是‘人’，从构成要件的评价的观点来看，A 和 B 在法上是等价的。不过，就本案来看，乙是被告人的兄长，是想要共同地逃脱对方攻击的伙伴，从构成要件的评价的观点来看，不能说乙与暴行故意指向的对方团伙成员在法上是等价的‘人’，而是与暴行故意指向的对方团伙成员正相反的，应该从对方团伙成员中救助出来的‘人’，因此，与自己不属于该场合中的‘人’一样，认定被告人符合故意缺乏根据是相当的。根据这一观点来看，关于本案，即便能够认定被告人对甲有暴行的故意，应该说不能认定被告人对乙成立故意犯罪。”“因此，不能认定被告人成立对乙的伤害致死罪。”［“另外，关于本案，即使如上所述不成立故意犯罪，需要解决的问题就是是否成立过失犯罪。能够认定被告人受到激烈的攻击，导致剧烈的心理波动，所以认定被告人的确存在（成为过失责任之根据的）注意义务也是困难的，即便一并考虑本案其他的审理情况，也不能说，本案裁判所有命令或者告诉检察官变更诉因的义务。”］

3. 判决的意义与问题点

本案是有关防卫行为侵害了侵害者以外的人（乙）的案例，属于第三种类型的案例（防卫被侵害者以外的第三人，此类案例的特殊性在于，错误地侵害了被侵害者）。判决以有关事实错误的法定符合说（抽象的法定符合说）为前提〔13〕（根据该说，在打算侵害A却侵害了B的场合，如果被告人有对A的暴行的故意，也能认定被告人对B也有暴行的故意），判决将本案作为“假想防卫的一种”，否定了被告人对乙的“故意责任”。此外，判决补充指出，即使以“（构成要件的）故意”为问题来判断时，对方团伙成员的甲，与打算从攻击中逃脱的本方的兄长乙，在构成要件的评价上不是等价的，因此，认定被告人符合故意缺乏根据（换言之，根据被告人对甲有暴行的故意，不能得出被告人对乙也有暴行的故意）。换言之，本判决根据故意责任与构成要件的故意这一双重观点，否定了被告人成立对乙的故意犯罪。

根据与事实错误有关的具体的法定符合说〔14〕，因为根据对侵害者甲存在故意，不能认定对乙的故意，所以在本案的场合，最多不过是是否成立过失致死罪而已。与此相对，根据判例、多数说所采的抽象的法定符合说的立场，因为被告人对甲存在故意，所以也能够肯定对乙存在故意。不过，对于仅有进行正当防卫行为的意思的人，肯定其成立故意犯罪显然是不正确的，因此，根据抽象的法定符合说的立场，就只能寻找能够避免这一结论的方案（可以说，本案正是针对抽象的法定符合说，寻找其解决方案的契机）。本判决所寻找的解决方案是，根据下述理由：（1）属于“误想防卫的一种”，不能追究其故

〔13〕 这是判例的立场。参见最判昭和53·7·28刑集32卷5号1068页。

〔14〕 参见山口厚：《刑法总论（第2版）》，204页以下（2007年）。

意责任；(2) 甲与乙在构成要件的评价上不是等价的，从而，不能认定对甲的侵害与对乙的侵害存在法定的（构成要件的）符合。

以下，笔者想在将其他的解决方案一并作为考察对象的同时，检讨以上这几个问题。

（三）检讨

关于第 3 种类型的案件，有关其解决方案存在着多种见解。首先，有见解意图肯定对第三人的法益侵害阻却违法性。又可将该见解分为正当防卫说（a 说）和紧急避险说（b 说）。正当防卫说是存在疑问的。原因在于，第三人是与侵害者不同的其他法益主体，而且，不可能将第三人本人视为侵害者，因此，不能以正当防卫正当化对第三人的法益侵害，这一点从前述的内容来看是很明确的。那么，接下来的问题是紧急避险说。在我看来，没有必要否定侵害第三者的法益有可能成立紧急避险。不过，要想成立紧急避险，有必要满足以下要件，即除了侵害第三者的法益以外没有避免紧急危难的其他办法（补充性的要件），以及，与所导致的结果进行“损害比较”。因此，一般情况的侵害第三人的法益，不属于紧急避险，不阻却违法性。〔15〕因此，作为解决第 3 种类型案件的一般方案，可以说这些见解都是不合理的。尽管如此，这些见解之所以被主张，可以推测与以下这一点是有关系的，即如果采有关事实错误的抽象的法定符合说，并且采与违法性认识有关的严格责任说，由于被告人对侵害者 A 存在故意，否定被告人对第三人 B 的故意责任是困难的。原因在于，根据严格责任说的立场，区分故意犯罪还是过失犯罪，是通过有无构成要件的故意来决定的，因此，根据抽象的法定符合说，如果根据被告人对 A 有故意，从而肯定被告人对 B 也有故意，此时，被告人对第三人 B 是否成立过失犯罪是不可能被作为问题的，不过是在被告人对于侵害第三人 B 的法益没有责任的场合，方才能够否定其故意犯罪的罪责。因此，就有必要根据其他的依据来否定故意犯罪的成立。相对的，即使采抽象的法定符合说，只要不采严格责任说，至少，还留有否定故意责任的“出口”。

如果采有关事实错误的具体的法定符合说，被告人不可能成立对

〔15〕就上述案例（5）而言，认为其满足了紧急避险的补充性要件是可能的。

第三人B的故意犯罪，问题只不过是是否成立过失犯罪。那么，根据抽象的法定符合说，能有哪些解决方案呢？第一种见解是，即使被告人对侵害者A有故意，但侵害A的故意属于正当防卫的内容，因为被告人只预见或者认识到并不违法的事实，所以能够否定被告人的故意责任。在上述判例中，虽然将被告人的行为称为“假想防卫的一种”，但却是在行为认识或者预见的对象是正当防卫的构成事实，因此没有故意责任的基础这一意义上，并且也是在这一限度内来理解被告人的行为的。不过，由于被告人既没有误认为受到了第三人B的紧急的不法侵害〔16〕，也没有误认为侵害第三人B构成正当防卫，因此将其称为“误想防卫的一种”是否合适大概是有疑问的。第二种见解是，如同上述判决所采纳的那样，能够考虑否定侵害者A与第三人B之间的构成要件的等价性。不过，不能根据“敌方还是我方”这种粗枝大叶的非规范的评价〔17〕作为否定上述等价性的基础，因此，就有必要肯定能够否定（至少是减少）侵害者的法益性这一结论。〔18〕上述结论依据的是对正当防卫的违法性阻却根据的理解，基于不是不可能采这一结论的立场，这一结论就是有可能采用的方法。前述严格责任说的论者，不是在认定违法性阻却这一困难的道路上寻找解决方案，可以说，根据上述理解来否定被告人对第三者B成立故意犯罪还是可以考虑的，恐怕也是合适的。不过，为了能够这样理解，前提是如何来理解正当防卫与故意。

三、防卫过当与假想防卫的交错

刑法的学习者们理解起来稍微有些困难的领域是，防卫过当和假想防卫交错的领域。借这个机会，笔者想对这一问题进行简单的整理。

首先，有必要确认的是防卫过当减免刑罚的根据。一般认为，防卫过当减免刑罚的根据是，对紧急的不法侵害进行了过当防卫时，（1）虽说是过当，但因为过当行为的实施是为了避免紧急的不法侵

〔16〕在大阪高等裁判所的案件中，毫无疑问被告人没有误认为受到了乙的侵害。

〔17〕一般而言，是指侵害者与其之外的人之间的关系，“敌方还是我方”不过是大阪高等裁判所所判决的案件中的特殊关系罢了。

〔18〕参见山口厚：《刑法总论（第2版）》，114页（2007年）。

害，因此与单纯的法益侵害行为相比，减少了违法性；（2）受到紧急的不法侵害，在心理的压迫状态下实施过当的法益侵害行为，责任减少（违法・责任减少说）。[19]

那么，接下来，笔者将对不同类型的问题案例分别进行解说。

（a）在对紧急的不法侵害进行了过当防卫的场合，如果行为人对行为的过当性有认识，由于行为人认识或者预见的事实是过当防卫这一违法事实，因而能够肯定被告人对过当的法益侵害（构成要件该当、违法事实）有故意（或者有故意责任）。这就是**故意的防卫过当**，根据上述理由，依据刑法第 36 条第 2 项的规定，有可能减免其刑。

（b）在对紧急的不法侵害进行了过当的防卫行为的场合，如果行为人对行为的过当性没有认识，由于行为人认识或者预见的事实不是过当防卫这一违法事实，因而不能肯定故意（或者故意责任）。这一场合，与误认有紧急不法的场合一起，被认为是假想防卫，不过，这一场合属于假想防卫仅仅意味着不能肯定故意（或者故意责任），没有其他意义。在该场合中，如果行为人有可能认识或者预见到过当性，那么追究行为人过当法益侵害的过失责任是可能的，即**过失的防卫过当**。对这一场合减免刑罚也符合刑法减免的立法原意，可以适用刑法第 36 条第 2 项，减免刑罚。与此相对，如果行为人不可能认识或者预见到过当性，那么就不能追究行为人过当法益侵害的过失责任，因此，过当防卫客观上虽然是违法的，但因欠缺责任要件而不可罚。

（c）在没有紧急的不法侵害，行为人却误认为有紧急的不法侵害，并实施了对抗行为（如果实际上存在紧急的不法侵害，则属于防卫行为）的场合，对抗行为也控制在（实际上不存在的，不过是误认为的）紧急的不法侵害所允许的范围以内时，如果行为人只认识或者预见到自己的行为是对抗紧急不法侵害的行为[20]，由于行为者认识或者预见的事实是正当防卫这一欠缺违法性的事实，虽然客观上是单纯的违法行为，但不能认定行为人有故意（或者有故意责任）。该场

〔19〕 参见山口厚：《刑法总论（第 2 版）》，132 页以下（2007 年）。

〔20〕 与此相对，即使行为人误认为有紧急的不法侵害，但如果行为人实施对抗行为就是想造成过当的法益侵害时，也能够肯定行为人对单纯的违法行为有故意（或者有故意责任）。

合是假想防卫的主要情况。不过，如果行为人有可能认识或者预见到，实际上不存在紧急的不法侵害，自己所实施的行为就是单纯的违法行为时，那么就能够追究行为人的过失责任。如果没有认识或者预见的可能性，就不能追究违法的法益侵害的责任，而是不可罚的行为。

(d) 没有紧急的不法侵害，行为人却误认为有紧急的不法侵害，并实施对抗行为（如果实际上存在紧急的不法侵害，则属于防卫行为），对抗行为没有控制在（实际上不存在的，不过是误认为的）紧急的不法侵害所允许的范围以内时，对于对过当的对抗事实有认识或者预见的行为人，对违法行为该当于过当防卫这一事实有认识或者预见，因此能够肯定该行为人有（通过实施客观的单纯的违法行为）引起法益侵害的故意（或者是故意责任）。这被称为误想防卫过当，确切地说，是**故意的误想防卫过当**。因为行为者对过当防卫的事实有认识或者预见，既然刑事责任以责任的范围为限度，则只能追究与防卫过当同样的责任，根据刑法第36条第2项，刑的减免是可能的。〔21〕但是，如果不存在紧急的不法侵害，行为人对于自己所实施的行为是单纯的违法行为有认识或者预见可能性，那么既然追究行为人的过失责任是可能的，由于不能低于可能成立的过失犯罪之刑而科刑，因而，在上述场合，刑的免除就是不可能的了（换言之，刑的免除仅限于行为人对紧急的不法侵害的假想不存在过失的情况下）。

此外，在行为人即使误认为存在紧急的不法侵害，但行为人所实施的对抗行为仍然是过当的法益侵害行为的场合，虽然行为人对过当法益侵害行为的过当性没有认识或者预见，但有认识或者预见可能，此时，能够追究（通过实施客观的单纯的违法行为）行为人引起法益侵害的过失责任。这是**过失的误想防卫过当**。因此，与故意的误想防卫过当一样，根据刑法第36条第2项，虽然减免刑罚是可能的，但如果行为人对紧急的不法侵害的假想有过失，不能免除刑罚，这与故意的误想防卫过当也是一样的。

〔21〕参见最决昭和41·7·7刑集20卷6号554页，最决昭和62·3·26刑集41卷2号182页。

第 5 章
过失犯的成立要件

一、导言

行为人对于该当于构成要件的事实有认识或者预见时，即使缺乏故意，也属于刑法的特别处罚对象（参见刑法第 38 条第 1 项），即成立过失犯罪。就过失犯罪而言，有关其成立要件的理解，曾经存在着很大的分歧，该分歧是围绕着“过失犯罪的构造”而展开的，其中基本的对立轴位于旧过失论与新过失论之间。旧过失论认为，行为人对该当于构成要件的事实的认识或者预见可能性是过失犯罪中的固有问题，而新过失论则是通过批判旧过失论而展开的，其以结果回避义务这一客观要件作为判断是否成立过失犯罪的依据，主张限定处罚过失犯罪的必要性。旧过失论的立场是，过失犯罪的构成要件该当性及违法性与故意犯罪基本上是相同的，过失犯罪所固有的问题是，过失是作为责任形式或者责任要素之一的，对于构成要件该当事实的认识与预见可能性（以下，称为“结果预见可能性”，有时也仅仅称为“预见可能性”）。与此相对，新过失论对旧过失论进行了批判，认为行为人的预见可能性属于程度问题，因此其范围与界限是不明确的，仅仅以预见可能性这一标准，不能够充分地限定过失犯罪的成立范围。新过失论强调过失犯的构成要件该当性与违法性的独自性格，强调通过结果回避义务这一客观标准来限定过失犯成立的必要性。换言之，新过失论认为，过失犯罪的成立，行为人不仅要具有对结果的预见可能性，还要具有回避结果的义务，有必要以行为人是否有结果回避的义务为重点，检讨过失犯罪的成立与否。在新过失论中，一般认为，结果回避义务的违反是过失犯独自的构成要件要素与违法要素。

在上述旧过失论与新过失论之间，分歧的中心是在对构成要件的该当性与违法性的理解上。即，是以引起了构成要件的结果（法益侵害）为过失犯罪成立的内容为立场（结果无价值论），还是以不仅引起了构成要件的结果，并且违反了结果回避的义务也属于过失犯罪的重要内容为立场（而且，并不是将这种结果回避义务的违反理解为造成了结果的发生这种结果无价值，而是将其理解为过失犯罪固有的独自的行为无价值，即采取了行为无价值论），这种违法论的对立导致了新旧过失论分歧之实质（而且，与新旧过失论对于构成要件的结果这种法益侵害的重要性的评价存在差异相对应，新旧过失论对于预见可能性要件的重要性的评价也不一致）。换言之，可以说，旧过失论与新过失论的对立，是结果无价值论与行为无价值论的对立在过失犯罪领域中的体现。

不过，最近，出现了在立足于旧过失论立场的同时，也指出了对过失犯罪的构成要件该当性作限定理解之必要性的见解。[1] 构成要件该当性与责任是不同的要件，因此，可以说如何理解过失犯罪的构成要件该当性，是过失犯罪理论本身重要的检讨课题。在本章中，笔者想以引起了广泛关注的最近最高裁判所的过失犯罪相关的判例为契机，对过失犯罪的成立要件再一次加以检讨。

此外，一般而言，过失犯罪（因为没有注意该当于构成要件的事实而导致了危害结果的发生，在这个意义上而言）被认为是以违反了注意义务为内容的犯罪，使用上述结构来表现过失犯罪成立要件的构造是可能的（因此，在本章中，也使用上述用语来说明过失犯罪的成立要件）。在上述用语中，所谓的注意义务，是由行为人应该预见到该当于构成要件的事实的预见义务，以及行为人在这种预见义务的基础上应该回避该当于构成要件事实的结果回避义务组成的。[2] 上述理解不过是意图调和新旧过失论的产物，而从旧过失论的立场出发，如果行为人有结果预见可能性，那么结果预见义务的违反（作为责任要素的过失）也就具备了，而如果有了回避结果的可能性，那么结果回避义务（构成要件该当性）也就具备了，不过如此。

〔1〕 参见桥爪隆：《过失犯罪》，法教275号76页以下，276号39页以下（2003年），佐伯仁志：《过失犯论》，法教303号46页以下（2005年）等等。

〔2〕 一般情况下，在判例中也是采用上述注意义务的组成结构来判断过失犯罪的注意义务的。参见最决昭和42·5·25刑集21卷4号584页。

二、最近的最高裁判例

（一）案情

被告人于平成11年8月28日凌晨0时30分左右，驾驶作为出租车使用的普通乘用小汽车，从广岛市宇品御幸路4巷朝宇品东路5巷前进，在经过没有被交通管制的广岛市南区宇品东路7巷×门××号的十字路口时，尽管该路口左右的车况很难预料，但被告人并没有减速慢行，也没有确认左右道路的交通安全，而是将车速保持在时速30至40公里，驶入该路口。此时，被告人驾驶的小汽车左后侧部位撞上了从左方道路前行而来的由A驾驶的普通乘用小汽车的前部，随后被告人所驾驶的小汽车又撞上了该路口前方右角的水泥墙，导致坐在被告人车后座座位上的B（当时44岁）被抛出车外，B在该日凌晨1时24分左右，在该区宇品神田路1巷×门××号县立××医院，因血气胸、脑损伤而死亡；并且导致坐在该车副驾驶座位上的C（当时39岁），受到约需要治疗60天的头盖骨骨折、脑损伤等等的伤害。此外，本案的事故现场位于两车道（被告人驾驶的车辆〔以下简称被告人车〕所行驶在的约8.7米宽的车道与A驾驶的车辆所行驶在的〔以下简称A车〕约7.3米宽的车道）相交叉的路口上。虽然在上述各车道上，都安装有信号灯，但是，在本案事故发生时，被告人车对面的信号灯，闪烁着黄色的信号，这意味着驾驶人在注意其他交通情况的同时可以行驶，而A车对面的信号灯，闪烁着红色的信号，这意味着驾驶人必须暂时停止行驶。此外，无论是在被告人车所行驶的道路上还是在A车所行驶的道路上，都没有道路标志指定哪一条道路是优先道路，由于每条道路的指定最高速度都是时速30公里，从被告人车的前进方向来看，预见路口左右的交通状况是困难的。

根据上述事实，第一审判决（广岛简判平成13・7・25）以及控诉审判决（广岛高判平成13・12・25）认为被告人存在过失，肯定了被告人业务上过失致人死伤罪的成立。

（二）最高裁判所于平成15年（2003年）1月24日的判决〔3〕

接受了被告人上告的最高裁判所，确认了控诉审判决以及第一审判决所认定的客观事实，但同时作出了以下判示，撤销了控诉审判决以及第一审判决，宣告被告人无罪。

“根据上述事实状况，不能不认为，在进入无法预见左右交通情况的路口时，没有放慢车速，继续以30至40公里的时速行驶的被告人的行为，属于违反道路交通法上所规定的应该慢速行驶的行为，此外，从业务上过失致人死伤罪的角度来看，被告人的行为也属于危险驾驶，作为一名驾驶技术熟练的出租车司机，应该确保乘客安全。处在上述立场的被告人却如此轻率地驾驶，就这一点来看，必须说被告人的驾驶行为是值得非难的。

不过，另外一方面，本案属于A车的前部戳穿被告人车左侧后部的撞车事故，有必要注意A车特殊的行驶状况与发生本案事故的关系。换言之，根据一、二审判决的认定以及记录，可以认定A在饮酒状态下，大幅超过规定的最高时速30公里，以大约70公里的时速行驶的事实，并且A为了拾起掉在脚边的手机，在驾驶小汽车时没有注视前方，尽管前方信号灯闪烁的是红色信号，在这种状况之下A仍然驾驶车辆驶入该路口。考虑到A车的上述行驶状况，有必要慎重地检讨被告人是否有可能回避本案事故的发生。

关于这一点，一、二审判决的认定是，假如被告人车在本案路口前以时速10至15公里的速度减速慢行，确认交叉路口的安全，就能够直接发现A车，就有可能采用制动措施避免与A车相撞。上述认定的依据是司法警察制作的事故调查书的结论。为了明确被告人对于A车的认识可能性以及事故的回避可能性，该事故调查书记录了在本案事故现场进行的试验的结果，根据该事故调查书的调查结论，说明：(1) 如果被告人车保持时速20公里的行驶速度，从撞车地点直到被告人车停下来必要的距离大约是6.42米，在该地点，被告人是

〔3〕 参见最判平成15·1·24，判时1806号157页（刑集上没有登载）。关于本判决的解说有，小林宪太郎：《信赖原则与结果回避可能性》，立教法学66号1页以下（2004年），大塚裕史：《过失犯中的结果回避可能性与预见可能性》，神户法学杂志54卷4号1页以下（2005年）等等。

无法直接发现距离撞车地点约 28.50 米的 A 车的；（2）如果被告人车保持时速 10 公里的行驶速度，从撞车地点直到被告人车停下来必要的距离大约是 2.65 米，被告人直接发现此时距离撞车地点 22.30 米的 A 车是可能的；（3）如果被告人车保持时速 15 公里的行驶速度，从撞车地点直到被告人车停下来的必要距离大约是 4.40 米，被告人直接发现此时距离撞车地点 26.24 米的 A 车是可能的。不过，一般而言，在信号灯显示为黄色时，预料到在交叉路口会有车辆既不暂时停车也不减速慢行而是以时速大约为 70 公里的高速行驶而来是困难的。并且由于事故发生的当时是夜晚，即使被告人能够发现对方的车辆，在一瞬间把握住对方的行驶速度也是困难的。综合考虑以上诸点，即使被告人车处于有可能发现 A 车的地点，可以认为被告人也需要若干的时间现实地确认 A 车的存在、察知撞车的危险，因此，很难否定被告人有可能来不及采取紧急制动的措施。因此，即使被告人车以如上述（2）或（3）的行驶速度驾车，即减速到时速 10 公里或者 15 公里的速度行驶，并且确认交叉路口的安全，对于可能避免与 A 车相撞这一假设的事实，仍然有合理怀疑的余地。

如上所述，必须指出，一、二审判决对于本案公诉事实的证明并不充分，第一审判决以及维持一审判决的控诉审判决认定被告人成立业务上过失致人死伤罪，判处罚金 40 万元，是错误地认定了事实并且错误地适用了法律，都免不了要被撤销。”

（三）本判决的意义

在本案中，在左右交通状况无法预料的路口，被告人对面的信号灯闪烁着黄色的信号（意味着驾驶者在注意其他交通状况的前提下可以继续行驶），而正在通过交叉路口的 A 对面的信号灯闪烁着红色的信号（意味着驾驶者必须暂时停止驾驶），由于该路口没有被交通管制[4]（因此，没有指定哪一条道路为优先道路），穿过该路口时（根据道路交通法第 42 条第 1 项之规定）应承担减速义务的被告人，没有减速慢行，刚驾驶车辆进入该路口，就与在饮酒状态下大幅超过指定最高时速高速行驶，并且为了拾拣落在脚边的手机，没有注视前方也没有暂时停车，进入路口的 A 所驾驶的车辆相撞，所造成的结果

〔4〕参见最决昭和 44・5・22 刑集 23 卷 6 号 918 页。

是，造成了乘坐在被告人所驾驶的车辆上的乘客死伤，在这一案件中，对于所造成的人的伤亡，被告人是否存在过失，这是问题的所在。第一审判决以及控诉审判决认定被告人存在过失，但是，最高裁判所的判决否定了被告人有过失，这一判决（以原判决的证明并不充分为理由，将其予以否定）广受关注。判决的理由是，即使被告人尽到了“在交叉路口前采用时速 10 公里至 15 公里减速慢行，确认路口道路的安全”的注意义务，由于“断定被告人能够避免撞车事故是困难的”，所以“即使被告人车减速到时速 10 公里或者 15 公里的速度，并且确认交叉路口的安全，对于可能避免与 A 车相撞这一假设的事实，仍然有合理怀疑的余地”，“公诉事实的证明并不充分”。

在本判决作出以前，也存在以“驾驶人信任其他驾驶人根据信号灯的指示采取暂时停车以及其他为了避免事故发生的适当的行动进行驾驶就足够了”，要求被告人连可能会与像驾驶着与被告人所驾驶的车辆相撞的 Q 那样“敢于违反法规不停车，打算以高速度冲过交叉路口的车辆”相撞都预料到是困难的，即“以被告人无须承担这种确认万无一失的安全业务上的注意义务”为理由，否定业务上过失致人死伤罪成立的判例。[5] 在该判例中，适用了信赖原则，没有认定被告人需要承担注意义务，因此，判决否定了作为注意义务之违反的过失犯罪的成立。与之相对，本判决没有否定被告人存在注意义务本身[6]，而是以被告人即使履行了注意义务也不能够避免撞车事故为理由（更为确切地说，是无法充分证明被告人能够避免撞车事故），否定了过失犯罪的成立，本判决与信赖原则的适用范围之间的关系受到了广泛关注。一般认为，判决的结论是以下面的见解为前提的：被告人有属于注意义务的结果回避义务（即被告人承担注意义务本身是为了能够避免结果的发生），在即使履行该结果回避义务也不能避免结果发生时，就没有违反结果回避义务（或者结果回避义务的违反与结果的发生之间不存在因果关系），结论就是能够否定有违反注意义务的过失，即能够否定行为人成立过失犯罪。

〔5〕 参见最判昭和 48·5·22 刑集 27 卷 5 号 1077 页。

〔6〕 针对前述最判昭和 48·5·22 判决的结论，虽然也存在过于宽泛地适用了信赖原则的批判，但本判决虽说作出的无罪判决的结论是和最判昭和 48·5·22 判决是一样的，但却并未作出否定注意义务的判断，正是在这一点上，一般认为，本判决具有实务上的重要意义。

本判决是通过否定能够证明被告人存在过失从而作出无罪判决的，其判示广受关注。在本判决中，有一个问题需要予以确认，即对于过失犯罪成立要件的理解。以下，笔者想以本判决的判示为基础，对于过失犯罪的成立要件加以再检讨。

三、过失犯中的注意义务

（一）注意义务的内容

所谓过失犯罪的注意义务，如前所述，是由结果预见义务与结果回避义务所构成的。根据本书的理解，违反结果预见义务（被告人有结果预见可能性就能肯定结果预见义务的违反）是与故意犯罪中的故意相对应的责任要素〔7〕，违反结果回避义务（为了肯定应该承担结果回避义务，被告人有结果回避可能性是必要的）是与故意犯罪（基本上）相同的、以引起构成要件的结果为内容的构成要件该当性要件。如果无法认定行为人同时违反了结果预见义务与结果回避义务，行为人就不成立过失犯罪，而根据构成要件该当性要件、违法性要件、责任要件的充足对于犯罪的成立是必要的见解，可以说这样的结论是理所当然的。此外，由于构成要件该当性与责任要件是由各自不同的依据推导而成，结果预见义务、预见义务的违反与结果回避义务、结果回避义务的违反，也要理解为有其各自独立的要件。因此，虽说根据结果预见可能性能够肯定违反预见义务是过失犯罪的要件，但仅以此为理由，是无法认定违反结果回避义务就不属于过失犯罪的要件的。违反结果回避义务对于过失犯罪的成立同样是必要的，问题在于应该如何理解结果回避义务的内容。

（二）结果回避义务

如果行为人对于引起构成要件的该当事实有认识或者预见（故意），行为人实施能够引起构成要件该当事实的行为是被禁止的（结

〔7〕 如果是持承认构成要件的故意的立场，则结果预见义务违反就处在了构成要件的过失的位置之上。此外，根据行为无价值论，属于构成要件要素的作为结果预见义务违反的过失，就可能被看做是违法要素。本书立足于对于行为无价值论加以批判的结果无价值论的立场，主张作为结果预见义务违反的过失（即便将其也放在构成要件的过失的位置之上）属于责任要素。

果回避义务），在行为人实施引起了构成要件该当事实的行为时，行为人成立故意犯罪，能够以故意犯罪对其予以处罚。问题是，在行为人对于构成要件该当事实虽没有预见但却有预见的可能时，即在过失犯罪的场合，是否与故意犯罪一样，通常也要求行为人不实施能够引起构成要件该当事实的行为呢？（不实施能够引起构成要件该当事实的行为是否成为了结果回避义务的内容？）虽然旧过失论也有可能采用上述见解，但是恐怕可以说旧过失论采用上述见解的前提是，能够肯定行为人有类似预见（故意）的高度的预见可能性。

结果回避义务的内容与（客观的）构成要件该当性是相关的，本来，有必要从其他的角度来区别作为主观责任要件的故意与过失（如果不这样，大概就会导致违法要素与责任要素的混淆）。虽说如此，但一般认为，确定结果回避义务的内容，事实上对于确定行为人是否具有故意这种主观方面的要素是具有一定意义的。原因在于，一般认为，对于以引起法益侵害为目的（故意）的行为，认定应该保障行为人实施具有上述目的行为之自由是困难的（除了存在违法性阻却事由的场合），但是，对于引起法益侵害是由于其他目的（不存在故意）的行为，只要行为人所追求的目的不是该罚则想要禁止与处罚的，该行为的实施就是具有一定积极意义的，法律就应该考虑在一定限度内保障该行为自由实施的利益。在这个意义上，不可能要求法律完全地禁止行为的实施本身，取而代之的是，应该要求行为人采取消除引起结果发生的危险的措施，这就是结果回避义务的内容。此外，还要求行为人在实施行为时，要采取减少危险的措施，使危险降低到构成要件结果的发生一般不可能的程度。这是因为行为人预料到在一般情况下的结果回避是完全可能的，既然法律认可了行为的实施本身具有一定的积极意义，就不能要求行为人承担超过一般情况以上的结果回避义务。在这个意义上，一般认为，就结果而言，与故意犯罪相比，作为过失犯罪的构成要件要素的构成要件的该当行为（实行行为），其危险性是受到了限定的。〔8〕

因此，在是否成立过失犯罪存在疑问的案件中，即便行为人所实施的行为是潜在的危险行为，如果行为人进行了减少行为危险性的适当操作，使危险性减少到了构成要件结果的发生通常是不可能的程

〔8〕 参见平野龙一：《刑法总论Ⅰ》，193页（1972年）。

度，那么，行为人所实施的这种具有潜在危险性的行为还不能被称为构成要件的该当行为（实行行为）。在这个意义上，行为的实施本身是允许的（如驾驶汽车等行为，就是以这样的理解为前提而被认可的行为。与此相对，就故意犯罪的成否成为问题的、以发生法益侵害为目的而实施的行为而言，无法想象行为的实施本身是被允许的）。换言之，在过失犯罪中，如前所述，行为的实施本身是无法禁止的，行为人以进行使行为的危险性减少（达到了在通常情况下不可能发生构成要件结果的程度）的操作为前提来实施行为，成为了结果回避义务的内容〔9〕（此外，如果危险减少基本上是不可能的，行为人不实施该行为就成为了结果回避义务的内容）。在本案中，是将行为人的结果回避义务"确认为在交叉路口前以 10 公里至 15 公里的时速减速慢行并确认交通道路的安全"，一般而言，上述场合的结果回避义务是，行为人使行为的危险性减少到一般情况下不可能发生事故的程度。在交叉路口暂时停车虽然也能够避免发生撞车事故，但是即便行为人所实施的减少危险性的措施没有达到上述程度，一般认为，行为人通过减速慢行减少行为的危险性，也能够达到低于成立过失犯罪的构成要件该当行为所必要的行为危险性的程度。于是，即便履行了这种使危险性减少的义务即结果回避义务，如果仍不能够避免撞车这种该当于构成要件的事实的话，也能够否定行为人回避结果的可能性，即不能够认定行为人违反了结果回避义务，从而就能够否定行为的构成要件该当性。〔10〕

（三）被允许的危险

违反结果回避义务的行为，作为具有引起结果发生的危险性的行为，虽是过失犯罪的构成要件该当行为，但是即使是危险的行为，例外的，也存在允许实施该危险行为的场合。例如，危险承担者同意实

〔9〕 作为其结果，在过失犯罪之中，作为注意义务的结果回避义务与不作为犯的作为义务之间的区别变得不明确。未进行适当的操作而实施了行为，如果导致了构成要件的结果的发生，就懈怠了适当的操作而言，虽可谓是一种不作为，但是就实施了行为而言，又是作为。不过，如果为了制止某种行为的实施，一定的操作是必要的，在行为人懈怠操作的场合，恐怕只能将之评价为不作为。

〔10〕 关于不作为犯的因果关系的判断，参见最决平成元・12・15 刑集 43 卷 13 号 879 页。虽然该决定将结果回避可能性作为因果关系的问题，但现在的判例将因果关系作为"实行行为的危险现实化"进行判断，这一点在不作为的场合也同样妥当，因此结果回避可能性（结果回避义务的违反）并非"因果关系"，而是因果关系之外的其他要件。

施危险行为的场合（即所谓的接受危险的场合）就属于允许实施危险行为的场合。在该场合，只要承担因危险行为所带来的危险的人对该行为的实施予以同意（也包括危险承担者请求实施危险行为的场合），危险行为的实施本身就是被允许的。那么，一旦允许了危险行为的实施，在所允许的危险现实化为法益侵害时又肯定行为成立过失犯罪（除了即使以实施行为为前提也有可能避免结果发生的场合），这就导致了与允许行为之实施之间的矛盾，因此，被允许的危险行为之实施不构成过失犯罪。〔11〕在这个意义上，由于行为的实施已经被允许，即便行为的实施导致了危害结果的发生，也能够认定存在否定成立过失犯罪的场合。

如上所述，在一直以来的学说中，“被允许的危险”理论一直被认为是用来说明能够否定被允许实施的危险行为成立过失犯罪的一般法理。〔12〕该理论认为，具有可能造成一定结果之危险的行为，为了保护其他法益实施该行为是必要的，以此为理由，该行为是被允许的行为。如果将引起结果发生的危险性与所需保护法益的利益性进行比较，结果是利益性超过危险性，或者两者相等〔13〕，该危险行为的实施就是被允许的。实施被允许的行为，即使导致了无法回避的法益侵害，也能够否定行为人成立过失犯罪，这与在危险的承受的场合是一样的道理。

由于上述被允许的危险法理有被滥用的危险，因而有必要肯定需慎重并且限定地运用该理论。即，在我看来，对于该理论，应该留意以下问题。第一，如果行为人履行了使行为的危险性减少的结果回避义务，由于减少了行为的危险性，致使行为人不具有过失犯罪的构成要件该当行为（实行行为）性，此时，根本就没有必要将之称为被允许的危险。例如，驾驶汽车是危险行为，但是没有必要认为这样的危险的行为是由于适当的驾驶操作而被允许。适当的驾驶操作本来就不属于过失犯的构成要件该当行为的范围，可以说，这是过失犯的构成

〔11〕参见山口厚：《“危险的承受”论再考》，载《齐藤诚二先生古稀纪念·刑事法学的现实与展开》，89页以下（2003年）。

〔12〕关于该“被允许的危险”理论，最近的研究有，小林宪太郎：《被允许的危险》，立教法学69号43页以下（2005年）。

〔13〕需要注意的是，即使危险性超过利益性，但如果这种超过非常之有限，应该如何处理也是个问题。

要件该当行为本来的限定的问题，与行为的利益性不存在关系。将适当的驾驶操作作为被允许的危险看待，反倒会导致模糊对于被允许的危险的性质与要件的判断，是不妥当的。第二，在被允许的危险理论中，具有重要意义的判断，是危险性与利益性的比较判断，但是，这种判断是困难的，有必要指出，存在不合适的滥用比较判断的危险（因此，有必要警戒发生此类滥用）。例如，在很多案件中都成为问题的，即在侵害生命的危险与其他的某种利益相比较时，在侵害生命的危险到了一定程度时，则仅在对他人的生命或者身体的保护这样的极其有限的场合，才应该确认该危险是"被允许的危险"。生命或者身体利益以外的法益所保护的利益比起侵害生命的危险还优越，这种判断在一般情况下是不可能的（换言之，例如，在进行具体的比较衡量时，将场所移动的利益凌驾于侵害生命的危险之上，作出这种判断是困难的、不当的，如上所述，将被允许的危险与本来就不属于构成要件该当行为的问题相混淆是有问题的）。假设这种判断是有可能的，最多也仅仅限于，在通过采取减少危险的措施，使危险处于极低的场合。如果不是这样，想来就很难避免被批评为导致了在生命保护时"袖手旁观"了。

（四）预见义务

预见义务是独立于结果回避义务的要件，行为人违反预见义务的必要前提是，行为人具有预见可能性。除了采用危惧感说的论者〔14〕以外，一般认为，预见可能性要件是指行为人对于结果的具体的预见可能性，是过失犯罪的根本成立要件。预见可能性要件，奠定了造成危害结果（构成要件该当事实）这种法益侵害的责任的基础，因此，只要不是采取轻视或无视法益侵害是犯罪成立要件的立场〔15〕，以造成法益侵害为犯罪成立的内容，预见可能性要件成为必需的责任要件就是必然的。并非像危惧感说所主张的那样，即认为行为人对于自己有可能采取回避结果的行为这一事实具有预见可能性就够了。预见可能性是

〔14〕参见藤木英雄：《刑法讲义总论》，240 页（1975 年）等等。

〔15〕危惧感说就是立足于这样的立场。经常有批评认为，危惧感说是违反责任主义的理论，只要是以该说所依据的违法论作为立论的前提，上述批评就是有失偏颇的。问题在于该说所采用的违法论本身，只有以法益侵害是犯罪的基本成立要件这一立场为前提，这才可能批判危惧感说轻视行为人对于法益侵害的责任，而这违反了责任主义。

指行为人对于结果的具体的预见可能性，这一结论通过以下的例子来看也是比较明确的，比如在故意犯罪的场合，行为人具有伤害的故意，即使行为人实施伤害行为导致了死亡结果（行为人具有伤害的故意的话，就存在着不作出伤害行为的契机，以只要行为人不实施伤害行为就可以避免杀人结果为由），也不能认定行为人成立杀人罪。责任是有必要与违法性关联起来的，既然法益侵害奠定了违法性的基础，那么当然的，故意与过失都必须是与法益侵害有关的故意与过失。在审判实务中，一般也不采用危惧感说〔16〕，例如，判决一般认为，行为人对于“特定的构成要件的结果以及导致该结果发生的因果关系的基本部分”具有预见可能性是必要的，等等。〔17〕如前所述，在论及行为人是否成立过失犯罪时，即使能够将行为人是否具有结果回避义务作为单独的问题来考虑，结果回避义务也是与客观的构成要件该当性相关的问题，将预见可能性从结果回避义务中独立出来，将其作为责任要素，其应该被要求的内容是对于引起构成要件该当事实的预见可能性与预见义务的违反。以下，笔者将对预见可能性的内容加以若干的检讨。

首先，在预见可能性这个意义上，因为过失是故意的可能性，在认定故意时并不重要的事实，即行为人的主观与客观事实之间的不一致（错误）在过失的认定中也不能说是重要的。因此，如果在同一的构成要件范围内，根据判例认为在故意中具体的犯罪对象的不一致（错误）不重要的这一立场（所谓抽象的法定符合说）〔18〕，过失也是一样的。据此，在行为人预见到有对A加害的可能时，实际上所侵害的是B，也能够肯定行为人对B的侵害的预见可能性。〔19〕〔20〕在判例中，也肯定了不要求行为人对于侵害实际上所侵害的犯罪对象的预见

〔16〕采用该说的判决，只有德岛地判昭和48・11・28刑月5卷11号1473页（森永奶品案件）等案件。

〔17〕参见札幌高判昭和51・3・18高刑集29卷1号78页（北大电动医疗器械误接案件）。此外，东京高判昭和53・9・21刑月10卷9-10号1191页，福冈高判昭和57・9・6高刑集35卷2号85页（熊本水俣病案件）等等。

〔18〕参见最判昭和53・7・28刑集32卷5号1068页。

〔19〕参见山口厚：《刑法总论（第2版）》，234页以下（2007年）。

〔20〕另外，在一般人对B的存在都没有认识可能时，既然实际上侵害了B（并非是因循着不可能存在的过程），所以否定对B的侵害的因果关系是困难的。有见解认为在上述场合，若是采用相当因果关系说的折中说，就可能否定存在因果关系，但是，可以说，这反倒是说明了这样的因果关系理解的不正确。

可能性。[21] 与此相对，在学说上，有见解主张，将故意与过失予以区分，在过失中，仍然需要要求对于具体的被侵害犯罪对象的预见可能性。[22] 能够将该见解评价为，是从批判抽象的法定符合说的立场出发，在过失之中主张被侵害的犯罪对象之不同的重要性。不过，这样的主张是否有理论上的根据是有疑问的。既然以抽象的法定符合说（笔者不赞成抽象的法定符合说[23]）作为前提，在过失犯罪中，就只能期待裁判官适当地行使审判裁量。

最近，成立过失犯罪是否需要行为人对于因果关系有预见可能性，正成为问题。[24] 关于这个问题，也有必要考虑故意与错误论之间的关系。一般认为，在同一构成要件内因果关系的错误不阻却故意，据此，一般也认为，没有必要要求行为人对于实际的因果经过有预见可能性。[25] 在判例中，也没有要求行为人对于实际的因果经过有预见可能性。[26] 不过，问题在于，即使不需要实际的因果经过，那么应该需要何种程度的因果经过作为实际的预见对象呢？换言之，问题是，所要求的"因果关系的基本部分"的预见可能性[27]，所谓的基本部分究竟包括了哪些范围？例如，在使用电动医疗器械进行手术时，因为行为人误接电动医疗器械的电线，使患者烧伤的北大电动医疗器械误接案件中，判决认为，行为人对于"在误接电线的状态下使用电动医疗器械，导致电动医疗器械的作用发生改变，导致经过电动医疗器械的电流的状态异常，结果是，因为电流的作用使患者的身体受到伤害的可能性"有预见可能，就足以认定行为人成立过失犯

〔21〕 参见最决平成·3·14刑集43卷3号262页。不过，这个案件实际上难道不是能够存在预见可能性的事案吗？存在着这样的问题。

〔22〕 关于上述见解，参见佐伯仁志：《过失犯论》，法教303号42页以下（2005年）。

〔23〕 参见山口厚：《刑法总论（第2版）》，203页以下（2007年）。

〔24〕 由于因果关系也是构成要件要素，那么当然，因果关系也是预见义务的对象。

〔25〕 参见山口厚：《刑法总论（第2版）》，235以下（2005年）。近来，也有反对该见解的学说，参见大塚裕史：《"因果经过"的预见可能性》，载《板仓宏博士古稀祝贺·现代社会型犯罪的诸问题》，159页以下（2004年）等等。

〔26〕 参见最决昭和54·11·19，刑集33卷7号728页（有乐桑拿浴案件），最决平成12·12·20，刑集54卷9号1095页（生驹隧道案件）。

〔27〕 参见札幌高判昭和51·3·18高刑集29卷1号78页（北大电动医疗器械误接案件）。

罪，不需要行为人对于导致患者烧伤的物理化学要因有预见可能性。[28] 另外，在隧道内，由于施工者错误连接电线（施工者怠于在接线板上安装一种Y分支连接器）导致火灾发生，使乘坐电车的乘客死伤的生驹隧道案件中，判决认为，只要行为人对于“电流长时间地无法与大地连接，有导致火灾发生的可能性”有预见可能性，就足以认定行为人成立过失犯罪，即使行为人无法预见由于电线的炭化而导致火灾发生的现实的因果经过也无妨。[29] 在这些案件中，问题是，在以行为人使用电动医疗器械进行手术，在隧道内进行电路施工为前提的基础上，如果行为人对于客观事实、情况的预见是可能的，行为人采取能够回避法益侵害的具体的措施也是可能的，是否就能够要求行为人采取这些回避措施呢？也可以认为，如果行为人对于上述的客观事实、情况的预见是可能的，认识到采取正确地接上误接电线、正确地接在接线板上的措施的必要性（上述措施构成了结果回避义务的内容）也是可能的，背后的判断就是能够要求行为人采取上述措施。在这个意义上，能够将因果经过的预见可能性的内容解释为，在与结果回避义务的关系上进行判断（是在采取措施是为了回避结果的意义上来确定的），换言之，将因果经过认定为“预见可能性的结果回避义务关联性”[30] 也不是不可能的。因此可以说，上述见解与认为预见义务仅仅是指以要求结果回避义务为前提的预见义务的危惧感说一样，得出了同样的结论，但是，危惧感说的问题是，仅仅将预见义务的内容解释为结果回避义务的可能，有可能导致预见义务与整体的构成要件该当事实（特别是构成要件的结果）的引起之间的关联性的隔离。不管怎么说，行为人对于构成要件的该当事实，特别是（根据关于故意、错误的抽象的法定符合说，实际导致的与法律规定的是同一种类的）危害结果的预见可能性是必要的。在北大电动医疗器械误接案件中，行为人（尽管不能预见到烧伤）至少对于伤害的发生这一点具有预见可能性，在生驹隧道案件中，行为人至少对于在隧道内着火有预见可能性（如果行为人具有对于在隧道内着火的预见可能性，就

〔28〕 参见札幌高判昭和51·3·18高刑集29卷1号78页（北大电动医疗器械误接案件）。

〔29〕 参见最决平成12·12·20刑集54卷9号1095页（生驹隧道案件）。

〔30〕 井田良：《过失犯罪理论的现状及其评价》，研修686号6页以下（2005年）。

能够肯定行为人对于列车的乘客死伤的预见可能性）是必要的。而且，既然认为行为人对于危害结果的预见可能性是“必需”的，就是因为这种预见可能性足以奠定行为人有责性的基础。就其原因来看，是因为成立过失犯罪要求行为人能够预见到实施行为有某种具体内容的结果的可能。可以说，上述判例、裁判例的判断是，超出了将预见可能性确定为结果回避可能（结果回避的契机）的理解，应该在这个意义上来理解上述判例和裁判例对于预见可能性的意义。

需要要求何种程度的、为了肯定行为人违反了结果预见义务而成为必要的行为人的预见可能性呢？仅将其作为程度问题，可谓是个不易处理的问题。从要保证过失责任的实质的观点来看，基本的见解是，要求一定高的程度的、构成要件该当事实发生的预见可能性是必要的。新过失论认为，为了肯定行为人违反结果预见义务，即使行为人预见可能性的程度没有那么高也可以加以肯定，为了限定对于过失犯罪的处罚，新过失论重视结果回避义务。不过，与如何确定作为违法性要件的结果回避义务不同，有必要要求这样一种程度的预见可能性，即与奠定了过失犯违法性基础的结果相关，足以肯定作为责任要素的预见义务的程度。

因此，为了奠定作为责任要件的结果预见义务违反之基础，所要求的结果预见可能性的程度，限于不忽视法益侵害这一违法要素的意义上，就有必要采纳预见可能性需要是“一定高度的”预见可能性这一基本的见解。假设相当低程度的预见可能性也可以认定过失犯罪，就容易导致责任内容的空洞化，会使过失犯罪的处罚范围显著地扩张。在这个意义上，将结果预见可能性作为问题，要求预见可能性需要达到一定高的程度这一点，就具有重要的意义。在判例中所采用的信赖原则也具有限定结果回避义务之内容的意义。与信赖原则的意义一样，过失犯罪的成立要求行为人具有达到了一定程度的预见可能性，同样具有实际上的重要的机能与意义。

就应该要求行为人的预见可能性达到了一定程度而言，成为问题的是，大型高楼等建筑物发生火灾时，所追究的管理者的过失责任（所谓管理过失）。这种过失责任是由于建筑物的管理者怠于行使确立安全体制的义务而导致的结果，对于发生了火灾造成了多数人死伤的案件，以违反了安全体制的确立义务为根据能够追究管理者的过失责任，但是这里存在一个问题，如果火灾没有发生就不会发生因火灾而导致的死伤事故，一旦火灾发生之后，即使行为人对于火灾发生后导致死伤事故的预见可能性很高，也不能认为，行为人对于火灾发生这一事件本身的预见可能性很高，因此，就结果来看，不能认为行为人对于发生死伤的预见可能性很高。在学说上，有一种有力的主张认为，根据在判例中所肯定的预见可能性的程度，就能够肯定行为人过失犯罪的成立。〔31〕对于上述主张，可以说即便以判例所肯定的预见可能性程度为依据肯定了过失犯罪的处罚，判例本身也并不违反宪法，在这个意义上，能够允许判例根据认定的预见可能性的程度判决行为人成立过失犯罪（换言之，可以说，管理者的责任并不是无过失责任，归根结底还是过失责任），但是，问题并非出在这里。问题是，以判例所肯定的一定程度的预见可能性来肯定处罚，那么这种程度的预见可能性在所有的领域都能是妥当的标准吗？在交通事故的案件中是否能够适用上述标准？这尤其是个问题。如果认为属于“已知的危险”就存在结果预见可能性的话，几乎能够全部肯定交通事故案件的行为人的预见可能性，会导致人们产生大范围地处罚过失犯罪的担心。〔32〕将大规模火灾案件作为处罚对象的过失犯罪处罚规定（业务上过失致死伤罪（刑法第211条第1项））与将交通事故案件作为处罚对象的过失犯罪处罚规定[过失驾驶致死伤罪（关于因机动车驾驶致人死伤行为等的处罚法第5条）]〔33〕，这两者如今都分别存在，这种区别的存在是否妥当另当别论，将两者中的过失的程度加以区别，在大规模火灾案件中，行为人有较低的预见可能性程度就足以认定成立过失犯罪，这也不是不可能的。但是，对于同样的业务上过失致死伤罪的规定，像大规模火灾事件、医疗事故事件这样的，根据领域的不同也适用不同的标准，认可这一点恐怕依然是有问题的。我们期待着有关这一点的疑问得到解明。

〔31〕参见佐伯仁志：《围绕预见可能性的诸问题》，刑法34卷1号113页（1995年）等等。

〔32〕实际上，结果回避义务的违反虽然被认为只不过是个问题而已，但在专门对其进行判断时需要慎重。

〔33〕2007年日本刑法作出了部分的修正，其中在原来的刑法第211条业务上过失致死伤罪之外，在同条第2项新增加了驾驶汽车过失致死伤罪（此前驾驶汽车致人死伤的，按照业务上过失致死伤罪处罚），并将其法定刑上限由业务上过失致死伤罪的5年惩役提高到7年。即，日本刑法第211条第1项：懈怠业务上必要的注意，因而致人死伤的，处5年以下的惩役、监禁或者是100万元以下的罚金；因重大过失致人死伤的，亦同。该条第2项：驾驶汽车时懈怠必要的注意，因而致人死伤的，处7年以下的惩役、监禁或者是100万元以下的罚金；但是，伤害轻微的，可以根据情节免除刑罚。——译者注

第 6 章
实行的着手与既遂

一、导言

杀人罪（刑法第 199 条）等以法益侵害为成立要件的犯罪，在行为人实施构成要件的该当行为（实行行为），并因该行为导致结果[1]，即发生了构成要件的结果（法益侵害）时成立。不过，在发生了构成要件的结果的阶段之后再将行为作为处罚的对象，对于法益的保护是不充分的，因此，在现行法上，除规定了将造成法益侵害的危险本身作为构成要件的结果的危险犯处罚规定之外，也肯定了在“着手犯罪的实行行为”阶段处罚未遂犯的规定（刑法第 43 条、第 44 条）。由于大部分的主要犯罪都存在处罚未遂犯的规定，而未遂以前的预备行为的处罚被限定在杀人、抢劫等极为重大的犯罪中，因此，未遂之处罚成为可能的时点，就成为不可罚领域与可罚领域之间的界限点，故而在何种阶段能够认定“实行行为的着手”，同样也具有实务上的重要意义。可以说，在进行上述判断时，在立足于区别预备与未遂的意义的同时，从法益保护这种政策的观点出发，对于处罚时期的提前在何种程度上能够得以肯定，也是需要追问的。[2]

行为人所实施的行为处于实行的着手阶段时，（以未遂犯处罚规定的存在为前提）能够以未遂犯处罚行为人，但是有时，会存在较之行为人当初的预想更早地发生了既遂犯的构成要件结果的情形。例

〔1〕 在构成要件的该当行为（实行行为）与构成要件的结果之间，构成要件的因果关系是必要的，关于因果关系的意义，参见本书第 1 章。

〔2〕 此外，由于实行的着手，还可能成立更为严重的犯罪（如强奸罪与强奸致伤罪；抢劫罪与事后抢劫罪等等），对于是否能够认定行为人可成立这些更为严重的犯罪而言，将哪一个阶段确定为实行行为的着手也具有实际的重要作用。

如，行为人意图用安眠药使A昏迷（第1行为），然后伪造A自杀的假象再杀害A（第2行为），结果在行为人实施第1行为也就是使A喝下安眠药的行为的时点，A就死亡了，此时的问题是，应该如何判断行为人的刑事责任。在这里，能否认定行为人在第1行为的时点进行了杀人的实行行为的着手固然也是问题（如果肯定行为人已经进行了杀人行为的着手，行为人就成立杀人未遂罪，如果否定，行为人则仅仅成立杀人预备罪〔3〕），但是，还需要追问，具有杀害A的意图的行为人是否成立杀人既遂罪呢？这一问题被称之为“构成要件的过早实现”或者是“结果的提前发生”〔4〕，其如何解决是需要追问的，其中也包括这个问题的解决与能否肯定行为人在实施第1行为时就属于实行行为的着手是否有关等等。

最近，最高裁判所出现了一个与上述问题相关的判例，对于上述问题给予了解决，应该引起注意。以下，笔者将介绍该判例的内容，并对之加以检讨。其中，也包含了如何理解未遂与既遂之间的关系等的问题。

二、最近的最高裁判例

（一）最高裁判所于平成16年（2004年）3月22日的决定〔5〕

1. 案情〔6〕

被告人A，意图伪造其丈夫V事故死亡的假象，并在杀害其丈夫

〔3〕 在日本刑法中，杀人的预备行为是有着自己独立的罪名的，日本刑法典第201条规定了杀人预备罪，即：“以犯第一百九十九条之罪（杀人罪）为目的进行预备的，处二年以下惩役，但可以根据情节免除处罚。”——译者注

〔4〕 山口厚：《问题探究 刑法总论》，140页以下（1998年）。

〔5〕 参见最决平成16·3·22刑集58卷3号187页。关于本决定的解说有，平木正洋：《1 意图使被害人昏迷后再驾驶汽车跌落到海中使被害人死亡，在行为人开始使被害人昏迷的时点，就被认为属于杀人罪实行行为的着手的案件；2 所谓的结果的提前发生与杀人既遂的成立与否》，最判解刑事篇平成16年度155页以下；小川新二：《在意图使被害人吸入三氯甲烷使其昏迷后再驾驶汽车跌落海中使被害人死亡的计划之下，行为人实施了上述行为，但是，被害人也可能是在汽车跌落海中之前因为吸入三氯甲烷而死亡，对于该案件，判决肯定了杀人罪的成立的案件》，研修673号3页以下（2004年）；安田拓人：《着手实行与结果的提前发生》，平成16年重判解（ジュリ1291号）157页以下（2005年）；桥爪隆：《杀人罪的实行的着手与构成要件的过早实现场合是否成立杀人既遂》，ジュリ1321号241页以下（2006年）等等。

〔6〕 在本案中，保险金诈骗虽也是要解决的问题，但是，根据本文的需要，笔者决定仅仅使用杀人行为的相关事实来进行检讨。

后骗取生命保险金，于是委托被告人B实施杀害的实行行为。被告人B为了得到报酬而接受了该委托，为了实施杀害行为，B又拉了C、D以及E加入进来（以下，将C、D、E简称“3名实行犯”）。此外，被告人A还将杀人行为的实行方法委托给被告人B等人谋划。

被告人B制订的犯罪计划是，3名实行犯驾驶汽车（以下，简称“犯人使用车”）去撞V所驾驶的汽车（以下，简称“V使用车”），装作要与V进行交涉，将V诱骗进犯人所使用的车中，然后使用三氯甲烷使V昏迷，再分别将V与V使用车运送到最上（地名，译者注）大河附近，从山崖上将V与V使用车一起推入河中，使V死亡。在平成7年8月18日，被告人B将犯罪计划告诉3名实行犯。3名实行犯对犯人使用车进行了改造，使驾驶座旁边的副驾驶席一侧的门无法从里面打开，并在携带了三氯甲烷等作案工具后驾车出发了，不过，却将使V淹死的地点从驾车需要花费一小时以上的当初预定地变更为更近的石卷工业港。

同日，被告人B从被告人A那里得到V离开自己住宅的消息，B随后将该消息电话通知3名实行犯。3名实行犯在宫城县石卷市内的路上，按照计划驾驶犯人使用车追撞V使用车，然后假装进行交涉，将V骗进犯人使用车上的副驾驶座中。在同日晚9时30分左右，D从V的背后将喷上了大量三氯甲烷的毛巾掩住V的口鼻部位，C则按住V的胳膊，通过上述等的行为，使V持续地吸入三氯甲烷，并导致了V的昏迷（以下，将上述行为称之为“第1行为”）。在此之后，3名实行犯将V运送到距离第1行为地点约两公里处的石卷工业港，决定在叫来被告人B后一起将V推落到海中，然后3名实行犯打电话通知了被告人B。在同日晚11时30分左右，B到达上述地点，B及其他3名实行犯将浑身无力无法行动的V运到V使用车的驾驶席上，然后将该车从岸上推落到海中（以下，将上述行为称为“第2行为”）。

尽管由于被告人等所实施的以上行为导致了V的死亡，不过，V的死因，是由于溺水导致的窒息死亡，还是由于吸入三氯甲烷导致的呼吸停止、心脏停止跳动、窒息、休克或是肺功能不全等，无从确定是哪一种死因，在第2行为之前的时点，即因第1行为而导致V死亡的可能性也是存在的。此外，被告人B以及3名实行犯虽然对于第1行为本身导致V死亡的可能性没有认识，但是，客观地看，第1行为属于有导致人死亡的相当高的危险性的行为。

对于以上事实，第一审判决（仙台地判平成14・5・29）以“在使V昏迷后的过程中，V由于吸入三氯甲烷而导致呼吸停止、心跳停止、窒息、休克或是肺功能不全，或是由于溺水窒息而导致了V的死亡，行为人通过所实施的上述行为杀害了V”为理由，肯定了被告人成立杀人罪。

被告人们提出了控诉，其理由是V由于吸入三氯甲烷而导致死亡的可能性很高，而就被告人B等而言，其仅仅认识到了那能够使被害人昏迷，因此，不能认定被告人等具有杀人罪的故意与实行行为，仅仅成立杀人未遂罪或者是伤害致死罪等。控诉审判决（仙台高判平成15・7・8判时1847号154页）作出了以下判示，驳回了控诉。即，“对于3名被告人（C、D、E）来说，其使被害人吸入三氯甲烷的行为，不仅仅是容易绑架上述被害人并使用汽车运送被害人使其掉落海中的手段，可以说，3名被告人使用三氯甲烷麻醉被害人，也使伪造事故死亡的假象造成被害人溺亡这种原计划的直接杀害行为变得容易、并且也确实是想将上述行为作为杀害行为的手段方式，这一点能够很容易地推测出来。实际上，被告人等在绑架现场使被害人吸入三氯甲烷致使其昏迷，然后，在知道被害人处于失去意识的状态之下，利用该状态实施了将被害人推入海中的有预谋的杀害行为，并且，使被害人吸入三氯甲烷的场所与将其推入海中的场所之间，比较接近，距离约2公里，驾驶汽车所需的时间仅仅需要数分钟的程度，因此，能够推测3名被告人实施使被害人昏迷的行为具有上述的考虑”。“那么，使被害人吸入三氯甲烷的行为，并不仅仅是为了绑架被害人将其运送至推落入海的场所的行为，而是与连同汽车一起将被害人推落入海使其溺亡的这种有预谋的直接杀害行为密切相关的，并且是具有左右上述行为能否实施的重要意义的行为，可以说，3名被告人所实施的使被害人吸入三氯甲烷的行为，已经成为其所预谋的杀人的实行行为的一部分。”“从而，3名被告人已经认识到，使被害人吸入三氯甲烷的行为，是与预谋的杀人行为密切相关的，并是对于所预谋的杀人行为具有重要意义的行为，因此，应该说3名被告人并不欠缺对于杀人的实行行为性的认识，能够将3名被告人所实施的使被害人吸入三氯甲烷的行为，认定为杀人的实行行为。此外，被告人等在实施完使被害人吸入三氯甲烷的行为之后，又实施了将被害人推落海中的杀害行为，即使被害人已经因为吸入三氯甲烷而死亡，对于被告人的刑事责任而言，也不过是在实行行为已经开始之后，导致结果发生时的因果流程的错误的问题。”“如上所述，在本案中，即使被害人死亡的原因是由于吸入了三氯甲烷而死，还是在吸入三氯甲烷之后因被推落入海而导致的溺亡无法确定，但被害人死亡的原因是上述其中之一的行为所导致的，这一点是明确的，并且，可以说被告人对于使被害人吸入三氯甲烷的行为具有杀人的实行行为性是有所认识的，在此认识的基础上实施了实行行为，因此，认定被告人 A、B、C、E 成立杀人罪的共同正犯〔7〕，适用刑法第 60 条以及第 199 条的原判决的事实认定以及法律使用没有错误。”

2. 最高裁判所的决定

接受了被告人上告的最高裁判所作出了以下判示，认为认定杀人罪成立的原判决是正当的。

“3 名实行犯的杀害计划是，使 V 吸入三氯甲烷致其昏迷，然后利用这种昏迷状态，将 V 运送至某港口，将其连同汽车一起推落入海使其死亡，可以认为，第 1 行为对于确实并且容易地实施第 2 行为是必不可缺的，而且，如果第 1 行为成功了，就能认定在此后的杀害计划的执行上不存在能成为障碍的特别情况了，同时，由于第 1 行为与第 2 行为之间存在时间上、场所上等等的接近性，考虑到以上事项，能够认定第 1 行为是与第 2 行为有密切关系的行为，能够认定在 3 名实行犯开始进行第 1 行为的时点，该行为就明显属于有导致杀人的客观的危险性的行为，因此，在上述时点认定被告人已经着手杀人罪的实行行为是正确的。此外，3 名实行犯使 V 吸入三氯甲烷致其昏迷之后，又着手实施将 V 连同汽车一起推落入海的一系列杀人行为，并达成了杀人目的，因此，即使案件事实与 3 名实行犯的认识存在差异，即使在实施第 2 行为前的时点，V 已经因为第 1 行为而导致死亡，也能够认定被告人并不缺乏杀人的故意，3 名实行犯成立杀人既遂的共同正犯。而且，3 名实行犯与其他两名被告人 A 以及 B 在共谋的基础上实施了上述的杀人行为，因此，其他两名被告人也必须承担杀人既

〔7〕 二审法院与一审法院不同，认为被告人 D 不是杀人的共同正犯，而是帮助犯，因此，在该部分中未包括被告人 D。——译者注

遂的共同正犯的罪责。”

（二）问题的所在

最高裁判所认为，（1）本案件是原计划通过在实施完第1行为之后所实施的第2行为来杀害被害人的案件，能够认定在第1行为开始的时点，该行为具有导致杀人的客观危险性，就认为能够认定该行为属于杀人罪的着手，在此基础上，（2）由于被告人着手实施了第1行为、第2行为这种连续的杀人行为并达成了犯罪目的，所以即使是因为第1行为而导致的被害人死亡，也能够认定被告人不缺乏杀人的故意，成立杀人既遂罪（共同正犯）。笔者想就最高裁判所上述的两点判断，参照一直以来的判例与裁判例，就最高裁这一决定的意义加以考察。

三、实行的着手

（一）一直以来的判例、裁判例

行为人为造成法益侵害预定实施复数的行为时，在哪一个阶段能够肯定行为人实行行为的着手？关于这个问题，一直以来的判例、裁判例是这样认定的。〔8〕

首先，有关杀人罪的实行着手，存在以下判决。（1）名古屋地判昭和44·6·25判时589号95页，被告人计划了先用安眠药或者用木棒殴打使被害人昏迷或者晕倒，然后利用被害人的上述状态，驾驶汽车将被害人运送至山顶，让被害人坐在汽车上撞崖，或者坠落山谷的杀害行为。在晚餐的时候，被告人在酒中混入了安眠药使被害人喝下，在经历了约4个小时后，被告人正打算用擂槌殴打睡眠中的被害人脸部使其昏厥时，被害人由于受到殴打醒来并进行了抵抗，因此，未能达成杀害的目的。判决认为：“本案中，被告人所实施的是数个连续的且指向杀人的有计划的关联行为（像本案中的被告人取得安眠

〔8〕 亦请参见小川新二：《在意图使被害人吸入三氯甲烷使其昏迷后再驾驶汽车跌落海中使被害人死亡的计划之下，行为人实施了上述行为，但是，被害人也可能是在汽车跌落海中之前因为吸入三氯甲烷而死亡，对于该案件，判决肯定了杀人罪的成立的案件》，研修673号9页以下（2004年）。

药的行为或者准备木棒的行为，虽属于是为了杀人的行为，但却不能说也属于指向杀人的行为），换言之，由于以指向杀人本身这一点加以限定的一连串计划中的一个行为的结果，使连续性计划中的一个行为的结果容易实现，而后一行为的结果又使得再下一个行为容易实现，最终使现实的杀人行为本身容易实现，本案是在这种具有因果关系的关联的犯罪行为的场合。宏观地统一观察这些连续性行为，即使某些行为是在最终的现实杀人行为以前实施的，但当这些行为具有通过实施这些行为而使行为人所期待的结果发生的客观可能性的形态与内容时，限于这个意义上，如前所述，由于上述行为的结果与在此之后恐怕要发生的杀人结果本身具有密不可分的关系，可以说，对于杀人结果的发生而言，上述行为是具有客观危险性的行为，因而，在行为人着手实施上述行为时，也可以说是着手进行了杀人行为。”判决以“若是殴打处在睡眠中这种特殊情况下的人的头部的话，能够认定根据具体情况的不同有导致人的昏厥的充分的可能性，因此，上述殴打行为是具有前述危险性的行为”为理由，肯定了行为人杀人未遂罪的成立。与此相对，(2) 在大阪地判昭和57·4·6判タ477号221页中，具体案情是，被告人计划用绳子捆住被害人（女）后将其装入准备好的麻袋，强取该女所有的权利证明等物品，然后将该女单独留在劫持场所，将该女所有的汽车送到废旧物品回收站进行处分，然后再回到该女被劫持的场所，将被装入麻袋的该女运送到停在附近的停车场的犯人的汽车上，然后杀死该女，伪装成该女失踪的假象。实际的情况是，被告人用绳子捆绑被害人将其装入麻袋，然后为了使被害人昏厥而使用玻璃烟灰缸殴打该女的头部使其受到伤害，从被告人使用烟灰缸殴打该女致使其昏厥到将该女运送出去之间，有相当长的时间间隔，在此期间，该女有充分的可能恢复意识自己逃跑，或者有熟人与顾客来拜访该女发现异常状况，并救出该女。因此不能认定用烟灰缸殴打的行为，属于立足于具体计划、在运送该女出去之后杀害该女的手段和方法。判决认为：“将本案的殴打行为评价为与其后所预谋实施的杀害该女的行为具有密不可分的关系是困难的，很难认定该伤害行为是具有使尚未发生的杀人结果有直接的危险性或者现实的危险性的行为，据此，无法认定行为人所实施的本案犯行，属于杀害（被害人）的实行着手”。

关于强奸罪的实行着手，在绑架了被害人后再驾驶汽车将其运送到其他场所进行奸淫的案件中，存在的问题是，能否认定行为人在将被害人推入车内的阶段就属于强奸罪的实行着手。（3）在最决昭和45·7·28刑集24卷7号585页中，被告人为了达到强奸的目的，将正在抵抗的女性拖进自动卸货卡车的驾驶座上，然后在距离原绑架地点约5公里之外的护岸工程现场，在驾驶室内压制了被害人的反抗将其奸淫，但是在将被害人拖进驾驶室内之时，被告人已经实施暴行使被害人受到了伤害。判决认为："能够认定，被告人在意图将被害人拖进驾驶室时的阶段，所实施的行为已经明显具有强奸的客观危险性，因此，在该时点认定行为人着手实施了强奸行为是正确的。"（因此，被告人成立强奸致伤罪。）同样肯定了在将被害人拖进汽车内的时点即属于强奸罪的实行着手的裁判例有，名古屋高金泽支判昭和46·12·23刑月3卷12号1613页，东京高判昭和47·4·26判タ279号362页，东京高判昭和47·12·18判タ298号441页等等。〔9〕

关于放火罪的实行着手，在泼洒了汽油等可燃物之后，被告人正打算点火时，在点火以前的阶段就导致了烧毁的结果的案件中〔10〕，问题是，能否认定在泼洒可燃物的时点就已经属于实行的着手？（4）在静冈地判昭和39·9·1下刑集6卷9-10号1005页中，被告人打算对饭馆放火，正在向店铺入口玻璃窗等泼洒汽油时，店内炭炉的火苗引起了汽油的燃烧。判决以"泼洒汽油行为本身已经使本案建筑物处于有可能烧毁的客观状态"为理由，肯定了泼洒汽油的行为属于放火罪的实行着手（从而成立放火罪的既遂）。（5）在横滨地判昭和58·7·20判时1108号138页中，意图燃烧自宅以自杀身亡的人，在自宅内泼洒汽油后，想要在死前吸最后一支烟，其正在用打火机点烟时，造成了汽油燃烧。判决以"被告人因其泼洒汽油的行为，可以说是已经实施完毕了关于放火之行为的大半部分，在泼洒汽油的这个阶段，引起法益的侵害也就是本案房屋的烧毁已经处于迫在眉睫的危险状态"为理由，肯定了行为人在泼洒汽油的阶段属于实行的着手（从而肯定了放火罪的既遂）。〔11〕

---

〔9〕与此相对，在被告人将被害人拖进汽车内是困难的案件中，否定了属于强奸罪实行的着手的裁判例有，东京地判昭和43·11·26判时543号91页，大阪地判平成15·4·11判タ1126号284页。

〔10〕因此，该案件的问题属于后述的构成要件的过早实现的情形。

〔11〕另外，有关放火罪的实行着手的案件，参见广岛地判昭和49·4·3判タ316号289页，福冈地判平成7·10·12判タ910号242页。

（二）实行着手时间的确定

在判例中，对盗窃罪而言，在财物的占有转移行为以前的物色行为阶段就能够肯定实行的着手〔12〕，虽然物色行为处于能够直接造成构成要件的结果的行为以前的阶段，但是从法益保护的观点看，以该行为具有法益侵害的客观危险性为根据，已经能够肯定该行为属于实行的着手这一点已经明确述及（即使在学说上，该见解也没有特别的争议）。这种见解，从上述有关强奸罪以及放火罪的判例中也可以得到充分的印证。即便是在杀人罪中，如上所述，也存在认可上述见解的裁判例，而平成16年最高裁判所的决定的意义在于，就连最高裁判所也认可了上述见解。在该判决中，被认定为属于实行的着手的第1行为，是与法益侵害行为即第2行为“密切相关的行为”，判决将“在该行为开始时的时点已经明显能够认定具有杀人结果的客观危险性”作为理由，判决通过以下几点奠定了其论理的基础：(1) 为了切实并且是容易地完成第2行为，第1行为是必要的、不可或缺的。(2) 在实施完第1行为之后，对于完成杀害计划，就没有了能够成为障碍的情况，此外 (3) 第1行为与第2行为之间具有时间的、场所的接近性。在判决中，以行为人的犯行计划为基础，行为人作出法益侵害行为并因此而导致法益侵害的发生为内容，判例的判断是第1行为具有“客观的危险性”，这能够通过上述 (1)、(2)、(3) 点的理由而限定地理解为，第1行为处于实行行为的着手阶段。最高裁判所的上述判决是在限定地判断第1行为对于行为人现实的法益侵害行为具有危险性并且肯定了其危险性的基础上作出的，这样的判断基准非常重要，最高裁的决定明示了这种具体判断的标准与指针，就这一点来看，能够认为本决定具有重要的意义。

四、构成要件的过早实现

（一）一直以来的裁判例

如前所述，在一直以来的裁判例中，对于行为人原计划是打算在

〔12〕 参见大判昭和9·10·19刑集13卷1473页，最判昭和23·4·17刑集2卷4号399页，最决昭和40·3·9刑集19卷2号69页等等。

实施完第1行为之后通过实施第2行为造成构成要件的结果，但在第1行为的阶段就发生了构成要件的结果的场合，存在判决在认定行为人在第1行为的时点已经着手实施了实行行为的基础上，肯定了比原计划早地发生了构成要件结果时成立既遂犯。例如，前述静冈地判昭和39·9·1与前述横滨地判昭和58·7·20等等有关放火罪的判决。

就杀人罪而言，也存在着有关构成要件的过早实现的判决，即东京高判平成13·2·20，载于《判例时报》1756号162页。该案件的案情是，被告人以杀人的故意使用菜刀连续刺伤被害人，被害人身负重伤打算逃出门口，被告人将被害人拖了回去，然后在被告人将菜刀放到厨房时，被害人逃到了位于高级公寓9楼的被告人家的阳台上，打算沿着栏杆逃到隔壁的邻居家，被告人正打算拦住被害人时，为了避免被抓，被害人失去了平衡从阳台上跌落死亡。判决认为："被告人的犯意内容是，在进行用刀刺杀的行为时刺伤被害人，在刺伤行为实施完毕后，将被害人置于自己的支配之下，等待其出血过多，并且进一步使被害人瓦斯中毒而死，被告人的杀害方法随着事态的进展发生了改变，但是可以认为被告人的杀意是没有发生变化的，认为被告人在实施刺杀行为时一直到打算抓住被害人的行为时，杀意一直继续着是正确的。""打算抓住正在阳台栏杆上的被害人这一行为，一般来说仅仅属于暴行，还很难认为其属于杀害行为，但是在本案中，被告人抓住被害人，有拖回被告人使其瓦斯中毒而死的意图，被害人也认为，一旦被被告人抓住就必死无疑，也不顾跌落的危险，用手推开了被告人，意图逃避被告人的抓捕。此外，被告人所实施的刺杀行为一直到意图抓住被害人的行为是连续的，对被告人而言，虽然具体内容不同但杀意是持续的，既然如此，抓捕被害人的行为就是为了使被害人瓦斯中毒而死所必要的不可缺少的行为，认为该行为属于杀害行为的一部分是正确的，而认为在被告人放菜刀的时点，杀害行为就终了是不正确的。""被告人打算抓住被害人的行为与被害人的跌落行为之间存在因果关系……根据以上分析，被告人应当承担杀人既遂的罪责是当然的。"在本案中，即便抓捕被害人的行为是使被害人瓦斯中毒行为以前的行为，判决仍然将其作为杀人罪的连续实行行为中的一部分，既然因该行为导致了被害人的死亡结果，判决认定被告人成立杀人既遂就是理所当然的。

在上述裁判例中，行为人在第1行为时的时点具有故意，能够认定实行的着手，在此基础上，因为上述行为导致发生了构成要件的结果，就当然能够追究被告人既遂的罪责。就与行为人之计划不同的样态而发生了结果这一点来说，一般认为，这只不过属于不阻却故意的因果关系的错误而已。

（二）判例的检讨

最高裁判所于平成16年的决定，是最高裁最早的有关构成要件的过早实现（结果的提前发生）案件的判决。判决认为，在着手实施实行行为以后发生了构成要件的结果的场合，即使比行为人所计划的情况更早地发生了结果，只要行为人具有故意，就能够追究行为人既遂的罪责，最高裁判所的判决采用了一直以来的裁判例的理解。换言之，判决确认了如果是由于行为人所实施的（连续的）实行行为而导致发生了构成要件的结果的话，就能够追究行为人既遂的罪责，就这一点来看，可以说本决定具有重要的意义。

学说中通说的见解也可认为是与最高裁判所的判例持相同的理解。〔13〕尽管可以认为这种见解也是当然的，但在学说中也存在对于上述见解提出了疑问的主张。〔14〕那么，在反对判例与通说的见解那里，其问题意识究竟是什么呢？

概而言之，反对说的根据是："行为人虽有进行引起构成要件结果发生的计划或者意图，但是，行为人在实施引起了构成要件结果发生的第1行为的时点，是没有通过实施该行为造成结果的意思的，因

〔13〕从结论上来看，支持该见解的论文有，冈野光雄：《实行行为后的行为导致结果的发生》，平成13年度重判解（ジュリ1224号）149页以下（2002年）；堀内捷三：《刑法总论（第2版）》（2004年）；山中敬一：《所谓的构成要件的过早实现与结果的归属》，载《板仓宏博士古稀祝贺・现代社会型犯罪的诸问题》，97页以下（2004年）；西田典之：《刑法总论（第2版）》，229页（2010年）；等等。

〔14〕对于构成要件的过早实现之行为人成立既遂犯，提出了疑问的论文有，町野朔：《因果关系论与错误理论》，北海学园大学法学研究29卷1号215页以下（1993年）；山口厚：《问题探究 刑法总论》，140页以下（1998年）；西村秀二：《关于"过早实现的结果"》，奈良法学会杂志15卷1-2号1页以下（2002年）；高桥则夫：《实行行为与故意的存在时期》，现刑33号102页以下（2002年）；松宫孝明：《刑法总论讲义（第4版）》，239页（2009年）；曾根威彦：《溯及禁止论与客观的归属》，载《板仓宏博士古稀祝贺・现代社会型犯罪的诸问题》，135页以下（2004年）；林干人：《结果的提前发生》，判时1869号3页以下（2004年）等等。

此，不能肯定行为人对于所发生的结果具有故意”〔15〕。换言之，反对说认为，虽然行为人具有实施杀人行为的计划，但是行为人原本是打算通过第2行为来达到杀人结果的，而不是打算通过第1行为来达到杀人结果，因此，在该阶段，认为行为人具有杀人这种结果的故意是不正确的。此外，还有必要确认的是，如果不能肯定行为人在实施第1行为时点已经着手进行了实行行为，即便是判例与学说的通说，也认为不能肯定行为人成立既遂（关于这一点恐怕没有任何争议）。因此，在此成为问题的是，行为人实施第1行为本来应成立未遂，但是由于第1行为的实施导致了构成要件结果的发生，为何能够肯定行为人成立既遂呢？具体而言，所谓第1行为成立既遂的问题，判例以及学说上的通说采取了这样的理解，即由于行为人具有通过行为的实施造成既遂的构成要件结果的意思，那么在第1行为的时点，行为人就具有既遂犯的故意，就具有引起既遂的构成要件之结果的故意，进而，对于原本意图通过实施第2行为来造成构成要件结果的行为人而言，第1行为造成了既遂的结果（不阻却故意〔16〕）而仅仅属于因果关系的错误。关于这一点，反对说的主张是，能够区别未遂犯的故意与既遂犯的故意，在第1行为时的时点能够认定行为人有未遂犯的故意，但是不能认定行为人有既遂犯的故意。换言之，反对说认为，为了肯定行为人具有既遂犯的故意，（对行为人而言）对于已经全部实施了能够引起结果发生的必要行为这一点的认识是必要的（这种认识还包括对于实行未遂的认识，或者“中止”的认识）。〔17〕问题是，就既遂犯的成立要件之故意来说，要求行为人具有这样的认识的根据何在？

如果用图示的方法表示判例与通说所依据的理解，可以说就是实行的着手＋构成要件的结果＝既遂犯。这种理解从形式论理上看，是

〔15〕 对于因第1行为所造成的结果，能够肯定其具有（客观的）构成要件该当性。

〔16〕 关于这一点，有见解认为，此时虽属于因果关系的错误，但却阻却故意。参见松宫孝明：《刑法总论讲义（第3版）》，225页（2004年）。该见解不区别未遂犯的故意与既遂犯的故意，从而有可能否定行为人成立既遂犯，但是，认为可以区分能够阻却故意之因果关系的错误（与方法的错误不同）与不阻却故意之因果关系错误，这是有疑问的。关于因果关系的错误问题，参见山口厚：《刑法总论（第2版）》，212页以下（2007年）；山口厚：《问题探究 刑法总论》，129页以下（1998年）。

〔17〕 例如，参见林干人：《结果的提前发生》，判时1869号6页（2004年）。

不存在疑问的。不过，在考虑其实际内容时，想来这种理解就有存疑的余地了。的确，一般认为，既遂犯的构成要件该当性，在使构成要件该当行为（实行行为）的危险性朝着构成要件结果的现实化之时，能够得以认定。[18] 不过，作为既遂犯的构成要件要素的构成要件该当行为（实行行为）与能够认定的未遂犯的实行着手行为（未遂犯的实行行为）之间，并非必然就是同一的。原因在于，对于未遂犯的处罚，从法益保护的观点看，其意图是处罚时期的早期化，目的是有利于保护法益，实行的着手被提前到能够造成既遂犯的构成要件结果的行为以前的行为上去，换言之，未遂犯的实行着手，是以未遂处罚的必要性为根据，由法益保护的观点而决定的，因此，未遂犯的实行着手决不是根据既遂犯的成立要件推导出来的。从上述见解来看，可以认为判例与学说的通说，是以未遂处罚的必要性为根据进行政策上的追溯，将未遂犯的处罚时期（实行行为及其着手）推进到既遂犯的构成要件该当行为（法益侵害行为）之前，不仅如此，在此次有关构成要件的过早实现的最高裁决定中，是以处罚未遂犯的必要性为根据，将既遂犯的构成要件该当行为（实行行为）本身扩张、前伸到了未遂犯的实行着手上去。[19] 可以说这一结论是将未遂犯作为犯罪的基本类型，而将既遂犯作为结果加重类型来理解的。不过，根据现行刑法并不全部处罚未遂的原则，上述理解是不能被采用的。仍然必须认为，既遂犯是基本类型，未遂犯归根结底是扩张类型。根据这一理解，既遂犯的构成要件不是由未遂犯的构成要件推导出来的，因此，既遂犯的构成要件该当行为与未遂犯的成立要件是不同的，不管怎么说必须根据既遂犯固有的特点，来确定过早地实现构成要件的结果是否成立既遂。笔者认为，行为人（故意实施的）接近构成要件结果的引起行为本来就是（故意）既遂犯的构成要件该当行为（实行行为），在行为人本人所计划实施的结果引起行为（第2行为）尚未实施的第1行为阶段就肯定（故意）既遂犯的构成要件该当行为（实行行为）是不妥当的[20]，无论如何第2行为（引起法益侵害的行为）是既遂

〔18〕关于这一点，参见本书第1章的有关内容。

〔19〕就这一点来说，打个不恰当的比方，能够将其评价为是“一不做二不休”的论理。

〔20〕作为未遂犯来处理这一点姑且不论，行为人没有实施引起结果的行为的意思，反而却认为其对于所引起的结果具有故意，这至少从行为人的立场（与行为人同一化的一般人的立场）来看，可以说是很难理解的。

犯的构成要件该当行为（实行行为）〔21〕，在第2行为之实施还停留于内心中的第1行为的阶段，因为行为人仅仅认识到自己所实施的是既遂犯的构成要件外的行为，不具有既遂犯的故意。根据这一见解，有关构成要件的过早实现的案件，以行为人所实施的第1行为的着手为依据，虽能够肯定行为人成立未遂犯，尽管如此，却不能够肯定既遂犯的成立。〔22〕

虽然不能否定，在类似前述最高裁判例的案件中，肯定行为人成立既遂犯的这一解决方案也具有相当的说服力，但是这种结论在理论上却绝非不言自明的，将这种结论予以一般化是有疑问的，这一点笔者想特别指出。并且，根据判例与通说的立场，可以说反而会要求对于实行的着手做限定理解。〔23〕若是要认为在构成要件的提前实现的事例中，能够认定既遂犯的成立的话，那也应该限定在一定的场合，即已经开始了能够看做是基于直接指向结果之引起的同一的意思的"连续的行为"，并在这个过程中发生了结果的场合。

〔21〕从观念上看，根据"溯及禁止"的原则，能够容易地说明上述理解，但是，根据限定既遂犯的构成要件该当行为的观点来看，上述见解也是可以采用的理解，并不意味着必须要采用"溯及禁止"论。

〔22〕在杀人罪的场合，能够认定构成要件的过早实现的行为人成立杀人未遂罪与重过失致死罪，后者被前者之刑所吸收（包括的一罪）。这样解决，即便行为人意图使用手枪连续发射、最后射杀被害人的案件另当别论，确实是与事案的实体内容相符的评价。

〔23〕参见山口厚：《刑法总论（第2版）》，216页以下（2007年）；山口厚：《实行行为与责任非难》，载《铃木茂嗣先生古稀祝贺论文集（上）》，206页以下（2007年）。

第 7 章
共犯的因果性与共犯关系的解消

一、导语

过去 30 年，共犯论最重要的理论成果是，因果共犯论作为处罚根据逐渐被认可。在此之前，关于共犯的从属性的讨论，以及围绕共同正犯展开的犯罪共同说和行为共同说，未必没有讨论的意义；但作为上述讨论的前提或根基，共犯的因果性这一观点具有不容忽视的重要性。问题是，这种共犯的因果性的观点，能多大程度反映到与共犯相关的实际解释论中。如前所述，因果共犯论本身是共犯论的基础或根基，所以理所当然地应反映在具体的解释论中，有必要对基于该观点的解释论进行验证，

受共犯因果性影响显著的是有关共犯关系解消的讨论。虽然共犯关系已经形成，但在犯行开始前或者在犯行过程中脱离的人，根据何种基准或要件，能够脱离共犯关系，进而肯定共犯关系的解消，对于这一问题，近来出现的最高裁判所的判例引人关注。在承认共犯关系解消的场合，如果脱离发生在犯罪实行着手之前，对于实施的犯罪不承担共犯责任（是否存在成立预备罪的可能性另当别论）；如果发生在实行着手之后，则只承担对未遂犯的共犯责任，并且在一定场合还具有成立中止犯的可能性。共犯因果性对该问题的结论有着直接影响，这个问题直击共犯因果性的意义。

以下，从共犯因果性的观点出发，以近来最高裁判所的判例为素材，对该问题予以检讨。

二、最高裁判所平成21年（2009年）6月30日决定〔1〕

（一）案情

被告人在本案之前，数次与其他共犯一同侵入民宅，对居住人施加暴行，抢掠财物。

被劝诱参与本次犯罪的被告人在案发前夜，驾驶汽车与共犯人汇合，一起去被害人处踩点，之后与其他7名共犯人达成共谋：当被害人家中的灯熄灭后，2名共犯人进入屋内，从内部打开入口的门锁，确保其他共犯人能从入口进入室内，之后包括被告人在内的其他共犯人侵入室内并实施抢劫。

案发当日凌晨2时左右，2名共犯人从被害者场所的窗户进入地下1层的储物室，但因为通向住处的门被锁，所以暂且回到户外，其他共犯人解开通向住处的窗户上的门锁，由窗户进入，在内部打开门上的锁，确保其他共犯人能从该入口侵入。

在进入屋内的2名共犯人着手实施抢劫前，负责望风的共犯人发现现场附近有人正在聚集，他们担心犯行被发现，给屋内的共犯人打电话，“有人在聚集，还是早点放弃出来的好”，但得到的回答是“再稍微等会儿”，于是单方面告知屋内的共犯人“太危险了，没办法等，先回去了”，随后挂断电话，乘上停在附近的汽车。被告人和另1名共犯人在车内伺机而动，随时准备实施抢劫，但是在负责望风的共犯回到车内后，被告人等3人经过商议，决定一起逃跑，被告人驾驶汽车从犯罪现场附近离开。

屋内的2名共犯人从被害人处暂且出来，在得知被告人等3人离开之后，于当日凌晨2时55分左右，与留在现场附近的3名共犯人一起按计划实施抢劫，其暴行导致2名被害人受伤。

对此，一审判决（东京地八王子支判平成19年2月21日）认为，“虽然被告人在共犯人等着手实施犯行后，没有亲自实施犯行，

〔1〕参见最决平成21·6·30刑集63卷5号475页。关于该决定的解说有任介辰哉：《共犯者侵入住宅后在着手实施抢劫前从现场脱离的场合否定共谋关系解消的事例》，最判解刑事篇平成21年度165页以下；葛原力三：《否定共谋关系的解消的事例》，平成21年度重判解（ジュリ1398号）179页以下（2010年）；岛田聡一郎：《共犯的脱离·再考》研修741号3页以下（2010年）等。

离开现场，但是对于被告人停止犯行这一点……共犯人没有允许，（被告人）也没有采取措施阻止共犯人等实施犯行，因此不能认定被告人与……的共犯关系已解消”，认定被告人成立侵入住宅和抢劫致伤的共同正犯。被告人对此上诉，但二审判决（东京高判平成 19・7・19）维持原判。

（二）最高裁决定

接受被告人上告的最高裁判所维持原判决的判断，作出如下判示。

“根据以上事实关系，被告人与数名共犯人对侵入住宅进行抢劫存在共谋，部分共犯人在侵入家中有人的住宅后，负责放风的共犯人只是给侵入住宅的共犯人打电话，告知其‘放弃计划为好，快撤’，被告人没有为防止之后的犯行采取特别的措施，只是与放风的人从待命场所脱离，余下的共犯人依旧实施了抢劫。那么，被告人脱离发生在着手实施抢劫之前，即便被告人也是因认识到放风人的上述电话内容而脱离，余下的共犯人之后获知被告人的脱离情况，之前的共谋关系也不能解消，而应当认定之后共犯人的抢劫也是基于之前的共谋而实施的。原判决立足于与上述旨趣相同的判断，认定被告人不仅对侵入住宅，还对抢劫致伤承担共同正犯的责任，具有正当性。”

（三）本决定的意义

本决定中的案件所涉及的问题是，虽然犯罪的实现由数人共谋，但对共谋进行加功的被告人，在犯罪实施到既遂之前离开现场，那么对于之后由其他共犯人实现的犯罪是否应承担责任。〔2〕关于这一问题，有力的见解一直以来区分实行着手前的脱离与实行着手后的脱离，对于前者，通过表明脱离意思并得到其他共犯人的许可，认定共犯关系解消；但对于后者，要求采取措施消除犯罪实现的风险等。如后文所述，前者存在下级审判的判例，后者存在平成元年（1989 年）

〔2〕关于这一问题最重要的成果是，西田典之：《共犯理论的展开》240 页以下（2010 年），初次发表为《关于共犯的中止》法协 100 卷 2 号（1983 年）。最近的研究成果是，山中敬一：《共谋关系的脱离》，《立石二六先生古稀祝贺论文集》539 页以下（2010 年）等。

最高裁判所的判例。本决定中的案件处在上述两种类型的中间地带，虽然共谋侵入住宅既遂，但作为犯罪目的的抢劫尚未着手实行，对此采用与平成元年最高裁判所的判例相同的基准所得出的结论是，否定共谋关系解消，这一点值得关注。本案中被告人只是单方面告知其脱离的意愿，所以案件结论本身当然具有合理性。

关于共犯关系解消的要件，基于因果共犯论的理解，有力说所持立场以因果关系是否切断为基准，但如果从该立场出发，对共犯关系解消的认定，基于实行着手的前后不同而采取不同基准的做法，不无疑问。此外，如本决定的案件所展示的那样，具体的案件本身也难以截然区分出实行着手的前后阶段。这意味着，根据本决定，有必要进一步对于认定共犯关系解消的要件进行检讨。

三、以往的判例·裁判例

（一）教唆的因果性

从因果性的观点出发限定共犯成立的判例是，最高裁判所昭和25年（1950年）7月11日判决。[3] 本案中，受被告人X的教唆，Y决意实施抢劫；昭和22年（1947年）5月13日晚11时左右，Y与除Z之外的两人一起携带日本刀、短刀各一把，棍棒一根等，以抢劫为目的秘密地用棍棒破坏门锁后侵入A的屋内，却因为找不到侵入主屋的方法，Y准备放弃；但Z以外的两人说道，“我们是以抢劫为生之人，不能白白地就这么回去”，于是继续贯彻犯意，他们谋划闯入旁边的电器商会B；之后让Y在B附近放风，Z等三人侵入屋内实施抢劫。最高裁判所认为，“关于Y在F家中的犯行，与其说是基于被告人X的教唆，不如说Y因为障碍的存在姑且放弃了基于上述教唆产生的犯意，而恰好被三名共犯人闯入电器商会B的强硬主张所打动，形成新的决意，并断然实行，综合上述所能查证的事实，在被告人X的教唆行为与Y之所为之间是否明确存在因果关联这一点上，原判决的趣旨颇有疑问”。以此为由，最高裁判所认为X的教唆与Y等抢劫行为之间因果关系的认定存在问题，撤销了原判决中有关被告人X的部分。

上述判例的前提是，教唆行为与作为教唆对象的犯罪行为之间要

〔3〕最判昭和25·7·11，刑集4卷7号1261页。

求存在因果关系。在此意义上，可以说该判例是从共犯因果性的观点出发来限定地理解共犯处罚范围，是个重要的判例。最高裁判所早在昭和25年就有了此等理解，实在引人注目。

（二）共犯关系的解消

1. 案情

最高裁判所平成元年6月26日决定〔4〕是与平成21年最高裁判所判例有着直接关系的重要先例，该决定中的案件内容如下。

被告人X是Y的弟弟，昭和61年（1986年）1月23日深夜，二人在酒馆一起喝酒时，厌恶被害人A耍酒疯，对其再三劝诫，但反而遭到A的反抗，二人对此感到愤慨，为了让A道歉，用车将A带到Y的住处。在一楼八张榻榻米大小的房间内，被告人X与Y一起对A的态度进行诘难，强令其道歉，但A顽固地进行激烈反抗，X与Y相互沟通，对A的身体施加暴行。暴行从24日凌晨3时30分左右开始，二人轮流使用竹刀或木刀多次来回殴打A的面部、背部等，持续时间为一小时至一个半小时。被告人X在凌晨5时多，离开Y的住所，当时只说了“我走了”，既没有对Y说X自己不会再对A施加新的暴行，也没有去制止Y之后对A施加暴行，或者嘱托Y让A躺下休息或将A送往医院，而是径直离开现场。之后不久，Y再次被A的言行举止激怒，怒喝道：“教训得还不够吗？”于是在八张榻榻米大小的房间内Y再度施加暴行，用木刀捅A的面部等。由此直到同日下午1时左右的时间内，在Y的住所，A因甲状软骨左上角骨折导致颈部压迫窒息而死。难以查明死亡结果是由被告人X离开前X与Y共同施加的暴行所致，还是由之后Y单独实施的上述暴行所致。

2. 最高裁判所的决定

最高裁判所认为，“依据案件的事实关系，在被告人离开的时点，没有消除Y继续施加制裁的危险，被告人没有采取特别的防止措施，自行离开现场而任由事态发展，因此被告人与Y之间当初所形成的共犯关系在该时点并没有解消，之后Y的暴行当然还是基于之前的共

〔4〕 最决平成元·6·26刑集43卷6号567页。对该判决的解说参见原田国男：《不得认定共犯关系解消的事例》，最判解刑事篇平成元年度175页以下等。

谋。所以，原判决符合上述趣旨，具有正当性，纵使A的死亡结果是由被告人离开后Y所施加暴行所致，被告人也负伤害致死的责任”，不能认定被告人X的共犯关系解消，其承担的共犯责任包括X离开Y的住所后由Y施加的暴行。

3. 问题的所在与检讨

根据本决定，关于共犯关系解消的要件，（1）需判断共犯人是否具有继续犯罪的危险，没有该危险时，通过脱离有可能成立共犯关系的解消；（2）但有继续犯罪的危险时，共犯关系的解消必须要求采取防止犯罪的措施。本决定中的案件属于情形（2），被告人丝毫没有采取防止犯罪的措施，“自行离开现场而任由事态发展”，不成立共犯关系的解消。造成A死亡的伤害是发生在被告人X离开前，由X和Y共同施加暴行所致，还是发生在被告人X离开后，由Y施加暴行所致，虽然这一点无法查明，但总之，被告人X作为共同正犯对全部暴行负有责任，因此成立伤害致死的共同正犯。

现有学说对共犯关系解消要件的一般理解是，区分实行着手的前后，如果在着手之前，需表明脱离的意思并让其他共犯人有所认识，甚至获得后者的许可；如果在着手之后，则像本决定的判决那样，在具有共犯人继续犯罪的危险的场合，需采取防止犯罪继续的措施。但是，这种二分法在理论上的依据是什么呢？作为判断对象的事实关系本身，是不能通过上述二分法进行切割的，这一点在平成21年最高裁判所决定的案件中得到体现。平成21年最高裁判所的决定采取了与平成元年的最高裁判所的决定相同的基准，判断共犯关系是否解消。另一方面，即便是在实行着手前，共犯关系解消的要件也不能单纯从形式上理解为脱离意思的表明和其他共犯人的认识、许可，而应根据实质的基准，就实体内容进行再检讨。

在实行着手前认定共犯关系解消，且结论获得一般性支持的判例，见于东京高判昭和25·9·14高刑集3卷3号407页。本案中，被告人与另外三人共谋盗窃胶底袜，行至途中，被告人考虑到自己在缓刑期间内，于是打消犯罪念头，独自返回，但其他共犯人实施了盗窃。东京高等裁判所认为，“如此，就犯罪的实现与他人进行共谋之人，于着手前向其他共谋人明确告知中止实施的意思，其他共谋者对此知晓，并基于他们的共谋而实施犯罪的场合，应同一评价为之前完全没有实施共谋，不应承担其他共犯人所实行犯罪的责任”，判决被告人不成立盗窃的共同正犯。此外，认定共犯关系解消的判例还有，“数人共谋抢劫，将用以抢劫的匕首磨锋利等为抢劫做预备，之后其中一人认识到这样做的错误性，从犯罪中脱离，离开现场，即使他没有阻止其他共犯人的罪行，也没有明确表达脱离犯罪的意思，但在其他共谋人认识到该脱离者的脱离事实，由余下的共谋者谋议完成犯行进而实施犯罪时，应当认为余下的共谋者收到了脱离者的应当脱离之默示的意思表示，此时上述脱离者只对当初共谋抢劫预备承担责任，对之后抢劫的共同正犯不负责任”〔5〕。根据这些判例，在实行着手前，如果表明脱离的意思并让其他共犯人知晓，则在该阶段共犯关系解消。

但是，共谋犯罪的实行，在赶赴犯罪现场的途中，声称“因为想到重要的事情，必须回去。之后的事拜托了”，然后单独离去，此时恐怕不能认定共犯关系解消，尽管在该场合并非不存在表明（在自己不施加犯行这一意义上）脱离的意思，和其他共犯人的（在不反对其离去这一意义上）认可这两点。由此可知，仅单纯依据“脱离的表明和认可”这一外在事实作形式的理解是不充分的。必须像上述判例那样，将有无切断心理的因果性作为问题，进行更为实质的判断。而且，形式地适用并将可能存在的情况作定型化处理并非易事。心理的因果性本身不能以明确的外在事实为基础，其不得不必然伴有不清晰的要素。因此，除了当初共谋中明确不包含的犯行之外，既然存在犯行事实上的可能性，就能认定具有犯行继续的危险。那么，单纯表明（在离开的意义上）脱离且实际地离开仍不足以认定心理因果性的切断，还必须具有某些支撑心理因果性切断的积极根据或事实。〔6〕例如，对于给继续犯行的危险奠定基础的物理上的因果性，在某种程度上予以消解；或者，欠缺可用于消解的上述物理上的因果性时，在案件中能够认定其他共犯人在排除、剔除已脱离的被告人后，就继续实

〔5〕 福冈高判昭和 28·1·12 高刑集 6 卷 1 号 1 页。

〔6〕 在昭和 25 年东京高裁判决中，虽然详细的事实关系并不明确，但可以推测，缓刑是脱离的动机这一刑事政策观点，对于肯定共犯关系的解消具有较大影响。

施犯罪行为“更新”了共谋。[7] 此时，之后实施的犯行被评价为与当初的共谋不同的其他犯罪。[8]

这样的话，判断心理因果性的切断是困难的，平成元年最高裁判所的决定中“继续施加制裁的危险”，即判断犯行继续的危险本身绝不容易，因为事实的可能性还是存在的，所以其不得不做缓和的理解，只要不是物理效果的完全解消，则心理因果性就不能解消。这意味着认定物理效果的解消实际上具有决定性的重要意义。在平成元年最高裁判所决定的案件中，由于被害人依然留在共犯人的住处，依然存在着可能去实施与共犯人共同决定的暴行这样的状况，这一点意义重大。总之，如果没有实施某些具体的措施，犯行继续的危险实际存在，则有很大的可能判断心理因果性不能解消。

此外，对于为解消共犯关系所要求的具体措施的内容，希望脱离的被告人消除自己所做的贡献是否就足够了呢？然而只要是基于共犯关系，其他共犯人的贡献与自己的贡献就应等同视之，所以将消除自己所做贡献就足够（解消共犯关系）作为一般性的理由是有疑问的。支持这种思考方法的事案或判例，都是些特殊的案例[9]，支持上述观点的一般依据恐怕并不存在。不过这种理解能够成为支持心理因果性被切断的论据，而心理因果性是否被切断在实行着手前的共犯关系消解中尤其成为问题。

（三）是共犯关系的解消，还是共谋的成立

1. 案情

为平成元年最高裁判例的适用范围划定界限的重要判决是，最高

---

〔7〕 颇有意思的是，名古屋高判平成14・8・29，判时1831号158页指出，在第1暴行后，共犯人殴打导致被害人昏迷，未曾参与后面行动的被告人成立共犯关系的解消，排除被告人的参与和主观意思。

〔8〕 岛田聪一郎：《共犯的脱离・再考》研修741号（2010年）7页以下的内容对德国的观点进行了介绍。

〔9〕 参见原田国男：《不得认定共犯关系解消的事例》，最判解刑事篇平成元年度184页以下，《在违反集团示威条例的案件中，处在大群体末尾的参加者改变主意而脱离的场合》，以及参见《脱离者协助警察搜查的案件》，东京地判平成12・7・4判时1769号158页。

裁平成6年（1994年）12月6日判决。〔10〕

本案被告人与X、Y共谋，于昭和63年（1988年）10月23日凌晨1时45分左右，在东京都文京区P会馆前的道路上，以及同区Q楼1层停车场（以下称为“本案停车场”），对A（当时45岁）施加暴行，用脚踹其背部，拳头殴打其面部等，使被害人跌倒，造成被害人外伤性小脑内血肿、头盖骨骨折等，需要入院治疗约7个半月，被告人以伤害的共同正犯被起诉。一审判决（东京地判平成元·9·12）认为，被告人等的行为在整体上作为一系列的行为成立伤害罪，构成防卫过当，二审判决（东京高判平成2·2·27）维持了一审判决中的认定。

二审判决认定的事实如下：被告人与X、Y、F以及S为中学时代的同级生，在昭和63年10月22日夜，为了给不久要去海外留学的S的朋友M送别聚在一起，在Q楼2层的D餐馆吃饭，23日凌晨1时30分左右，他们在与Q楼相隔一条不忍路（路名）的另一侧的P会馆前的人行道上闲谈时，碰巧路过的醉汉A将上衣挂在停在附近的X轿车的电视天线上，然后无理地将天线拽弯，没有任何歉意地走了过去。X感到不快，对A说道，“等一下”。A并无反应，进入P会馆，不久又从会馆出来，看到被告人等正在聊天，面露凶相地走近被告人等，语气不善地说，“谁冲我嚷嚷”，X回答道，“我”，A突然上去扭住X，并拽住在X前面的S的长头发在附近拉着转圈等。被告人、X、Y以及F（以下称为“被告人等4人”）为了制止A，让A的手松开S的头发，轮流抓住A的手部、腕部等，拳打脚踢他的脸和身体，被告人也两次踢打A的侧腹和肩膀。但是，A对S的头发不肯放手，并踢打X的胃部周围，把X的白衬衫的胸口部分撕裂，抓着S的头发穿过不忍路（车道约宽16.5米），一直把S拽到对面停车场入口内侧附近。被告人等4人随后追上，为了让A松手放开S的头发，对A拳打脚踢，被告人也对A的后背踹了一脚，A相应还击。之后，虽然A终于松开S的头发，但冲着被告人等4人辱骂“混蛋”等，并表现出继续回击的气势，向停车场的内部退去，被告人等4人聚成一

〔10〕 最判平成6·12·6刑集48卷8号509页，对该判决的解说是，川口政明：《多人共同实施的作为防卫行为的暴行，同时在侵害终了之后部分行为人继续实施暴行，侵害终了后未施加暴行的人成立正当防卫的案例》，最判解刑事篇平成6年度212页以下等。

团，展开围追堵截，追赶A到停车场内。在此期间，于停车场中央附近，Y用拳头殴打没有放弃回击的A，却只是擦到A的脸，所以要对A进行再次殴打，F对此予以制止，在停车场内部，X要殴打A，F再次将二人分开予以制止。但是，紧接着X用拳头殴打A的面部，A摔倒并且头撞在水泥地上，造成前述的伤害。此外，从A在停车场入口内侧放开S的头发，到其被X殴打摔倒在地，距离不足20米，移动所花时间短暂，被告人等4人中的Y和F没有正确认识到A在何时放开了S的头发。

二审判决基于上述认定事实认为，从A在P会馆前抓住S的头发开始，到在停车场内X对A实施最后的殴打为止，除了在停车场中央附近制止Y后的F的行为，被告人等4人的行为，具有相互的意思联络，实施的一系列行为作为一个整体，其全体成立共同正犯，构成防卫过当。

2. 最高裁判所的判决

最高裁判所接受被告人的上告，作出如下判示，宣告被告人无罪。

（1）在原判决认定的上述事实关系中，在向停车场内部移动的时候，被告人等4人“展开围追堵截，追赶A到停车场内”这一点，如后所述，不能予以认可。

（2）像本案这样，面对对方的侵害，数人通过暴行共同实施防卫行为，在对方侵害终了后，仍有一部分人继续施加暴行的场合，判断之后没有施加暴行的人能否成立正当防卫，应当将侵害发生时和侵害终了后分开进行考察，在侵害发生时的暴行认定为正当防卫的场合，对侵害终了后的暴行所要思考的，并非该暴行是否脱离了从侵害发生时作为防卫行为的暴行的共同意思，而应去检讨能否成立新的共谋；只有当能够认定成立新的共谋时，才有必要将侵害发生时和侵害终了后的一系列行为作为整体进行考察，判断防卫行为的相当性。

（3）从上述观点出发，将被告人等的行为分为，A放开S的头发之前的行为（以下称为“反击行为”）和之后的行为（以下称为“追击行为”）进行考察。

首先，从被告人等的反击来看，A在主干道路上抓住女性S的长发穿过不忍路，这样拽着至少20米，该行为脱离常规，并且具有很高的危险性，明显成立急迫不正的侵害，对此被告人等 4 人实施反击行为，用手殴打或者用脚踢，而且根据记录，被告人等 4 人始终没有包围 A，X 和 Y 基本上是和 A 一起移动，被告人晚一步，F 移动得则更晚，在此期间，被告人为了让 A 离开 S，数次踢 A，但不能否认的是，其仅使用了六分力。此外，没有迹象表明，被告人等 4 人的反击行为导致 A 受到特别的伤害。基于上述情况，反击行为没有超出作为防卫手段的相当性的范围。

其次，检讨被告人等的追击行为。如前所示，X 和 Y 对 A 施加暴行时，F 对二者的暴行进行制止，在此过程中，被告人虽然没有亲自施加暴行，但也没有制止他人的暴行。

在对检察官的供述笔录中，被告人声称，“A 在对 S 放手后，我们四个人并排着展开围追堵截，追赶 A 到停车场内。在此态势下，我觉得其他 3 人和我一样，有着对 A 施加暴行的意思”。原判决肯定了上述供述的可信性，基于该供述认定被告人等 4 人展开围追堵截，追赶 A 到停车场内，同时对于追击行为，被告人存在共谋。但是，根据记录，在追 A 的时候，被告人等 4 人基本上聚成一团，而没有并排，并且无论是不忍路一侧还是背街小巷的一侧，停车场都存在 6 米有余的出入口，从不忍路到小巷之间是一眼贯通的，中间没有阻碍。这样的话，被告人等 4 人靠近过来，不会导致 A 陷入失去逃跑空间。原判决认定的事实，即“被告人等 4 人展开围追堵截，追赶 A 到停车场内”，不能被认可。因此，被告人在对检察官的上述供述中，提到自己与其他 3 人有对 A 施加暴行的意思，这一部分内容的前提本身不符合上述客观事实，不能轻易肯定这部分供述的可采信。

在对 A 进行追击时，被告人等 4 人粗略地聚成一团，4 人之中还包括制止 X 和 Y 再次施暴的 F，因此不能直接判定被告人等 4 人之间存在追击 A 并对其施加暴行的意思，以及相互间的意思联络。此外，X 和 Y 在一审审理时供述道，A 骂他们“混蛋”，心中愤怒，A 的咒骂是 X 等人追击行为的直接诱因，但没有足够的证据认定被告人也听到了 A 的咒骂。

关于追击行为，被告人在一审审理时称，“追击只是期待 A 道歉，并没有想施加暴行的意思。当时正回头看 S，所以没有看到 Y 殴打 A。F 到 X 与 A 中间说道快停止，我想着总算结束混乱了，要开始沟通了，在这一瞬间 X 殴打了 A 的右脸颊，A 倒在地上”。参照本案一系列的事实经过，该供述没有特别不自然之处。

因此，关于追击行为，不能认定被告人有对A施加暴行的意思，并与X和Y存在共谋。

(4) 通过上述检讨，被告人的反击行为成立正当防卫，而关于追击行为，不成立新的暴行的共谋，因此不存在将反击行为与追击行为作为连续整体进行综合评价的余地，原判决维持了一审判决中，将被告人的行为作整体评价，基于共谋成立伤害罪，构成防卫过当的做法，对影响判决的重大事实存在误认，如果不将其推翻，则明显违反正义。

3. 本判例的意义

最高裁判所在上述判决中指出，“面对对方的侵害，数人通过暴行共同实施防卫行为，在对方侵害终了后，仍有一部分人继续施加暴行的场合，判断之后没有施加暴行的人能否成立正当防卫，应当将侵害发生时和侵害终了后分开进行考察，在侵害发生时的暴行认定为正当防卫的场合，对侵害终了后的暴行所要思考的，并非该暴行是否脱离了从侵害发生时作为防卫行为的暴行的共同意思，而应去检讨能否成立新的共谋；只有当能够认定成立新的共谋时，才有必要将侵害发生时和侵害终了后的一系列行为作为整体进行考察，判断防卫行为的相当性”，从而认为，在对正当防卫行为具有共谋的场合，侵害终了后，其他共犯人继续施加的暴行（平成元年最高裁判所决定所示）并不适用共犯关系解消的基准，而属于是否成立新的共谋的问题。为了正当防卫所形成的共同加害的意思，未必能涵盖至侵害终了后。正确的理解是，对于只是实施正当行为的人，不可以对其科处特别的负担（该负担即平成元年最高裁判所决定所要求的具备防止犯罪实现的措施）。这意味着，平成6年最高裁判所的判决对于限定平成元年最高裁判所决定的适用范围有着重要意义。

第 8 章 承继的共犯

一、导语

在前一章中，基于因果共犯论，从共犯因果性的观点出发，对共犯关系解消的问题进行检讨。本章所要处理的问题是，被称作因果共犯论真正试金石的承继的共犯。

承继的共犯问题讨论的是，先行为人已经开始实施犯罪行为后，途中参与的后行为人共犯责任的有无或范围。承继的共犯（承继的共同正犯、承继的帮助犯）是指，后行为人承继先行为人的行为已产生的效果或结果，承担共犯责任。然而，考虑到因果关系本来是不能溯及过去，所以对于先行为人的行为、效果以及结果，在何种意义上能被后行为人承继并承担共犯责任？那么对于这个问题，在引入因果共犯论之前，虽然大审院的判例对承继进行全面肯定，但近来的判例和学说与那时相比有着相当的差异。在学说与判例中，一定范围内肯定承继的共犯的立场是有力说。不过近来，关于该问题领域中的伤害罪，最高裁判所作出的判例引人注目，如何理解该判例是非常重要的。以下，将此判例作为素材，对该问题进行检讨。

二、最高裁判所平成 24 年（2012 年）11 月 6 日决定〔1〕

（一）案情

A 与 B（以下称为“A 等”）在平成 22 年（2010 年）5 月 26 日凌

〔1〕 参见最决平成 24・11・6 刑集 66 卷 11 号 1281 页。本决定的解说有，《最高裁新判例介绍》，法律时报 85 卷 12 号 151 页以下（2013 年）；高桥则夫：《关于伤害的案件中否定承继的共同正犯的事例》，刑事法ジャーナル39 号 85 页以下（2014 年）；照沼亮介：《在共谋加担后的暴行导致相当程度的伤害加重的场合伤害罪的共同正犯的成立范围》，平成 25 年度重判解（ジュリ 1466 号）164 页以下（2014 年）；小林宪太郎：《承继的共犯》，研修 791 号 3 页以下（2014 年）等。

晨3时左右，在爱媛县伊予市内的手机贩卖店旁的停车场及附近，将C和D（以下称为“C等”）从店里诱出，并施加暴行。其中，对D的暴行样态是，用拳头多次殴打面部，用膝盖撞击脸部和腹部，用旗杆殴打足部，以及用螺丝刀戳其后背等；对C的暴行样态是，除了用石头殴打右手大拇指附近外，多次拳打脚踢，用螺丝刀戳其后背等。

A等将D塞进车的后备厢，C也一起乘车，开向松山市别的停车场（以下称为“本案现场”）。在此之际，因B知道被告人以前寻找过C，所以在凌晨3时50分左右，通知被告人，他们将C带到本案现场。

在到达现场后，A等对C等施加更严重的暴行。对D的暴行样态是，用螺丝刀的手柄殴打头部，将金属梯或方材投向其上半身，此外多次拳打脚踢；对C的暴行样态是，除了投掷金属梯外，多次拳打脚踢。经过这一系列的暴行，在被告人到达现场前，C等已经流血受伤。

凌晨4时左右，被告人到达本案现场，认识到C等遭受了A等的暴行后难以逃走或抵抗，同时与A等共谋，对C等施加暴行。对D的暴行样态是，被告人用方材殴打背部、腹部、足部等，用脚踢打头部和腹部，多次投掷金属梯，此外A用脚踢，B用金属梯砸；对C的暴行样态是，被告人用金属梯、方材或拳头多次殴打头部、肩部、背部等，让A按住C的脚并用金属梯进行殴打等，此外，A用方材砸击肩部等。被告人等的暴行持续到凌晨5时左右，在共谋参与后，被告人施加的暴行比之前A等的暴行更加激烈。

被告人共谋参与前后的一系列暴行所导致的结果是，D的头部、脸部、耳朵、鼻子、上肢、背部右肋骨、右肩胛骨、两膝、小腿以及右脚等出现擦伤、撞伤等外伤，颈椎、腰椎扭伤，预计需要3周的静养治疗。C的右拇指基节骨折，头部和膝盖挫伤，预计需要6周的静养治疗。

对于上述事实，一审判决（松山地判平成23・3・24）认为，“被告人从到达案发现场开始，与A和B一起对D和C施加暴行，对于参与后的行为，被告人显然与A和B一起承担共同责任。然而，对于D和C所遭受的多数伤害，证据难以明确是由被告人到达现场前由A和B的暴行所致，还是由被告人加入后实施的暴行所致，在考虑成立伤害罪时，承继的共同正犯的成立与否是问题所在。”“本裁判所认为，承继的共同正犯应当限于以下场合：后行为人不仅对先行为人的行为以及由该行为导致的结果有着积极的认识和容认，而且要有将前者作为自己实现犯罪的手段加以积极利用的意思，在构成实体法上一罪（不限于狭义的单纯的一罪）的先行为人的犯罪过程中，共谋参与进来，将上述行为作为其手段现实地进行利用（相同趣旨参见大阪高判昭和 62 年（1987 年）7 月 10 日高刑集 40 卷 3 号 720 页）。从这一观点出发，对本案事实进行检讨。”“按照上述内容，A 和 B 先行为的暴行，与被告人参与后的暴行，有着强烈的一体性，A 和 B 也事先决定在本案现场施加真正暴行，在去现场的途中，被告人从 B 那里得知 C 被抓住的情况，此时 A 等预计被告人到达现场后对 C 等施加暴行，并对被告人进行协助，被告人也预计会参与进来对 C 施加暴行，在被告人到达现场后，看到 D 和 C 的状况，认识到二人负伤的事实，与 A 和 B 共谋，对二人施加暴行，被告人在参与后，始终积极地施加激烈暴行，导致二人的受伤大幅度加重等。从这些情况来看，在被告人到达现场前，A 和 B 对 D 和 C 施加暴行，致使二人受伤，被告人对该结果存在认识和容认，因为暴行导致 D 和 C 陷入不能抵抗的状态，被告人存在积极利用该状态实现犯罪（即以制裁为目的实施暴行）的意思，在 A 和 B 施加暴行的过程中共谋参与进来。”“那么，被告人对于全部伤害（包括被告人参与之前由 A 和 B 造成的伤害），作为承继的共同正犯承担责任。”被告人成立（包含参加前的伤害）伤害罪的共同正犯。“此外，对于伤害犯罪，前述昭和 62 年大阪高裁判决虽然与本裁判所立足于相同的趣旨，但其结论却否定成立承继的共同正犯。不过，该判决的案情是，后行为施加暴行的程度仅是向上击打被害人的下巴两三次，被害人遭受的大部分伤害来自后行为人参加前的行为，即便后行为人看到暴行的经过，但不能认定具有积极利用先行为人的行为的意图，所以两个案件不能做相同处理。”

二审判决（高松高判平成 23・11・15）也认为，“后行为人不仅要对先行为人的行为和行为造成的结果具有认识和容认，还要存在将其作为自己实现犯罪的手段进而积极利用的意思，在构成实体法上一罪的先行为人的犯罪过程中，共谋参与进来，将上述行为等作为犯罪手段加以利用，只有这样，后行为人才对共谋前先行为人的行为也承担责任。”“被告人对 A 等的行为和行为造成的结果存在认识和容认，并且存在将其作为实现自己犯罪的手段（即以制裁为目的施加暴行）

加以积极利用的意思，在构成伤害之一罪的过程中共谋参与，将上述行为等现实地作为制裁的手段加以利用。因此，二审判决认为，被告人作为承继的共同正犯，对全部伤害（包括被告人共谋参与前由A等暴行造成的伤害）承担责任。”〔2〕

（二）最高裁判所的决定

接受了被告人上告的最高裁判所决定驳回上诉，判示如下。

“论点是，原判决认定构成伤害罪的共同正犯，该罪包含被告人共谋参与之前A等暴行所造成的伤害在内，违反责任主义和相关法令。

“根据上述1的事实关系（参照‘（一）案情’），在A等经过共谋对C等实施暴行并致其受伤之后，被告人与A等共谋参与，实施更大强度的暴行，使用金属梯和方材殴打D的背部与脚，以及C的头部、肩部、背部与脚，并踢打D的头部等。至少能够认定，对于共谋参与之后施加暴行的上述部位，相当加重C等的受伤程度（因而，在一审判决认定的伤害中，D的面部、双耳、鼻子的蹭伤跌伤，以及C的右手拇指基节骨折应排除在外。下同）。在该场合，共谋参与之前A等已经造成的伤害结果，与被告人的共谋以及基于该共谋实施的行为之间没有因果关系，故被告人不应作为伤害罪的共同正犯承担责任，而应当只对由共谋参与之后足以引起伤害结果的暴行所实际助长的C等的伤害，作为伤害罪的共同正犯承担责任。原判决的上述2（参照‘（一）案情’最后引用的部分）认为，C等因遭受A等的暴行而受伤，处于难以逃走或者抵抗的状态，被告人利用这一状态进一步实施暴行。但是，即便存在这种事实，那也不过是共谋参与之后被告人进一步实施暴行的动机或者契机，不能成为对共谋参与前的伤害结果追究刑事责任的理由，也不能左右上述对伤害罪共同正犯之成立范围的判断。这样，原判决主张被告人成立故意伤害罪的共同正犯，包括被告人共谋参与前A等已经造成的伤害结果在内的做法，对（与伤害罪之共同正犯的成立范围相关的）刑法第60条、第204条存在法律适用错误，违反相关法令。”

此外，在本决定中附有千叶裁判官的补足意见如下。

〔2〕最后括号内的内容引用于根据最高裁判所决定形成的摘要。

1. 根据法庭所述意见，共谋参与之前其他共犯人已经造成的伤害结果，与被告人共谋以及基于该共谋实施的行为之间没有因果关系，因此被告人不应作为伤害罪的共同正犯承担责任，而只对共谋参与后暴行所助长的伤害（共谋参与后的伤害）承担责任，不过该场合存在的问题是，应当如何认定或确定共谋参与后的伤害。

一般而言，在由共谋参与前后的一系列暴行造成的伤害之中，检察官应找出仅仅是由后行为人共谋参与之后的暴行所引起的伤害，并就此举证确定其内容。但显而易见，现实中有些场合难以具体确定这些内容。对此的处理，不能轻易在暴行罪的限度内成立犯罪，而是应反过来对某些举证困难的点做便宜式处理，如果伤害罪包含超出因果关系的共谋参与前的伤害结果，则不对该罪成立承继的共同正犯。假如不能确定共谋参与后的暴行是否促进了伤害结果的发生（不能认定发生了别的伤害，即不同于由共谋参与前的暴行所造成的伤害），则该场合不在伤害罪而是在暴行罪的限度内成立共同正犯。

2. 这样考虑的话，在所谓承继的共同正犯中，后行为人是否作为共同正犯承担责任应分为不同情况，在承担抢劫、敲诈勒索、诈骗等罪责的场合，通过利用共谋参与前先行为人的效果，而与犯罪结果具有因果关系，存在犯罪成立的场合，构成承继的共同正犯；但至少对伤害罪而言，由于难以认定这种因果关系（正如法庭意见所指出的那样，先行为人的暴行、伤害，不过是后行为人实施暴行的动机或者契机）的存在，因而很难设想出可以成立承继的共同正犯的场合。

（三）本决定的意义

本决定最大的意义是，在伤害罪的案件中否定了本案一审、二审判决所采用的中间说，该说是近来关于承继的共犯的有力说。在伤害罪的案件中，对于单纯实施暴行或伤害并持续一定时间的某些场合，无法明确作为死因的伤害或重大伤害是产生于后行为人参与后还是参与前，不过，因为后行为人利用先行为人已经实施的暴行或伤害来实施进一步的暴行或伤害的案件并不多见，所以即便采取中间说，多数情况下也不会作为承继的共犯对全部伤害承担刑事责任。然而，本案中存在“C 等因 A 等的暴行而受伤，陷入难以逃跑或抵抗的状态，被告人利用这一状态进一步施加暴行”的情况，一审和二审判决通过采用中间说认定对全部伤害成立承继的共同正犯。与之相对，最高裁判所主张“共谋参与前A等已经造成的伤害结果，与被告人的共谋以及基于该共谋实施的行为之间没有因果关系”，否定成立承继的共同正犯。本案中的问题明显是因果关系，对于伤害罪从共犯的因果性出发，对基于中间说得出成立承继共同正犯的结论持否定意见。此外，千叶裁判官的补足意见即“通过利用共谋参与前先行为人的效果，而与犯罪结果具有因果关系，存在犯罪成立的场合”，也是解决行为与参与后的犯罪结果之间的因果关系问题，那么虽然“至少对伤害罪而言，难以认定存在这种因果关系”，但与此同时，尽管与本案全无关联，不过当涉及参与后造成的犯罪结果为抢劫罪、敲诈勒索罪或诈骗罪等时，对于这些犯罪依然有采用中间说的余地。这种观点是将本决定理解为基本否定了成立承继的共同正犯，并且担心会对实务造成过度影响。对于判例当然可以做这样的理解，不过需要确认的是，有必要将本决定的讨论限制在与伤害罪相关的范围之内。

此外，千叶裁判官的补足意见对“共谋参与后的伤害认定或确认”进行了详细阐释，该观点在解决类似于本案那样的案件时，对避免承继的共犯逃脱处罚，在实务上有着极其重要的意义，但这并不属于本章有关承继的共犯的讨论对象。

三、共犯的因果性（实质论）与从属性（形式论）的交错

（一）以往的判例·裁判例

在平成24年最高裁判所决定以前，对承继的共犯的判断最高层级的重要判决是大审院昭和13年（1938年）11月18日判决。〔3〕被告人的丈夫深夜穿上胶底袜，拿着马厩栅栏上的木棒离开家，被告人感到担心追了出去，丈夫告诉被告人为了抢劫而杀人的事实，并要求其协助掠取财物，被告人侵入住宅后点燃蜡烛，使丈夫掠财更容易，对此被告人成立抢劫杀人罪的帮助犯。判决认为，“刑法第240条后段之罪由抢劫罪与杀人罪或者伤害致死罪组成，上述各罪结合在一起构成单纯的一罪。因而，知悉他人出于抢劫之目的而杀人这一事实，出于使该犯罪更为容易的意思，参与该抢劫杀人罪中的一部分即强取行为，对此提供帮助的，其所为应当以抢劫杀人罪的从犯追究责任，

〔3〕大判昭和13·11·18刑集17卷839页。

而不应止于仅仅构成抢劫罪或者盗窃罪的从犯。”简而言之，抢劫杀人罪作为结合犯是单纯的一罪，参与该罪中的一部分即强取行为，则成立抢劫杀人罪的帮助犯。

上述判决认为，在帮助犯的案件中，参与单纯的一罪的部分行为，只要对正犯的全体犯罪事实有所认识，就对犯罪全体成立帮助犯。该判决对帮助行为采用了全面的承继肯定说，但现在该学说难以被一般化，判例的状况也有着很大不同，现如今上述判决鲜有作为先例的实际意义。此外，如果本案是共同正犯的案件，从完全犯罪共同说的立场出发，只要不能全然否定共同正犯的成立，就会得出全面的承继肯定说的结论，但是现在的判例采取部分犯罪共同说〔4〕，所以成立抢劫杀人罪的共同正犯的结论现在还能否维持是有疑问的。

因此，关于承继的共犯，最高裁判所的判断备受期待，在伤害罪案件中所展示的，平成24年最高裁判所的决定具有极为重要的意义，特别是对于伤害罪，存在根据承继肯定说所得出的裁判例〔5〕，平成24年最高裁判所的决定对于否定上述判例是极为重要的。

在平成24年最高裁判所的决定前，作为最高裁判所判例的是，最高裁判所昭和32年（1957年）10月18日的决定。〔6〕本案中，在X和Y共同对A施加暴行的过程中，X以抢劫的意思夺取A的手表，之后Y也产生了同样想法，X与Y共同施加暴行或胁迫，从A处夺取现金，该暴力导致被害人面部出现跌伤、蹭伤症状。并且在被追逐时，A打破玻璃窗闯入民宅，导致右手背挫伤。最高裁判所认为，“判决将手表的夺取与现金的夺取作概括性的观察，认定成立一个抢劫罪是合理的，本案的跌蹭无论是由抢夺手表前的暴行所导致，还是由抢夺手表后的暴行所导致，以及即便遭受挫伤发生在逃入民宅之际，也不妨碍构成抢劫伤人罪的伤害”，肯定X和Y成立抢劫伤人罪之一罪。本决定认为Y对于手表也成立抢劫，而且尽管不能明确面部跌蹭是否由Y与X的抢劫共谋成立后的暴行所致，依然认定存在抢劫伤人的事实，由此，将先行为人X产生的事实由后行为人Y承继；但是，关于先行为人的上诉，本案所要判断的争论点却并非承继的共

〔4〕参见最决平成17・7・4刑集59卷6号403页。

〔5〕也可参见名古屋高判昭和50・7・1判时806号108页等。

〔6〕最决昭和32・10・18刑集11卷10号2675页。

同正犯是否成立，而是在抢劫决意形成前的暴行所导致的脸部跌伤蹭伤，是否成立抢劫伤人罪。因此，该判决被评价为“缺乏作为承继的共犯的先例价值”〔7〕。

近年，大阪高裁昭和 62 年（1987 年）7 月 10 日的判决〔8〕展现出有力的思考方法，该重要裁判例被平成 24 年最高裁判所的决定所涉及的一审判决所引用。该案为伤害类案件，通过一系列的暴行导致被害人身体各处伤害，但是在后行为人即被告人参与后，被告人仅殴打被害人的下颚两三次，其他共犯人只殴打被害人的面部一次。大阪高等裁判所认为，“一般而言，在先行为人的犯罪过程中共谋参与进来的后行为人，对于包括参与前先行为人的行为以及由此产生的结果（以下称为‘先行为人的行为’）的全部犯罪，是否应当承担共同正犯的刑事责任，对此有见解完全持否定意见（辩护人在控诉审中提出的控诉理由和辩护意见采用该见解，以下称为‘全面否定说’），也有见解认为后行为人对于先行为人的行为等存在认识和容认，在实施一罪的过程中共谋参与进来，常常不能免除其对全部犯罪承担共同正犯的责任（本案检察官持该见解，原判决也以此为依据，以下称为‘全面肯定说’），但本裁判所不赞同上述任何一种见解。其中，全面否定说重视刑法的个人责任原则这一点值得关注，但是在后行为人对先行为人的行为等不仅是存在认识和容认，而且积极地将其作为自己实现犯罪的手段的场合，先行为人的行为等实质上应当与后行为人的行为等同视之，此时否定成立承继的共同正犯的见解并不妥当。另一方面，全面肯定说认为实体法上的一罪是不可分割的一个犯罪，因此后行为人既然共谋参与该犯罪，则对于包含参与前先行为人的行为在内的不可分割之整体，当然成立共同正犯，这一点是有依据的。上述见解将承继的共同正犯的成立范围限定为实体法上的一罪这一点是正当的，而且在实体法上的一罪中，明显存在不可分割的内容，不过在实体法的一罪中也存在这样的罪名，形式上构成该罪的各个行为本身分别满足一个构成要件，但实质上将全部行为通过一个构成要件进行一次性评价即可充分（连续犯、包括的一罪等），那么实体法上的一罪都是绝对不可分割的观点就注定是独断的。而且，即便是在参与不可分割

〔7〕 西田典之：《共犯理论的展开》，第 217 页（2010 年）。

〔8〕 大阪高判昭和 62・7・10 高刑集 40 卷 3 号 720 页。

的狭义的单纯一罪的场合，如果后行为人对先行为人的行为仅存在认识和容认，为何却要对先行为人行为造成的结果承担刑事责任，对此没有给出令人信服的说明。”裁判所通过对承继肯定说和承继否定说进行批判，展开如下见解（中间说）。

“想来，在先行为人犯罪过程中共谋参与进来的后行为人，成立包含先行为人的行为等全部犯罪的共同正犯的实质根据是，后行为人将先行为人的行为等作为自己实现犯罪的手段加以积极利用，此乃其唯一根据。那么，成立所谓的承继的共同正犯应当限于以下场合，后行为人不仅要对先行为人的行为以及由此产生的结果具有认识和容认，而且应当存在将其作为自己实现犯罪的手段加以积极利用的意思，并在先行为人的犯罪（构成实体法上的一罪，并不限于狭义的单纯的一罪）过程中共谋参与，将上述行为等现实地作为其手段加以利用。

“不过，例如在抢劫罪中，犯罪成立要求通过暴力或胁迫达到压制被害人反抗的状态，进而强取财物，即便构成一罪也属于通过一系列行为导致结果发生的犯罪（强奸罪、杀人罪等同样如此），对此后行为人对先行为人的行为等存在认识和容认，在共谋参与（例如在先行为人以抢劫为目的施加暴行的过程中，自己也基于同样目的施加上述暴行，或者在已经产生了压制反抗的结果的阶段，施加上述暴行，亲自强取财产等）的多数场合，能够认定后行为人是将先行为人的行为等作为自己实现犯罪的手段加以积极利用，对于此类犯罪，即便根据本裁判所的见解，也与采取全面肯定说的场合（除了特殊的场合）得出的结论基本没有不同。但是，例如对于先行为人实现犯罪的一系列暴行，后行为人确实以暴行的故意途中共谋参与进来，此时因为一个暴行行为原本就是一个犯罪构成，后行为人没有参与某一个暴行本身，其目的只是对被害人施加暴行，所以即便后行为人对先行为人的行为存在认识和容认，只要没有其他特殊事由，不能认为先行为人的暴行是后行为人实现犯罪的手段并被后行为人积极利用，按照本裁判所的见解，后行为人只对共谋参与后的行为成立共同正犯，这与全面肯定说所得出的结论是不同的。此外，检察官在本案辩论过程中援用的各个判例基本上是，后行为人具有将先行为人的行为等作为自己实现犯罪的手段积极加以利用的意思，并且参与进来现实地将之作为手段进行利用，这与本裁判所的见解不存在正面的对立。”

大阪高等裁判所在解决本案时，认为难以认定先行为人“存在将行为等作为实现犯罪的手段加以利用的意思，或现实地将其加以利用”，否定对包括参与前先行为人的行为等全部犯罪成立承继的共同正犯。此外，判决谈到了刑法第 207 条同时伤害的规定，虽然也涉及适用该条款的可能性，但至少对先行为人“能够以伤害罪追究刑事责任，不存在必须通过适用刑法的上述条款才能解消的显著不合理性”，进而否定适用上述条款。

（二）问题的所在与解决的方向性

1. *承继的共犯论的诸相*

关于承继的共犯，存在（1）与昭和 13 年大审院判决相同的承继肯定说，（2）基于因果共犯论的承继否定说〔9〕，二者作为两端，还存在（3）昭和 62 年大阪高等裁判所判决那样的中间说〔10〕，以及（4）共同正犯与帮助犯的区分说〔11〕等诸多学说。其中，第（4）说的成立前提是，共同正犯与帮助犯的处罚原理不同，对共同正犯采取承继否定说，对帮助犯采取中间说等的承继肯定说，但是从因果共犯论的观点出发，共同正犯与帮助犯的区别是，在共犯者的因果贡献的方面，是否具有正犯性；而在承继的有无这一点上，对共同正犯与帮助犯采取不同的基准是难以想象的，特别是，以构成帮助犯为由，超越犯罪事实的因果性来扩张帮助犯的处罚范围，其根据未必明确。总之，该见解对帮助犯所采用的基准肯定了中间说等的承继，其根据也存在疑问。以下，对近来有力的（3）中间说进行检讨。

即便是中间说，其内部基于不同立场也有不同见解。首先，如昭

〔9〕 参见山口厚：《刑法总论（第 2 版）》，350 页以下（2007 年）。近来的见解例如松原芳博：《刑法总论》，386 页（2013 年）等。

〔10〕 参见平野龙一：《刑法总论Ⅱ》，382 页以下（1975 年）；西田典之：《刑法总论（第 2 版）》，366 页以下（2010 年）；前田雅英：《刑法总论讲义（第 5 版）》，500 页（2011 年）；佐伯仁志：《刑法总论的思之道·乐之道》，387 页（2013 年）。而且，近来的研究有，高桥直哉：《关于承继的共犯的考察》，法学新报 113 卷 3—4 号 119 页以下（2007 年）；十河太朗：《承继的共犯之考察》，同志社法学 64 卷 3 号 345 页以下（2012 年）等。

〔11〕 参见高桥则夫：《刑法总论（第 2 版）》，447 页（2013 年）；井田良：《讲义刑法学·总论》，473 页、491 页注（29）（2008 年）；照沼亮介：《体系的共犯论与刑事不法论》，244 页、247 页（2005 年）等。

和 62 年大阪高等裁判所判决那样，后行为人成立承继的共同正犯限于以下场合，后行为人对先行为人的行为和结果存在认识和容认，并具有将其作为实现自己犯罪的手段加以积极利用的意思，在先行为人实施的构成实体法上一罪的犯罪过程中共谋参与，现实地将先行为人的行为等作为手段加以利用。该见解主张，后行为人对先行为人已经造成的结果具有认识和容认，并对其积极加以利用，则在实体法上一罪的范围内成立承继的共犯，不过，特别是像上述判决中那样，在肯定可以将该基准适用于伤害罪时，对于其所利用的伤害，后行为人构成承继的共犯并承担责任，如此一来，就必须正面肯定后行为人对于之前发生的法益侵害或犯罪也承担刑事责任。那么，对昭和 13 年大审院判决的案件进行观察，夺取财物的行为积极利用了之前通过杀人造成难以反抗的压制状态，因此不仅成立抢劫罪的共犯，还应该成立作为实体法上一罪的抢劫杀人罪的共犯。该结论并没有采用后文所述的近来颇为有力的中间说（限定中间说），那么，根据限定中间说的理解，昭和 62 年大阪高等裁判所判决认可包含参与之前的伤害在内的伤害罪案件（而非共谋参与后产生侵害抢劫罪、诈骗罪或敲诈勒索罪等罚则所保护的法益的案件）具有适用中间说的可能性，其本身便存在问题。这意味着对于伤害罪案件，平成 24 年最高裁判所决定涉及的一审和二审判决关于中间说的适用基准本身也存在疑问，最高裁判所决定对此予以纠正，具有重要意义。

中间说（限定中间说）作为近来学说中的有力说，显然如后文所述那样，对于抢劫罪、诈骗罪或敲诈勒索罪，将参与之后发生的结果作为念头来适用该基准，则在昭和 13 年的大审院判决的案子中，对于参与之前发生的杀人事实，属于已经发生并完成的内容，后行为人无须承担责任，而只成立抢劫罪的共犯（不构成盗窃罪或遗失物等侵占罪的共犯）。这是因为后行为人对通过杀人产生的压制反抗的状态存在认识和容认，作为抢劫的手段积极加以利用，产生侵害财产的结果。像这样的限定中间说如同平成 24 年最高裁判所决定所揭示的那样，其立足于要求参与行为与结果之间存在因果关系的思考方法，而且如同千叶裁判官的补足意见描述的那样，“在让其承担抢劫、敲诈勒索、诈骗等罪责的场合，通过利用共谋参与之前先行为人的效果，与犯罪结果具有因果关系，进而成立犯罪”。对于之前发生的没有因果关系的法益侵害，绝不能承担刑事责任。

这里存在的问题是，在抢劫罪等案件中，如果后行为人对先行为人的行为或结果存在认识和容认，并加以积极利用导致结果发生，则作为结果，为何其结论与当初共同实施犯行的情况相同？即，应该在何种意义上理解“通过积极的利用，而与参与（当初先行为人实施的）暴力胁迫等同视之”这一结论〔12〕，并基于何种理由对此予以承认。此外还涉及的问题是：“积极的利用”这一要件，难道不是在考虑共同正犯时基于确保正犯性的立场才被要求的吗？如果这样的话，对于帮助犯，该要件难道不就不再是必要的了吗？

对过去的法益侵害否定刑事责任，近来有力的限定中间说的根据是，在抢劫案件中，从被压制反抗的人那里夺取或受领财物的行为，从先行为人那里来看属于强取行为，后行为人参与其中，成立抢劫罪的共犯。〔13〕但是，在对他人施加暴行形成压制反抗的状态后，产生夺取财物的意思而单纯夺取财物的场合，一般不会认为成立抢劫罪。〔14〕这意味着，“积极利用”压制反抗的状态夺取财物本身，不能被直接评价为强取。在将是否成立承继的共犯作为问题的案件中，先行为人形成压制反抗的状态并以此夺取财物，无论如何都会被评价为强取，基于后行为人与先行为人具有共犯关系，在此之后参与强取的行为，被评价为抢劫罪的共犯。这意味着，对后行为人作为共犯的行为进行评价，从属于对先行为人的犯罪行为进行评价。这种与罪名从属性相通的“从属思考”〔15〕，通过共犯因果性是不能予以说明的，而是需要其他的正当化逻辑。这意味着，虽然限定中间说在共犯因果性的框架内进行阐释，这是成立犯罪（例如抢劫罪）最为重要的，但是其仅对一部分的法益侵害具有因果性，即便不是完全无视共犯的因果性，也恐怕难以否认已经超出了因果共犯论的框架。这是因为，基于因果共犯论的立场不能说明如下问题，为何对犯罪事实的一部分具有

〔12〕参见前田雅英：《刑法总论讲义（第5版）》，500页（2011年）。

〔13〕参见平野龙一：《刑法总论Ⅱ》，382页以下（1975年）；西田典之：《刑法总论（第2版）》，366页以下（2010年）；佐伯仁志：《刑法总论的思之道·乐之道》，387页（2013年）。

〔14〕在自己实施暴行胁迫之后，产生夺取财物的意思的场合，为了肯定抢劫罪的成立，要求之后实施新的暴力胁迫的观点参见山口厚：《刑法各论（第2版）》，221页以下（2010年）。不过，通过不作为产生的胁迫成立抢劫罪的可能性，以及在诈骗的场合通过不作为的欺骗成立诈骗罪的可能性，在某些场合也是存在的。

〔15〕参见松宫孝明：《“承继的”共犯》，立命馆法学352号378页（2013年）。

因果性，就能够肯定对犯罪事实全部成立共犯？为了填补处罚的间隙，或者为了实现必要且相当的处罚，其对共犯处罚进行政策性的扩张。对该见解先要正视，然后予以评价。

不过，根据限定中间说，如果对于犯罪的法益侵害不具有因果性，则不能肯定共犯的成立，像平成24年最高裁判所决定中那样的伤害罪案件，对于后行为人参与前已经发生的伤害，后行为人不承担作为共犯的责任，这一积极意义需予以认可。与之相对，像昭和62年大阪高等裁判所判决那样，即便课处一定的要件，在“实体法上一罪（不限于狭义的单纯一罪）”的范围内认可承继的场合，对参与前产生的伤害也作为共犯承担刑事责任，以及在昭和13年大审院判决的案件中，也成立抢劫杀人罪的共犯，这意味着，结论的正当化依据只是基于罪名的从属性，而完全脱离共犯的因果性。平成24年最高裁判所决定对于伤害罪的案件否定成立承继的共犯，这一观点应受到高度评价。

应当予以检讨的实质问题是，超出因果共犯论的框架，政策性地扩张处罚范围真的必要吗？以下对于该点进行若干检讨。

2. 从对后行为人处罚的观点出发

承继的共犯的问题是，后行为人在多大范围内作为共犯予以处罚或者不予以处罚。对于是否成立承继的共同正犯，以前多从犯罪共同说与行为共同说的对立这一点出发进行讨论，不过近来因果共犯论成为主流观点。但是，对于承继的共同正犯，依然不能完全无视与犯罪共同说之间的关系。这是因为，如之前所述那样，对承继的共犯的讨论是为了避免处罚的间隙或者不充分，需要明确的是将处罚的扩张视为必要这一观点在多大程度上是不妥当的，特别是判例采用（部分的）犯罪共同说的立场，则需厘清要在何种程度上对处罚进行限制。

在昭和13年的大审院判决的案件中，从完全犯罪共同说立场出发，在后行为人是共同正犯的场合，成立抢劫杀人罪的共同正犯。从完全犯罪共同说的立场出发，后行为人如果不成立抢劫杀人罪的共同正犯，则后行为人不可罚。与之相对，从部分犯罪共同说的立场出发，后行为人成立某一犯罪的共同正犯，在该限度内可作为共同正犯进行处罚。例如，在盗窃罪或侵占遗失物等罪的限度内，后行为人与先行为人成立共同正犯是可能的，没有必要为了回避处罚间隙而肯定承继的共同正犯的成立。这意味着，现在不用强调犯罪共同说与承继的共同正犯之间的关联性。

出现问题的场合是，先行为人实施欺诈行为后，被害人陷入认识错误交付财物，与先行为人有着意思联络的后行为人取得该财物。在该场合，从陷入认识错误的人处取得财物的行为本身，一般不作为处罚的对象。正是在该场合，为了填补处罚的间隙，有必要成立承继的共同正犯。如果在该场合，后行为人真的不可罚的话，则政策性地扩张处罚有着充足的必要性，但是（基于昭和 62 年大阪高等裁判所判决所揭示的中间说之基准）对被害人受到欺骗陷入认识错误的状态进行积极利用，取得其交付的财物的后行为人，对被骗之人基于错误是否交付财物这一点有着专门的支配地位，则具有应当消除该错误的作为义务，后行为人成立不作为的诈骗罪。那么在这一场合，虽然存在不同的犯罪事实，但先行为人与后行为人成立诈骗罪的共同正犯。这意味着并没有产生处罚的间隙，强行采用承继的共同正犯是没有必要的。后行为人的参与行为能够被认定为诈取的见解，或者将其与诈取等同视之的见解，是将后行为人的参与行为理解为（与作为的欺诈等同视之）不作为的欺诈。如果这样的话，则没有构成承继的共同正犯的疑问，而直接以不作为的欺诈，先行为人与后行为人成立共同正犯。

问题与其说是在诈骗罪上，不如说是在抢劫罪上。后行为人从被压制反抗的被害人处取得财物，很难认定为不作为的暴行，故对此不作讨论；而在能认定不作为的胁迫的场合，可能成立不作为的抢劫，由此肯定先行为人与后行为人成立共同正犯。但是，虽然或许存在被害人失神的场合（可成立不作为的胁迫），但在被害人已经死亡时，根本不能认定不作为的胁迫，对取得财物行为本身，不能肯定抢劫罪的成立。在该场合，先行为人与后行为人只能在盗窃罪或遗失物等侵占罪的限度内成立共同正犯。问题是，这样的处罚是否充分呢？中间说虽然认为并不充分，但在先行为人与后行为人之间没有共犯关系的场合，后行为只成立盗窃罪或遗失物等侵占罪的话，就有充足的余地认为该判断是充分的。这与中途参与共谋的情况在处罚上出现差异，该差异是否具有实质的正当化依据，对此有再度思考的余地。

3. 从对先行为人处罚的观点出发

对于处罚间隙的有无，也有必要从对先行为人处罚的观点出发进行检讨。在抢劫罪的案件中，在压制反抗之后，专门委托后行为人夺取财物的场合，后行为人至少成立盗窃罪或遗失物等侵占罪，因此没有必要肯定与“不符合任何构成要件的行为”成立共同正犯这一点。即，先行为人让后行为人夺取财物，具有财物夺取方面的共同，则成立抢劫罪的共同正犯。

与之相对，在诈骗罪的案件中，从陷入错误的被害人处取得其所交付的财物的行为，如果行为本身不能解释为不作为的诈骗，则不符合构成要件，在是否能认定共同实施该行为的先行为人成立诈骗罪这一点，便产生了疑问。先行为人是否能够成立利用对事实存在认识的后行为人行为的间接正犯，同样是个问题，由此产生了处罚的间隙。但是，如前所述，在该场合可能成立不作为的诈骗，即便是先行为人，也可以肯定诈骗罪的共同正犯的成立。前面已经提到，将其作为诈骗罪的承继的共同正犯的实质根据是，后行为人的行为能够被评价为诈骗，同样，其可以认定成立不作为的诈骗。即便如此，有必要特意采用具有理论争议的构造吗？且其能否达到预期？对此有必要进行再检讨。

4. 伤害罪的场合与刑法第207条

对于伤害罪的案件，除了作为承继的共犯来解决，是否能够通过适用刑法第207条同时伤害的特例来解决呢？平成24年的最高裁判所决定关于刑法第207条的适用可能性不存在争议，那么对此不作任何判断或评价的做法是合适的，不过对于这个问题应如何思考，笔者想作一些论述。

在后行为人参与前后，由谁的暴行产生伤害或产生属于死因的伤害这一点不明时，对于能否肯定刑法第207条的适用，出现分歧。判例中有肯定说〔16〕和否定说。〔17〕

确实，刑法第207条属于例外规定，即便在立法论上其妥当性存在疑问，但只要不违反宪法而无效，就有适用的可能并能够予以适

〔16〕 大阪地判平成9·8·20，判タ995号286页。
〔17〕 大阪高判昭和62·7·10高刑集40卷3号720页。

用。在存在承继的共犯问题的案件中，主张否定适用的判例认为，先行为人无论如何都要对伤害负刑事责任，那么并非没有人对伤害负责，以此为由否定第 207 条的适用，这一做法的立场是，对适用刑法第 207 条的规定尽可能予以限制。但只要不是基于“特殊的动机”，即便先行为人与后行为人不存在共犯关系也会适用第 207 条，每个人都负伤害罪或伤害致死罪的刑事责任，那么在被认为更严重、先行为人与后行为人存在共犯关系的场合，对第 207 条应当适用的观点也有充分理由。在这样的理解下，虽然适用刑法第 207 条在时间或场所的范围上存在问题，但从避免处罚间隙，避免出现不够充分严厉的刑事责任的观点出发，对伤害罪肯定承继的共犯缺乏实际的必要性。

第 9 章
罪数论

一、导言

一般都是在犯罪论的最后对罪数论进行检讨，但是，这并不意味着罪数论的重要性应该受到较低的评价。在确定处断刑时罪数论具有重要的意义，在理论上，罪数论也包括一些意义深远的问题。以下，笔者将引用最近的两件最高裁判所的判例，对于案件中所包含的有关罪数问题加以检讨。具体而言，判例中所涉及的罪数问题是，有关不可罚的事后行为的理解以及牵连犯的要件的理解，判例的判决对以前判例的立场与理解作出了变更，在这一点上，上述判例具有重要的意义。

二、最近的最高裁判例

（一）最高裁判所于平成 15 年（2003 年）4 月 23 日作出的大法庭判决[1]

1. 案情

被告人是宗教法人 S 寺的责任董事，受该寺的法定代表人即其父的委托，从事保管以及管理该寺所有的不动产等资产业务（另一方面，被告人作为基于运用与管理该寺所有的不动产等资产业务的目的

〔1〕 参见最大判平成 15・4・23 刑集 57 卷 4 号 467 页。有关本判决的解说有，福崎伸一郎：ジュリ1255 号 139 页以下（2003 年）；佐久间达哉：研修 661 号 13 页以下（2003 年）；野村稔：现刑 63 号 75 页以下（2004 年）；浅田和茂：平成 15 年度重判解（ジュリ 1269 号）168 页以下（2004 年）；高木俊夫：ジュリ1281 号 167 页以下（2004 年）；铃木左斗志：判タ1207 号 45 页以下（2006 年）；等等。有关本判决的详细解说，参见山口厚：《有关“侵占行为后的侵占”的大法庭判决》，法教 278 号 34 页以下（2003 年）。

而设立的SK商事以及SK地产的法定代表人，经营着上述两公司）。被告人从平成4年（1992年）4月开始一直到平成6年（1994年）6月，为了卖掉S寺所有的土地（土地1至土地6），对上述土地办理了所有权转移登记的手续，侵占了上述土地。由于这6件业务上侵占的事实，被告人受到了起诉。在这些事实中，与本大法庭的判决有关的重要事实是，在卖掉土地之前，被告人已经侵占了设定了抵押权的土地1以及土地2。即，昭和55年4月11日，SK商事作为债务人在土地1之上，设定并登记了最高额为2 500万元的第1顺位抵押权（抵押权1），随后，平成4年3月31日，SK商事作为债务人在土地1之上，又设定并登记了债权额为4 300万元的第2顺位抵押权（抵押权2），不久，平成4年4月30日，被告人将土地1以1亿324万元的价格卖给了K商事，同日办理了该土地的所有权登记转移（注销了抵押权1、2）。另外，平成元年1月13日，SK商事作为债务人在土地2之上，设定并登记了债权额为3亿元的抵押权（抵押权3），平成4年9月24日，被告人将土地2以1 500万元的价格卖给了T商事，同年10月6日办理了所有权的转移登记（注销了抵押权3）。关于土地1以及土地2，被告人所受到的起诉的对象，不是先行的有关抵押权的设定行为，而仅仅是后行的买卖行为。

辩护人主张，有关被告人所实施的买卖抵押土地1、土地2的行为，被告人在先行设定抵押权行为的时点成立侵占罪，因此，后行的买卖行为属于不可罚的事后行为，不成立侵占罪。对于辩护人的主张，第一审判决（横滨地川崎支判平成12·3·27〔2〕）肯定了被告人买卖土地1及2的行为成立业务上侵占罪。即，判决认为，所谓不可罚的事后行为，是指类似于盗窃犯人损坏盗窃物的行为，如果将两种行为分开来观察，虽也可以认为后一行为成立其他罪（器物毁坏罪），但是由于损坏行为已经被完全包括在对原本的犯罪行为（盗窃）所进行的违法评价中，就不能再成立其他犯罪了。本案的先行行为是土地担保行为，仅仅成立侵害土地经济价值的犯罪，相对地，本案的后行行为是将土地所有权（土地所具有的全部价值，包括土地的经济价值）出让给第三人的行为，由于后行行为无法完全地被包含在对先行行为的违法评价中，所以不属于不可罚的事后行为。

〔2〕横滨地川崎支判平成12·3·27（参见刑集57卷4号477页）。

被告人针对第一审判决提出了控诉，控诉审判决（东京高判平成13・3・22〔3〕）作出了以下的详细判示，认为根据土地1及2的买卖行为与抵押权1、2、3的设定之间的关系，不能说土地1及2的买卖行为属于不可罚的事后行为，被告人成立业务上侵占罪。

抵押权1、3的设定行为已经经过了诉讼时效，此外，抵押权设定的原因等情况并不明确，所以是否构成侵占罪也并不明确。为了能够认定被起诉的后行行为属于不可罚的事后行为，需要的是先行行为成立犯罪这一点已经被所调查到的证据予以明白地认定，通过追加若干证据以便有确实的可能性能够明确地证明先行行为成立犯罪只限于某种特定场合〔4〕，根据土地1及2的买卖行为与抵押权1、3的设定之间的关系，不能认为土地1及2的买卖行为属于不可罚的事后行为。即使抵押权1、3的设定行为构成侵占罪在证据上是明确的，由于已经经过了诉讼时效，处罚被告人也是不可能的，因诉讼时效的经过或者其他诉讼条件以及责任能力的欠缺等事由，而导致不能处罚有关先行行为的犯罪（侵占罪）时，只要后行行为本身充足了犯罪成立要件（侵占罪），将其作为不可罚的事后行为处理就是不合理的，所以处罚后行行为就是允许的。就土地1及2的买卖行为来看，即便先行的抵押权设定行为该当于相应土地的侵占行为，只要在土地上基于委托的信任关系没有被直接全面地破坏，在本案中，一直以来的土地占有关系就没有发生变化，被告人仍然是S寺的责任董事，从事着管理S寺土地的业务，能够认定被告人与S寺之间的委托信任关系在各抵押权设定以后还是基本上继续着，因此，上述买卖行为无论哪个都充足了侵占罪的成立要件，不能说上述买卖行为属于抵押权1、3设定后的不可罚的事后行为。同样，抵押权2的设定也不能说是不可罚的事后行为。

抵押权2的设定处于距离买卖土地1的很近的时间之前，若是根据在不动产上设定抵押权该当于对该不动产的侵占的判例立场，似乎能够认定被告人在土地1上设定抵押权2属于侵占土地1的行为。从土地1

〔3〕 参见东京高判平成13・3・22高刑集54卷1号13页。本判决的解说有，森本和明：研修640号25页以下（2001年）；西田典之：研修657号3页以下（2003年）；小林宪太郎：セレクト’02（法教270号别册附录）36页（2003年）等等。

〔4〕 不然的话，若是仅仅认为先行行为具有某种程度上成立犯罪的可能性，就认为后行行为可能还遗留着属于不可罚的事后行为的疑问而将其认定为无罪的话，就会导致十分不合理的结论，即认为先行行为与后行行为两者都不成立犯罪。

的买卖经过与抵押权 2 的设定之间的关系来看，抵押权 2 的设定对于买卖土地的人来说十分重要，抵押权的设定，是根据与土地费用的支付时期的关系而派生的行为，在土地被买卖的同时就将按照原本的约定注销，因此可以认为，对于被告人而言，抵押权设定的实质是先予接受土地费用的一部分。买卖他人的土地构成侵占罪，其既遂的时点在转移土地的所有权登记完毕之时，而关于侵占行为的着手，有解释认为，最晚在能够明确地确定买卖合同的内容、合同的内容得以确实之时，即有认定为属于侵占行为之着手的余地。在本案中，是在开始实施通过对土地的买卖而予以侵占的行为之中，设定了仍然留有相当大的担保空间的抵押权，此后相应的行为达到了既遂状态。对于土地所有人 S 寺而言，土地被卖掉这种损害比起设定抵押权所造成的损害更大。根据上述的本案事实关系，重视被告人设定抵押权 2，将土地 1 的买卖行为作为不可罚的事后行为，未免有本末倒置之感。可以说，检察官认为被告人对于土地 1 的买卖行为构成侵占而提起的公诉是非常合理的，而裁判所既然能够认定买卖行为构成侵占，根据检察官的公诉认定被告人成立侵占罪也是理所当然的。类似于本案中的不动产侵占案件，先行的抵押权设定行为属于侵占行为，能够构成诉因，但是既然检察官能够认定买卖行为也构成侵占，裁判所就不需要要求检察官变更诉因，直接认定被告人成立侵占罪即可，并且也应该这样认定。不过，在本案中，检察官将被告人设定抵押权 2 的行为作为侵占行为起诉也是可能的，如果这样的话，裁判所也应该认定被告人设定抵押权的行为构成侵占罪。无论如何，应该认为，对于具有上述密切关系的土地买卖与抵押权设定，仅仅能够给予一次处罚（此外，如果认为两种行为包括地构成一个侵占行为也是值得探讨的）。另外，有见解认为，对不动产设定抵押权，只要没有全部地抵押不动产的交换价值，就不成立侵占罪而只是成立背信罪[5]，这种见解能够更为合理地区别认定背信罪与侵占罪，因此是妥当的，对于这种见解值得进行慎重的研讨。因此，被告人对于土地 1 的买卖行为，根据与抵押权 2 的设定行为之间的关系来看，不能认为属于不可罚的事后行为，行为人的行为该当于业务上侵占罪。

〔5〕 日本刑法第 247 条关于背信罪的规定：为他人处理事务的人，以谋求自己或者第三者的利益或者损害委托人的利益为目的，实施违背其任务的行为，给委托人造成财产上的损害的，处 5 年以下惩役或者 50 万元以下罚金。——译者注

2. 最高裁判所的判决

被告人提出了上告，主张原判决违反了最高裁判所于昭和31·6·26刑集10卷6号874页的判决（对于有关甲将自己所有的不动产卖给第三人，转移了不动产的所有权，但是没有办理所有权的转移登记，然后甲又对乙在该不动产上设定并登记抵押权的案件，判决认为，甲此时成立对第三人的侵占罪，即使在此之后，甲为了对乙偿还欠款，转移并登记该不动产的所有权，也不再成立另外的侵占罪），最高裁判所作出了以下判示，对原有判例的结论进行了变更，维持了原判决。

"受他人委托占有不动产者，为了侵害该不动产，即便在该不动产上设定抵押权并登记完毕后，该不动产仍然属于他人之物，受托人只是占有该不动产这一事实没有改变，受托人在该不动产上设定抵押权之后，又通过买卖而实施转移该不动产所有权的行为并登记完毕之时，就属于违背了委托，对于该物并无权限，却作出了必须由所有人进行的处分行为。因此，应该说，能够肯定受委托占有不动产的受托人买卖等转移所有权的行为成立侵占罪，即使存在有先行的抵押权设定行为，对于后行的所有权转移行为而言，也不构成其成立犯罪本身的障碍，这样的见解是正确的。

"如上所述，既然有关所有权的转移行为成立侵占罪，在先行的抵押权设定行为也成立侵占罪时，两行为同时成立侵占罪，不管如何对于上述情况进行罪数评价，检察官在考虑案情的轻重、取证的难易等诸般情况的基础上，能够不对前行的抵押权设定行为，而是对后行的所有权转移行为提起公诉。而且，接受了提起上述公诉的裁判所，应该仅仅以所有权转移作为审判的对象，来决定犯罪的成立与否，是否存在先于买卖行为成立侵占罪的抵押权设定行为，由于属于诉因以外的情况，不应该进行审理判断。否则的话，允许被告人根据对诉因外的犯罪事实的主张、证明而争辩被作为诉因之事实是否成立犯罪，可能导致在庭审中围绕诉因外的犯罪事实，使被告人进行犯罪成立的证明、检察官进行犯罪不成立的证明等不自然、不适当的诉讼活动，应该认为，这并没有遵照采用诉因制度的诉讼程序的本意。"

"因此，在本案中，被告人在本案土地1上设定本案抵押权1、2，在本案土地2上设定本案抵押权3，并分别办理了抵押权的登记，这些行为并不妨碍裁判所追究其后被告人所实施的买卖土地并办理所有权转移登记的行为成立业务上侵占罪。”

“根据以上分析……本判决认为，对于被告人所引用的判例（前引最判昭和31·6·26），在违反本裁判所的上述见解的限度内应予变更，维持原判决的结论是正确的”。

3. 本判例的意义以及问题之所在

本大法庭的判决，变更了原有的最高裁判所的判例，对于在“侵占物的侵占”一案中的第2个侵占行为，变更了原判例以其属于不可罚的事后行为而否定其可罚性的结论，认为能够处罚第2个侵占行为，本判决导致必须对不可罚的事后行为这一概念进行重新思考与修正。在本案中虽然仅仅是起诉了后行行为，但如果先行行为与后行行为两者都被起诉的，又应该如何处理，这是本判例仍然留有的课题，需要追问应该如何解决。

（二）最高裁判所于平成17年（2005年）4月14日作出的判决〔6〕

1. 案情

被告人在与F等共谋的基础上，意图监禁并恐吓O使其交出其为了得到经营风俗店的登记注册名义借款名下的金钱。（1）平成15年3月27日午后1时左右，在大阪府堺市的××道路上，F在该地点使O停下车来，然后进入该车的后座，随后F让O坐到F与G中间开始对O进行胁迫，在用手或拳对O的脸部施加了多次殴打等暴行之后，该日午后2时30分左右，被告人驾驶该车将O带到京都市东山区××所在的H大楼×××号室内，从该时起到同日午后6时20分左右，一直将O关在该室内进行监视。此外，在3月27日午后1时左右，被告人使用O的车，带着O在京都市东山区××路上行驶，一直到该日午后6时30分左右，在上述场所放了O的期间，O从该车内以及该房间内逃跑是显著困难的，在将O不法地监禁的同时，还使用上述暴行使O受到了需要治疗2周的伤害。（2）在该日午后2时30分左右一直到该日午后6时20分之间，在H大楼×××号室内，被告人对于正因受到上述暴行而恐惧的O，提出了交出金钱的要求，被告

〔6〕参见最判平成17·4·14刑集59卷3号283页。有关本判决的解说有，前田严：《以恐吓的手段实施监禁的场合的罪数关系》最判解刑事篇平成17年度117页以下等。

人摆出了如果不答应要求就将伤害O之身体的架势，意图使O害怕，同日午后6时30分左右，在该市东山区××附近的路上，被告人通过恐吓取得了O所交付的现金5.9万元以及该人所管理的汽车1台(时价相当于70万元)，因此，被告人被起诉。

第一审判决（大阪地判平成16·4·16）以及控诉审判决（大阪高判平成16·9·1）肯定了被告人关于（1）的案情成立监禁致伤罪〔7〕，有关（2）的案情成立恐吓罪，两者成立并合罪。〔8〕

2. 最高裁判所的判决

辩护人认为，对于以恐吓为目的的监禁致伤案件，控诉审判决认定成立监禁致伤罪与恐吓罪的并合罪，该判决违反了不存在最高裁判例背景下的大审院的有关判例，并且以此为由提出了上告，对于该上告，最高裁判所作出了以下判示，驳回了上告。

“辩护人上告主张的中心意思是，控诉审判决违反了以前的判例。辩护人所引用的判例是，大审院大正15年（れ）第1362号同年10月14日的判决·刑集5卷10号456页，对于为了使其他人交付财物，恐吓并且不法监禁他人的案件，以前的判例认为，行为人构成监禁罪与恐吓罪，两罪之间的关系是刑法第54条第1项后段所规定的牵连犯的关系。可是，控诉审判决认可了第一审判决的结论，即对于有关被告人在与共犯者共谋的基础上，意图恐吓O使其交出经营风俗店的登记注册名义借款名下的金钱，监禁了被害人，在监禁时对被害人施加了暴行使其受到了伤害，并且，被告人为了达到监禁目的而实施的暴行等行为使被害人产生了恐惧，被告人进而胁迫被害人从而取得了现金以及一辆汽车的案件，第一审判决认定其成立监禁致伤罪以及恐吓罪，作为并合罪处断。这样来看，不能不认为，控诉审判决与认为上述各罪属于牵连犯的上述大审院的判例是存在冲突的。

“可是，即便是在作为恐吓的手段实施了监禁的场合，也不能认

〔7〕日本刑法第220条规定了逮捕或监禁罪：“非法逮捕或者监禁他人的，处三个月以上七年以下惩役。”相应地，在第221条又规定了逮捕或监禁致死伤罪：“犯前条之罪导致他人死伤的，与伤害罪比较，依照较重的刑罚处断。”——译者注

〔8〕根据日本刑法第45条的规定，未经确定判决的两个以上的罪，是并合罪。如果某罪已经确定判决判处监禁以上刑罚时，则只是该罪与其判决确定前所犯的罪是并合罪。——译者注

为两罪处在作为犯罪的通常的形态的手段或者结果的关系，认为其不存在牵连犯之关系的理解是妥当的，由此，应该对于上述大审院判例予以变更，对于原判决予以维持。”

3. 本判例的意义以及问题之所在

本判例对于基于恐吓目的而实施的监禁（致伤）案件，认为不是成立恐吓罪与监禁致伤罪的牵连犯，而是认为两罪构成并合罪，改变了肯定两罪具有牵连犯关系的大审院判例。在本判例中，根据牵连犯的一般要件得出了新的结论，这一点受到了关注。关于牵连犯的成立范围，以前就存在不明确之处，可以说本判例为我们再次思考这一问题提供了一个机会。

三、不可罚的事后行为

（一）对于犯罪行为后的事后行为的评价

例如，在实施盗窃行为（第 1 行为）之后，盗窃犯人 T 又将该盗窃物毁弃（第 2 行为）。此时，一般的理解是，T 并非成立盗窃罪与器物毁坏罪、两罪成立并合罪。以前的通说认为，行为人仅仅对于第 1 行为成立盗窃罪，第 2 行为（器物毁坏）属于不可罚的事后行为，不能成为处罚的对象。[9] 上述案件被认为属于，该当于构成要件 B 的行为能够被构成要件 A 包括的评价的场合（数个构成要件仅仅是在外观上竞合，其中一个构成要件的适用排除其他构成要件的适用），属于法条竞合（吸收关系）的案件。换言之，一般认为，在盗窃罪这种类型的状态犯中，能够预料在犯罪完成后违法状态继续存在，只要事后行为能够被包含在该违法状态内，则事后行为即便该当于其他的构成要件，也不构成其他犯罪。（不过，如果在事后行为 b 中存在其他参与者，只要行为人所实施的充足构成要件的违法行为是相同的，一般认为，就事后行为 b 成立共犯是可能的。）

上述见解存在以下问题：（1）在无法证明存在该当于构成要件 A 的行为 a 时，就无法处罚行为 a，但是在无法证明不存在行为 a 时，即使能够证明存在该当于构成要件 B 的行为 b，也不能处罚行为 b，

〔9〕 参见团藤重光：《刑法纲要总论（第 3 版）》，446 页以下（1990 年）。

其结果是导致行为a与行为b都不能得到处罚，这样是合适的吗？（2）如果该当于构成要件A的行为a存在违法性阻却事由或者责任阻却事由，行为a就不能成为处罚的对象，但是该当于构成要件B的行为b（在存在a行为的情况下）通常也属于不可罚，这样合适吗？（例如，在行为a的时点行为人缺乏责任能力，但是在行为b时行为人存在责任能力的场合，行为b也仍然是不可罚的吗？）（3）该当于构成要件A的行为a的公诉时效期间已经经过了，该当于构成要件B的行为b（在存在a行为的情况下）通常也属于不可罚，这样合适吗？（例如，即使行为人所实施的有关盗窃行为的公诉时效期间已经经过后，盗窃被害人仍然具有对盗窃物的所有权，那么将行为人对盗窃物的毁弃行为认定为不可罚合适吗？）

针对上述不可罚的事后行为的理解，在现在的学说中，存在一些有力的不同见解。该见解认为，不可罚的事后行为也成立犯罪，事前行为a该当于重罪A的刑，事后行为b该当于轻罪B的刑，轻罪B的刑被重罪A的刑吸收，因此仅仅以重罪A处断（将事后行为b作为事前行为a所成立的罪A的量刑情节予以考虑就足够了）。根据上述见解，事后行为b被事前行为a的罪的刑所吸收，与事前行为a一并地受到处罚，因此，事后行为b不是不可罚的事后行为，将其称为“共罚的事后行为”更为合适。〔10〕根据上述见解，由于事前行为a与事后行为b两者都成立犯罪，所以无论追诉、处罚哪一个行为都是有可能的，在同时追诉两者时，不过是重的事前行为a所该当犯罪的刑吸收了轻的事后行为b所该当的犯罪的刑而已（因此，参与到事后行为b中的行为人，成立事后行为b所构成之罪的共犯）。

（二）侵占侵占物的场合

1. 三个判决的态度

有关侵占物之侵占的前述案件的3个判决（第一审判决、控诉审判决、上告审判决），都共同地采取了能够处罚事后行为的结论，而没有采用不可罚的事后行为说。

第一审判决认为，在后行行为导致的法益侵害超出了先行行为所导

〔10〕 参见平野龙一：《刑法总论Ⅱ》，411页以下（1975年）。

致的法益侵害时，后行行为不能被包含于对先行行为的违法评价之中，因而不能认为后行行为属于不可罚的事后行为。在后行行为所侵害的法益与客体和先行行为所侵害的法益与客体不同时，固然能够采用这样的思考方法（例如，盗取了存款存折与登记印鉴的盗窃犯人，使用上述存款存折与登记印鉴在银行窗口取出存款时，成立存款存折与登记印鉴的盗窃与取回存款的诈骗，后行的欺诈不属于先行的盗窃的不可罚事后行为〔11〕），问题是，先行行为与后行行为所造成的是对同一法益与客体的侵害时，这样的思考方法仍然妥当吗？不可罚的事后行为说（法条竞合）对此予以了否定，像共罚的事后行为说（包括一罪）所主张的那样，如果能够肯定后行行为本身的构成要件该当性，就能够肯定后行行为成立犯罪。〔12〕不过，由于后行行为与先行行为都是对同一物以及法益的侵害，如果先行行为与后行行为同时受到起诉，两罪的罪数关系就成为问题（是并合罪还是包括的一罪〔13〕？）。例如，如果毁损了他人的财物，成立器物毁坏罪，但是如果再继续对被损坏物进行损坏，否定后行行为器物毁坏罪的构成要件该当性是没有理由的。因此，应该说，仅仅对于后行行为加以追诉并且处罚是可能的（这样，行为人在一系列的过程中，作为一个整体而实施先行行为与后行行为，并且两行为都被起诉时，行为人构成器物毁坏罪的包括一罪）。相对地，在侵占罪的场合，如果先行行为成立侵占罪，成为问题的是，能够肯定后行行为侵占罪的构成要件该当性吗？一旦侵占委托物以后，即使还能够肯定占有物的他人性，不限于委托关系之继续存在得以认定〔14〕，在

〔11〕参见最判昭和25·2·24刑集4卷2号255页等等。

〔12〕参见西田典之教授在研修657号（2003年）上的文章的第13页。

〔13〕所谓包括的一罪，是指实质上本可以认定成立数个犯罪，但作为犯罪结果的违法评价，将其包括性地评价为一罪的情形（违法评价上的一罪性），这是由日本的判例所形成的观念。在这种情形下，尽管有必要将数个犯罪结果作为犯罪事实分别进行事实认定，但在适用法律之时，仅注明一个重罪，将其作为重罪之一罪来处断。——译者注

〔14〕林干人在《侵占物的侵占》［现刑65号88页（2004年）］一文中主张，即使侵占委托物后，委托关系之继续存在也是个原则。但是我认为，也不能说这种委托关系继续存在是一般性的、没有前提条件的（与其这样认为，倒不如说，将物继续委托于侵占犯人属于一种罕有的例外）。仅就对同一物再次实施不法行为是可能的案件来看，才可能认为委托关系还继续存在。此外，请求物之返还的地位是基于拥有所有权而产生的，与是否具有委托关系未必有关。因此，在坚持应该保留后行行为有成立委托物侵占罪的可能性这一结论之外，必须具体地检讨其具有怎样的根据。

委托关系已经解除时，就不能肯定后行行为成立侵占罪。〔15〕与此相对，类似于本案这样，除了能够肯定物的他人性以外，还能够肯定委托关系的继续存在时，肯定后行行为具有侵占罪的构成要件该当性就是可能的。这样一来，与将侵占罪理解为领得罪相关，就会导致肯定先行的侵占行为仅仅侵害了委托物价值的一部分的见解，这种见解是否正确呢?〔16〕必须追问的是，究竟在何种意义上，能够认为对已经被侵占的物再次地侵占是可能的。

控诉审判决由于是在以前的最高裁判所的判例的框架内对本案进行解释，与第一审判决不同，对于该问题，着重从诉讼法的角度，进行了稍稍复杂的解释〔17〕，而最高裁判所的大法庭判决则变更了以前判例的结论，通过肯定后行行为侵占罪的构成要件该当性（认定了物的他人性、占有以及委托关系的存在），认定了能够以侵占罪对行为人进行处罚。如前所述，一般认为，该判决是应该得到支持的结论。

2. 先行行为与后行行为的罪数评价

在能够就后行行为肯定其侵占罪的构成要件该当性时，仅仅对后行行为以侵占罪进行处罚虽然也是能够考虑的，但是问题是，先行行为所成立的侵占罪与后行行为所成立的侵占罪（在同时对两行为都予以起诉时）两者之间的罪数关系怎么解决?

如上所述，认为事后行为属于共罚的事后行为的见解认为，在对先行行为所成立的犯罪进行处罚的场合，只要后行行为所侵害的对象没有超过成为先行行为的处罚对象的违法状态，将后行行为作为（先

〔15〕参见平野龙一先生：《关于包括一罪的若干解说》［判时1733号4页（2001年)］。该文在有关“侵占店里的钱，将钱存入自己的保险柜，但是此后不久，就打算使用该金钱，从保险柜里将钱取出”的案件中，否定了具有侵占罪的构成要件该当性。就上述案情来看，即使侵占款的所有权属于公司，由于不能肯定行为人有对侵占款的委托占有关系，所以能够否定行为人的后行行为有侵占罪的构成要件该当性。

〔16〕从上述见解出发，就会产生应该肯定先行行为仅仅成立背信罪的见解〔参见浅田和茂于平成15年度重判解（ジュリ1269号）168页以下（2004年）中的文章〕。不过，实际上恐怕并不能够否定先行行为有成立侵占罪的可能性。如果否定了先行行为有成立侵占罪的可能性，想来就会过于限定侵占罪的成立范围。应该考虑的问题是，如果以侵占罪对后行行为进行处罚，那么对先行行为，不是以侵占罪，而是以背信罪进行处罚是否可以呢?

〔17〕立足于诉讼的立场，从罪数认定的角度来论述上述问题的论文有，高木俊夫：《从诉讼的视角看不可罚的事后行为》，载《河上和雄先生古稀祝贺论文集》，273页以下（2003年)。

行行为所成立之罪的）量刑情节来评价与考虑就足够了。不过，既然肯定了后行行为本身也侵害了独自的法益，虽说以先行行为所成立之罪进行处罚，但并不意味着后行行为就当然地作为共罚的事后行为被先行行为所成立之罪的刑罚（包括的一罪）吸收了。为了认定后行行为属于共罚的事后行为，先行行为与后行行为之间，两者的一体性是必要的。〔18〕像在本案中，被告人将设定了抵押权 2 的土地 1 卖掉这样，两个行为是在一个连续的过程中实施的场合，将两个行为所各自构成的侵占作为包括的一罪来处理是可能的，但是在不能认定为上述情形的场合，一般认为，应该将两行为所各自成立的犯罪作为本来的并合罪处理（这与下面的场合是一样的道理，即在对于同一物进行毁坏的案件之中，这种连续实施的复数行为能够评价为器物毁坏罪的包括一罪或者单纯一罪，但是不能将先行行为实施数月之后又因为其他动机而实施的毁弃行为作为包括的一罪进行包括的评价，这种场合应该作为并合罪评价〔19〕）。

既然肯定了后行行为侵占罪的构成要件该当性，可以认为，上述理解就是合理的结论，但是上述理解与结论，与以前判例的立场即认为后行行为属于不可罚的事后行为的立场，处于相互对立的位置。而且，如果立足于该理解，就会导致侵占被认定为是出于享受效用的目的而对物的不法使用、所有权侵害的行为，恐怕将导致以前对于侵占罪的理解的变更与修正（盗窃罪与侵占罪都属于取得罪，两罪的区别虽是通过占有侵害的有无进行的，若采纳了这一见解，就成了从正面肯定这样的一点，即与“使全部的物成为我的”的盗窃罪不同，对侵占罪的认定则不需要“使全部的物成为我的”〔20〕）。可以说，肯定先行行为与后行行为两者具备对于同一物的侵占罪的构成要件该当性的见解之中，已经包括了上述理解。〔21〕而对于侵占物之侵占的案件，认为其属于复数的

〔18〕参见山口厚：《刑法总论（第 2 版）》，371 页以下（2007 年）。

〔19〕与此相对，对于在窃取他人之物以后行为人所实施的毁弃行为，即便毁弃行为的实施是因为窃取后的其他原因，但毁弃行为是通过窃取所取得的地位而实施的，可以认为，毁弃行为属于盗窃的共罚的事后行为，被盗窃罪之刑所吸收。

〔20〕根据上述理解，正如控诉审判决所指出的那样，可以说，只要无法认定行为人几乎全部地侵占了目的物的全部价值，就只能肯定行为人成立背信罪的见解具有合理的成分。

〔21〕上述见解，可以说是与肯定不动产侵夺后的再次侵夺成立侵夺不动产罪相类似的见解。在这个意义上，能够充分理解判例修正对侵占罪的理解本身的意义。

侵占罪的并合罪反倒是原则的见解，从实质上来看是过头了，这样说也是有一定的理由的。[22] 从上述的问题意识出发，肯定先行行为与后行行为双方的法益侵害（构成要件该当性），就意味着侵占罪不属于对物的利益的取得罪，而属于对物本身的取得罪，即“对全部的物的侵占”，这就会导致如何调和上述理解与“一个物只能进行一次取得”这一基本理解之矛盾的问题。可以认为，不可罚的事后行为说，认为后行行为是不可罚的，其意图是从形式上确保“对物的全部侵占性”（取得的一次性）。不过，既然这种理解在实质上是存在问题的，剩下的方法就是如何在实质上调和上述两种理解的不一致。在上述场合，应该将问题在罪数的范围内加以解决，即只要先行行为与后行行为都成立侵占罪，那么即使先行行为与后行行为之间缺乏整体性，也成立包括的一罪（不构成并合罪）。上述见解是基于侵占罪的罪质的特殊性即“对物的全部侵占性”（取得的一次性），认为对于侵占物的侵占属于特殊的包括一罪。另外，更进一步强调该见解的话，虽然对于先行行为与后行行为都能以侵占罪进行追诉与处罚，但是，由于“一个物只能进行一次取得”，因而只能成立一个侵占罪，如果在对两行为中的一行为以侵占罪进行处罚的场合，认为另一行为就不能成为处罚的对象了（这一点，大概可以作为一种法条竞合的场合加以说明），这样的见解也是可以考虑的。[23]

四、牵连犯

（一）作为科刑上一罪的牵连犯

刑法第54条第1项，规定了不同于并合罪（刑法第45条及以下）的罪数规范，即在“一个行为触犯两个以上的罪名”的场合，以及“犯罪的手段或者结果行为触犯其他罪名时”（以其中最重的刑处断）。后者被称为牵连犯，与前者观念的竞合同样属于科刑上的一罪。

〔22〕参见曽根威彦：《不可罚的事后行为的法性格》，研修668号12页（2004年）；西田典之：研修657号13页（2003年）；等等。（西田在文中，将前述的侵占罪的法益侵害的理解，限定在“只能以包括的一罪进行处理”的范围以内。）

〔23〕参见山口厚：《有关“侵占行为后的侵占”的大法庭判决》，法教278号34页以下（2003年）。

牵连犯是复数的行为，这与由于一个行为而引起复数的法益侵害即观念的竞合是不同的，而通过立法规定牵连犯与没有复数行为的观念的竞合具有同样的法效果，这种牵连犯的立法例几乎是找不到的。〔24〕笔者认为，与观念的竞合都被规定在同一个条文、作同一处理的牵连犯，应该被理解为与观念的竞合具有同样的趣旨。观念的竞合是由于一个行为，换言之是由于一个意思决定而引起了复数的法益侵害，与复数的意思决定的场合相比，能够将其评价为责任相对轻些，因而一般认为，与并合罪相比，要处以较轻的处断刑。〔25〕因此，虽然牵连犯不属于 1 次的意思决定的场合，但是，由于存在手段与目的、原因与结果关系这种复数的行为，能够肯定在复数的行为之间具有类似于一个意思决定的关系，因而应该对于观念竞合的趣旨予以扩张，对牵连犯采取与观念的竞合同样的处理方式（即相对于并合罪处以较轻的处断刑——译者注）。〔26〕问题是，在何种范围内能够肯定行为间存在手段与目的、原因与结果的关系（密切性、一体性）呢？

（二）牵连犯的成立要件

判例认为，牵连犯的成立，在具体的案件中，仅有复数的行为之间存在手段与目的、原因与结果之间的关系尚不足够，还有必要认定行为之间按照罪质上的常例也能够肯定存在这样的关系，多数的学说也支持这种主张。〔27〕例如，在最大判昭和 24・12・21 刑集 3 卷 12 号 2048 页中，认为："牵连犯本来是成立数罪的，法律之所以将其作为处断上的一罪处理，是因为数罪间在罪质的常例上，存在其中一罪是另一罪的手段或者结果的关系，并且具体的犯罪人也是依循这样的关系而实行的数罪，在这样的场合，就将上述犯罪作为一罪以其中最重的犯罪所规定之刑处断，据此，对于轻罪的处罚也得到了满足，依照此惯例，同时也考虑到犯行目的的单一性，就没有必要仍然将其作

〔24〕 可以推测认为，牵连犯，是立法者以旧刑法中将原本作为一罪处理的伪造文书并行使，侵入住宅并盗窃等犯罪分离作为独立的犯罪（伪造文书罪、行使伪造的文书罪；侵入住宅罪、盗窃罪）来处理为契机，而设定的规范。此外，在对现行刑法加以改正的过程中，改正刑法草案（昭和 49 年）并没有规定牵连犯。

〔25〕 参见山口厚：《刑法总论（第 2 版）》，378 页以下（2007 年）。

〔26〕 参见山口厚：《刑法总论（第 2 版）》，380 页（2007 年）。

〔27〕 参见团藤重光：《刑法纲要总论（第 3 版）》，462 页以下（1990 年），等等。

为数罪来处断。因此，要认定数罪构成牵连犯，仅仅以犯人的主观方面是将一罪作为另一罪的手段或者结果来实行是不够的，在数罪之间手段或者结果行为应该存在罪质上的常例关系是必要的。”〔28〕这里特别重要的问题是，究竟哪些情况能够被认定为存在“罪质上的常例”关系。在本案的判决中，认为“即使以恐吓的手段实施监禁行为，也不能认定两罪在犯罪的通常形态上存在手段或者结果的关系，两者之间不存在牵连犯的关系”，本案判例正是以该点作为问题点的。

将牵连犯的趣旨归结为客观的“犯罪一体性”的话自是当然，即便将牵连犯理解为具有类似于一次的意思决定的关系而实施的行为，既然实际上牵连犯属于基于数次的意思决定而实施的复数行为，为了要将对牵连犯的处理比作为并合罪处理更轻，就不能不考虑，以一个罪一般情况下是伴随着另一罪而来的为由，就将其仅作为情状来评价是否足够，将一罪包括在另一罪中进行处罚是否不当，是在这个意义上，要求复数的行为之间存在“作为犯罪的通常状态的手段或者结果的关系”〔29〕。

在牵连犯的要件上，如上所述，成为实务上的重要问题的是，得以肯定罪质上具有常例上的牵连性的范围。这一点，在（1）构成要件上的牵连性已然预定的场合，加以肯定是容易的。其典型例是，出于行使的目的而实施的伪造罪与行使罪。〔30〕不过，判例与学说上认为除了以上（1）的场合之外，在（2）能够认定存在一体关系的场合，也肯定了牵连犯的成立，其典型例是，以盗窃或者抢劫的目的实施的住居侵入罪与盗窃罪或者抢劫罪之间。〔31〕不过，就像有关杀人罪与尸体遗弃罪〔32〕一般是作为并合罪处理的〔33〕那样，就后者即第（2）种类型的情形而言，其界限未必明确。在我看来，这是因为，即

〔28〕此外，还请参见最大判昭和44・6・18刑集23卷7号950页，最判昭和57・3・16刑集36卷3号260页等等。

〔29〕平野龙一：《刑法总论Ⅱ》，428页（1975年）。

〔30〕参见大判明治42・7・27刑录15辑1048页，大判明治42・8・31刑录15辑1097页等等。

〔31〕参见大判明治45・5・23刑录18辑658页，大判大正11・10・27刑集1卷593页，最判昭和25・9・21刑集4卷9号1735页，等等。

〔32〕日本刑法的第190条规定了对尸体等的犯罪，即：“损坏、遗弃或者取得尸体、遗骨、遗发或者藏置于棺内之物的，处三年以下惩役。”——译者注

〔33〕参见大判明治44・7・6刑录17辑1388页，大判昭和11・1・29刑集15卷30页等等。

使说是“常例”“通常”，也不得不导入诸如能否认定两罪存在不需要并合罪加重的关系（只处罚一方就足以这样的关系）这样的视角。

从监禁罪与他罪的关系来看，大审院早前曾认为监禁罪与恐吓罪属于牵连犯〔34〕，而最高裁判所则认为，监禁罪与强奸致伤罪不属于牵连犯〔35〕，此外，在以伤害手段进行监禁的案件中，判例认为监禁罪与伤害罪也不属于牵连犯。〔36〕最高裁判所否定监禁致伤罪与恐吓罪的牵连性，可谓与以上的理解一脉相承。最高裁判所曾经指出：“根据尽量不认定为牵连犯的原则，存在着在相当狭窄的范围内理解牵连犯的倾向……到了现在的阶段，对于前述将监禁罪与恐吓罪作为牵连犯的大审院判例的见解，不能说没有由最高裁判所加以再次检讨的可能性”〔37〕，可以说，这次最高裁判所的判决正是将上述的可能（即对于大审院判例的再检讨）予以现实化。无论如何，可以认为最高裁判所对于肯定监禁罪与他罪之间的牵连性采取了极为慎重的态度。

〔34〕参见大判大正15·10·14刑集5卷456页。

〔35〕参见最判昭和24·7·12刑集3卷8号1237页。

〔36〕参见最决昭和43·9·17刑集22卷9号853页。

〔37〕参见鬼塚贤太郎在最判解刑事篇昭和43年度262页以下的文章。

下篇 各论

第 10 章
伤害的含义

一、导语

关于伤害罪（刑法第 204 条）中伤害的含义，判例作出了这样的判示："生活机能的毁损即健康状态的不良变更"〔1〕，或是"给生活机能带来障碍，包括使整体的健康状况产生了不良变更的情况"〔2〕。可是，如后所述，判例对于伤害界限的理解仍存在一些不明确之处。在学说上，关于伤害含义的理解的现状是，除了处于基本对立地位的生理机能侵害说与完整性侵害说以外，还有认为对于生理机能的侵害与外貌的重大变更都属于伤害的折中说，折中说也成为了有力的主张（倒不如说，折中说也被认为是多数说）。〔3〕

最近，有关伤害的含义，最高裁判所作出了一个具有深远意义的判决。〔4〕笔者希望以该判例为契机，再次对伤害的含义加以研讨。

〔1〕大判明治 45・6・20 刑录 18 辑 896 页。

〔2〕最决昭和 32・4・23 刑集 11 卷 4 号 1393 页。

〔3〕关于伤害的含义，最近的文献有，河上和雄：《伤害概念的再检讨》，载《内田文昭先生古稀祝贺论文集》，303 页以下（2002 年）；以及山口厚：《刑法各论（第 2 版）》，44 页以下（2010 年）。

〔4〕参见最决平成 17・3・29，刑集 59 卷 2 号 54 页。关于本判例的解说有，大野胜则：《从自宅向邻居被害人连日连夜地大音量播放收音机等从而使被害人患慢性头痛症等的行为被认为是该当于伤害罪的实行行为的案件》，ジュリ 1315 号 190 页以下（2006 年）；岛冈まな：《利用收音机和闹钟的闹铃从早到晚持续地对邻居进行骚扰的行为被认为该当于伤害罪的实行行为的案例》，法教 301 号 84 页以下（2005）；内海朋子：《从自宅向邻居被害人连日连夜地大音量播放收音机等使被害人患上慢性头痛症的行为与伤害罪的成立与否》，ジュリ 1330 号 163 页以下（2007 年）等等。

二、最近的最高裁判例

（一）案情

被告人在自家最为靠近邻居家的位置即自家厨房中，打开了一扇面向邻居家的窗户，在窗台附近摆放了收音机及多个闹铃，在大约一年半的时间里，在认识到有可能通过精神压力对邻居被害人造成伤害的心态下，日夜不停地利用收音机和闹铃的声音，加大音量持续地对邻居被害人进行骚扰，给该人施加精神压力，由此，使被害人身患不知需要多长时间才能治愈的慢性头痛症、睡眠障碍、耳鸣症。

对于上述事实，第一审判决（奈良地判平成16・4・9）通过以下判示肯定了被告人成立伤害罪（并判处了惩役1年的实刑）。“作为伤害罪实行行为的暴行，与暴行罪中的暴行同义，是指对人的身体实施物理的有形力……由于还不能认为被告人所制造的噪音程度对被害人的身体造成了物理的影响，所以被告人的上述行为不该当于暴行行为”。“伤害罪的实行行为，是指在一般的社会观念上被评价为有损害人的生理机能的现实危险性的行为，至于如何损害生理机能的手段则没有限定，一般认为，不仅包括行使物理有形力的行为，也包括使用无形方法……能够认定，人一旦长时间持续听到过大或令人不快的声音，会产生精神压力，由于过度的精神压力对脑与自律神经造成不良影响，就会出现头痛与睡眠障碍、耳鸣症等各种症状，根据上述事实，应该认为发出噪音的行为也能够构成伤害罪的实行行为。因此，（根据已被认定的事实）被告人的上述行为能够被充分地评价为是具有使被害人产生精神压力，进而有使其产生睡眠障碍、耳鸣、头痛等症状的现实危险性的行为，从而该当于伤害罪的实行行为”。“被告人基于制造噪音使被害人难受的目的而实施判决所认定的行为，这一事实是明确的。这样，在判决中所认定的制造噪音的行为，对于承受此行为者而言成为相当大的精神负担，如果噪音反复持续，由于精神压力而导致被害人身患种种身心疾病，这在一般的社会观念中是极其明显的，一并考虑上述事实，能够认定被告人至少是在认识到通过判决中所认定的那些行为，使被害人背负精神压力，就有对其身体造成损害的可能性，仍然实施了判决所认定的那些行为，应该说被告人对被害人持有伤害罪的未必故意的主观心态。”

被告人提出了控诉，但是，控诉审判决（大阪高判平成 16・9・9）以以下的理由驳回了控诉。判决认为，被告人的“行为本身属于给被害人制造了精神压力，进而有导致其产生睡眠障碍、耳鸣、头痛等症状的现实危险性的行为，可以说，被告人的上述行为能够被评价为具备了伤害罪的实行行为性，此外，能够认定被告人在实施上述行为时，有使被害人产生上述结果的未必故意的心态”。

（二）最高裁判所于平成 17 年（2005 年）3 月 29 日的决定

针对被告人的上告，最高裁判所第二小法庭一方面认为上告理由不具备刑事诉讼法第 405 条所规定的上告理由[5]，同时，又以“此外”的形式，作出了以下判示，驳回了上告：

“根据上述事实关系，因为被告人的行为该当于伤害罪的实行行为，所以认定成立伤害罪的原判决是正确的。”

（三）本判例的意义

判例[6]以及学说上的通说[7]认为，伤害罪不仅是故意犯，而且也包括暴行罪的结果加重犯。根据判例的解释，暴行是指对人的身体进行的不法攻击[8]，更为确切地说，是对人体行使物理力的行为。[9] 因此，在因物理力造成伤害的场合，如果又具有暴行故意，就成立伤害罪。相对的，非因物理力造成伤害的场合，具有伤害的故意就成为伤害罪的成立要件。

根据以上分析来看，关于伤害罪的成立与否，首先能够考虑到的研讨是，本案是否属于只要具备暴行的故意就足够的、由暴行所导致的伤害。犯罪人实施暴行进而造成伤害的典型案例有，徒手殴打致使打击伤与使用刀具致使刺伤的情形。声音也是如此，就像连续击打大

〔5〕 日本刑事诉讼法第 405 条：对于高等裁判所作出的第一审或者第二审判决，可以以下述的事由为理由，提出上告：（1）有违反宪法或者是与宪法的解释不一致的；（2）作出了与最高裁判所的判例相反的判断；（3）在没有最高裁判所的判例的场合，作出了与大审院或者是作为上告裁判所的高等裁判所的判例，或者是本法施行后的作为控诉裁判所的高等裁判所的判例相反的判断。——译者注

〔6〕 参见最判昭和 25・11・9 刑集 4 卷 11 号 2239 页。

〔7〕 参见山口厚：《刑法各论（第 2 版）》，47 页（2010 年）。

〔8〕 参见大判昭和 8・4・15 刑集 12 卷 427 页。

〔9〕 参见山口厚：《刑法各论（第 2 版）》，42 页（2010 年）。

鼓、钟等乐器会使人昏昏沉沉或是达到了令人窒息的程度的事例所反映出来的那样，声音本身作为物理力直接作用于人体的场合[10]，由此而产生了生理机能的损害时，是由于作为物理力的声音使人体产生了伤害。与上述情况不同，在本案中，使用的是收音机的声音、闹铃的声音，由此虽引起了慢性头痛症、睡眠障碍、耳鸣症，但这些损害并非声音本身所直接造成的物理影响所带来的，故本案不属于因暴行造成的伤害案，可以说，属于非因暴行而引起的伤害案。本案的一审判决与控诉审判决都展示了与上述见解相同的判断，最高裁判所的决定也可以说是立足于同样的理解。

关于非因暴行导致的伤害，由于行为方式本身缺乏限定，与暴行所导致的伤害相比，就有必要更为慎重地判断其成立要件。本判例就加大音量持续鸣响收音机和闹铃的声音的行为，肯定了其具备伤害罪的实行行为性，就结论而言想来虽是毫无异议，对于历经很长期间、每次很长时间的声音的非物理性作用（未达到物理力的作用），判例肯定了其具备伤害罪的实行行为性，这一点，作为案件的判断而言，可谓具有重要的意义。

三、伤害的含义

（一）伤害的界限

关于伤害的含义，如本章开篇所述，生理机能侵害说与完整性侵害说处于基本对立的地位，可以认为判例大致是站在生理机能侵害说的立场的。[11] 不过，生理机能侵害说所实际包括的内容未必仅仅是根据其名字就能够明确的。以下，笔者想首先说明判例中的伤害概念的实际含义。[12]

在能够认定生活机能、生理机能的损害以及健康状况的不良变更

〔10〕参见最判昭和29·8·20刑集8卷8号1277页（判例肯定了这种情况该当于暴行行为）。

〔11〕也存在提到了完整性侵害的判例。参见大判大正3·7·4刑录20辑1403页，最判昭和24·7·7集刑12号132页，等等。

〔12〕参见大谷实：《暴行与伤害》，载西原春夫等编：《判例刑法研究（5）》，29页以下（1980年）；渡边咲子：《大コンメンタール刑法（第2版）（10）》，393页以下（2006年）；松本时夫：《伤害的含义》，载石川弘等编：《身体的刑法犯》，278页以下（1992年）等。

的场合，判例就肯定了伤害的发生。首先，为了能够认定伤害，能够认定身体内部产生变化已足〔13〕，没有必要一定要有身体的外貌变化，在能够认定被害人感觉到有胸部疼痛〔14〕、腰部压痛〔15〕等身体的苦痛等的场合，据此能认定健康状况的不良变更就足以认定为伤害。因此，病菌感染〔16〕与酒精中毒症状引起的全身倦怠〔17〕等，就当然属于伤害。其次，只要能够认定外伤（身体组织的物质破坏〔18〕），除了去掉头发、胡须、指甲等例外情况〔19〕，就能够认定伤害的成立。就是说，判决认为表皮剥离〔20〕，处女膜裂伤〔21〕等属于伤害，即便是接吻时的痕迹〔22〕也被肯定为该当于伤害。上述所举出的这些事例，都能够在健康状况的不良变更这一范围内加以理解（去除毛发、胡须、指甲不能理解为也属于健康状况的不良变更）。在这个意义上，能够认为判例的立场是持健康状况的不良变更是伤害的必要要件的见解（即判例是这样理解生理机能侵害说的）。〔23〕

生理机能不仅指身体的机能，也包括精神的机能。换言之，人的健康状态不仅包括身体的健康，也包括精神的健康，通过施加精神压力来损害精神的机能，使精神健康发生不良变更，也属于伤害，这样的认识是理所当然的。因此，打电话给被害人却默不出声，使被害人患上神经衰弱症的案件〔24〕，对被害人怒号等，用使人厌恶的方法使被害人陷入不安、压抑状态的案件〔25〕，能够该当于伤害。那么，在

〔13〕 参见大判明治 43・4・4 刑录 16 辑 516 页。

〔14〕 参见最决昭和 32・4・23 刑集 11 卷 4 号。

〔15〕 参见福冈高宫崎支判昭和 62・6・23 判时 1255 号 38 页。

〔16〕 参见大判明治 41・2・25 刑录 14 辑 134 页。

〔17〕 参见最判昭和 26・9・25 集刑 53 号 313 页。

〔18〕 在大判明治 44・4・28 刑录 17 辑 712 页中，认为即便没有物质地破坏身体组织也有可能属于伤害。

〔19〕 参见大判明治 45・6・20（刑录 18 辑）中认为，去除毛发不过是成立暴行罪。与此相对，东京地判昭和 38・3・23 判タ147 号 92 页中则肯定了这种情况成立伤害罪。

〔20〕 参见大判大正 11・12・16 刑集 1 卷 799 页。

〔21〕 参见大判大正 3・7・4 刑录 20 辑 1403 页等。

〔22〕 参见东京高昭和 46・2・2 判时 636 号 95 页，东京地判昭和 45・10・22 判时 612 号 103 页（原审）。

〔23〕 也有见解将伤害理解为与生理机能相区别的生活机能的障碍，参见河上和雄：《伤害概念的再检讨》，载《内田文昭先生古稀祝贺论文集》，305 页（2002 年）。

〔24〕 参见东京地判昭和 54・8・10 判时 943 号 122 页。

〔25〕 参见名古屋地判平成 6・1・18 判タ858 号 272 页。

本案之中，精神的压力虽说是原因，但除了睡眠障碍之外，还认定了头痛、耳鸣等身体的症状，能够认定为伤害就是理所当然的了。

在近年来的裁判例中，出现了一个问题，即PTSD（Post-Traumatic Stress Disorder，创伤后应激障碍）问题。[26] PTSD是指，受到强烈的精神刺激后产生的精神症状，在犯罪被害者等之中可能会发生。从以前的理解出发，由于PTSD已经损害了精神健康，也就能够作为伤害来理解，而且，从现在所确立的疾患概念之下来看，PTSD也当然能够作为伤害来理解。如今的情况是，在下级审判决中，已经存在一些肯定了PTSD属于伤害的判决。[27] 虽然，可以说PTSD属于伤害本身没有什么值得讨论的必要，但问题是，无论承受何种程度的精神压力都一律作为伤害处理，这明显的不妥当，所以应该认为，至少在能够认定一定程度的症状时方才该当于伤害。关于这个问题，要根据受犯罪侵害时的具体情况予以确定，在判决[28]中对该问题有以下说明，其揭示的含义意味深长。判决指出，由于受到了犯罪的侵害，"处于某种程度的精神压力状态下……可以说是指，假设某种精神压力的状态达到了极其符合伤害概念本身所具有的含义的程度，即便如此，由于各种犯罪的原本的构成要件本身就预设了一定程度的结果，将上述的精神伤害解释进这些犯罪的构成要件结果之中即可，是存在这样解释的余地的，刑法没有规定盗窃致伤罪、胁迫致伤罪，在构成盗窃罪、胁迫罪的场合，当然应将PTSD作为量刑情节考虑。同样，在规定了致伤情况的犯罪中，以及在暴行罪中（伤害罪中包含着因暴行致伤而构成伤害罪的情况），给被害人造成的精神压力状态，按照其程度，不构成致伤罪（而是作为量刑情节），暴行罪也是如此，在相同的情况下将这种精神压力作为量刑情节考虑，能够认为存在着

〔26〕参见甲斐行夫：《否定创伤后应激障碍（PTSD）成立伤害罪的案例》，研修639号29页以下（2001年）；杉田雅彦：《PTSD（创伤后应激障碍）与刑事案件》，判タ1072号52页（2001年）等。

〔27〕参见奈良地判平成13·4·5，本案在公开刊物上未登载（在大约半年的时间中，数百次地，从深夜到清晨打无声电话的案件），富山地判平成13·4·19判タ1081号291页（在约三年半的时间里，几乎是每天打威胁电话、无声电话的案件），山口地判平成13·5·30，本案在公开刊物上未登载（在汽车中受到了强制猥亵行为的案件），福冈高判平成12·5·9判时1728号159页（受到了暴行的案件，但具体到本案来说，否定了构成伤害），东京地判平成16·4·20判时1877号154页（大约打了2 000次的无声电话的案例）等等。

〔28〕参见福冈高判平成12·5·9判时1728号159页。

这样来处理就已经足够的场合。特别是，在刑法规定的抢劫、强奸、强制猥亵致伤罪的被害者中，倒不如说通常都会或多或少地产生心理压力的状态，没有产生心理问题的情况反倒是很少见的，既然如此，如果将通常能够预想到的心理压力全部作为致伤罪处理，想来就可能会变成这些犯罪几乎所有的场合都构成致伤罪的情况，不构成致伤罪的情况倒属罕见，如果真出现了这样的结果，这未必是日本刑法体系所预定的情形，就此来说，能够认为那样的理解是不合适的”，在不属于“作为所谓犯罪的被害人由于恐怖产生的第二次的并且是超过了一般精神压力的精神状态”的场合，认定成立伤害罪是不合适的。此外，近来最高裁对于监禁致伤案件指出，判断创伤后应激障碍（PTSD）构成伤害，“其程度不能仅为一时性的精神痛苦或压力，而要求精神症状需要持续，并存在再体验症状、回避或精神麻痹症状以及过于兴奋症状等基于医学诊断基准所要求的特征”。〔29〕

与上述问题相关，使被害人陷入暂时的神志不清、昏迷状态是否属于伤害也是一个问题。关于这个问题，既存在对于使他人陷入约 30 分钟不省人事而后当即恢复、未留下后遗症的场合不构成伤害罪的判例〔30〕，也存在把被害人推落湖中致其不省人事的场合认可了构成伤害罪的判例。〔31〕如果能够认定被害人除了神志不清、昏迷状态之外还有其他生理机能的损害，或者在神志不清、昏迷状态后又留下了某种后遗症的场合，据此能够肯定伤害罪的成立固然是理所当然的，但是，仅就神志不清、昏迷状态本身而言，除了能否将其评价为伤害原本就可能是问题之外〔32〕，神志不清、昏迷状态的持续性程度会成为判断其是否该当于伤害的重要标准。此外，近来最高裁在两次摄取安眠药导致伴有意识障害及肌肉松弛作用的急性药物中毒症状持续 6 小

〔29〕 最决平成 24・7・24 刑集 66 卷 8 号 709 页，关于本判例的解说有，岛岡まな：《创伤后应激障碍（PTSD）与监禁致伤罪》，平成 24 年度重判解（ジュリ 1453 号）157 页以下（2013 年）等。

〔30〕 参见大决大正 15・7・20 新闻 2598 号 9 页。

〔31〕 参见大判昭和 8・9・6 刑集 12 卷 1593 页。

〔32〕 也就是说，在心神丧失（昏迷）作为构成要件要素的准强奸罪中，把心神丧失本身看作加重结果的伤害是有问题的（这与后述的昏醉是同样的问题）。从这个角度看，河上和雄的《伤害概念的再检讨》（载《内田文昭先生古稀祝贺论文集》307 页，2002 年）一文中所指出的，应该认为刑法条文本身是将昏迷从伤害概念中除外了的观点，是有道理的。

时或2小时的案件中，肯定伤害罪的成立。〔33〕

（二）非暴行伤害

在饮料中混入毒物使人饮用并使其中毒（甚至死亡），提供变质的食物使人出现腹泻、呕吐症状，在这些场合中发生了伤害结果这一点是明确的，但问题是，这是由暴行引起的呢，还是不是由暴行引起的？行为人若因实施暴行而导致伤害结果，假如具有暴行的故意的话，那除了可能成立伤害罪、伤害致死罪，更进一步，还有可能成立例如抢劫致死伤罪等。与此相对，如果是出于不属于暴行的行为而导致的伤害，如果不具有伤害故意，就不成立伤害罪、伤害致死罪，也没有成立抢劫致死伤罪的余地。〔34〕因此，能否认定属于基于暴行所致的伤害，在实务上具有重要的意义。

判例认为，通过性交的方式使对方感染病毒属于非暴行伤害。〔35〕在学说上，对于该案件，存在以下见解，或是能够存在以下见解。（1）有见解认为，使他人感染病毒属于暴行的一种，造成的伤害属于暴行伤害〔36〕；（2）有见解认为，这种情况仅仅能够认定为欺骗等影响对方心理的手段而已，不属于行使有形力的暴行，其损害属于非暴行伤害〔37〕；（3）有见解认为，该种情况是被害人同意了有形力暴力的行使，其损害属于非暴行伤害〔38〕；（4）有见解认为，该种情况下被害人虽然同意了有形力暴力的行使，但其同意是由于不知道会感染病毒，所以同意无效，造成的损害属于暴行伤害。首先，将使他人感染病毒本身与为此的具体手段方式割裂开来观察，将感染病毒本身作

〔33〕最决平成24·1·30刑集66卷1号36页。关于本判例的解说有，辻川靖夫：《摄取安眠药导致伴有伴有意识障害及肌肉松弛作用的急性药物中毒症状持续数小时的行为成立伤害罪的案件》，シュリ1448号100页以下（2012年）；辰井聪子：《引起伴有意识障害及肌肉松弛作用的急性药物中毒症状与伤害罪》，平成24年度重判解（シュリ1453号）155页以下（2013年）等。

〔34〕可是，如果能够认定被害人处于濒死的昏迷状态，就有成立昏醉抢劫致死罪的余地。

〔35〕参见最判昭和27·6·6刑集6卷6号795页。

〔36〕参见大塚仁：《刑法概说（各论）（第3版增补版）》，27页（2005年）；大谷实：《刑法讲义各论（新版第4版）》，26页（2013年）；曾根威彦：《刑法各论（第5版）》，17页（2012年）；西田典之：《刑法各论（第6版）》，43页（2012年）。

〔37〕参见中森喜彦：《刑法各论（第3版）》，15页（2011年）。

〔38〕参见山中敬一：《刑法各论（第3版）》，42页（2009年）。

为暴行来理解不符合常理。原因在于，认为使他人感染病毒本身存在着有形力的行使，是与一般的社会观念相反的，此外，连通过语言影响身体、物理过程作用人体等也作为行使有形力看待，那么结果是，几乎所有有关伤害的案件，都容易认定为暴行伤害。在这里，有必要分析一个问题，使他人感染的手段属于暴行吗？这一点涉及应如何看待同意。判例〔39〕认为，如果致使同意的动机是错误的，没有认识错误就不会同意的情况下，同意是无效的，根据这一立场，被害人由于不知道会感染病毒而同意，这种同意在被害人如果知道有感染可能性就不会同意的限度内无效，因此，能够认为此案属于暴行的伤害案件（可是，即便如此解释，还是存在着这样的问题，那就是，将这种病毒的感染理解为有形力的行使，难道不是不合理的吗）。与此相对，出于不知、认识错误而给予的同意，如果该错误是关系到法益的错误，实际上不存在法益侵害，也不能认可同意的效果，根据该立场（法益关系错误说），因为对物理力的行使存在同意，暴行的法益侵害性被否定，就能够认为属于非暴行的伤害案件。不过，即使是基于法益关系错误说，如果从法益处分的自由也成为法益的构成要素这一观点来看，如果自由处分法益是因为对重要的事实产生了错误认识，在这种情况下，可以认为同意是无效的，能够肯定暴行的法益侵害性，则将该案例解释为暴行伤害案件，恐怕也不是不可能的（反之，只要不这样来理解法益关系侵害说，则根据法益关系侵害说的立场，就很难认为该案属于暴行伤害案）。

四、作为加重结果的伤害

以前，抢劫致伤罪（刑法第 240 条）的法定刑下限为 7 年惩役，因为属于很重的刑罚（即便根据案情在法定刑以下酌量减轻了，也不能适用缓刑），出于限定其适用范围的目的，有见解主张，认定抢劫致伤罪时，该罪中的伤害情况必须比伤害罪中的伤害情况更重，尽管最高裁判所没有采纳上述见解〔40〕，在下级裁判所的判决中，采用上

〔39〕 参见最判昭和 33・11・21 刑集 12 卷 15 号 3519 页。

〔40〕 参见最决平成 6・3・4 集刑 263 号 101 页等。

述限定理解的判决还是存在的。[41] 该见解列举的理由是，抢劫罪中的暴行，必须达到了足以压制对方反抗的程度，这就要求暴行本身具有相当的强度，作为其结果，轻微的伤害是可预见的，因此，就这样的轻微的可预见的伤害而言，其已经在抢劫罪的犯罪构成之中评价完毕。[42] 上述见解，其本身诚然有道理，但是，由于刑法将抢劫致伤罪的法定刑下限调整为6年惩役，现在，这样的主张的实际意义跟以前相比，可以说已经打了折扣。

不过，根据伤害的具体内容，如何对抢劫致伤罪中的伤害进行评价仍然存在疑问。这一点，如前所述，成为问题的是被害人轻微的精神压力是否属于抢劫致伤罪中的伤害。更进一步，能够举出例如昏醉抢劫罪（刑法第239条[43]）中的昏醉结果的评价问题。在昏醉抢劫罪中，致使被害人昏醉是本罪的成立要件，将昏醉结果本身评价为伤害是有疑问的（换言之，如果把所有的昏醉抢劫罪都作为昏醉抢劫致伤罪处理，明显是不妥的）。[44] 因此，一般认为，为了肯定昏醉抢劫致伤罪的成立，必要的是，存在超出了仅属一时的昏醉状态、能够将其独立地评价为伤害的生理机能的障碍。

〔41〕 参见大阪地判昭和54·6·21判时948号128页等。

〔42〕 参见山口厚：《刑法各论（第2版）》，235页（2010年）。

〔43〕 日本刑法第239条规定有昏醉抢劫罪："使他人昏醉而盗取其财物的，以抢劫论。"——译者注

〔44〕 参见中森喜彦：《刑法各论（第3版）》，113页（2011年）；山口厚：《刑法各论（第2版）》，231页（2010年）。

第 11 章
侵入住宅罪的成立要件

一、导言

刑法第 130 条规定，对没有正当理由侵入他人住宅或者他人看守的宅邸、建筑物、船舰，或者被要求退出但仍不从上述场所退出的人，予以处罚（处 3 年以下的惩役或者 10 万元以下的罚金）。法条后段所规定的行为被称为不退出罪，是真正的不作为犯；而法条前段所规定的侵入住宅罪（在本章中，侵入住宅这一用语也包括侵入宅邸、建筑物、船只的意思）却存在很多解释上的问题，实务上，在是否成立侵入住宅罪的问题上也多有争议。

从侵入住宅罪的规定在刑法典中所处的位置来看，看上去也能认为该罪属于对社会法益的犯罪，但是现在，认为该罪属于对个人法益的犯罪这一点已经没有疑问。以前就存在争议，最近，从实践中的适用来看再度成为问题的，是有关侵入住宅罪的保护法益问题。众所周知，这一争议是在所谓的平稳说与所谓的住宅权说之间展开的，前者认为本罪的保护法益是住宅的安宁，后者则认为本罪的保护法益是权利人有自由决定是否允许他人进入住宅的权利。〔1〕犯罪的保护法益，是犯罪的成立要件的前提，具有作为解释指针的作用，围绕着具体的成立要件的解释有重要的意义。就是说，保护法益的研究的真正价值在于解释具体犯罪的成立要件。最近，最高裁判所判决了两个广受关注的以侵入住宅罪的解释、成立与否为焦点的案件，本章将在介绍上述判例的同时，对于侵入住宅罪的解释加以检讨。

〔1〕 参见山口厚：《问题探究 刑法各论》，61 页以下（1999 年）。

二、最近的最高裁判例

（一）最高裁判所平成19年（2007年）7月2日决定〔2〕

1. 案情

为了盗取用本案银行的自动取款机取款的客户的银行卡的密码、客户姓名、账号，被告人与其他共犯人共谋进入正在营业的安放了几台自动取款机但没有常驻工作人员的本案银行的支行营业所（看守人就是支店长），然后在相当长的时间内占据其中某台自动取款机。

其共谋的具体内容如下：

Ⅰ　在本案银行的自动取款机上，设置了一个用来存放宣传单的纸箱（以下，将其简称为宣传单用纸箱），被告人们打算将形似一叠宣传单的摄像机放入上述宣传单用纸箱内，使用上述摄像机偷拍使用自动取款机的客户的银行卡密码等信息。所偷拍的画面将被无线传送到接收器上，然后再传送到影像接收器，在影像接收器上画面将被记录下来。

Ⅱ　被告人们打算携带装入了偷拍用的摄像机、接收器、影像接收器的纸袋进入目标营业所，然后走到一台自动取款机前，将宣传单用纸箱内的宣传单取出来，放入用来偷拍的摄像机。再后，将装有接收器等物的纸袋放到旁边另一台自动取款机前面的地板上。被告人们打算交替地一从放置了偷拍用摄像机的自动取款机离开，就到旁边放置了纸袋（装入了接收器等物）的另一台自动取款机前面去，就这样反复地使用相邻的两台自动取款机，从而持续地占据上述取款机。被告人们占据放入了摄像机的自动取款机旁边的那台取款机，是为了使他人不觉得放入了接收器等物的纸袋可疑，也是为了诱导银行客户使用被放置了摄像机的自动取款机。在进行上述行为期间，被告人们还

〔2〕参见最决平成19·7·2刑集61卷5号379页。关于该决定的解说有，川端博：《在侵入建筑物罪中“侵入”的意义以及诡计妨害业务罪中的“妨害”的意义》，研修718号3页以下（2008）年；塩谷毅：《在ATM机上安装偷拍装置与侵入建筑物罪以及妨害业务罪的成立与否》，平成19年重判解（ジュリ1354号）175页以下（2008年）；伊藤荣二：《出于偷拍自动取款机的客户的银行卡的密码等目的，进入到正在营业中的银行营业所的行为，即使从表面上看该进入行为与一般使用自动取款机的客户的进入行为没有什么区别，也成立侵入建筑物罪的案例》，研修712号15页以下（2007年）等等。

打算装成一般客户在放置了纸袋的自动取款机前，反复地进行存取款及汇款等操作。

Ⅲ 经过一段时间以后，被告人们再来到那台放置了偷拍用摄像机的自动取款机之前，收回偷拍用摄像机，然后拿着装入了接收器等物的纸袋，离开营业所。

被告人们在进行上述共谋之后，以上述偷拍对象为目的，于平成 17 年 9 月 5 日中午 12 时 9 分左右，进入到正在营业的设置了 6 台自动取款机且没有常驻工作人员的本案银行支行的营业所，他们在营业所的一台自动取款机上的宣传单用纸箱中放置了偷拍用的摄像机，在旁边一台自动取款机前面的地板上放置了装有接收器等物的纸袋，从中午 12 时 9 分左右一直到午后 1 时 47 分左右，在共约一个半小时的时间里，随意交替地站在上述两台自动取款机前面，将其占据，在此期间，被告人们还装作正在存取款、汇款等的一般银行客户，使用上述自动取款机反复进行上述操作。另外，被告人们还在第二天（即 6 日），在放置了两台自动取款机且没有常驻工作人员的本案银行的另一个营业所，从午后 3 时 57 分开始一直到午后 5 时 47 分为止，在大约 1 小时 50 分的时间里，进行了同样的行为。被告人们在上述银行的营业所实施上述行为的时间里，有时除了被告人以外，没有其他人（银行客户）在上述营业所内。

第一审判决（东京地判平成 18・7・28）根据上述事实，肯定了被告人成立侵入建筑物罪（刑法第 130 条）以及诡计妨害业务罪（刑法第 233 条〔3〕）。控诉审判决（东京高判平成 18・11・21）也肯定了第一审判决的上述结论。

2. 最高裁判所的决定

接受了被告人上告的最高裁判所，作出了以下判示，驳回了被告人的上告（放弃了认定被告人的行为是“使用诡计妨害了银行提供自动取款机给客户使用，即进行存取款以及汇款的业务，因此构成诡计妨害业务罪”这一部分的内容）。

“被告人们出于盗取使用自动取款机的客户的密码等的目的，进

〔3〕 日本刑法第 233 条规定了损害信用和妨害业务罪：“散布虚假的消息或者使用诡计，损害他人信用或者妨害他人业务的，处三年以下惩役或者五十万元以下罚金。”——译者注

入设置了自动取款机的银行支行营业所。这种行为违反了营业所的有权管理者即银行支行行长的意思，这一点是明确的，因此，即使上述进入银行营业所的行为从表面上看与一般的使用自动取款机的客户的行为没有什么区别，也应该成立侵入建筑物罪。”

3. 本判例的意义

在本案中，被告人们出于偷拍的目的进入银行支行营业所，由于其“违反了有权管理者即银行支行行长的意思”，判决从而肯定了侵入建筑物罪的成立。如后所述，该判决的判断依据是沿袭了一直以来的最高裁判所的判例的立场，不过，本案特别受到关注的原因是，作为最高裁判所而言明确地判示，“即使上述进入银行营业所的行为从表面上看与一般的使用自动取款机的客户的行为没有什么区别”，也成立侵入建筑物罪。可以说，最高裁判所的这一判例肯定了一直以来的下级裁判所的判决的基本立场，是一个重要的判决。

（二）最高裁判所于平成20年（2008年）4月11日的判决〔4〕

1. 案情

被告人们出于将写有“反对自卫队向伊拉克派兵!”等文字的传单散发到（当时的）防卫厅Q宿舍各房间门口的信箱里去的目的，从上午11时30分多点一直到中午12时左右，进入Q宿舍的广场上，然后分配任务，将上述传单散发到Q宿舍各栋楼1层的出入口以及1到4层的各房间门口的信箱里（平成16年1月17日，被告人A、B、C三人在4栋楼内〔3号楼、5号楼、6号楼、7号楼〕散发了上述传单，平成16年2月22日，被告人B、C二人在3栋楼内〔3号楼、5号楼、7号楼〕散发了上述传单）。由于上述事实，被告人以触犯了侵入住宅罪而被起诉。

Q宿舍广场的形状像一个逆L字形，其南北向是一个细长的长方形（以下简称南广场），东西向也是一个细长的长方形（以下简称北

〔4〕 参见最判平成20・4・11刑集62卷5号1217页。关于该判例的解说有，山口裕之，最判解刑事篇平成20年度203页以下；关哲夫：《进入宿舍的用地或公用部分成立侵入宅邸罪的案例》，平成20年度重判解（ジュリ1376号）186页以下（2009年）等。

广场），南北向的北端延伸至东西向的西侧，与其相连。南广场的东面，北广场的东面与北面，面向普通的道路，南广场的西面，北广场的西面与南面与自卫队 P 驻营地相连。在南广场的南半边（北半边是空地），从南至北，顺序建有从 1 号楼一直到 8 号楼的集体宿舍（每栋 4 层，每层 6 间宿舍）。在北广场上则建有 9 号楼与 10 号楼，也是集体宿舍。在 1 号楼到 8 号楼之间，是用高约 1.5 米到 2 米左右的铁制栅栏围起来的，不过，其东侧的部分栅栏因为要开设连接各栋楼的北面通道，就在栅栏上开了几处各宽约 5 米到 9 米左右的口子，各开口部分都没有安装大门。不过，在作为连接各栋楼的北面通道的栅栏开口部分的左侧栅栏上，都安放着印有“无关人等，禁止入内；禁止进行散发、粘贴传单等宣传活动；〔略〕以及其他妨碍他人的活动（发布人）管理者”的塑胶板，即禁止事项提示板（有 A3 纸张大小）（9 号楼以及 10 号楼的空地上也树立着同样的禁止事项提示板）。

每栋楼都有 3 层楼梯（10 号楼有 4 层楼梯），每栋楼的第一层的北侧，都有一个通往各层的，没有门的出入口，在这里设置了集体信箱。另外，每层楼都有两个进出口正好面对每层楼的楼梯，在这里也设置了信箱。每栋楼一层的出入口处，或者是在公告板上或在集体信箱之上的墙壁上，都写着与前述禁止事项提示板所提示的内容一样的文字，即禁止事项提示物（有 A4 纸大小）。

Q 宿舍是国家为了给（当时的）防卫厅的职员及其家属居住而建设的宿舍（本案发生当时，从 1 号楼到 8 号楼，几乎每栋楼都住满了该厅职员）。根据国家公务员宿舍管理法以及该法的实施条例，Q 宿舍内的空地以及 5 号楼到 8 号楼是由陆上自卫队 P 驻营地的队长管理的，而 1 号楼到 4 号楼由航空自卫队第 1 补给处的 Q 支处长管理，9 号楼、10 号楼由防卫厅契约总部以及防卫厅技术研究总部第 3 研究所管理。

被告人们是以反战与和平为目标的，进行示威运动、在车站前进行宣传活动、在军队驻扎地进行抗议等等活动的“监视 Q 自卫队的户外组”的成员（以下简称户外组），他们以户外组成员的身份进行着反战活动。户外组是从平成 15 年夏根据有关法律自卫队即将被派遣到伊拉克的时候，开始进行上述抗议活动的，他们积极地在车站前进行反战宣传以及示威活动，在平成 15 年 10 月中旬、同年 11 月底、同年 12 月 13 日，以每月一次的频率向自卫队员及其家人宣传他们反对自卫队向伊拉克派遣，而且，被告人为了促使自卫队员反对向伊拉克派兵，还将写有为自卫队员开通的反战热线的地址的 A4 大小宣传单，散发到位于 Q 宿舍各号楼的 1 楼出入口的集体信箱以及各房间门前的信箱中去。前述平成 15 年 12 月 13 日的宣传单散发事件发生以后，Q 宿舍的相关管理者，即辅佐陆上自卫队 P 驻营地队长进行管理的该队后勤科长、辅佐航空自卫队第 1 补给处 Q 支处长进行管理的该支处工作科长等人，在互相商量以后，奉 Q 宿舍管理人之意，决定分担起各自的管理工作，他们在隔断 Q 宿舍与普通道路的栅栏上，即在作为每栋楼的出入口的栅栏各开口部分旁边的栅栏上，设置了禁止事项提示板，而且还在每栋楼的 1 楼出入口放置了禁止事项提示物。此外，Q 宿舍的相关管理者还奉管理人之意，就平成 15 年 12 月 13 日发生的宣传单散发事件向警察提出受到了住宅侵入的损害的控告。本案中两件宣传单散发（进入）事件被起诉，正是因为 Q 宿舍的相关管理者奉管理人之意向警察提出受到了住宅侵入的控告。

根据上述事实，第一审判决（东京地八王子支判平成 16・12・16[5]）判定，被告人们在本案中的进入 Q 宿舍广场以及从各栋楼 1 楼出入口一直到各房间门前的行为，符合侵入住宅罪的构成要件该当性。判决认为，由于 Q 宿舍的广场是被栅栏围着的与外部有着明确区分的独立空间，广场及其通道部分作为联系外界与各宿舍的桥梁，对于该宿舍居住者的日常生活来说是不可缺少的。此外，能够推定上述广场及其通道部分是专供居住权人及其关系人使用的空间，所以，宿舍广场等与宿舍内的房间是一个整体空间，该当于“住宅”这一概念。根据 Q 宿舍的构造、广场的使用状况以及管理形态，可以认为，所谓“侵入”该宿舍，应该是指违反该宿舍的居住权人以及管理权人的意思进入宿舍的行为，被告人们既不是类型性地被允许进入他人住宅的人，也不属于 Q 宿舍的关系人，在进入 Q 宿舍时，也没有得到居住权人或者管理权人的同意，因此可以认为被告人们的进入行为违反了居住权人与管理权人的意思，该当于“侵入”行为。不过，由于被告人们进入 Q 宿舍的动机可以说是正当的，也不能认为其侵入样态脱离了社会相当性的范围，从结果来看，行为给居住权人与管理权人造成的法益侵害也仅仅为轻微而已。另外，被告人散发传单的行为本

〔5〕 参见东京地八王子支判平成 16・12・16 判时 1892 号 150 页。

身属于宪法第 21 条所保障的政治上的表达自由的一种形式，一般来说，政治自由的表达要优位于散发商业传单的行为，既然没有追究到 Q 宿舍散发商业传单的行为的刑事责任，比较而言，不追究被告人们的行为也是可以的。并且，防卫厅、自卫队、警察在没有与被告人们进行交涉的情况下，突然控告被告人们意图追究其刑事责任，根据宪法第 21 条的规定来看，也不是没有疑问的。第一审判决根据以上各种情况，以从整体的法秩序出发不能认定被告人的行为具有值得处以刑罚的程度的违法性为由，判决被告人无罪。

接受了检察官的控诉的控诉审判决（东京高判平成 17 · 12 · 9〔6〕）撤销了原判的判决，改判被告人成立侵入住宅罪，判示如下：被告人进入的广场与相邻的土地有着明确的区分，除了与道路相连的部分，整个空间被栅栏包围着，因此，应该认为，宿舍广场是附属于作为住宅的各号楼的各房间，主要是供居住人使用的场所，（建筑物公用部分的）通道同样如此。宿舍广场是由陆上自卫队 P 驻营地工作处长管理的，而建筑物公用部分则是由各集体宿舍的管理权人（航空自卫队第 1 补给处 Q 支处长，陆上自卫队 P 驻营地工作处长）管理的。因此，广场以及建筑物公用部分是集体宿舍 1 号楼到 8 号楼的内部空间，或者是附属于集体宿舍各房间的公用通道，该当于刑法第 130 条中“他人看守的宅邸”。此外，所谓“侵入”，就是指违反管理权人的意思进入他人看守的宅邸。而在本案中，被告人的进入行为违反了管理权人的意思，这一点是明确的。而且，被告人们的进入行为也并不缺少所谓的可罚的违法性。

2. 最高裁判所的判决

接受了被告人们的上告请求的最高裁判所，认定被告人们成立侵入住宅罪，判决驳回上告。判示如下：

“（1）……被告人们进入 Q 宿舍的广场、各号楼的 1 楼出入口、各房间的门前，判断上述进入行为是否构成刑法第 130 条前段所规定的犯罪，应该首先探讨，被告人所进入的场所该当于该条中‘他人的住宅’‘他人看守的宅邸’‘他人看守的建筑物’的哪一用语。

“（2）……根据 Q 宿舍的各栋楼的构造以及出入口的状况，其

〔6〕 参见东京高判平成 17 · 12 · 9 判时 1949 号 169 页。

广场与周边土地、道路之间的状况，其管理状况等情况来看，每栋楼的一层出入口到各房间的门前的部分，属于居住用建筑物即每栋宿舍楼的一部分，因为被宿舍管理人管理着，所以应该认为其作为居住用建筑物的一部分，该当于刑法第130条中的‘他人看守的宅邸’。另外，宿舍广场是宿舍内除去建筑物以外的部分，与各栋建筑物相连，存在于各栋建筑物周边，且由于管理人在广场与外部空间之间设置了栅栏等围障，可以认为，广场是每栋楼的附属地，是供建筑物使用的场所，因此，上述广场作为‘他人看守的宅邸’的附属地，也应该属于侵入宅邸罪的犯罪对象（参见最高裁判所昭和49年（あ）第736号昭和51年3月4日第一小法庭的判决，刑集30卷2号79页）。

“（3）而且，刑法第130条前段的‘侵入’指的就是违反管理权人的意思进入他人所看守的宅邸（参见最高裁判所昭和55年（あ）第906号昭和58年4月8日第二小法庭的判决，刑集37卷3号215页），Q宿舍的管理权人是前述的那些人，被告人的进入行为是违背了前述那些管理权人的意思的行为……根据案件事实来看，这一点也是明确的。

“（4）那么，就应该认为，被告人们进入本案Q宿舍的广场以及每栋楼的一层出入口、各房间门口的行为，该当于刑法第130条前段的要件。此外，关于本案被告人们进入行为的形式、程度……从案件事实来看，从管理人每次都提出受到侵害的控告来看，不能认为本案行为的法益侵害程度极其轻微。”

另外，针对根据刑法第130条对本案被告人的行为问罪违反了宪法第21条第1项这一主张，最高裁判所作出了如下判示：

的确，表达的自由是民主主义社会中的一项特别重要的权利，必须尊重该权利，被告人们散发写有他们政治意见的宣传单，可以被视为行使表达自由的行为。不过，宪法第21条第1项〔7〕并不是绝对无条件保障一切表达自由，而是以公共利益为其必要的并且是合理的限制。虽说散发传单是将思想表达于外部的手段之一，但该手段如果不当地侵害到了他人的权利，也是不能被允许的（参见最高裁判所昭和

〔7〕日本宪法第21条第1项规定的是公民的表达自由，该条的具体规定如下：“宪法保障公民集会、结社以及言论、出版及其他的一切表达自由。”——译者注

59 年（あ）第 206 号昭和 59 年 12 月 18 号第三小法庭的判决，刑集 38 卷 12 号 3026 页)。在本案之中，并不是要问处罚被告人们的表达行为是否符合宪法，而是要追问处罚表达的手段即为了散发传单而在没有得到管理人的同意的情况下进入“他人看守的宅邸”，是否符合宪法。本案被告人所进入的场所，即集体宿舍的共用部分以及其广场，是防卫厅的职员及其亲属私人生活的场所，自卫队与防卫厅当局管理着该场所，因此，该场所并不是能够让一般人自由出入的场所。虽说被告人们的行为是为了实现表达自由的行为，但违反管理者的意思进入上述场所，不仅侵害了管理权人的管理权，还侵犯了在该场所居住的居住权人私生活的平稳与安宁。因此，根据刑法第 130 条前段的规定，对本案被告人的行为问罪，并不违反宪法第 21 条第 1 项。根据本裁判所以前的判例（昭和 41 年（あ）第 536 号昭和 43 年 12 月 18 日大法庭判决，刑集 24 卷 6 号 280 页）的判旨来看，上述理解是没有疑问的。

3. 本判例的意义

本判例对于有关进入集体宿舍前的广场以及共用部分的案件，并不是将其认定为侵入“住宅”，而是认定为侵入“宅邸”。虽说对于广场，一直以来的判例也都是这样认定的，但是将集体宿舍的共用部分认定为“宅邸”，而不是认定为“住宅”，这在最高裁判所的判例中还是第一次，可以认为这一点是有意义的。顺便提一下，本案的第一审判决是将集体宿舍的共用部分理解为“住宅”的。另外，本判例对于“侵入”的理解则沿袭了以前判例的解释，即违反管理权人意思的进入。对于有很多人居住的集体宿舍来说，如何判断对其的“侵入”是一个问题，不过，本案广受关注的原因是，判决认为，对于问题点的防卫厅宿舍而言，判断进入宿舍内的广场以及共用部分是否属于“侵入”，判断标准不再是看是否违反了个别的居住人的意思，而是看是否违反了管理权人的意思。

三、侵入的含义

(一) 判例的动向

想要释明侵入住宅罪中的侵入的含义，其前提是解决这样一个问题，即应该如何理解侵入住宅罪的保护法益。即，侵入住宅罪的保护法益，究竟是权利人对住宅等建筑物的管理权（具体内容为有“决定谁进入”的自由，居住权说），还是住宅等建筑物事实上的平稳（平稳说）。

大审院的判例是以侵入住宅罪是“对他人住宅权的侵害”的犯罪为由，将侵入住宅罪的保护法益理解为居住权的。〔8〕而且，该判决还认为，居住权仅仅属于作为家长的丈夫所有，当丈夫不在家之时，行为人出于与其妻子通奸的目的而进入住宅（通奸案件），即使得到了妻子的允许，由于侵害了丈夫的居住权，故仍成立侵入住宅罪。〔9〕第二次世界大战以后，从对于通奸案件构成侵入住宅罪加以批判的见解出发，形成了主张平稳说（安宁说）的学说，平稳说的主张甚至影响到了判决。即出现了以通奸案件没有损害居住人事实上的平稳（安宁）为理由从而否定侵入住宅罪的成立的下级审判决〔10〕，虽然居住权说是通说，但是甚至连最高裁判所也出现了将侵入住宅罪的保护法益解释为“住宅等建筑物事实上的平稳（安宁）”的判决。〔11〕此外，最高裁判所的另一个判决，也以“他人看守的建筑物”并不仅仅包括建筑物，也包括建筑物的附属地为理由，认为进入建筑物附属地的行为“威胁到或者侵害到建筑物本身或者是类似程度的建筑物使用的稳定安宁，因此必须保护建筑物附属地的安宁”〔12〕，从该判例的判示中也可以看出该判例也是持平稳说（安宁说）的见解。

不过，在大槌邮局案件中，最高裁判所判决的解释是，“所谓刑法第130条前段中的‘侵入’，是指违反了他人看守的建筑物的管理权人的意思的进入行为”。而且，判决还指出：“即使管理权人没有积极明确地表示拒绝行为人进入的意思，根据该建筑物的性质、使用目的、管理状况、管理权人的态度、行为人进入的目的等，能够合理地

〔8〕参见大判大正7·12·6刑录24辑1506页。

〔9〕参见大判大正7·12·6刑录24辑1506页，大判昭和14·12·22刑集18卷565页等等。

〔10〕参见尼崎简判昭和43·2·29下刑集10卷2号211页等。

〔11〕参见最决昭和49·5·31刑集192号571页（王子医院案件）。判决指出，居住人或者看守者是否具有法律上的正当权限与是否成立侵入住宅罪无关。

〔12〕最判昭和51·3·4刑集30卷2号79页。其解说有，松本光雄：《判决认为侵入建筑物罪的对象包括附属地的案件》，最判解刑事篇昭和51年度30页以下等等。

判断管理权人实际上是不允许行为人进入的，就可以认定不存在阻却行为人成立犯罪的事由，行为人成立该条所规定的犯罪”〔13〕。在该判决中，没有论及侵入住宅罪的保护法益，而是直接解释了“侵入”的含义。这样一来，就可以理所当然地根据居住权说将侵入解释为违反管理权人意思的进入，但是也可以根据平稳说（安宁说），将侵入解释为违反管理权人意思的进入损害了居住安宁，即不论采取居住权说还是平稳说（安宁说），同样的解释都是可能的。不过，如果将类似大槌邮局事件的案件解释为损害了建筑物的安宁，那么这种安宁究竟包括哪些内容，就不能不说是一个问题。即，一般认为，对于平稳说（安宁说），不可避免地会产生疑问，即能够简单地将侵害平稳（安宁）换言为侵害管理权吗？一般认为，根据平稳说（安宁说），即使是违反管理权人意思的进入行为，只要该行为表面上看没有违背管理权人的意思，由于该行为不具有损害建筑物安宁的样态，就应该不属于“侵入”行为，但是问题的核心在于，能否认可这样的结论。即使根据居住权说的立场，也需要追问，在允许一般人进入的场所，进入行为的外观与样态也没有异常，能否以上述场所属于管理权人包括性的承诺进入的范围为理由，从而否定侵入住宅罪的成立呢？

（二）侵入

1. 平成 19 年的判例

在平成 19 年的判例中，在因盗取卡密码账号等目的而进入银行支行营业所的案件中，成为问题的是，该场所是否属于允许一般的使用自动取款机的客户进入的场所。这样，就必须追问，在上述场所，行为人的进入行为是否属于管理权人即银行支店长整体性允许的范围之内。一直以来，在下级审的判决中，在也考虑了从表面上看无法判断进入之目的的同时，通过判断其进入是否违反了管理权人的意思，从而判断该行为是否成立侵入住宅罪。例如，对于行为人出于破坏国民运动会开幕式的目的伪装成一般观众进入陆上竞技场的案件，判决

〔13〕 最判昭和 58·4·8 刑集 37 卷 3 号 215 页。其解说有，森冈茂：《一 刑法第 130 条前段中的“侵入”的含义 二 建筑物的管理权人没有积极明确地表示拒绝行为人进入的意思时侵入建筑物罪的成否》，最判解刑事篇昭和 58 年度 63 页以下等等。

肯定了侵入建筑物罪的成立[14]，此外，对于从表面上看，一般人是不可能明确认识到行为人是出于实施禁止事项的目的而进入，而事实上行为人的进入行为也不可能被阻止的案件，判决也认定只要是违反管理权人意思的进入，就不能否定其成立侵入住宅罪。[15][16] 在平成 19 年的判例中，可以说也作出了同样的判示。判决指出“即使从表面上看，被告人的进入行为与一般的客户使用自动取款机的进入没有什么特别的区别”，“但该进入行为违反了管理权人的意思即银行支店长的意思，这一点是明确的”，上述判断结论必须在考虑从表面上看并不明确的进入目的的基础上作出。即，这一结论的前提是，即使管理权人事实上允许了行为人进入，但这种允许是因为对行为人的进入目的有错误认识，如果管理权人知道了行为人的进入目的就不会允许其进入，在这种场合就能够肯定行为人成立侵入建筑物罪。如果不是根据这一前提，例如管理权人不在进入的现场的时候，认为行为人的进入行为构成侵入建筑物罪，就会导致过于严厉的保护管理权人这种奇特的结论，此外，判例[17]对于因为错误认识而给予承诺的案件的结论是，如果不存在错误认识就不会给予承诺，此时承诺是无效的，就此来看，也是以上述理解为前提而得出的。

相对于上述判例的立场，学说上存在不同的见解。[18] 学说认为，在一般的公开场所，在表面上无法判断行为人进入的真正目的时，此时行为人的进入属于整体性允许进入的范围（概括性承诺），到了能够确定行为人目的的阶段，再来研究行为人是否成立不退出罪就足够了。不过，对于类似于平成 19 年判例所裁判的案件，追究行为人不退出罪的刑事责任是困难的，此外，如果以不退出罪追究行为人的刑事责任，根据居住权的立场来看，可能会有争议，即认为应该“提前”考虑行为人何时侵害了居住权，在行为人进入时的时点，就认定其成立侵入建筑物罪。

〔14〕 参见仙台高判平成 6・3・31 判时 1513 号 175 页。

〔15〕 参见东京高判昭和 48・3・27 东高刑时报 24 卷 3 号 41 页。

〔16〕 此外，还有东京地判昭和 44・9・1 刑月 1 卷 9 号 865 页（皇室普通的朝贺会场），大阪地判昭和 46・1・30 刑月 3 卷 1 号 59 页（大阪万博中国馆），东京高判平成 5・2・1 判时 1476 号 163 页（参议院）等判决。

〔17〕 参见最判昭和 33・11・21 刑集 12 卷 15 号 3519 页。

〔18〕 参见山口厚：《刑法各论（第 2 版）》，125 页以下（2010 年）。

2. 平成 20 年的判例

平成 20 年判例所涉及的问题是，对于集体宿舍的广场以及共用部分的进入。在此类案件中，问题是，根据“侵入”就是指违反管理权人意思的进入这一解释立场，那么管理权人是谁，即应该以谁的意思作为判断的标准呢？

本案的第一审判决是以集体宿舍的广场以及共用部分属于“住宅”为由，根据侵入住宅罪的构成要件该当性，将违反居住权人以及管理权人意思的进入解释为“侵入”，第一审判决的这一结论与检察官的主张也是相同的。判决认为，管理者的工作是维持对宿舍的管理工作，居住者的意思通常通过管理者向外界表达，因此，行为人的进入行为并非仅仅违反了宿舍居住者的意思，还违反了管理人（航空自卫队第 1 补给处 Q 支处长，陆上自卫队 P 驻营地工作处长）的意思。而且，判决还认为除了邮递员与送货员、电力公司和燃气公司的计量员等，即那些类型性地固定被允许进入他人宅邸的人以外，与 Q 宿舍无关者擅自进入该宿舍广场本身，就违反了居住人与管理人的意思。根据上述理解，没有得到居住人与管理人允许的进入就该当于“侵入”。在本案中，由于行为人既没有得到居住人的允许也没有得到管理人的允许，判决认定行为人的行为属于“侵入”固然没有什么问题；不过，如果在每个居住人之间，或者在居住人与管理人之间意见不同时，就产生了应该如何判断是否该当于“侵入”的问题。在上述场合，如果认为只要有一个居住人允许其进入，就不属于“侵入”，进而认为即使行为人没有得到实际的允许，只要能够推定有居住人会允许（推定的允许）就不属于“侵入”，那么，要肯定“侵入”就有必要明确就连这样的推定的允许（推定的承诺）也不存在这一点。〔19〕

针对上述疑问，本案的控诉审判决将宿舍广场以及共用部分解释为“宅邸”，这样一来，“侵入”的判断标准就仅仅是管理权人的意思了，而本案中被告人们的进入行为违反了管理权人的意思是明确的。〔20〕本案的最高裁判所的判例也是以行为人是否违反了管理权人的意思为切入点的，由于进入行为明显地违反了管理权人的意思，故判决其成立侵入宅邸罪。

〔19〕 安达光治的文章《侵入住宅、建筑物罪中的侵害居住权人的意思的含义》，立命馆法学 300-301 号 13 页（2005 年），正是以这一点为问题意识的。

〔20〕 判决还指出，也没有证据证明在居住者中有人允许了被告人们的进入。

四、侵入的对象

（一）问题之所在

刑法第130条中的侵入住宅罪，在行为人侵入“他人的住宅”“他人看守的宅邸、建筑物或者船舰”时成立。其中，有关何谓“住宅”，存在着对立的见解，有见解认为，“住宅”仅指人们饮食起居的场所[21]，也有见解认为住宅包括的场所的范围要更广一些，是人们进行日常生活的场所。[22]一般认为，即使对“住宅”作狭义的理解，也可以将其未涉及的建筑物解释为“他人看守的建筑物”，所以，也可以说，这种见解上的对立没有什么实际的意义。另外，所谓“宅邸”是指住宅以外的用来居住的建筑物，而“建筑物”则广泛地包括除住宅、宅邸之外的其他建筑物。[23]此外，“宅邸”与“建筑物”必须是处于人的看守之中，而所谓“看守”，则是指他人（管理权人）事实上的支配与管理。[24]

在平成20年最高裁判所判决的案件中，宿舍内的各房间属于“住宅”是没有疑问的，问题是，宿舍广场以及共用部分属于什么？本案的第一审判决认为上述场所都属于“住宅”。其理由是，宿舍广场是由栅栏将其与外界区分开来的场所，广场以及通道部分（共用部分）作为各个房间与外界的联系通道，对于宿舍的居住者而言是必不可少的场所，因此能够推定上述场所是供居住者及其关系人使用的场所，广场以及通道部分（共用部分）与宿舍房间是一个整体。相对的，控诉审判决将广场以及共用部分理解为“他人看守的宅邸”。平成20年最高裁判所的判例也认为，共用部分该当于“他人看守的宅

〔21〕持这种见解的有，团藤重光：《刑法纲要各论（第3版）》，503页（1990年）；中森喜彦：《刑法各论（第3版）》，68页（2011年）；曾根威彦：《刑法各论（第5版）》，79页（2012年）；等等。

〔22〕持这种见解的有，大塚仁：《刑法概说（各论）（第3版补正版）》，112页（2005年）；大谷实：《刑法讲义各论（新版第4版）》，135页以下（2013年）；西田典之：《刑法各论（第6版）》，99页（2012年）；等等。

〔23〕也包括对于“船舰”含义的理解，请一并参见山口厚：《刑法各论（第2版）》，121页（2010年）。

〔24〕参见最判昭和59·12·18刑集38卷12号3026页（判决认为，井之头线吉祥寺站南口1层的楼梯附近，属于“他人看守的建筑物”）。

邸”，广场则属于“他人看守的宅邸”的围绕地，都属于侵入宅邸罪的犯罪对象。上述判决都是很重要的判断，以下，笔者想稍微详细地检讨一下上述几点。

（二）集体住宅的共用部分

集体住宅的通道、楼梯等共用部分，究竟属于刑法第 130 条中的侵入住宅罪的何种犯罪对象，在平成 20 年的判例以前的下级审裁判例中，存有分歧。既有判例以共用部分与房间是一个整体为理由，认为共用部分也属于“住宅”〔25〕；也有判决认为，不能认为共用部分是住宅的一部分，共用部分作为一个整体，是供住宅使用的附属建筑设施，属于“宅邸”〔26〕。平成 20 年的判例认为，集体宿舍的共用部分属于“他人看守的宅邸”，这一判断在最高裁判所的判决中还是首次提出，故尽管其归根结底是关于本案这一具体个案的判断，却有重要意义。该最高裁判所的判例，根据每栋楼的构造以及出入口的状况等情况加以判断，每栋楼的一楼出入口到各房间的门前的部分，属于居住用建筑物（宿舍）的一部分（即宅邸），是处于宿舍管理者管理（即看守）范围之内的场所，以此为由，判决该场所属于“他人看守的宅邸”。

根据上述平成 20 年的判例的见解，宿舍作为一个整体，属于居住用建筑物，即宅邸，而其中有人正在居住的房间，则应特别作为“住宅”进行保护。

（三）附属地（广场）

一直以来，侵入建筑物的附属地（广场）是否成立侵入住宅罪都是一个问题。〔27〕大审院的判例认为，刑法第 130 条中的“宅邸”指的就是附属于供人居住的房屋的场所，即主要供居住者使用，有明确界限的场所，受到侵害的居住用房屋的附属地，作为宅邸加以保

〔25〕 广岛高判昭和 51・4・1 高刑集 29 卷 2 号 240 页，名古屋地判平成 7・10・31 判时 1552 号 153 页。

〔26〕 广岛高判昭和 63・12・15 判夕 709 号 269 页。

〔27〕 对于这个问题加以详细检讨的论述有，关哲夫：《续・侵入住宅罪的研究》，51 页以下（2001 年）。

护。〔28〕在最高裁判所的判例中，也有将包括20多户职工宿舍的职工大院整体解释为宅邸的判决。〔29〕此外，就“建筑物”而言，最高裁判所有一个判决认为，刑法第130条中的“建筑物”并不仅仅是指供人居住的房屋，也包括房屋的附属地（围绕地），作为工厂的附属地，设置了围墙，限制与外界的交通，并配置了守卫，禁止外人随意进入的工厂空地，判决认为此类工厂空地属于“他人看守的建筑物”〔30〕。

在学说中，尽管将“住宅”的附属地（空地）解释为“住宅”的见解〔31〕也很有力，不过像判例那样，将居住用建筑物及其附属地（空地）解释为“宅邸”，而把有人居住的部分解释为“住宅”的见解，恐怕也是可能的。〔32〕〔33〕另外，就建筑物而言，从其文言上本身所具有的含义以及其要受到保护的性质这样的实质上的考虑出发，也有见解认为刑法第130条中的“建筑物”不应该包括附属地（空地）。〔34〕不过，通说则与判例的结论一样，认为侵入建筑物罪的保护对象包括附属地。尽管从语义上看，将附属地解释为建筑物确实存在疑问，不过从保护的必要性、相当性的角度出发，想来也能够肯定附属地属于侵入建筑物罪的保护对象。

平成20年的判例，根据集体宿舍的广场（除去有建筑物的部分）与周边土地及道路之间的围墙等设施的状况、管理的状况等情况，主张“宿舍广场与各栋建筑物相连，存在于其周边，且由于管理人在广

〔28〕参见大判昭和7·4·21刑集11卷407页。不过，对于煤矿的一煤区中建有一栋楼，楼内有大约10户人家，27间房间，在楼外有旅社、小商店、浴场等建筑物组成的职工社区这一情况，这一判决认为，职工社区不属于他人的居住的场所，不属于宅邸。

〔29〕参见最判昭和32·4·4刑集11卷4号1327页。

〔30〕最大判昭和25·9·27刑集4卷9号1783页。此外，还有最大判昭和44·4·2刑集23卷5号685页，最判昭和51·3·4刑集30卷2号79页等等判决，可供参照。

〔31〕参见团藤重光：《刑法纲要各论（第3版）》，503页（1990年）；等等。

〔32〕参见关哲夫：《续·侵入住宅罪的研究》，74页以下（2001年）。

〔33〕判决认为，进入（按照建筑单元出售的）公寓走廊，成立“刑法130条前款之罪”，最判平成21·11·30刑集63卷9号1765页。对该判决的解说有，西野吾一：《①基于向公寓的各住户投放传单的目的，进入该公寓的公用部分的行为，成立刑法第130条前款之罪的案例，②基于向公寓的各住户投放记载政党活动报告等内容的传单的目的，违反管理组织的意思进入该公寓的公用部分的行为成立刑法第130条前款之罪，但不违反宪法第21条1项的案例》，最判解刑事篇平成21年度532页以下等。

〔34〕参见松宫孝明：《刑法各论讲义（第3版）》，128页（2012年）；关哲夫：《续·侵入住宅罪的研究》，74页以下（2001年）。

场与外部空间之间设置了栅栏等围障，可以认为，广场是每栋楼的附属地，是供建筑物使用的场所”这一结论，判定宿舍广场属于“他人看守的宅邸”的附属地，属于侵入宅邸罪的保护对象。既然平成 20 年的判决将宿舍的共用部分解释为“他人看守的宅邸”，那么，判决以附属地类似于共用部分，不属于“住宅”而属于“他人看守的宅邸”为由，将附属地作为侵入宅邸罪的保护对象就是能够理解的了。建筑物的附属地（空地）之所以能够成为侵入建筑物罪的保护对象，判例所确定的要件是“该土地与建筑物相连，存在于建筑物的周边，并且由于管理人在土地与外部空间之间设置了栅栏等围障，可以明确其作为建筑物的附属地，是供建筑物使用的场所”，平成 20 年的判例正是根据上述立场，将本案中的广场判断为属于“他人看守的宅邸”的附属地的。一般认为，即使在广场的栅栏上开有出入口，也不妨碍判决作出上述理解。

第12章 盗窃罪中的占有的含义

一、导言

“窃取了他人的财物”时，可能成立盗窃罪（刑法第235条）。在盗窃罪的成立上，某种行为能够该当于“窃取”，首先有必要对于属于他人占有的“他人的财物”〔1〕取得占有。〔2〕换言之，要想成立盗窃罪，取得的对象即财物必须是处于他人的占有之下。否则，即使取得财物，也仅仅能够成立侵占罪（遗失物等侵占罪、委托物侵占罪、业务上侵占罪）而已。〔3〕这里，盗窃罪的成立要件之一的他人占有的含义与范围就成了问题。

最近，最高裁判所裁判了一个与该问题有关的判例，笔者想以该判例为素材，对盗窃罪中占有的含义与范围加以检讨。此外，与此相关联的，行为人对占有的有无存在错误认识的案件也可能存在，笔者也想就这种场合下解决其罪责的方法加以补充的解说。

〔1〕“他人的财物”中的“的”即意味着所有的含义，因此，“他人的财物”意味着他人所有的财物，而不是他人占有的财物。虽然盗窃不属于他人所有的财物也可能成立盗窃罪，但这是由于刑法第242条的扩张规定。此外，该法条中的“占有”指的是一般占有还是仅限于民法上承认的占有，这是围绕着对盗窃罪保护法益之理解的占有说与本权说之争议所在。（日本刑法第242条：即便属于自己的财物，如果为他人占有或者基于公务机关的命令由他人看守时，就本章犯罪，也视为他人之财物。——译者注）

〔2〕即便使第三者取得财物的场合也可能肯定盗窃罪的成立（最决昭和31·7·3刑集10卷7号955页），这种场合成为问题的是，能否肯定行为人具有盗窃罪成立要件之一的不法领得的意思。

〔3〕当财物是基于委托人的委托而处在行为人的占有之下时，将所占有的财物据为己有成立委托物侵占罪、业务上侵占罪，否则，则成立遗失物等侵占罪。

二、盗窃罪中的他人占有

（一）最高裁判所于平成 16 年（2004 年）8 月 25 日的决定〔4〕

1. 案情

（1）被害人于案发当日下午 3 点 30 分左右，在大阪府私营地铁站附近的公园内，坐在条凳上与朋友说话，将随身携带的拎包（以下简称“本案拎包”）放在身边。（2）被告人有前科，出狱以后，过着所谓的流浪生活，依靠调包得钱维持生活。下午 5 点 40 分左右，被告人坐在前述公园的条凳上的时候，发现旁边条凳上坐着的被害人等将本案拎包放在条凳上，与朋友相谈正欢，他就想，如果被害人忘了带走我就把它拿走吧，于是一边装作看书的样子一边窥探被害人的动静。（3）下午 6 点 20 分左右，被害人因为要送朋友到地铁站的检票口，忘了带走放在条凳上的拎包，就与朋友一齐离开了该场所。被告人想着只要被害人稍微距离本案拎包远一点就拿走它，并观察着被害人的动静，被害人则完全没有注意到自己忘了东西，就这样朝车站方向走去。（4）被告人看着被害人等上了公园出口的横渡过街人行天桥，朝着距离前述条凳大约 27 米远处的天桥休息台走去，此时，他看到身边没人，感觉时机已到，就拿走了本案拎包，带着拎包离开了现场，躲到公园内的公共厕所里边，打开拎包从中取走了现金。（5）另一边，被害人正过着人行天桥（距离私营地铁站检票口附近约 200 米远、大约 2 分钟的路程）时，发现自己忘了拿本案拎包，于是跑回前述条凳处，可是本案拎包已经不见了。（6）午后 6 时 24 分，追随被害人回到公园的被害人的朋友，机灵地想到本案拎包中应该有被害人的手机，于是用自己的手机打给被害人，手机在公共厕所中开始响起，被告人慌慌张张地从厕所里跑出来，并在被害人的追问下承认了犯罪行为，被扭送至接到报警赶来的警察手中。

〔4〕参见最决平成 16・8・25 刑集 58 卷 6 号 515 页。本决定的解说有，上田哲：《取得在公园的条凳上被害人遗忘的拎包的行为被认为构成盗窃罪的案例》，最判解刑事篇平成 16 年度 354 页以下；圆田寿：《在公园条凳上的遗忘物与盗窃罪中的占有》，平成 16 年度重判解（ジュリ 1291 号）163 页以下（2005 年）；东雪见：《取得他人遗忘于公园条凳上的拎包的行为与盗窃罪》，ジュリ 1323 号 191 页以下（2006 年）等等。

第一审判决（大阪地判平成15・11・11）根据以上事实，肯定了被告人对于本案拎包的盗窃罪的成立。

对于一审判决，被告人提出了控诉，其辩护人主张，由于被害人将本案拎包遗忘于公园条凳上，故被告人仅仅成立脱离占有物侵占罪而已，控诉审判决（大阪高判平成16・3・11）作出了以下判示，肯定了盗窃罪的成立："如上所述，虽然被害人将本案拎包遗忘于公园条凳上，但被害人脱离对于本案拎包现实的控制的距离与时间都极为短暂，在这期间，公园内几乎无人通行，被害人不仅对遗忘场所有明确的认识，对有可能拿走拎包的人也能猜得到，实际上也是如此，通过使用手机找到拎包的所在地点等等方法，被害人很快从被告人手中取回了本案拎包，根据这些事实关系，能够认定在被告人对本案拎包不法取得之际，被害人并未失去对本案拎包的实力支配，仍然继续保持着对该物的占有。"

2. 最高裁判所的决定

接受了被告人上告请求的最高裁判所，以以下理由驳回了上告。

"被告人取得本案拎包，是在被害人从遗忘该物的条凳处走向距离条凳不过约27米处场所的时间点，根据本案以上等等的事实关系进行判断，在该时点上，即便考虑到被害人暂时忘记了本案拎包而从现场离开的事实，也不能认为被害人失去了对本案拎包的占有，被告人在本案中的领得行为构成盗窃罪"。

（二）问题的所在

在上述判例（以下简称"本案判例"）中，在判断被害人是否仍然占有自己的"暂时的遗忘物"时，判例得出了肯定的结论。在该判例中，抛开具体的结论不谈，首先引起关注的是，该结论的判断方法。在判断占有的有无时，一直以来被广泛应用、在本案的控诉审判决中也被采用到的方法，是对于从被害人离开财物的时间点开始直到发现自己遗忘财物并回到遗忘场所的全部状况加以综合检讨，据此判断该财物此时是否仍处于被害人的占有之下。与上述判断方法不同的是，在本案判例中，是直接根据被告人取得财物的行为时点时的状况，来判断被害人是否丧失占有的。判例通过对于控诉审判决之中没有提到的"被告人取得本案拎包，是在被害人从遗忘该物的条凳处走向距离条凳不过约27米处场所的时间点"这一事实的认定，而肯定了被害人的占有，这一点是清楚的。这两种判断方法的不同，想来是由于以下原因导致的。也就是，一直以来的判例、裁判例，采用上述的将全部状况作为问题的方法，是由于被告人施行的取得行为的时点无法绝对确定，那么根据“存疑时有利于被告人”这一刑事裁判的铁则，就需要这样解决这个问题，即即便在最大限度地考虑被害人与财物之间的时间、距离的隔离的场合，能否肯定被害人对财物的占有。与上述场合相反，在本判例中，在被告人实施取得行为的时点已确定的基础上，直接地采取了以该时点来判断被害人是否丧失占有的判断方法。可以说这种直接判断法才是本来的占有的判断方法。这是原因，只有取得行为之时点时被害人是否丧失占有才成为问题，在取得行为实施完毕后，被告人即便又丧失占有，但盗窃罪一旦成立即告既遂，也就不可能再说不成立盗窃罪了。

因为能够通过上述方法确定被害者是否丧失占有的判断时点，所以更为实体性的问题是，究竟根据哪些理由能够肯定被害人占有的存在？本案判例以上述（1）至（6）的事实为前提，“即便考虑到被害人暂时忘记了本案拎包而从现场离开的事实”，仍然肯定了被害人的占有。在此，被害人在时间和场所上与本案财物的脱离都属些微的情况，在肯定被害人的占有的时候，具有重要的意义。

以下，笔者希望参照一直以来的判例与裁判例，试着定位本判例的判断与以前各判决之间的关系。

（三）本判例与以前各判例、裁判例之间的关系

1. 占有的含义

关于盗窃罪中占有的含义，在最高裁判所的判例中，最具重要性的一段判示出现在最判昭和 32・11・8 刑集 11 卷 12 号 3061 页。该判决对于占有的含义是这样解释的：“刑法上的占有是指人对物有实力上的支配关系，由于物的形态以及其他具体情况的差别，这种支配的具体方式也不一样，未必一定要有对物的现实的持有或者看护监视，应该认为，只要物处在所有者的支配力所及的场所，就足以认定主体的占有。于是，判断物品是否能说是仍处在所有者的支配内，不外乎是根据一般人都会同意的社会观念来加以判断。”

在我看来，学说上基本上也是采用以上这样的见解。也就是，刑

法上的占有，意味着事实上的支配，与民法上的占有相比其含义要窄，归根结底也只是一种事实上的关系。并且，一般认为，刑法上的占有，应该综合考虑客观要件（占有的事实）即对于财物的支配，以及主观要件（占有的意思）即支配意思，然后根据一般的社会观念来进行判断。〔5〕问题是，虽说需要根据一般的社会观念来进行判断，但该一般的社会观念的判断标准未必明确，因此，需要将该标准具体化，即需要确定所谓的下位标准。

在现实的持有财物的场合，以及财物被放置在本人所支配的封闭空间内的场合，毫无疑问能够认定占有人对于财物的占有。因为在上述这些场合，可以说占有人直接或间接（通过支配该封闭空间）地支配着财物。问题是，在无法认定属于上述支配关系的情况下占有的判断。换言之，成为疑问的是，如何划分和界定对于财物的事实的支配关系不明显，但在一般的社会观念中又能够认为存在支配关系的场合?〔6〕

2. 占有的范围

学说上，存在这样的见解，即对于占有的有无存在疑问的案件，根据物的所在场所的差别，进行分类。〔7〕（1）物处在像住宅那样的排他性强的场所内的场合；（2）物处在像高尔夫球场那样的具有一定程度排他性的场所内的场合；（3）物处在像停车场那样虽不具排他性，但是物与场所之间存在特殊关系的场所的场合；（4）物处在类似于公共道路那样没有排他性，也没有特殊关系的一般场所的场合。这是一个重要的观点，在场合（1）的情形下当然能够认定占有，问题是，在其他场合，究竟以何种观点或理由能够肯定占有的存在。在上述其他场合，不仅要考察财物的所在场所，若不考虑财物被置于该处的原委、状况，恐怕就难以判断占有是否存在。例如，把自行车放置于公共道路旁，短时间内去附近商店买东西的场合，与喝得酩酊大醉后忘了究竟把自行车停在哪里的场合〔8〕，对这两种情形是不能进行同样判断的。

〔5〕参见山口厚：《刑法各论（第2版）》，177页以下（2010年）。

〔6〕在进行该判断时，恐怕不能忽视遗失物等侵占罪的法定刑过于轻（其法定刑上限是惩役1年，另外还包括科料）这一点的影响。

〔7〕参见田中利幸：《刑法中占有的概念》，载芝原邦尔等编：《刑法理论的现代展开各论》，189页以下（1996年）。

〔8〕参见东京高判昭和36·8·8高刑集14卷5号316页（判决否定了存在占有）。

在考虑财物被置于所在场所的原委，判断所有者是否占有该财物时，需要考虑的是：(1) 所有者本人特意将该财物放置于与自己的所在地相隔离的场所的场合；(2) 所有者暂时地遗忘该财物的场合。本判例的相关案件事实属于 (2) 中所指场合，那么，笔者将分别就上述两种情形，介绍一直以来的判例、裁判例的动向。

首先，笔者将介绍 (1) 所有者本人特意将该财物放置于与自己的所在地相隔离的场所的场合下相关的判例和裁判例。即使在上述场合，就像对于被放置在自行车的停车点内不上锁[9]的自行车的占有那样，由于其放置场所的特殊性，仍然有可能肯定成立占有。在上述场合，由于所有人将该财物暂时地委托给该场所保管，而且该场所的作用正是保管该财物，因而将财物评价为仍然归属于所有人（如果以判例用语来说明，即财物在一般的社会观念上，处于所有人的支配范围内）占有[10]是可能的。沿着上述思考路径进一步思考，虽说是人行天桥，但事实上已经成为来市场购物的顾客的自行车停放场所了，即便整夜地将自行车就那么放在那里的事情也时有发生，在这样的场所中所放置的自行车[11]，是有肯定被害者占有[12]的余地的。[13] 再进一步思考，即便是在不属于任何人占有的厅堂内放置的佛像，由于该物正保管在具有

〔9〕 就给自行车上锁这一事实来看，虽说能更加容易地肯定占有的成立，但即便给自行车上了锁，就那样将其盗走也是相当容易的，所以可以说，从事实的支配这个角度来看，是否上锁对于占有的肯定不具有决定性意义。

〔10〕 即便当天忘记将自行车从停车场骑回家，恐怕也不能改变这一评价。

〔11〕 此外，该判决还认定了以下案情：(1) 同一地点除本案自行车以外还停放有一辆自行车；(2) 本案自行车购入仅一年，还是新的，车主的姓名用油漆鲜明地写在车上；(3) 在车篓里放着毛巾、一把折叠伞，车子停放的位置也没有阻碍通行。

〔12〕 本案例参见福冈高判昭和 58·2·28 判时 1083 号 156 页。此外，福冈高判昭和 30·4·25 高刑集 8 卷 3 号 418 页中还有这样一个判例：夜晚，被害人忘记将自行车放回屋内，将自行车放在邻居家前公路边的招牌旁边，离自己家北角 1.55 米处，判决肯定了被害人的占有，判决认为"所有人对该物的所在有认识，并且客观地看，该物存放于能够推断所有人的场所处，此时一般而言能够认定该物为所有人占有"。

〔13〕 名古屋高判昭和 52·5·10 判时 852 号 124 页有这样一个案例：被害人将旅行包放在车站内的高速巴士候车室，晚上 8 点 15 分左右，被害人去离候车室约 203 米远的车站食堂就餐，晚上 8 点 50 分左右回到候车室，旅行包已经不知道被谁拿走了，判决肯定了被害人对于旅行包的占有。本案中的被告人的取得行为是在被害人离开放包的候车室之后立即实施的，取得行为与被害人之间的场所、时间的隔离极短。从这一点来看，能够肯定被害人的占有。不过，因为被害人是打算暂时地把旅行包放在那儿，在这个意义上，能够认为本案适用后述有关 (2) 暂时地遗忘案件的标准是有问题的，这时需要考虑放置旅行包的场所的特殊性（候车室的补充作用在于旅行者暂时地存放旅行包，所以能够认为，旅行包放在候车室的期间，旅行包归属于旅行者）。

保管该物作用的场所内，能肯定所有者的占有。〔14〕另外，在上述这些场合，具备防止被盗的物理装置、措施（尽管从防止被害这个角度看具有意义）并非能够肯定占有的被认为必要的绝对的要件。与上述情形不同的是，关东大地震时，将从家中搬出来的物品放到道路上；自己去其他的场所避难的场合，判决〔15〕肯定了被害人对该财物的占有，想来应该认为不过是基于震灾这种特殊的情况所进行的判断。从想要将有关案件的判决结论作为普遍性结论予以正当化〔16〕的角度来看，应该尽量避免过度地将占有概念一般化、主观化。〔17〕根据一定的见解广泛地认定占有的范围，能够充分地说明判例的结论，从论理的整合性这个角度出发虽也能理解这种见解的意图，但一般认为，这属于过度的正当化，并且，想来会由此导致使得占有的本来含义变质的问题。〔18〕

其次，笔者希望检讨有关（2）所有人暂时地遗忘财物时的判例和裁判例，特别是，由于本判例的案件事实属于这种情况，笔者决定稍微详细一些地给读者予以介绍。a）前面已经举出的判例，最高裁判所昭和32·11·8判决具有重要意义。该案的具体案情是：被害人在等公共汽车时，将照相机放在身边约30厘米处，然后随着队伍的移动向着检票口的方向前进，到距离检票口仅有3.66米处的时候，被害人发现自己忘记携带照相机，于是立即返回，但照相机已经被人从该场所拿走了，从他跟随队伍开始移动一直到返回该场所，经过的

〔14〕参见大判大正3·10·21刑录20辑1898页。

〔15〕参见大判大正13·6·10刑集3卷473页。

〔16〕译者理解，这里的正当化也就是法定化、规范化的意思。——译者注

〔17〕铃木左斗志在《刑法中“占有”概念的再构成》（学习院大学法学会杂志34卷2号158页以下，1999年）一文中，以财物是否还停留在被害人的“利用过程”范围以内为标准，广泛地肯定了占有，展开了独自的见解。“利用过程”一词具有多义性这一点暂且不论，但在铃木一文中，论者通过强调根据自己的见解所理解的“利用过程”，否定了通说的见解。

〔18〕与上述这样的解释的基本方法相关的问题还不止这些。例如，对于刑法中的故意与认识错误论，如果重视对各种各样的问题进行整合的处理，笔者以为，恐怕就不能不得出所谓抽象的法定符合说的结论。批判具体的法定符合说的论者，认为由于具体的法定符合说的视野仅仅停留在对一定的典型的场合的关注，所以在非典型的事例（界限事例）之中就不能进行适当的判断，以此为据向具体的法定符合说发难。不过，为了使对于界限事例的整合的解释成为可能，会导致对部分案件的解释结论有致命的牺牲，这也是必须考虑的问题。换言之，仅仅关注对界限案件的解释，会造成对于典型案例（打算杀害眼前的A，却打中了其旁边的B的场合）的判断完全错误，这是一种本末倒置的解释方法，这里存在的是形式思考的界限问题。

时间大约为 5 分钟，而放置照相机的场所与他返回前的地点之间的距离仅为 19.58 米。在这个案件中，判例以“照相机仍然处在被害人事实的支配之下”为由，肯定了被害人的占有。b）东京高等裁判所昭和 54 • 4 • 12（刑月 11 卷 4 号 277 页），案情如下：被害人把钱包遗忘在车站售票点的 4 号窗口，他走到距离 4 号窗口约十五六米远的 13 号窗口，发现自己丢失了钱包而回到 4 号窗口时，钱包已经被人拿走了（其间，大约经过了一两分钟的时间）。判决认为“被害人从 4 号窗口离开不久，马上发现自己将本案钱包遗忘于该场所，并且，即便在来到 13 号窗口的时点时，对于位于 4 号窗口上的本案钱包，被害人仍然目所能及，所以可以认为，钱包处在被害人的支配力所能涉及的区域内，根据所经过的时间、场所，认定本案钱包仍然处于被害人的实力支配之下是正当的”。判决以上述理由肯定了被害人的占有。与以上判决的结论不同，c）在东京高等裁判所平成3 • 4 • 1（判时 1400 号 128 页）中，具体案情如下：被害人将本案钱包遗忘在大型超市六楼的长凳上就离开了，朝着地下一层而去，即便乘坐自动扶梯单程也要 2 分 20 秒，直到又过了 10 多分钟，他才发现自己遗失了钱包，于是马上返回，其间被告人已经将该钱包不法取得，判决以“即便考虑到被害人对本案钱包遗忘的场所有明确的记忆，正好在前述长凳附近的 A 小孩注意到本案钱包的存在，并且 A 预计到失主会回来拿而一直注视着本案钱包，根据一般的社会观念，在被告人不法取得本案钱包的时点上，客观地看，也不容易断定被害人的支配力仍能及于本案钱包”为理由，否定了被害人对本案钱包的占有。从以上判例、裁判例来看，我们可以知道，在暂时地遗忘财物的案件中判断被害人占有的存在与否，财物与被害人之间的场所的距离、时间的间隔具有决定性意义。换言之，在上述案件中，当发现财物遗失的时候，可以以场所、时间为依据，若意识到财物的遗忘，从而据此恢复现实之支配的可能性大，那么就给认定对该财物的占有奠定了基础。具体而言，比较 a）、b）、c）各判例的案情，各自场所的距离以及所有人从遗忘物品开始一直到发现物品遗失后返回所间隔的时间，具体情形如下：a）19.58 米，约经过 5 分钟；b）大约十五六米，约经过一两分钟，上述场合占有被肯定；c）若用电梯大约要用 2 分 20 秒的距离，经过 10 多分钟，该场合占有被否定。将上述案情与本案判例的案情相比较（可是，如前所述，因为判断方法并不一样，是不能进行单纯的比较的），（距离约 27 米远，仅经过了极短的时间被告人就实施了取得行为，然后，被害人大约 2 分钟后就发现了自己遗失了财物）毫无疑问能够肯定被害人对于本案拎包的占有，尤其是在本案中，因为判决认定了在被告人实施取得行为的时点时，被害人可能预料到该财物被放置的地点，所以，在该时点肯定被害人的占有想来要更为容易。在上述这些案件中，被害人在发现遗失财物时，有排除他人妨害而确保财物的可能性是占有存在的基础〔19〕，是否“存在可以推定他人的事实上的支配”〔20〕的状况，不是判断占有的必要条件。该要件在即便难以认定被害人有排除他人妨害而恢复现实支配的可能性时（前述（1）的场合），也能够肯定占有之存在，虽然可能是有意义的，但在已经根据事实的支配可能性而能够肯定占有的情况下，就像类似本案判例的案件中，以缺乏该要件为由否定被害者占有的存在是不合理的。〔21〕

三、盗窃罪与遗失物等侵占罪之间的认识错误

（一）问题的所在

如上所述，即便被害人未事实上持有财物也能肯定被害人的占有，由于占有的有无要根据案件的具体情况判断，故而其界限未必明确。有时也存在这种情况，取得该财物的行为者，对被害人是否占有财物产生了错误认识，进而导致了盗窃罪与遗失物等侵占罪的错误。〔22〕在上述场合，这种情况究竟应该如何解决遂成为问题。这被称为抽象的事实错误问题〔23〕，以下，笔者将对该问题进行若干解说。

〔19〕在该场合，场所的距离或者时间的间隔至少有一个是很短的，这是肯定占有成立的最低限度要件。

〔20〕西田典之：《刑法各论（第 6 版）》，143 页（2012 年）。作者从占有的成立要求具有上述要件的立场出发，认为本案的判决“仍然是有疑问的”。

〔21〕参见铃木左斗志：《刑法中“占有”概念的再构成》，学习院大学法学会杂志 34 卷 2 号 153 页（1999 年）；深町晋也：《盗窃罪》，法教 290 号 72 页（2004 年）等。

〔22〕参见东京高判昭和 35・7・15 下刑集 2 卷 7・8 号 989 页。

〔23〕抽象的事实错误与具体的事实错误是相对的概念，都属于事实错误。抽象的事实错误是指，行为人所认识的事实与现实所发生的事实，分别属于不同的构成要件，或者说，行为人所认识的事实与所发生的事实跨越了不同的构成要件，因此也被称为不同构成要件间的错误。——译者注

本问题发生在两种情况之下：(1) 行为人以为被害人占有着财物（盗窃罪），实际上被害人不占有财物（遗失物等侵占罪）的场合；(2) 行为人以为被害人未占有财物（遗失物等侵占罪），实际上被害人占有着财物（盗窃罪）的场合。

(二) 解决的方向

判例与学说上的通说〔24〕认为，解决抽象的事实错误问题，应该根据行为人认识到的事实所该当的构成要件（以下简称 S）与实际发生的事实所该当的构成要件（以下简称 O）是否重合（构成要件的符合）来判断。如果两者在形式上有重合（例如，杀人罪与已经废除的杀害尊亲属罪、杀人罪与同意杀人罪），那么，在重合的限度内能够肯定故意犯的成立，这一点是明确的。也就是，(1) 如果 S 是比 O 更重的罪，行为人具有 S 罪的故意，那么问题是，行为人是否对该当 O 罪构成要件的具体事实有故意呢？因为 S 罪中的故意内容包括了 O 罪的故意，所以，既存在该当 O 罪构成要件的案件事实，又存在与之相符的故意，就能够认定 O 罪的成立。与上述情况相反，(2) 如果 S 是比 O 更轻的罪，这时不能肯定重罪 O 罪的成立（参照刑法第 38 条第 2 项）〔25〕，行为人具有 S 罪的故意，那么问题是，是否存在该当 S 罪构成要件的具体事实呢？由于该当 O 罪构成要件的具体事实包括了该当 S 罪构成要件的具体事实，所以，能够肯定 S 罪的成立。

问题是，存在着 S 罪与 O 罪在形式上没有重合之处的场合，例如像盗窃罪与遗失物等侵占罪之间就属于这种关系。这个问题的产生是由于，刑法所规定的轻罪构成要件与重罪构成要件之间似乎不存在重合之处（因此不能认定两罪有形式上的重合）。原本，如果不考虑刑法第 242 条的规定，那么盗窃罪（刑法第 235 条）属于侵害占有权以及所有权的犯罪，而相对地，遗失物等侵占罪（刑法第 254 条）属于侵害所有权的犯罪，即能够认定两者间存在“重轻”关系。换言之，两者在所有权侵害限度内有实质的重合，罪轻罪重则因有无占有侵害而不同。然而，法律条文规定，遗失物等侵占罪的犯罪对象不包括他

〔24〕 参见山口厚：《刑法总论（第 2 版）》，219 页以下（2007 年）。

〔25〕 日本刑法第 38 条第 2 项规定：“实施了本应属于重罪的行为，但行为时不知属于重罪的事实的，不得以重罪处断。”——译者注

人占有的财物，即他人占有的财物被从遗失物等侵占罪的犯罪对象中排除（从形式上看，轻罪的犯罪对象之中排除了重罪的犯罪对象），结论是，两罪被排他地不可兼容地规定，其根本性的区别在于犯罪对象是否处于他人占有之下。因此，两罪的规定在形式上看来没有重合之处。但是，这种形式上的不重合只是一种法条的语言表达，即立法技术层面的原因〔26〕，两罪存在“重轻”的关系这一点是不能否定的。在这个意义上，将两罪与形式上具有重合关系的犯罪予以同等对待是正当的。这样一来，因为能够肯定两罪间存在“实质上的重合关系”，以此为依据，在出于盗窃的认识而侵占了遗失物等的场合，以及相反的场合，无论何者都能够肯定轻罪即遗失物等侵占罪的成立。可以说，从判例、通说所采用的法定符合说的立场〔27〕来看，这样的结论当然属于能够肯定的范围以内的解释。

根据法定符合说的立场来解决抽象的事实错误的场合，由于故意是对构成要件该当事实的认识、预见，既然行为人认识到的事实所该当的构成要件与实际发生的事实所该当的构成要件不一致，那么“原则上”就不能认为行为人对实际发生的该当某构成要件的具体事实存在故意，但是，不但存在构成要件形式上重合的场合，即便不属于构成要件形式重合的场合，根据构成要件的实质重合，当然也可能肯定故意的存在。问题是，这种构成要件的实质重合应该宽松到何种限度加以肯定。〔28〕至少在遗弃尸体罪（刑法第 190 条）与遗弃罪（刑法第 217・218 条）这样的保护法益不同的场合，对此难以持肯定态度。〔29〕

〔26〕比如说，就杀人罪与已经废除的尊亲属杀人罪的关系来看，如果刑法法条上杀人罪的犯罪对象写成“尊亲属以外的人”，那么两罪也就成了不具有形式上的重合关系了。

〔27〕这里不涉及抽象的法定符合说与具体的法定符合说的区别。

〔28〕像判例（参见最决昭和 54・3・27 刑集 33 卷 2 号 140 页，最决昭和 61・6・9 刑集 40 卷 4 号 269 页）所认定的那样，即使对于不同的法律所规定的构成要件之间也能够肯定两者具有实质重合的关系，是有疑问的。

〔29〕遗弃尸体成立遗弃尸体罪的法定刑（3 年以下惩役）比遗弃活人成立遗弃罪的法定刑（1 年以下惩役）更重。

第 13 章
不法领得的意思

一、导言

判例[1]与学说的通说认为，在财产犯罪中，对于盗窃罪等取得罪而言，行为人具有不法领得的意思[2]是未在法条中明示的必要的构成要件。关于这个问题，在处于财产犯罪之首的盗窃罪中广受争议，不法领得意思不要说尽管是少数说，但也得到了强有力的主张。[3] 此外，在不法领得意思必要说中，对于其具体内容的理解仍存在分歧。具体而言，判例[4]是这样解释盗窃罪中的不法领得的意思的，“排除权利人，将他人的财物作为自己的所有物（或者与自己的所有物同样看待），并遵从财物本身的经济用途，对其进行利用、处分的意思”。判例采取的立场是，要求行为人同时具有排除意思（排除权利人，将他人的财物作为自己的所有物或者与自己的所有物

〔1〕 参见大判大正 4・5・21 刑录 21 辑 663 页（教育诏书案件），最判昭和 26・7・13 刑集 5 卷 8 号 1437 页等等。

〔2〕 在本文中，作者严格区分了“取得”和“领得”这两者（日语中分别就是这两个汉字），按照我们的理解，“取得”是一种事实上的占有，而“领得”包含了“非法占有的目的”。因此，本文中（以及本书中）所说的“不法领得的意思”，相当于我国学界所说的“非法占有的目的”。本文遵照原文的表述，一般称为“不法领得的目的”或者“不法领得的意思”（在相同的意义上使用此二者），特此说明。——译者注

〔3〕 持不要说的论著有，大塚仁：《刑法概说（各论）（第 3 版增补版）》，197 页（2005 年）；内田文昭：《刑法各论（第 3 版）》，255 页（1996 年）；曾根威彦：《刑法各论（第 5 版）》，121 页（2006 年）；川端博：《刑法各论讲义（第 2 版）》，282 页以下（2010 年）；佐久间修：《刑法各论》，174 页以下（2006 年）；等等。从不要说出发进行了总括研究的论述是，林美月子：《关于盗窃罪中不法领得意思的考察》，警研 53 卷 2 号・4 号・6 号・7 号（1982 年），该文详细地讨论了不要说。

〔4〕 参见大判大正 4・5・21 刑录 21 辑，最判昭和 26・7・13 刑集 5 卷 8 号（这两个判例所使用的语句存在若干差别，但是其内容正如本文引文所述）。

同样看待的意思）与利用意思（将他人的物遵从财物本身的经济用途，对其进行利用或者处分的意思）。学说上，则存在以下几种对立的见解：（1）与判例的见解一样，要求同时具有排除意思与利用意思的见解〔5〕，（2）仅仅要求具有排除意思的见解〔6〕，（3）仅仅要求具有利用意思的见解。〔7〕

由于不法领得的意思不属于法律条文上明示的要件，所以若要求这样的要件，就必须有特别的根据和理由。笔者的理解是，有必要把盗窃与被认为不可罚的轻微的暂时使用相区别、把盗窃与毁坏财物相区别，而这正是要求不法领得的意思的特别理由。这样，为了使轻微的暂时使用的事例之不可罚成为可能，在盗窃罪成为既遂的占有转移的时点，考虑到在此时点，轻微的暂时使用的行为人的主观目的是轻微地妨害被害人使用财物，此时，需要以排除意思作为要件将这种不可罚行为排除出盗窃罪（排除意思能够起到这样的作用）。此外，就法益侵害的程度来说，也可以认为毁坏财物罪比盗窃罪要重，为了将这两者恰当加以区别，需要说明盗窃罪的法定刑较之毁坏财物罪的法定刑更重的依据所在（利用意思的要件奠定了将盗窃罪较之毁坏财物罪更重处罚的基础）。因此，笔者持与判例同样的见解，即对于不法领得的意思而言，同时要求排除意思与利用意思是妥当的。〔8〕学说上的多数也是这样理解的，即立足于不法领得的意思包括排除意思与利用意思的立场，但是围绕着如何具体适用该要件还留有疑问，特别是应如何确定排除意思与利用意思的界限，在解决具体案件的时候，仍有检讨的必要。

在此等状况之中，最近出现了一个应该引起注意的判例。对于行为人出于废弃财物的目的欺骗被害人交付财物的案件，最高裁判所的决定否定了诈骗罪中的不法领得意思的要件。该决定中包含两个重要

〔5〕参见平野龙一：《刑法概说》，207 页（1977 年）；藤木英雄：《刑法讲义各论》，280 页（1976 年）；大谷实：《刑法讲义各论（新版第 4 版）》，197 页（2013 年）；中森喜彦：《刑法各论（第 3 版）》，100 页（2011 年）；西田典之：《刑法各论（第 6 版）》，156 页以下（2012 年）；林干人：《刑法各论（第 2 版）》，190 页以下（2007 年）；等等。

〔6〕参见团藤重光：《刑法纲要各论（第 3 版）》，563 页（1990 年）；福田平：《全订刑法各论（第 3 版）》，230 页（1996 年）；等等。

〔7〕参见前田雅英：《刑法各论讲义（第 5 版）》，239 页以下（2011 年）；伊东研祐：《现代社会与刑法各论（第 2 版）》，209 页（2002 年）；等等。

〔8〕参见山口厚：《刑法各论（第 2 版）》，197 页以下（2010 年）。

的判断：(1) 诈骗罪的成立是否以不法领得意思为要件，如果需要这个要件，其具体内容是什么，以及，(2) 以废弃（毁坏、隐匿）为目的的场合是否存在不法领得的意思。笔者希望以该判例为契机与素材，在本章中对不法领得的意思加以若干检讨。

二、最近的最高裁判例

（一）最高裁判所于平成 16 年（2004 年）11 月 30 日的决定〔9〕

1. 案情〔10〕

被告人因为急于用钱，打算不当地利用支付督促制度〔11〕（即督促程序——译者注）冻结叔父的财产，待支付督促令生效后通过强制执行取得财产。被告人伪造了一份以叔父为债务人的垫付金债权，金额超过了 6 000 万元，并以此为依据向裁判所提出了内容虚伪的支付督促令申请。根据该支付督促令申请，裁判所向债务人即叔父发出附带了临时执行宣言的支付督促令正本。被告人的同伙装作叔父从邮政投递员手中得到了上述文件，伪装成支付督促令已经正式送达的样子，企图不给叔父申请支付督促异议的机会，从而使支付督促的效力

〔9〕 参见最决平成 16・11・30 刑集 58 卷 8 号 1005 页。有关本决定的解说有，井上宏通：《1. 在邮政送达报告书上冒充受领人签章或者在该报告书的署名栏上冒充他人的姓名签字的行为与伪造私文书罪的成立与否　2. 就意图废弃送达给他人的文书并伪装成他人的受领行为判例认为不能认定有诈骗罪中的不法领得目的的案件》，ジュリ 1304 号 169 页以下（2006 年）；林美月子：《取得财产利益的目的中废弃财物的意图与不法领得的目的》，平成 16 年度重判解（ジュリ 1291 号）161 页以下（2005 年）等等。

〔10〕 有关对第一审判决以及控诉审判决的解说有，蒲田启一：《能够认定对于支付督促正本的财物欺诈案件》，研修 676 号 15 页以下（2004 年）；对第一审判决加以检讨的研究有，松宫孝明：《有关诈骗罪中的不法领得目的》，立命馆法学 292 号 304 页以下（2003 年）。

〔11〕 支付督促令是指，根据债权人的申请，该申请是以有关金钱或者其他的替代物或者一定数量的有价证券的给付为目的的请求，无须找到债务人予以审理，直接由裁判所的书记员发出的法律文书。支付督促令被送达至债务人处，从送达之日起 2 周内债务者不进行督促异议的申请，此时，裁判所的书记员就可以根据债权人的申请制作临时执行宣言，记载于支付督促令并送达给当事者。债务人自接收附带了临时执行宣言的支付督促令之日起，2 周以内不申请督促异议，或者督促异议的申请被驳回的，支付督促令具有与确定判决相同的效力（参见日本民事诉讼法第 382 条以下）。依据附带了临时执行宣言的支付督促令正本，债权人能够请求强制执行债务人的财产（日本民事执行法第 25 条）。

生效。具体情况是，共犯人（同伙）连续两次，在事先与被告人联系好的时间，到叔父家附近等着，对前来送达支付督促令正本等法律文书的邮局投递员，自报叔父的姓名冒充受送达者本人，并按邮政投递员的要求在邮件送达回证的收件人一栏签上了叔父的名字，盖上了印章，然后他向邮政投递员提出接收支付督促令，并从误认为共犯人就是叔父本人的邮政投递员那里取得了支付督促令正本等法律文书。此外，被告人最初就没打算使用邮寄给叔父的这些支付督促令等法律文书，意图是迅速地销毁它，事实上共犯人在收取支付督促令正本的当天马上就将其销毁了。

上述事实中〔12〕，出于废弃的目的，欺骗邮政投递员，从而取得附带了临时执行宣言的支付督促令正本的事实，就此而言，第一审判决（神户地判平成15·8·19）〔13〕认为，诈骗罪的成立以不法领得的目的为必要，但是，对于不存在不法领得的目的，但妨害到有关特定的人的利益的财物之使用时，由于毁弃财物导致“遵从财物本身的经济用途，对其进行利用或者处分”，即便是意图毁弃财物也存在不法领得的目的。因此，在本案中，通过使支付督促令正本等法律文书无法送达债务人，通过妨害到物的使用，被告人意图根据附带了临时执行宣言的支付督促令正本申请强制执行财产，从而有可能得到经济利益，所以虽说被告人的意图是，打算毁弃骗取的支付督促令正本等法律文书，但仍然能够认定被告人具有不法领得的目的。

控诉审判决（大阪高判平成16·3·5）〔14〕也认为，被告人为了冻结叔父的财产，伪装成债务人本人骗取支付督促令正本等法律文书，在支付督促令发生效力的同时，使债务人丧失了申请异议的机会，使附带了临时执行宣言的支付督促令的效力确定期间开始计算等等事实，是为了实现支付督促令原本的法的、经济的效用，被告人伪装成债务人本人从邮政投递员那里骗取支付督促令正本，可以

〔12〕 被告人实施的在邮政送达报告书上冒充受领人签章，或者在该报告书的署名栏上冒充他人即受送达者本人的姓名签字的行为，成立伪造私文书罪与行使伪造的私文书罪，关于这一点不属于本书的研讨内容。

〔13〕 参见蒲田启一：《能够认定对于支付督促正本的财物欺诈案件》，研修676号17页（2004年）。

〔14〕 参见蒲田启一：《能够认定对于支付督促正本的财物欺诈案件》，研修676号18页以下（2004年）。

说是基于积极的利用、处分目的，意图遵从于该财物本来的、经济的用途，使用或者处分该财物，所以能够认定被告人具有不法领得的目的。

2. 最高裁判所的决定

最高裁判所作出了以下判示，判决否定了被告人存在不法领得的意思，并由此否定了本案诈骗罪的成立。〔15〕

"在本案中，被告人，如前所述，通过伪装成合格的受送达人从邮政投递员手中领取了应由债务人收取的支付督促令正本等法律文书，由于送达在程序上是合乎标准的，使支付督促令产生了效力，侵夺了债务人申请督促异议的机会，使支付督促的强制执行效力确定，被告人打算借债务名义冻结债务人财产，意图毁弃所领取的支付督促令正本等法律文书。因此，可以说，被告人对于通过欺骗邮政投递员取得交付的支付督促令正本等法律文书，除毁弃外没有其他使用、处分目的。在这种情况下，应该不能认为被告人对于支付督促令正本等法律文书有不法领得的目的，这就是说，与利用邮政投递员取得支付督促令正本一样，即便是毁弃支付督促令正本，也仅仅是取得财产利益的手段之一，认为两者没有区别是合适的。因此，原判决以能够认定被告人具有不法领得的目的为由认定诈骗罪的成立，不能不说该判决解释和适用法律有误。"

（二）问题的所在

在本案中，所涉及的问题是，诈骗罪中不法领得目的的含义与范围。最高裁判所认为，诈骗罪以不法领得的目的为必要，以此为前提，又以被告人"除毁弃外没有其他使用、处分意思"为由，否定了被告人对于从邮政投递员那里诈取的支付督促令正本有不法领得目的，这一点相当重要，特别是，以毁弃、隐匿为目的的场合应该肯定还是否定不法领得的目的，关于这个问题，如下所述，对于盗窃罪中不法领得意思的范围加以扩张的理解的动向也是存在的，而且，本案

〔15〕 最高裁判所以"不过，对于本案事实，除了能够认定成立伪造有印私用文书罪、行使伪造的有印私用文书罪以外，考量第一审判决所认定的被告人其余各罪的罪质、动机、样态、结果以及量刑等，在本案中，以上述法令的解释适用错误为理由，如果不对原判决改判就是显著地违反了正义"为理由，驳回了上告。

一审以及控诉审中也是肯定了不法领得的意思的存在，而与此相对，最高裁判所的决定在有关诈骗罪的案件判断中，否定了以毁弃、隐匿为目的的场合存在不法领得的意思（目的），能够认为该决定对于上述的扩张倾向具有一定的抑制作用，可以说具有重要的意义。

以下，笔者将首先就盗窃罪中不法领得的目的加以检讨，通过分析诈骗罪中不法领得目的的意义，进而以本案为线索，考察在出于废弃（毁弃、隐匿）目的的情形中有无不法领得的目的。

三、盗窃罪中的不法领得目的

（一）暂时使用的可罚性

如前所述，判例认为，作为盗窃罪的成立要件之一，不法领得的目的是盗窃罪的必要要件，作为其具体内容，则要求行为人具有排除意思与利用意思。其中，在轻微的暂时使用的事例中，由于不具有排除权利人利用的目的，故而被从盗窃罪的处罚范围中剔除，排除意思就起着这样的作用。换言之，由于盗窃罪在占有转移的阶段成立既遂，行为人在转移财物占有后，就预定使用的程度（换言之，妨害被害人使用的程度）而言，作为盗窃既遂后的事实本身并不能影响盗窃罪成立与否的判断，因此，提前考虑盗窃行为时行为人的目的（使用的目的），如果在行为人主观上所预定的使用妨害的程度轻微的场合，由于不具有排除意思，就能够否定盗窃罪的成立（因此，无论最后能否返还财物，都与不法领得的目的没有关系）。

对于暂时使用自行车的案件，由于仅仅是出于暂时使用的目的，判例否定了行为人具有不法领得的目的，但是，对于意图擅自使用而后破坏并随手丢弃的案件，判例肯定了行为人具有不法领得的目的。〔16〕判例只不过是认定了，如果行为人只是暂时使用并且有归还意思，可以认为被害人的所有权并未被否定，而只能认为是属于暂时的使用妨害，因此，可以否定盗窃罪的成立。而在出于破坏、丢弃目的的案件中，判例认为不属于暂时的妨害使用，而是持续的侵害，从

〔16〕参见大判大正9·2·4刑录26辑26页。

而肯定了盗窃罪的成立。〔17〕不过，此后，对于有关擅自使用小汽车的案件，判例认为行为人即便是出于暂时使用的目的并且具有返还意思，也存在不法领得目的。〔18〕另外，对于有关行为人出于违法获取信息的目的，将记载了信息的记录介质拿走进行复制，然后将其返还的案件，判例没有理会妨害使用的程度，直接肯定了行为人具有不法领得的目的。〔19〕

（二）与毁弃罪之间的关系

在判例中，从早期开始，对于在毁弃、隐匿目的的场合能否肯定不法领得的目的的问题，根据要求利用意思的立场，采取的是否定具有不法领得目的的态度。可是，近年来，关于该问题，在下级审中，有稍微扩张利用意思范围的动向，受到了广泛的关注。

判例当初对于教育诏书案〔20〕，即某普通高等小学的教员，因对校长不满，出于使其下台的目的，把诏书奉置所所保管的教育诏书盗出，然后将其藏匿于学校教室的天花板上的案件；对于妨害拍卖案〔21〕，即行为人为了帮助曾对其给予照顾的辩护律师延期拍卖，盗取了拍卖记录并藏匿起来的案件，判决以不能认定上述案件的行为人

〔17〕在最判昭和 26・7・13 刑集 5 卷 8 号 1437 页中，判例肯定了在擅自使用他人的肥料船、目的是用完后丢弃的场合，成立盗窃罪。

〔18〕参见最决昭和 43・9・17 判时 534 号 85 页（判决肯定了行为人具有不法领得目的，所举出的理由是，行为人在相当长的时间内使用小汽车到处兜风），最决昭和 55・10・30刑集 34 卷 5 号 357 页（意图将小汽车在数个小时内完全地置于自己控制之下，在大约 4 个多小时的时间里乘车兜风的案件）。与此相对，在京都地判昭和 51・12・17 判时 847 号 112 页中，对于反复地擅自使用小汽车，每次最长时间是两三个小时的案件，判决否定了行为人具有不法领得的目的。

〔19〕相关判例有，东京地判昭和 55・2・14 刑月 12 卷 1-2 号 47 页（建设调查委员会案），东京地判昭和 59・6・15 刑月 16 卷 5、6 号 459 页（新药产业间谍案），札幌地判平成 5・6・28 判タ838 号 268 页等等。在这些案件中，妨害使用的程度不是判决考虑的问题，受重视的是对有关信息的利益侵害，可以说，判例是以信息的侵害为根据，从而肯定了盗窃罪的成立。对于经营秘密信息而言，由于秘密的泄露导致其价值下降，可以认为这种情况不仅仅属于一时使用。但是，关于居民基本记录簿上的数据，是无法适用信息侵害的理论的，而对于窃取居民基本记录簿上的数据，一边要求行为人应具有排除意思，一边说明该行为成立盗窃罪是相当困难的。

〔20〕参见大判大正 4・5・21 刑录 21 辑 663 页（教育诏书案件）。

〔21〕参见大判昭和 9・12・22 刑集 13 卷 1789 页。

具有遵从财物的经济用途而使用财物的目的为理由，否定了盗窃罪的成立。此外，对于出于报复目的盗出电锯并丢弃于大海中的案件，判例认为行为人不具有“依物本来的用途使用，或者依物任何形式的经济用途使用、处分的目的”，无法认定行为人具有不法领得的目的。〔22〕在为了防止杀人犯行被发觉而从被杀害的被害人身上盗取贵金属的案件中，判例以行为人不具有“享受财物本身所具有的效用的目的”为理由，否定了行为人不法领得的目的。〔23〕

不过，在裁判例中，对于基于隐匿罪证目的将手提保险箱盗出后丢弃于大河中的案件，判决认为行为人有“使自己成为实际的所有人的目的”，肯定了行为人具有不法领得的目的〔24〕；还有，对于出于想假扮盗贼的目的，抢夺金钱与贵重物品后埋藏在自家庭院中的案件，判决认为行为人“不是仅仅出于废弃财物或者隐匿财物的目的”，有假扮盗贼的意图，从而认为行为人存在不法领得的目的。〔25〕在这些事例之中，由于行为人并非仅仅是出于毁弃、隐匿的目的而实施了物的夺取行为，还有防止、隐藏自己的犯行被发觉的目的，裁判例肯定了行为人具有不法领得的目的。在这里存在一个问题，如果并非仅出于毁弃、隐匿财物的目的，还有其他一些利益追求的意图，就肯定不法领得的目的，这能被允许吗？上述思考方法的目的是，在仅仅是出于毁弃、隐匿财物等包含了使他人为难等类似目的的场合，在限于能够认定具有某种目的的意义上，就可能肯定行为人具有不法领得的目的，想来实际上可以将上述裁判例的结论归结于利用意思不要说。〔26〕与此相对，对于利用意思而言，无论如何还是需要有一个界限的设定。换言之，为了要肯定行为人具有利用意思，对该物本身加以利用（处分也是一种形态的利用）是必要的，无论对物本来的利用意思作何种宽泛的解释，最低限度上，保留下来物以便将来加以利用的可能

〔22〕参见仙台高判昭和46·6·21高刑集24卷2号418页。

〔23〕参见东京地判昭和62·10·6判时1259号137页。

〔24〕参见大阪高判昭和24·12·5判特4号3页。

〔25〕参见东京高判平成12·5·15判时1741号157页。

〔26〕参见丰田健：《毁弃、隐匿目的与不法领得的目的》载法学研究61卷2号255页以下（1988年）。该文认为，“着眼于该财物的特殊性，在行为人认识到了该物是与其他物存在区别的特定物的场合”，行为人即使有消灭或者去除物的效用的意图，仍然具有不法领得的目的。在该文中，作者是着眼于“被害者的物”这一特殊性，肯定了有关毁弃或者隐匿案件的不法领得目的，该见解实际上倒向了利用意思不要说。

性这一点想来都是必要的。[27] 前面已经引用过的平成 16 年最高裁判所的判例，对于诈骗罪的成立与否成为问题的这一案件，认为行为人虽然具有追求通过冻结他人财产然后通过强制执行取得金钱的利益的目的，但仅就其所骗取的物而言，“属于除毁弃外不具有为了其他用途使用、处分该物的目的的场合”，从而否定了不法领得的目的。在我看来，就判例否定行为人具有不法领得目的这一点来说，判例在一定程度上对于宽泛理解利用意思的倾向或者说可能性，有重要的抑制作用，故而具有重要的意义。问题在于，究竟应该怎样理解“利用”的实际内容，以及限定的程度与内容。

四、诈骗罪与不法领得的目的

（一）诈骗罪的成立是否需要不法领得的目的

不法领得的目的是诈骗罪的必要成立要件吗？关于这个问题的争议已经存在很长时间了，可是对于该问题加以详细研究的文献却极少。不过，这并非意味着诈骗罪的成立不需要有不法领得的目的。从盗窃罪成立中的不法领得目的不要说的立场出发，理所当然地也会认为诈骗罪的成立不需要不法领得的目的，但是，判例与学说的通说是（盗窃罪的成立）不法领得目的必要说，根据不法领得目的必要说，诈骗罪也应该和盗窃罪一样，不法领得的目的是必要的，而且，不法领得目的的具体内容也与成立盗窃罪的场合（基本）相同，（之所以专门研究诈骗罪的不法领得目的的文章很少）只是因为诈骗罪中不法领得目的没有被专门论及而已。关于诈骗罪中的不法领得目的，首先指出上述学说的现状是必要的。即便对于与财产性利益有关的刑法第 246 条第 2 项之利益诈骗罪，基于财物与财产性利益的不同进行相应修正，判例与通说本身也基本上是妥当的。不过，在学说中，也有少数主张与通说不同的见解。以下，笔者希望通过对该问题加以检讨，重新确认不法领得目的在诈骗罪成立中的意义。

学说中，有见解主张对于诈骗罪中的财产性利益，“不法获利目

〔27〕 参见佐伯仁志：《围绕盗窃罪的 3 个问题——财物的消费、占有的承继、不法领得的目的》，研修 645 号 10 页（2002 年）。

的”将成为问题。〔28〕该见解认为，“领得”这一行为仅仅是从对于物的概念这一立场得出的结论，所以在将物以外的财产作为犯罪对象的诈骗罪中，“不法获利的目的”是问题所在。但是，该见解是在意图将德国（将领得限于物）的刑法解释论，导入与德国的财产犯罪规范有很大差别的本国刑法解释论时得出的结论，不能不说是有疑问的。〔29〕在本国的财产犯罪规范之中，与仅以物为犯罪对象的盗窃罪、侵夺不动产罪不同，依据抢劫罪、诈骗罪、恐吓罪诸罪的规定，其犯罪对象扩张到了物以外的其他利益。换言之，仅根据处罚规定的不同，就可以将这些犯罪区分为两类不同的犯罪，即以财物为犯罪对象的第一类犯罪（1项犯罪），以及与财物相对应的、以财产上的利益（有转移可能的，如债权等）为犯罪对象的第二类犯罪（2项犯罪）。此外，上述犯罪与盗窃罪一样，都是以将物与利益从占有人占有转移到行为人占有为成立要件的财产转移罪，而日本刑法并没有（像德国刑法那样）将以利益为犯罪对象的犯罪作为“获利目的的财产侵害罪”的发展形态（财产利得罪）加以规定。〔30〕不法领得的目的也是如此，一般认为，如果不法领得的目的对于第一类犯罪而言是必要要件，同样，其对于第二类犯罪而言当然也是必要的。如下所述，就如同在第一类犯罪中对于“财物”的取得与领得的含义不同，第二类犯罪中对于“利益”的取得与领得的含义同样有别。

像上述学说那样，认为只有对物才有不法领得目的的见解，实际上，在本国的学说中曾经有人主张过。该见解认为，盗窃罪的保护法益是物的所有权，而行为人之所以侵害物的所有权是由于具有不法领得的目的，故不法领得目的是盗窃罪的必要要件〔31〕，因此可以推论，成立以财物为犯罪对象的第一类诈骗罪（1项诈骗），不法领得的目的是必要要件。〔32〕不过，目前的学说认为，无论对保护法益作何种解

〔28〕参见松宫孝明：《有关诈骗罪中的不法领得目的》，立命馆法学292号308页以下（2003年）。此外，参见松宫孝明：《暴力团成员利用高尔夫球场与诈骗罪》，《刑事法理论的探究与发现　齐藤丰治先生古稀祝贺论文集》150页注6（2012年）。因为旧版中的记述似乎存在误解，所以对问题进行了重新设定。

〔29〕不过，有可能对于日本的刑法解释论具有“间接的”示范作用，这又另当别论。

〔30〕参见松宫孝明：《有关诈骗罪中的不法领得目的》，立命馆法学292号311页（2003年）。

〔31〕参见团藤重光：《刑法纲要各论（第3版）》，562页以下（1990年）。

〔32〕参见团藤重光：《刑法纲要各论（第3版）》，610页（1990年）。

释，与论证上述各罪是否有必要要求不法领得的目的都毫无关系，故上述论证的根基原本是有疑问的。[33]总之，前述的见解受到关注是因为，该见解指出对于以财物为犯罪对象的第一类诈骗罪以及恐吓罪，行为人不具有不法领得的目的，但通过欺骗、恐吓使被害人交付财物，大多也能成立以财产上的利益为犯罪对象的第二类诈骗、恐吓罪，所以在诈骗罪的成立中要求不法领得的目的不具有实际的意义。不过，一般认为，即便就成立第二类诈骗而言，根据有无值得处罚的法益侵害这一观点来看，限定处罚范围也是可能并且必要的，此外，该见解对于不法领得目的的内容的理解是仅要求具备排除意思即可，其出发点是想专门解决盗窃罪与暂时使用后归还的区别问题，这一点有留意的必要。不法领得目的的内容，除排除意思外还要求有利用意思，这是学说与判例的通说，从这一立场来看，即便认可了上述见解，对于基于毁弃、隐匿目的而骗取财物的案件，以缺少不法领得的目的为理由而否定诈骗罪的成立，在这个意义上说，还是必须充分承认要求不法领得目的对于诈骗罪的成立而言所具有的意义。

因此，就不法领得的目的而言，与判例一样，根据不法领得的目的不仅要求排除意思还要求利用意思的立场，诈骗罪的成立要求不法领得目的具有重要的意义。虽说如此，但首先成为问题的是，在第二类诈骗罪中，不法领得的目的难道不是已经成为本罪的故意内容了吗？原因在于，在第二类诈骗罪中，“取得财产上的利益”是必要要件，而为了认定行为人主观上对于“取得财产上的利益”有故意，行为人具有不法领得目的的认识是必要的。不过，行为人对于作为“取得财产上的利益”之认识的故意与不法领得的目的是能够加以区别的，而且也应该予以严格的区别。这是因为，与“意图获取利益的目的”中的“利益”不同，作为取得对象的“利益”，是与财物对应的有转移可能的利益（其典型例如债权）[34]，对于财物，除了有取得财物的意思外，不法领得的目的也是其必要要件，同样，对于利益，可以认为，除了有取得利益的意思外，不法领得的目的也是必要要件。例如，A 欺骗 B，使 B 让渡其对 C 的金钱债权给自己，认真分析该案

〔33〕 参见山口厚：《问题探究 刑法各论》，110 页以下（1999 年）。
〔34〕 亦请参见町野朔：《犯罪各论的现在》，122 页以下（1996 年）。

件就能明确上述见解。在该案件的场合，A 如果有对 C 行使金钱债权、取得金钱的意思的话，就存在诈骗金钱债权这种利益的不法领得目的，而如果没有对 C 行使债权的意思，在仅仅出于夺取债权以专门坑害 B 的意图的场合，行为人即便诈取了金钱债权这种利益，也可以否定其具有不法领得的目的。因此，可以说即便是在以利益为犯罪对象的第二类诈骗罪中，也能够区别利益的取得与领得，也能够区别于取得利益的故意，单独地将不法领得的目的作为问题，而且可以说也应该这样。

（二）诈骗罪中的不法领得目的

在前述平成 16 年最高裁判所的判例中，问题是，如何认定出于废弃（毁弃、隐匿）目的而诈取财物的案件。在这个关系上一般认为应该成为参照的案件是，行为人想通过毁弃借款证明免于履行债务，于是从债权人那里诈取了借款证明的案件。之所以这样的案件应该成为参照，原因在于，曾经有见解主张，能肯定该案件成立诈骗罪。〔35〕不过，应该留意的是，在该案中行为人采取了废弃借款证明的方法，使债权人索取债权成为困难的、不可能的，如果造成了事实上债务被免除的结果，对于借款证明，上述见解是肯定其成立第一类诈骗罪的，不仅如此，关于债务本身还能成立更为严重的第二类诈骗罪。〔36〕在上述场合，第一类诈骗罪应该被更为严重的第二类诈骗罪包括评价，所以，可以说肯定对于借款证明的诈骗成立犯罪缺乏实际意义。因此，问题是，本判例所涉及的案件类型并非类似于上述案情，而是类似于，在由于借款证明不在被害人身边，利用其他方法如写书面证明的方法等等，对债权的回收而言，仅仅是使额外的对应措施成为必

〔35〕参见松宫孝明：《有关诈骗罪中的不法领得目的》，立命馆法学 292 号 331 页（2003 年）；佐伯仁志：《围绕盗窃罪的 3 个问题——财物的消费、占有的承继、不法领得的目的》，研修 645 号 11 页（2002 年）；木村烈：《围绕着盗窃罪中的“不法领得目的”的理论与实务》，载《小林充先生·佐藤文哉先生古稀祝贺：刑事裁判论集（上）》，404 页（2006 年）。

〔36〕参见最判昭和 32·9·13 刑集 11 卷 9 号 2263 页。判例肯定了有关意图杀害债权人但未遂的案件成立抢劫杀人未遂罪，但是，这个案件假定了这样的事实，即如果被害人即债权人死亡，由于没有借款凭证，也没有知道债务详细情况的他人，事实上使行为人有可能免除债务。

要的场合。[37][38] 由于上述场合仅仅是妨碍债权人的权利行使这一点是明确的，由于大审院的判决[39]否定了有关将拍卖记录拿走妨害拍卖程序顺利进行的案件成立诈骗罪，那么在与该大审院判例之间的关系的意义上，需要追问的是，在前述这样的场合，能够肯定行为人具有不法领得的目的吗？

在最高裁判所的决定中，对于有关受领支付督促令正本一案，判决认为，对于“除废弃以外不具有其他使用、处分目的的场合”，不能肯定不法领得的目的。这是因为，一般认为，对于成为诈骗的对象的物而言，如果行为人的目的只不过是为了将物本身毁弃[40]，即便行为人具有将物的毁弃作为取得财产的手段的意图，认为不能肯定诈骗罪的成立是可能的[41]（因为，即便是在考虑是否成立诈骗罪的问题时，无论如何都应该从不法领得的目的是取得财产利益的角度来解读）。按照字面意思来解释决定的文义，可以说决定是对案件事实作了一种直接的理解。根据上述解释方法，有关为了免除债务，出于废弃借款证明的意图并诈取了借款证明的案件，不管通过废弃债务证书事实上免除了债务能否成立第二类诈骗罪（2 项诈骗），就诈取借款证明而言，很难认为对这种证书的毁弃属于（在最高裁判所的决定中所指的）“使用、处分”（最高裁判所的决定将“处分”解释为“利用”的一种形态），所以以欠缺不法领得的目的为由，认为不成立第一类

〔37〕 在多大程度上存在这样的场合并不确定，仅在上述的限度内成为问题。此外，即便是在可能免除债务的场合，肯定行为人对于借用证书成立第一类诈骗罪，这合适吗？这仍然存在问题。在这个意义上，将这一场合合并，检讨有关出于废弃目的的借用证书的诈取的一般样态，是有意义与必要性的。

〔38〕 参见松宫孝明：《有关诈骗罪中的不法领得目的》，立命馆法学 292 号 313 页（2003 年），在该文中作者肯定了此类场合也成立诈骗罪。与此相对，在佐伯仁志《围绕盗窃罪的 3 个问题——财物的消费、占有的承继、不法领得的目的》[研修 645 号 10 页（2002 年）] 一文中，则并没有假定此类场合。

〔39〕 参见大判昭和 9・12・22 刑集 13 卷 1789 页。

〔40〕 在最高裁判所的决定中，将所诈取之物予以废弃的行为没有解释为“处分”这一点是很明确的，而是将所谓的“处分”解释为“利用”的一种形态。

〔41〕 平成 16 年最高裁决定的案件，倒不如说实质上属于为了取得债务名义而进行的一种诉讼诈骗案件，将在诉讼过程中对文书的诈取予以评价，原本从对于案情事实的把握的角度来看，可以说存在可能不合理的疑问。

诈骗罪也是可能的。[42] 此外，根据上述理解，对于出于废弃目的窃取借款证明的案件，不论免除债务在事实上是否可能，能够成立私用文书毁弃罪，但是不能认为成立盗窃罪。

笔者认为，上述理解没有问题，甚至根据行为人得利的动机对不法领得的目的进行区别，这是一种回到了对不法领得的意思的理解之原点的解释，可以给予积极的评价，但是，就为了免除债务意图废弃借款凭证因而诈取借款凭条的案件来看，从认为对于借款证明的骗取有成立诈骗罪的余地的见解来看，大概就会有这种不成立诈骗罪的见解是否过于狭窄地理解了不法领得目的的疑问。鉴于存在这样的疑问，以下，笔者想就是否有比上述理解更为限定地理解平成16年最高裁判所的决定的见解的可能性，进行补充检讨。

关于平成16年最高裁判所决定的案件，首先能够考虑的是，成为诈骗对象的物（支付督促令正本等）的特征。换言之，借款证明是证明债权、债务存在的文书，如果将其废弃，直接损害了与债权行使的可能性有关的借款证明的价值，反而言之，行为人取得了借款证明的效用、利益。问题是，在本件事案中，支付督促令正本、临时执行宣言附支付督促令正本，就与债务人之间的关系来看，是传达支付督促令的法律文书，仅仅属于给予债务人申请支付异议的机会的东西，行为人通过毁弃上述文书，从债务人那里夺取了申请支付异议的机会，总而言之，其结果也不过是使临时执行宣言附支付督促令正本具有与确定的判决一样的效力而已。在这个意义上，毁弃支付督促令正本等法律文书与取得财产的效用、利益之间只不过是间接的关系。如果从这一点着眼，在我看来，即便出于同样的毁弃目的，区别支付督促令正本等法律文书的诈取与借款证明的诈取，不能说是完全不可能的。

即便这样来理解，还有一个问题就是，上述理解与为了隐瞒罪行、毁灭证据目的而窃取、诈取物件之间的关系。与借款证明能够直接证明债权，废弃借款证明对行为人而言能直接带来效用和利益不同，在出于隐瞒罪行的目的而有毁弃意图的场合，这种情况只不过对

〔42〕就借款证明而言，只不过成立毁弃私用文书罪（刑法第259条）。此外，进一步推进上述见解，对于为了隐瞒罪行、毁灭证据，而窃取被害人财物的行为，即便能够认定该行为成立器物毁坏罪（刑法第261条），也能否定盗窃罪的成立。

于妨害侦查活动的开始有意义，与取得物的效用、利益之间的关系极为间接，故应该否定这种情况的不法领得目的。

如上所述，因为出于废弃目的的诈取借款证明案件的处罚可能性仍然存在，所以也不能说对最高裁判所的决定作限定的解释是完全不可能的，即便如此，这与被最高裁判所的决定认为属于不可罚的事例之间的区别与界限毕竟是程度的问题，而且不得不说其界限划分是相当微妙的。对于仅仅废弃了所诈骗的物的本身的案件，即便行为人存在免除债务等获利的目的，判例也否定了不法领得的目的，立足于处罚范围明确性的立场，笔者希望读者重视这一判例的限定的意义。

第 14 章 不动产的占有与侵夺

一、导言

刑法第 235 条之二规定了侵夺不动产罪。本罪与损坏境界标志罪（刑法第 262 条之二）一样，都是在昭和 35 年（1960 年）新设的罪名。本罪所规范的行为，涉及不法占据不动产的问题。换言之，本罪的设立是因为，存在专门趁周末、年末这段时间迅速地建造“星期六建筑”等行为（即短期建筑——译者注），如此种种侵夺不动产的方法，依靠裁判所所使用的暂时处理方法加以应对实际上相当困难。所以，在法律上对于土地的不法占据行为〔1〕导入了相应的应对措施。在此之前，刑事法上对于不动产的不法占据行为，缺乏充分的应对措施。为什么会出现这种情况呢？原因在于，学说上存在对不法侵夺不动产是否成立盗窃罪，盗窃罪的犯罪对象是否应该包括不动产等问题的争议，虽然学说上存在肯定盗窃罪成立的见解（学说上，有见解认为，在以下两种情况下侵害不动产能够成立盗窃罪：（1）肯定了如占据邻地等事实性的侵害不动产占有成立盗窃罪；（2）对于通过伪造文书的行使等不法取得公证机关的登记从而侵夺不动产的事案，成立盗窃罪），但是在检察与审判的实务工作中所采取

〔1〕作为此类情况的代表性案件，梅田村案件广为人知。该案件是，由于行为人不法占据了位于大阪站前的繁华街梅田上的土地 160 坪（当时土地的时价是 1 亿 6 000万元以上），为了收回对土地的占有，被害人对在土地上建造的建筑物进行毁坏的案件。第一审判决认为被害人的行为有罪，而在控诉审判决中认为被害人的行为是正当行为与自救行为，故判决无罪（大阪高判昭和 31・12・11 高刑集 9 卷 12 号 1263 页）。

的态度是，盗窃罪的犯罪对象不包括不动产，在实践中完全不存在以不动产盗窃为诉由的追诉案件。考虑到实务部门的态度，变更法解释将不动产包括于盗窃罪的犯罪对象的方法会损害法的安定性，于是采取了在立法上应对的方法，将不法占据不动产的行为规定为犯罪。〔2〕

有见解认为，从上述立法沿革来看，侵夺不动产罪，除了犯罪对象是不动产这一点以外，本罪的罪质、构成要件与盗窃罪的完全一样。〔3〕因此，本罪的该当于构成要件的行为“侵夺”是指，出于不法领得的目的，排除他人对不动产的占有，转移至本人或第三人占有。〔4〕此外，该见解认为，为了能够该当于本罪中的侵夺，行为人必须实施了积极的并且是新的占有排除行为，如果行为人原本就占有某物，积极排除他人占有仅仅是一种不法行为，还不足以成立本罪，例如，由于租赁到期或者租赁合同解除而失去租借权的租借人，继续占有相应不动产（土地或者建筑物），不答应返还租借物，类似此类场合还不能认为属于侵夺。〔5〕再者，该见解认为，侵夺不动产罪与盗窃罪一样是状态犯，而不是继续犯，不法占据行为一旦成立即构成既遂，并不需要长时间地持续不法占据才能成立本罪。如果将本罪解释为继续犯，类似超过租借期限以后仍然继续使用不动产以及“随地居住下来不动”等案件，就会有适用本罪的余地。该见解受到的指责是，存在以下两个难点，即不仅会导致本罪的处罚范围过宽，并且会

〔2〕参见高桥胜好：《侵夺不动产罪与损坏境界标志罪》，曹时 12 卷 6 号 677 页以下（1960 年）。

〔3〕参见高桥胜好：《侵夺不动产罪与损坏境界标志罪》，曹时 12 卷 6 号 690 页（1960 年）；臼井滋夫：《侵夺不动产罪》，载中川善之助、兼子一监修：《不动产法大系（6）》，487 页（1970 年）；等等。

〔4〕参见高桥胜好：《侵夺不动产罪与损坏境界标志罪》，曹时 12 卷 6 号 692 页（1960 年）；臼井滋夫：《侵夺不动产罪》，载中川善之助、兼子一监修：《不动产法大系（6）》，492 页（1970 年）。

〔5〕参见高桥胜好：《侵夺不动产罪与损坏境界标志罪》，曹时 12 卷 6 号 692 页（1960 年）；臼井滋夫：《侵夺不动产罪》，载中川善之助、兼子一监修：《不动产法大系（6）》，494 页（1970 年）；田宫裕：《注释刑法（6）》，78 页以下（1966 年）；小松进：《侵夺不动产罪》，载西原春夫等编：《判例刑法研究（6）》，115 页（1983 年）；等等。

导致本罪与侵入建筑物罪之间的保护法益的关系不明确。[6]

以前，有关侵夺不动产罪的案件并不那么多，在判例中，关于本罪的解释也很少，不过，近来由于经济的发展这一背景，渐渐地有了一些有关本罪的案件，最高裁判所甚至出现了3个关于侵夺不动产罪的判例。笔者希望以这3个判例作为分析的主要对象，对于侵夺不动产罪的解释加以检讨。在解释上成为问题的是，不动产的（他人的）占有和不动产侵夺的含义。关于前者最高裁判所于平成11年12月9日的决定，关于后者最高裁判所于平成12年12月15日的2个判例，给笔者提供了重要的检讨素材。

二、不动产的占有

（一）最高裁判所于平成11年（1999年）12月9日的决定[7]

1. 案情

A建筑公司在埼玉县东松山市内有一处占地1 496平方米的土地（本案土地），土地上有其所有的施工处、仓库等建筑物共5栋，因为无法兑付到期支票，平成8年2月28日，A建筑公司应债权人之一的B公司的要求，将属于本公司的本案土地以及地上建筑物委托给B公司管理。双方约定，B公司所取得的权利有，地上建筑物的租借权以及附随于建筑物的本案土地的使用权，没有授予B公司超越以上权利的权利。B公司在该月下旬将该权利转让给了经营物品买卖中介业

〔6〕 参见高桥胜好：《侵夺不动产罪与损坏境界标志罪》，曹时12卷6号693页以下（1960年）；臼井滋夫：《侵夺不动产罪》，载中川善之助、兼子一监修：《不动产法大系（6）》492页（1970年）；等等。如果立足于本罪是继续犯的理解，可以说本罪与侵入住宅罪的关系就会产生问题（关于这个问题，参见山口厚：《刑法各论（第2版）》，119页以下，2010年）。此外，根据上述分析来看，在新法施行以前就已经存在的不法占据行为，不能成为侵夺不动产罪的处罚对象，这被认为是不得已的情况。不过，如后所述，由于占有样态的变更，能够被认定为该当于新的侵夺的行为，就能够成为本罪的处罚对象。最近，有见解认为应该将侵夺不动产罪解释为继续犯，参见岩间康夫：《在预备建造公园的一部分土地上未得到许可建造简易建筑物的行为该当于侵夺不动产罪的案件》，现刑35号90页（2002年）。从上述见解来看，这样的见解是有疑问的。

〔7〕 参见最决平成11·12·9刑集53卷9号1117页。关于该判例的解说有，朝山芳史：《在所有人现实支配管理困难的土地上堆积大量废弃物的行为成立侵夺不动产罪的判决》，最判解刑事篇平成11年度181页以下等等。

务的 C 公司。此时，A 建筑公司因为法定代表人与其家人一起躲了起来不知去向，事实上处于停业状态。经营建筑拆卸业的被告人 X，在同年 3 月 5 日从 C 公司买得该权利，在取得本案土地后，意图将该片土地作为废弃物的堆积场，于是被告人 X 与其职员被告人 Y 一起，从 3 月 5 日起一直到该月 30 日止，在这段时间内，在本案土地上放置由建设废料与废弃塑料等混合物组成的废弃物，这些废弃物共堆积了有大约 8 606.677 吨、13.12 米高，导致无法简单地恢复原状。

第一审判决（浦和地熊谷支判平成 9・3・17）根据以上事实，肯定了本案成立侵夺不动产罪，控诉审判决（东京高判平成 9・9・1）也依据以下理由，肯定了本案成立侵夺不动产罪。“在被告人开始使用本案土地时……应该认为 A 建筑公司也是作为间接的占有人保持着对本案土地的占有。”“被告人……对于本案土地的使用导致土地所有者使用土地以及恢复原状极为困难，因此，被告人的这种行为不单违反了租借合同中关于对本案土地使用方法的条款，并且由于被告人所实施的行为，使不动产的原占有样态、作用发生了质的变化，必须认为，这种类型的占有，是对所有人及间接占有人 A 建筑公司对本案土地的占有的排除，是出于持续侵夺所有人占有的目的，为了自己占有而实施的对本案土地的侵夺。”“一般认为，侵夺不动产罪的保护法益是所有人对于不动产的事实性支配……对不动产仅仅拥有登记的名义属于不具有支配管理之实质的所谓的法律上的占有，这并不包括在此处所指的事实上的支配，相反地，所谓间接的占有，虽说多少有些属于观念色彩的占有形式，但通过直接占有者的介入仍然能够对该不动产进行事实上的管理支配，所以，仍未失去现实占有的实质，限于这个意义上，在本案中将这种间接占有解释为属于事实上的支配就是妥当的。因此，应该认为，间接占有也能够成为不动产侵夺的对象，故原判决认为被告人违反了间接占有人 A 建筑公司的意思，在本案土地上投弃、堆积废弃物的行为该当于不动产的侵夺，这一判断是正确的”。

2. 最高裁判所的决定

最高裁判所以以下判示，再次认可了原判决的判断。

“根据以上事实关系，应该认为，本案土地的所有人 A 建筑公司，由于法定代表人不知去向，公司处于事实上的停业状态，对本案土地进行现实的支配管理陷入了困难状态，但是，不能说公司丧失了对本案土地的占有，此外，被告人等虽说对本案土地有一定的利用权，但行为人超越其利用权限在土地上大量地堆积废弃物，无法简单地使本案土地恢复原状，这样应该说就使本案土地失去了其原有的使用价值。因此，由于能够认定被告人排除A建筑公司的占有将其转移为自己支配的事实，故原判决认为两名被告人成立侵夺不动产罪是正确的。”

（二）不动产占有的特殊性

在上述案件中，对本案土地具有所有权的公司，由于其法定代表人与家人一起不知去向，公司处于事实上的停业状态，故公司现实性地支配本案土地处于困难状态，判决肯定了在上述困难状态下所有权人仍然占有土地。对于本罪中的占有作这样的判断，与作为盗窃罪成立要件之一的对动产的占有判断相比较，恐怕可以说认定得相当宽泛。在学说上，一般认为，侵夺不动产罪与盗窃罪仅仅在客体上是动产还是不动产这一点上有所区别，而两罪的其他构成要件都是一样的，所以，不动产的占有（与盗窃罪中的动产占有相同）都是指事实性支配。〔8〕但也有一种见解认为，不动产的特点是，不具有移动性，不会出现所在不明的状态，因此可以认为不动产占有的样态与动产的占有样态是不同的，这是一种有力的见解。〔9〕换言之，即使权利人对于不动产缺乏现实的管理与看守，只要权利人有占有的意思，该见解认为，此时仍然能够认定为占有的情形还是很多的。〔10〕

对于不动产而言，绝对有必要将偏僻地区的山林也包含在不动产的保护对象内予以保护，此外，判断占有的标准是根据一般的社会观念而

〔8〕换言之，一般认为，对于具有已经登记完毕的不动产的名义的人而言，由于仅仅是法律支配，尚不足以认定其对于不动产的占有。与此相对，也有见解认为，在仅仅存在法律支配的场合也能肯定不动产的占有，参见中森喜彦：《刑法各论（第3版）》，103页注（35）（2011年）。

〔9〕与此相对，有见解认为，动产与不动产没有区别，只要有占有意思，就能够大范围地肯定占有，参见铃木左斗志：《刑法中“占有”概念的再构成》，学习院大学法学会杂志34卷2号133页以下（1999年）。

〔10〕参见田宫裕：《注释刑法（6）》，79页（1966年）；臼井滋夫：《侵夺不动产罪》，载中川善之助、兼子一监修：《不动产法大系（6）》，490页（1970年）；等等。作为间接占有也属于侵夺不动产中的占有的见解，除了本案控诉审判决等以外，参见凡山雅夫：《在所有人现实地支配管理困难的土地上堆积大量废弃物的行为成立侵夺不动产罪的案件》，现刑20号63页（2000年）等等。

确定的，故如果行为人已经取得了不动产的登记名义，那么该人就对该不动产具有形式上的登记效力，据此，他就取得了对于该不动产的法的支配力，此时即便他人对该不动产有事实上的支配力，使得所有权人的占有内容在一定程度上被限制，但只要所有权人有占有意思，就仍能够肯定所有人对不动产的占有。这样的理解是妥当的。〔11〕在这个意义上，对于本案中的所有权人而言，即便是从其授予被告人的土地使用权的内容本就是有所限定的这一点来看，在本案被告人实施犯行的当时，也能够认定所有权人仍然保留着对于本案土地的占有。

这一点，换句话来说，意味着这样的内容：即便存在对不动产（尤其是土地）具有一定使用权；并且直接占有该不动产的占有人对于不动产的所有者而言，不论是否能够认定所有人间接占有该不动产，都能够认定所有人与直接占有人同时占有该不动产（重叠的占有）。〔12〕〔13〕所以，如果直接占有人排除了所有人的重叠占有，即便该不动产是排除者自己已经占有的不动产，也能够成立侵夺不动产罪。〔14〕

〔11〕参见朝山芳史：《在所有人现实支配管理困难的土地上堆积大量废弃物的行为成立侵夺不动产罪的判决》，最判解刑事篇平成 11 年度 187 页以下。这样解释，即便是将不动产的占有理解为仅限于在事实支配的情况下，但与不动产占有也包括法的支配的见解，实际上没什么区别。与此相对的，在大塚裕史《大量废弃物的堆积与侵夺不动产罪》[法教 239 号 127 页（2000 年）] 一文中，论者提出疑问，认为在物理支配不动产实在困难的场合，根据所有人的占有意思的存在而肯定占有是有疑问的。

〔12〕参见高部道彦：《被认定为成立侵夺不动产罪的案件》，警察学论集 53 卷 4 号 217 页以下（2000 年）；岛田聡一郎：《侵夺不动产罪中的“占有”的含义》，《刑法判例百选Ⅱ各论（第 6 版）》，70 页以下（2008 年）。齐藤丰治在《侵夺不动产罪中的不动产的“占有”与“侵夺”的意义》[平成 11 年度重判解（ジュリ1179 号）161 页（2000 年）] 中，对于平成 11 年的案件（上述侵夺不动产案件），以所有者对不动产的支配是很微弱的为理由，认为应该否定该案成立侵夺不动产罪。

〔13〕此外，虽说即便是动产也存在共同占有的情形，只不过对于不动产而言，应该更加缓和地肯定重叠的占有。铃木左斗志在《刑法中“占有”概念的再构成》[学习院大学法学会杂志 34 卷 2 号 133 页以下（1999 年）] 一文中认为，动产与不动产没有区别，都可以在广泛的范围内肯定占有。在这个意义上，可以说该见解是忠实于盗窃罪与侵夺不动产罪的构成要件是同一的这一见解。但是，对于动产，只要占有人有占有意思就能大范围地肯定占有的主张，超过了一般社会观念的占有概念，是有疑问的。这种见解过于追求形式逻辑的一贯性，无视了犯罪对象的特点，而这是不行的。

〔14〕即便对于已经属于自己占有的不动产，如果排除他人的占有也能成立侵夺不动产罪，这与共同占有人排除其他共同占有人对共同占有下的财物的占有，能够成立盗窃罪，道理是一样的。

（三）侵占罪与不动产的占有

对于不动产而言，缓和地认定与直接占有重叠的所有人的重叠占有，其实际意义在于，在考虑对于不动产的委托物侵占罪的成立要件时，肯定存在重叠占有的意义就更为明确。从结论来看，对于作为不动产的委托物侵占罪的成立要件的行为人占有不动产而言，在登记方可生效的不动产的场合，行为人仅仅事实地支配该不动产还不足够，具有所有权的登记名义是必要的，从而，对于不具备登记名义，仅在事实上使用、支配不动产者的不法使用行为而言，不构成委托物侵占罪，仅有可能成立侵夺不动产罪（换言之，侵夺不动产罪，具有评价不动产的直接占有人对该不动产的不法使用行为的作用）。

要肯定委托物侵占罪的成立，以所有权的侵害为必要，侵害租借权等所有权以外的权利，不足以成立这一犯罪。[15] 的确，虽说成立委托物侵占罪以侵害所有权为要件，但所谓侵害所有权，一般而言，只要具备了对于所有权的权能的（事实上的）侵害就足矣，这一点考虑一下针对动产的委托物侵占罪的场合，就可以明确。根据上述理解，有见解主张，应该肯定对于不动产也能够实施事实上的侵占行为（即就像动产那样，不需要到登记机关登记移转，只需要事实上有侵害所有权权能的行为，即可以构成委托物侵占罪——译者注）。论者举出的理由是，这样的理解能够使法定刑均衡[16]（委托物侵占罪的法定刑是5年以下惩役，而侵夺不动产罪的法定刑是10年以下惩役）。可是，只要不能完全地否定重叠占有不动产（共同的占有）的可能性，就无法否定占有人有可能成立侵夺不动产罪。即对于不能转移场所的不动产而言，将这种事实上的（由于违反合同约定等理由）不法使用不动产的行为都广泛地认定为委托物侵占罪的处罚对象，应该说存在疑问。对于登记方可生效的不动产而言，应该将委托物侵占罪的处罚对象限定为登记名义的转移这种形式的所有权侵害行为，而且司法实务界也是这样理解的。

〔15〕参见山口厚：《刑法各论（第2版）》，288页（2010年）。法条上也是以“他人的物”作为用语，换言之，他人所有的物是本罪的犯罪对象要件，必须予以考虑的是，扩张了“他人的物”的规范含义的刑法第242条不能准用于本罪。

〔16〕参见铃木左斗志：《在所有人现实地支配管理困难的土地上堆积大量废弃物的行为成立侵夺不动产罪的案件》，ジュリ1196号139页（2001年）。

根据上述见解，在侵夺不动产罪与委托物侵占罪的关系上看，应该认为，对于登记方可生效的不动产而言，其占有归属于登记名义人，因此，对不动产仅有使用权的人，并不存在（委托物侵占罪中所说的）对于不动产的占有，不能成为委托物侵占罪的主体。〔17〕这样一来，侵夺不动产罪的法规范，就具有了认定和评价不动产使用权人所实施的不法取得（在能够该当于“侵夺”的范围内）行为的作用〔18〕，肯定所有人对不动产的重叠占有，就使得认定行为人对不动产有事实上的不法使用行为成立侵夺不动产罪有了可能，因而具有重要的实务上的意义（并且，这种理解也已经被予以正当化、法定化了）。

（四）不动产占有的界限

如果肯定了所有人对不动产存在（与直接使用人的占有并存的）重叠的占有，就有可能认定直接使用人的不法使用行为成立侵夺不动产罪，在这里，成为问题的是，如何确定重叠占有的界限（即究竟在哪些情况下，所有人的重叠占有被否定，而导致侵夺不动产罪的适用可能性也被否定?〔19〕）。

换言之，问题在于，依据所有权人给予直接使用人的权利内容，能否否定所有权人的重叠的占有。具体而言，即便是在所有人给予不动产使用人不动产租借权的场合，都会被追问，所有权人仍然存在（与租借权人的占有并存的）重叠的占有吗?〔20〕关于这一点，有见解主张，在合同范围内，私法上具有有效的租借权者能够排他地自由地使用不动产，因此对所有权人而言，已经不存在重叠的占有了。〔21〕不过，上述见解也附加了须是在“合同范围内”的限定，不能认为不管侵夺样态如何，都没有成立侵夺不动产罪的余地（例如，在租借来

〔17〕参见山口厚：《刑法各论（第 2 版）》，294 页（2010 年）。

〔18〕如果不这样理解的话，除非成立侵入建筑物罪，否则就很可能否定上述行为成立犯罪。

〔19〕若是认为在所有人有法律支配的场合，或者是只要所有人有支配意思就不会丧失占有，在这个限度内，重叠占有也就不会被否定了。

〔20〕参见朝山芳史：《在所有人现实支配管理困难的土地上堆积大量废弃物的行为成立侵夺不动产罪的判决》，最判解刑事篇平成 11 年度 189 页。

〔21〕参见桥爪隆：《侵夺不动产罪中的“占有”的意义》，载《刑法判例百选Ⅱ各论（第 5 版）》，66 页以下（2003 年）。

的作为建材存放场所的土地上，建造牢固的建筑物时），因此，特别是土地，如果土地上有租借权，一般认为还不能说所有人已经对之不存在重叠的占有了。〔22〕接着，应该在与被授予权利之间的关系上，来判断占有人的行为是否该当于侵夺。

再者，一旦认定了侵夺不动产罪成立，成为问题的是，在同一不动产上，有没有可能再成立侵夺不动产罪。例如，土地所有人A将该土地的使用权给予B，A在该土地上存在重叠的占有（限定于A的权利与B的权利之间的关系上），因此，如果B排除A在该土地上的重叠占有，就可以认定B成立侵夺不动产罪，但是，如果B当初的使用状态是不法取得的（其结果是成立侵夺不动产罪），能够肯定其后他再次实施的不法使用行为有再次成立侵夺不动产罪的余地吗？在这里，可以说，这个问题类似于“侵占行为后的侵占”〔23〕问题。换言之，侵夺不动产罪虽说与盗窃罪一样属于移转罪，但如上所述，因为能较为宽泛地认定所有人的占有，即便行为人在实施侵夺行为之后，所有人仍然占有该不动产，行为人再次实施排除所有人对于不动产的占有的行为，肯定这种行为本身的侵夺不动产罪的构成要件该当性也不是不可能的。不过，从侵夺不动产罪有移转罪的法性格来看，既将行为人第一次的侵夺行为作为侵夺不动产罪的处罚对象，又将第二次的侵夺行为作为同罪的处罚对象，就会有一个疑问，即恐怕会导致得出同一不动产两次地转移给了行为人这样的评价（二重评价）。〔24〕换言之，与“侵占行为后的侵占”一样，认为两次的侵夺行为都能够作为侵夺不动产罪处罚的见解，还有检讨的余地。不过，对不动产而言，从只要所有人有占有的意思，就没有失去对该不动产的占有这样的理解出发，认为法所规范的侵夺不动产罪原本就预设了对于“部分侵夺”的处罚（即成立侵夺不动产罪不需要全部地移转不动产）不是不可能的（委托物侵占罪也是如此，只要认为登记名义人占有不动产，也存在上述同样的问题），因此，在我看来，有肯定行为人实施的第一、第二次的侵夺行为，都作为侵夺不动产罪的处罚对象的余地

〔22〕参见高部道彦：《被认定为成立侵夺不动产罪的案件》，警察学论集53卷4号224页（2000年）。

〔23〕关于这个问题，参见本书第9章的有关内容。

〔24〕因为事实上是部分侵夺，再度地侵夺是可能的，可是，既然部分侵夺能够构成侵夺不动产罪，难道不是必须将其评价为全部侵夺吗？

（在这种情况下，一般将行为人所实施的第一、第二次的侵夺行为作为包括的一罪来处理）。

三、侵夺的含义

（一）与侵夺含义的理解有关的最高裁判所判例

关于侵夺不动产罪中的侵夺的含义，最高裁判所于平成 12 年 12 月 15 日作出了两个重要的判例。这就是，对于在预定建造公园的一部分土地上，建造不法简易建筑物等行为，肯定了成立侵夺不动产罪的判决（以下简称为平成 12 年判决〔25〕），以及对于土地（该土地的租借目的被限定为使用）的擅自转借人，将土地上的原简易措施改建成正式的店铺的行为，肯定了成立侵夺不动产罪的决定（以下简称为平成 12 年决定〔26〕）。以下笔者将对上述最高裁判所的两个判例加以检讨。

（二）平成 12 年（2000 年）判决

1. 案情

公诉事实如下：被告人与 Y 共谋，意图侵夺东京都政府所有的、位于东京都葛饰区东金町的一部分空置土地，合计约 110.75 平方米，打算用来建造二手家用电器制品商店。平成 8 年 12 月中旬，行为人在上述地点，未经过东京都政府允许，擅自在空置地中央偏东部分，建造了用乙烯树脂胶黏合的木制简易平房（建筑面积约 37 平方米），此后又在同一时期同一地点，在简易平房的西端，接连建造了同样的简易建筑物（建筑面积约 27.3 米），实际所侵夺的东京都政府土地约 110.75 平方米。

第一审判决（东京地判平成 11・3・30）认定了上述事实，肯定

〔25〕 参见最判平成 12・12・15 刑集 54 卷 9 号 923 页。关于该判决的解说有，福崎伸一郎：《判决认定在没有得到授权的情况下在预备用来建设公园土地的一部分上建筑简易建筑物的行为该当于不动产侵夺的案件》，最判解刑事篇平成 12 年度 264 页以下，等等。

〔26〕 参见最决平成 12・12・15 刑集 54 卷 9 号 1049 页。关于该决定的解说有，福崎伸一郎：《认定转借人在没有权利转借的土地（用于使用的土地）上改造土地上的简易设施将其建筑成真正的店铺的行为该当于不动产侵夺的案件》，最判解刑事篇平成 12 年度 280 页以下，等等。

了行为人的行为成立侵夺不动产罪。与此相对，控诉审判决（东京高判平成 12・2・18）作出了以下判断，否定其行为成立侵夺不动产罪。“判断行为是否属于侵夺不动产罪的‘侵夺’，应该根据具体案件，依据不动产的种类、侵夺占有的方法与样态、占有期间的长短、恢复原状的难易、行为人排除占有以及占有设定意思的强弱、所有人有无损害等进行综合判断，然后应该根据一般的社会观念来决定行为人是否成立侵夺不动产罪。根据前述认定的案件事实，本案中的简易建筑物还远称不上是真正的建筑物，也容易拆除，因此，不一定就能认定行为人占有侵害的样态很高。东京都政府对于本案土地的管理状况比较松懈，平成 8 年 10 月左右，在被告人试图不法占有本案土地以后，东京都政府的公务员虽然不时给予被告人警告，但总的来说，在本案简易建筑物建筑前后，警告的内容仅仅停留在让被告人腾出本案土地这样的程度而已，并没有说被告人的行为属于侵夺不动产的行为。此外，由于本案简易建筑物并非为了居住目的而建造，故被告人占有排除以及占有设定的意思、带给所有人的损害、恢复原状的困难性等等，都还不能说有多么大。这样来看，即便以前述查证的本案简易建筑物的性状为前提，认定行为人因为建造该建筑物而该当侵夺不动产罪中的侵夺行为，留有重大的疑问。作为本案公诉事实的平成 8 年 12 月当时的本案简易建筑物的形状，比起上述检证时认定的建筑物的形状，有可能规模要更小，或是构造并非那么坚固，因此，认定本案成立侵夺不动产罪存在合理的疑问，缺少犯罪的证明。”

2. 最高裁判所的判决

最高裁判所通过以下判示，作出了肯定行为人的行为成立侵夺不动产罪的判断。

“（1）刑法第 235 条之二中的侵夺不动产罪，其‘侵夺’是指，行为人出于不法领得的目的，排除他人占有的不动产，将该不动产转移给自己或他人占有。并且，如同控诉审判决所判示的一样，判断相应行为是否等同于侵夺行为，应根据具体的案件，依据不动产的种类、侵夺占有的方法与样态、占有期间的长短、恢复原状的难易、行为人排除占有以及占有设定意思的强弱、所有人有无损害等进行综合判断，然后应该根据一般的社会观念来决定行为人是否成立侵夺不动产罪。

“（2）如同控诉审判决所指出的那样，没有确切的证据证明，在平成 8 年 12 月中旬，或者在接连简易建筑物的西侧增建了同样的简易建筑物的时间点，本案起诉的对象即本案简易建筑物的性能与形状。

“可是，从平成 9 年 8 月 1 日进行的搜查阶段的查证结论来看当时本案土地的状况，本案中的简易建筑物，是在大约 110.75 平方米的本案土地的中心部分，占据了建筑面积大约有 64.3 平方米而建造的，从原判决所认定的前述建筑物构造来看，该建筑物具有不易倒坏的框架结构，因此，本案简易建筑物阻碍了本案土地的有效使用，故能够认为土地的回复也绝非易事。加之，被告人无视本案土地所有人东京都政府职员的警告，建造本案简易建筑，在相当长的时间内不理会政府职员的退出要求，因此，能够认定行为人占有侵害的样态很高，排除占有以及占有设定的意思也属顽固，带给相对人的损害也不小。并且，被告人在本案土地上不存在任何权利反而实施了上述行为，所以应该认定，被告人侵夺了本案土地一直到了上述查证之时。”

3. 与“使用侵夺”的区别

一般认为，如同盗窃罪中存在不可罚的“使用盗窃”一样，侵夺不动产罪中也存在不可罚的“使用侵夺”。在这里，成为问题的是，在何种情况下能够被肯定为属于可罚的侵夺？本判决认为，侵夺的定义是“行为人有不法取得的目的，排除他人对不动产的占有，将该不动产转移给自己或他人占有”，判决所认定的“判断相应行为是否等同于侵夺行为，应根据具体的案件，依据不动产的种类、侵夺占有的方法与样态、占有期间的长短、恢复原状的难易、行为人排除占有以及占有设定意思的强弱、所有人有无损害等进行综合判断，然后应该根据一般的社会观念来决定行为人是否成立侵夺不动产罪”这一点，具有重要的意义。具体来说，应从建筑物的规模、配置、构造，土地有效使用的妨害与回复的非易性，占有侵害的样态高，占有排除与占有设定的意思顽固，损害的程度来肯定侵夺行为。

由于不动产无法进行场所的转移，所以“使用侵夺”的样态与使用盗窃的样态是有所不同的（使用盗窃的场合返还成为问题），但是，与盗窃罪一样，区别“使用侵夺”与可罚的侵夺的基准在于，行为人所预计的排除（该不动产的）使用可能性的程度。对于动产而言，占有转移可谓是即时发生（由于占有转移的立即发生，犯罪也达到了既遂状态），因此，在占有转移发生以后，判断是否成立盗窃犯罪的关键在于行为人的不法领得目的，即应专门在主观心态范围内考虑，这一点是明确的。而对于不动产而言，就像在本案中也很明确的那样，即占有转移可谓是一点点完成的（在一定的时间经过之后，才能认定由于排除占有而成立既遂），因此，行为人妨害到不动产所有人对不动产的利用可能性的事实（客观事实）与行为人所预想的排除不动产的利用可能性（主观事实）的程度，不得不放在一起进行实际上的一体判断。[27]

（三）平成12年（2000年）的决定

1. 案情

平成4年12月，A不动产的所有人大阪市中央区政府将位于区政府内的126.15平方米宅地（本案土地），无偿地借给B使用。双方约定，该土地禁止转租，B只能进行有马上搬离可能的货摊营业。B在那段时间内，在本案土地上，（1）在柏油路面上钻眼将约36支铁管插入该地面，然后将长约3米的铁管用螺丝加固的方法作为支柱横放在上述铁管之上；（2）在支柱的上部、下部以及高约1.5米处，使用上述螺丝加固的方法横置铁管；（3）在以上框架的基础之上，在框架顶部将铁管用螺丝连接配置成网状，然后，在网状铁管上放置木料并用铁丝固定，再铺上镀锌铁皮板等建材，作成屋顶；（4）在建筑物两侧，使用用乙烯树脂胶黏合的铁管作成墙壁，通过上述办法，建造了L形的临时店铺。在此之后，B又（1）用水泥加固的方式埋设了4根铁管；（2）使用铁管熔结住上述埋设的铁管与原有建筑物铁管予以固定；（3）在埋设的铁管上部铺上氯乙烯树脂板做成屋顶，在两侧使用乙烯树脂胶黏合铁管做成墙壁，使用上述方法，在原建筑基础上增建了一个＜形建筑。B在前述设施（本案设施）中经营饮食业。平成6年6月，B将本案土地出租给C，并告知C，本案土地禁止转租、禁

〔27〕 参见铃木左斗志：《侵夺不动产罪中的“侵夺”意义》，平成12年度重判解（ジュリ1202号）159页（2001年）。不过，关于动产，考虑占有转移后的行为人的意思，来讨论盗窃罪的成立这一点，在与盗窃的既遂时期之间的关系上，虽是存在疑问的，对此问题，只能留待其他的机会论述。

止经营有马上搬离可能的货摊以外的营业，而后将本案土地以及本案设施交付于 C。C 也仍然在本案设施中经营饮食业，同年 11 月，C 将本案土地出租给被告人，并告知被告人，本案土地禁止转租、禁止经营有马上搬离可能的货摊以外的营业，而后将本案土地以及本案设施交付于被告人。被告人从该月下旬一直到同年 12 月 1 日，（1）在本案设施的侧壁的铁管上横放木板并捆扎好，然后在木板上涂上三和漆做成内墙；（2）在本案土地上放置预制板，在预制板上每隔 1 米铺上方木材，在方木材的上面每隔 45 厘米钉上一根木板，然后在木板中填入混凝土嵌板做成地板；（3）在建筑物的顶部铁管上捆扎好木板，通过这种方法铺置成天花板做成顶棚；（4）在木板的两面都涂上三和漆做成内墙，将原建筑物区分为 8 个单独的房间，在每个房间里设置淋浴设施与便桶，通过上述方法，建造了经营风俗业的店铺（本案建筑物）。本案建筑物虽是使用本案设施的框架结构制造而成的，但与本案设施相比而言，恢复原状的困难度显著地增加。

第一审判决（大阪地判平成 11・11・15）认为，“占有人对于不动产的占有，被土地所有人限制在仅仅出于暂时的利用意思、仅仅处于有快速的返还可能的状态，在这样的场合，如果占有人出于违反上述土地所有人的意图而使用不动产的目的，实行使原有快速返还可能的状态变更为快速返还变得困难的状态的不动产占有行为，占有样态就发生了质的变化，据此，占有人排除了土地所有人对于不动产的原支配而产生新的支配，因此，认定被告人的行为侵害了占有，认为其成立侵夺不动产罪是适当的”。“合同仅仅承认有马上搬离可能的货摊建筑物属于约定的占有使用方式，B 与 C 是遵守了上述约定，在本案帐篷式小屋中进行货摊营业的，与之相对，在 C 那里租得土地的被告人出于即便违反本案所有人的意思仍然继续使用本案土地的目的，建造了使迅速搬离变得困难的本案经营风俗业的店铺。因此，可以说，被告人通过上述方式，排除了本案土地所有人对本案土地（A 不动产）的支配，建立了新的支配，认定本案风俗业店铺建筑是侵害了所有人对于本案土地（A 不动产）的占有的建筑物，这样的判断是适当的”。

控诉审判决（大阪高判平成 12・5・16）也以“本案店铺虽说还算不上坚固，也算不上属于半永久式的建筑物，但即便如此，与原来的帐篷式小屋相比，其搬离的困难度显著地增加了”为理由，肯定了行为人成立侵夺不动产罪。

2. 最高裁判所的决定

最高裁判所作出了以下判示，肯定了行为人侵夺不动产罪的成立。

“B在本案土地上建造的本案设施，在增建之前，是遵守了关于使用A不动产的借贷合同的约定了的，这一点是明确的，另外，虽说增建后的建筑物与最初相比其坚固性增加了，但是增建还处在小规模的范围以内，在由铁管组成的框架上使用乙烯树脂胶黏合这种建筑的基本构造没有变化。但是，被告人所建造的本案建筑物，虽然是利用了原设施的框架结构来进行建造的，但是被告人通过增设内壁、地板、顶棚、淋浴设施以及便桶，将原建筑物区分为8个单独的房间，改造成为真正的店铺，与本案原设施相比，其构造有很大差异，此外，比起原设施来，解体、搬离的困难度显著地增加了。因此，应该说，被告人通过增建本案建筑物，重新地排除了所有人对于本案土地（A不动产）的原占有。因此，原判决认为，被告人的行为成立侵夺不动产罪，这一判断是正当的。”

3. 占有样态的质的变更

如上所述，在不动产之上，即便是存在有使用权的占有人的占有的场合，因为所有人的重叠占有仍然存在，如果行为人排除了该重叠的占有，肯定占有人的行为成立侵夺不动产罪是可能的。早在以前，就逐渐有学说与判决认为，这应该是在存在占有样态的质的变更的场合。〔28〕在本案中，因为属于占有样态的质的变更，所以判例认定被告人的行为该当于对不动产的侵夺。此外，在只能够认定行为人的占有属于不可罚的“使用侵夺”的场合，只要占有人排除了所有人对该不动产的占有，同样能够肯定占有人成立侵夺不动产罪。〔29〕

〔28〕参见田宫裕：《注释刑法（6）》，79页（1966年）；小松进：《侵夺不动产罪》，西原春夫等编：《判例刑法研究（6）》，115页（1983年）；等等。关于裁判例，请参见福崎伸一郎：《判决认定在没有得到授权的情况下在预备用来建设公园土地的一部分上建筑简易建筑物的行为该当于不动产侵夺的案件》，最判解刑事篇平成12年度270页以下等等。

〔29〕参见最决昭和42·11·2刑集21卷9号1179页。

第 15 章
事后抢劫罪的成立范围

一、导言

刑法第 238 条规定，“盗窃犯在窃取财物后，为防止返还财物，或者为逃避逮捕，或者为了隐灭罪迹，而实施暴行或者胁迫的，以抢劫罪论”。本条所规定的事后抢劫罪，并不就是抢劫罪（刑法第 236 条）本身，而是指它的扩张形态，因为具有与抢劫罪近似的罪质，故在其法定刑的适用以及是否成立抢劫致死伤罪的问题上，适用抢劫罪的相关规定（这就是“以抢劫罪论”的具体含义）。因此，在解释事后抢劫罪的构成要件时，必须保证其解释结论与抢劫罪的构成要件之间的近似性。具体而言，事后抢劫罪成立要件中的暴行、胁迫的程度，与抢劫罪中的暴行、胁迫程度（足以压制相对人反抗的程度）是同样的，判例〔1〕所认为的本罪的暴行、胁迫行为必须达到了足以压制取回财物与逮捕行为的程度，也体现了这一点。并且，更为基本的是，事后抢劫罪成立要件中的暴行、胁迫行为，必须是在盗窃犯罪的现场或者是在盗窃机会的继续中进行的。这是因为，在上述状况之下，行为人为了达到防止返还财物等法所规定的目的而实施了暴行、胁迫行为时，才能够肯定上述行为有近似于抢劫罪的犯罪实质。例如，行为人实施盗窃犯行一周后，被害人在街上偶然发现了拿着盗窃物的盗窃行为人，于是向该人盘问盗窃物的来历，在想要追究盗窃者的刑事责任时，盗窃行为人为了逃跑向被害人施加暴行，在上述场

〔1〕 参见大判昭和 19・2・8 刑集 23 卷第 1 页。近来，由于暴行没有达到上述程度而被否定成立事后抢劫（致伤）罪（判决仅止于肯定了盗窃罪与伤害罪的成立）的判决有，东京地判平成 15・3・31 判タ1126 号 287 页等等。以这样的理由否定事后抢劫罪之成立的下级审判决随处可见。

合，行为人不成立事后抢劫罪，这恐怕没什么疑问。那么，重要的问题是，究竟在何种情形下，能够肯定行为人出于法所规定的目的实施暴行、胁迫行为，具有近似于抢劫罪的罪质呢？究竟在何种范围内能够认定事后抢劫罪的成立呢？关于这个问题，近来最高裁判所作出了两个应该引起注意的判例。在本章中，笔者想以这两个判例作为检讨的对象，以事后抢劫罪的成立范围问题为中心，对该罪的部分解释问题加以考察。

二、最近的最高裁判例

（一）最高裁判所于平成14年（2002年）2月14日的决定〔2〕

1. 案情〔3〕

被告人于平成11年（1999年）3月5日午后3时许，在A所居住的住宅内，窃取了该人所有的一枚戒指，然后潜藏到该房屋的顶棚里面，同日午后6时10分左右，被A发现，接到通报赶到现场的警官K以及其他2名警察发现了被告人，为了逃避逮捕，在该顶棚里面，被告人使用随身携带的手工用的长把斜刃的小尖刀，实施了朝K的脸等部位刺砍的暴行，由此导致K受到了需要接受约三周治疗时间的脸部、左手、胸部的切创伤害。另外，被告人是在同日午后，趁A不在家之时侵入了A宅，在窃取戒指后本来有充分的时间可以逃走，但被告人正在离家出走期间，无处可去，外面又很冷，所以打算藏在被害人房屋的顶棚内待几天，等宅内的人们外出时，好从顶棚内出来盗取食物，于是留在了A宅。A在当日午后4时30分左右回到家中，从餐室电视机的音量等迹象之中，怀疑到可能有人趁家中无人之时侵入进来。此后，A在午后5时30分左右，注意到顶棚内有人的移动的声音，就想到有小偷躲到了顶棚内，于是向警察通报了上述情况。

〔2〕 参见最决平成14·2·14刑集56卷2号86页。关于本判例的解说与评释有，朝山芳史：最判解刑事篇平成14年度55页以下；井上宏：警察学论集55卷7号216页以下（2002年）；林阳一：法教265号142页以下（2002年）；大久保隆志：现刑49号66页以下（2003年）；杉山德明：研修661号23页以下（2003年）；安田拓人：平成14年度重判解（ジュリ1246号）151页以下（2003年）；嶋矢贵之：ジュリ1247号166页以下（2003年）；等等。关于本案原判决的评释，有长井圆：现刑26号80页以下，等等。

〔3〕 本文所引用的案情，仅仅为最高裁判所的该判例中的相关部分。

第一审判决（仙台地判平成 11・8・23）否定了上述事实成立（事后）抢劫致伤罪（刑法第 238 条、第 240 条），而肯定了盗窃罪以及伤害罪的成立。判决认为，成立事后抢劫罪，暴行行为必须发生在盗窃的机会继续中，但从以下理由来看，不能认定本案行为人的行为发生在盗窃的机会继续中。即“被告人实施的本案暴行，是在本案盗窃戒指的行为实施完毕后，间隔了相当长的时间即在经过了约 3 个小时之后实施的，在此期间，被告人进行了改制电线设施、饮食与睡眠等一些与盗窃无关的行动，在经过的这些时间内，被告人继续待在盗窃的犯行现场即 A 宅内，并不是处于被被害人与警察发现、追赶，无处可逃等完全不可能逃走的状态而躲藏起来了，被告人可以不被任何人发现地从犯罪现场从容逃走，可是，由于被告人碰巧正在离家出走中，所以不过是为了确保一个眼下能够暂住的场所而潜藏到顶棚里面，在警察实施逮捕行为时，本案盗窃戒指的事实无论对于被害人还是对于警察，一切都还处于尚不清楚的阶段，而且既然顶棚在构造上的特点也不是家人频繁进出的场所，所以，只要行为人不弄出响动，就不容易被人知道顶棚内有人，凡此等等，可以说进行盗窃行为的居室内与顶棚里面，在距离上虽然很近，但却属于隔离的空间，如果这样评价的话，那么不但在时间上自属当然，在场所上也不能认定本案盗窃行为与本案暴行行为之间是联结在一起的，也不能认定逮捕行为及暴行行为与本案盗窃行为之间存在关联性，因此，不能认为，被告人的本案暴行行为仍然处于盗窃的机会继续中”。

针对检察官所提出的控诉，控诉审判决（仙台高判平成 12・2・22，高刑集 53 卷 1 号 21 页）认为，事后抢劫罪的成立，虽以在盗窃的机会继续中实施暴行、胁迫行为为必要，但是，“应该在对暴行或者胁迫行为所实施的场所、时间、人的关系等进行综合判断的基础上，即行为人着手盗窃犯行，或者在其犯行终了后，尚未从被害人一方的追赶之中逃脱，有被被害人等立即取回财物或者被逮捕的可能性，通过检讨行为人是否属于在上述情形下实施了暴行、胁迫行为来决定是否应该成立本罪”。判决以以下判示，肯定了行为人成立（事后）抢劫致伤罪。即：“本案盗窃行为的实施场所，是 A 所居住的占地 6 个榻榻米的卧室内，相对的，被告人所潜藏的场所，是该房间正上方的顶棚里，与上述盗窃犯行的实施场所一体地属于A管理下的场所，如果结合前述顶棚内的面积与构造等等来看，盗窃现场与顶棚的联结性就是明确的。而且，就时间上的联结性来说也是如此，盗窃犯行实施后，虽说经过了大约3个小时，但具体情形是……本案窃取行为结束后一个多小时之后回家的被害人发现有小偷侵入的形迹，并且，也看不出小偷像出去了的样子，随后被害人从顶棚里的响动发觉有人藏在顶棚里，而且再考虑到被告人在本案窃取行为结束后，仍然携带盗窃物即上述戒指继续待在盗窃现场A的住宅内，行为人在其间仍然继续存在着盗窃犯意等事实，就应该认为暴行行为与盗窃的犯行存在时间上的联结性，被告人对根据被害人的报告而赶来的警察实施暴行，在这一时点来说，被告人还没有从被害人等人的追赶之中逃脱，可以说，此时还处于有被被害人以及警察立即取回盗窃物或者是被逮捕的可能性的阶段，被告人对警察施加的本案暴行，能够被认定为是在上述盗窃的机会继续中进行的，因此，本判决认为，被告人成立与本案公诉事实中所控诉的罪名相同的抢劫致伤罪。”

2. 最高裁判所的决定

接受了被告人上告的最高裁判所，通过以下判示维持了原判决。

“根据原判决的认定，被告人从被害人那里窃取戒指后，潜逃到犯罪现场正上方的顶棚里，在犯行实施约一个小时后归宅的被害人后来发现了遭受盗窃以及该犯人仍潜藏在顶棚内的事实，在上述犯行实施约3个小时后，由于被害人的报告，被告人被赶来的警察发现，为了免受逮捕，被告人用随身携带的长把斜刃的小尖刀刺伤了警察的脸等部位，使该人受到了伤害。根据以上事实关系，应该认为，被告人在实施上述盗窃的犯行后，继续待在距离犯行现场非常近的场所之中，能够被被害人容易地发现并取回财物，或者可能被逮捕的状态处于继续之中，因此应该说上述暴行是在盗窃的机会进行中所实施的。所以，认定被告人成立抢劫致伤罪的原判决，是正确的。”

（二）最高裁判所于平成 16 年（2004 年）12 月 10 日的判决[4]

1. 案情

被告人出于窃取金钱与贵重物品的目的，于平成 15 年 1 月 27 日中午 12 时 50 分左右，从 1 楼起居室未上锁的垃圾出口侵入 B 的住宅，在该起居室窃取了装有现金的钱包以及信封，侵入数分钟后，被告人取下大门的锁，来到了户外，谁也没发现，也无人追踪，然后被告人骑着自行车前去距离约一千米的公园处。被告人在该公园内清点盗取的现金，觉得仅有三万余元太少了，于是决定再到 B 宅去实施盗窃，他骑着自行车返回 B 宅，午后 1 时 20 分左右，刚打开 B 宅大门的时候，就发现室内有人，于是关上门，走到大门外的停车场处，被归宅的家人之一 C 发现，为了免于逮捕，被告人从口袋里拿出刀，用刀尖指向 C，并左右挥动着逼近 C，C 因畏惧而后退，被告人乘机逃走。

控诉审判决认为，被告人就将所盗物品随意装入口袋之中，为了达成最初的盗窃目的，在约 30 分钟后再次回到原犯行实施的住宅中，住宅主人在被告人开关大门时注意到有盗贼侵入，并对其进行了追赶，以上述事实为理由，认为被告人的上述胁迫行为应该是在盗窃机会继续中，从而认定了被告人成立事后抢劫罪。

2. 最高裁判所的判决

接受了被告人上告的最高裁判所作出了如下判示，撤销了原判决，作出了发回重审的判决。

“根据上述事实，被告人在窃取钱包后，无人发现，无人追踪，一旦离开了犯行现场，在一定程度的时间经过以后，就应该认为，在此期间，已不存在被告人容易被被害人等发现并取回财物或是被逮捕的状况。这样看来，即便被告人其后出于再度盗窃的目的回到犯罪现场，被告人此时所实施的上述胁迫行为，也不能认为是在盗窃的机会

〔4〕 参见最判平成 16・12・10 刑集 58 卷 9 号 1047 页。关于本判决的解说有，大野胜则：《判决认定盗窃犯所实施的事后胁迫不是在盗窃的机会继续中实施的有关案件》，最判解刑事篇平成 16 年度 587 页以下；高桥则夫：《否定事后抢劫罪之成立的案例》，平成 16 年度重判解（ジュリ 1291 号）165 页以下（2005 年）等等。

继续中实施的。”

（三）判例的意义

上述平成14年的判例，以事后抢劫罪的成立要件中的暴行与胁迫行为处于盗窃的机会继续中是必要的这一点为前提，根据“容易被被害人等发现，取回财物，或者能被逮捕的状况是继续着的”的结论，由此认定本案该当于事后抢劫罪。在该判例中，更为具体化地展示了“盗窃的机会继续中”的含义与宗旨。此外，平成16年判例继受了平成14年判例，否定了在该案中存在“容易被被害人等发现，取回财物，或者能被逮捕的状况”，据此，能够认定本判例与平成14年判例一样，对于此类事例、案件的判断具有意义。这样一来，根据上述的这些判例，划定事后抢劫罪成立范围的“盗窃的机会继续中”这一要件的内容与判断方法，通过判决对案件的判断而明确了，在这个意义上，可以说，上述两判例对于事后抢劫罪的解释具有基准性的重要意义。以下，笔者想根据上述判例与以前的判例、裁判例之间的关系，并且，结合这两个判例与各个具体事案之间的关系，就上述判例所显示出的基准意义加以检讨。

三、对于“盗窃的机会继续中”的解释

（一）以前的判例、裁判例

在盗窃的犯行现场，或者紧接在犯行发生之后，如果行为人在法所规定的目的（防止返还财物的目的，逃避逮捕的目的或者隐灭罪迹的目的）下实施暴行或者胁迫行为，肯定事后抢劫罪的成立是容易的。处于如此紧迫的（犯人与被害人等之间的）对立状态之下，如果先行的盗窃行为既遂，对于行为人为了确保财物而实施的暴行或者胁迫而言，能够肯定上述行为具有近似于基于财物夺取目的的暴行或者胁迫的罪质，即使行为人是出于其他目的（仍然是法所规定的目的），也能够理解为准于以事后抢劫罪看待。此外，在盗窃未遂的场合，将行为人实施的具有法定目的的行为等同于抢劫未遂罪对待，将这一结论予以正当化的实质根据之内容就成为问题。尽管如此，但就结论而言，能够准照盗窃既遂的场合、肯定事后抢劫（未遂）罪的成立，这是毫无疑问的。问题是，在上述场合以外的情形，换言之，在场所

的、时间的关系上，如果法定的目的行为与盗窃犯行之间的联结度较低，那么到何处为止能够肯定事后抢劫罪的成立？判断的基本方法是，应根据按照犯行现场或者紧接在犯行发生之后来看待的紧迫的对立状态[5]是否持续着来进行判断。

在判例、裁判例之中经常能见到的典型的案件类型是，盗窃犯人在犯行现场开始被被害人等人追赶，在逃走的过程中，实施暴行或者胁迫行为的案件。盗窃犯人被目击犯行后被追赶，在相距犯行现场并不远的地点，因为眼看着就快要被抓住了，行为人为了逃走而施加暴行的案件，判例肯定了事后抢劫罪的成立。[6] 在上述案件中，可以说紧迫的对立状态从犯行时就持续着。此外，行为人一旦被私人作为现行犯逮捕，若是尚未被交给警察之前，可以说，行为人本人处于尚不能完全确保人身安全的阶段，因此，如果行为人此时为了逃跑而施加暴行，能够成立事后抢劫罪（这就意味着，为了从已被逮捕的状态中逃脱的暴行，也可以说属于为了“逃避逮捕”的暴行）。[7] 同样，行为人由于在电车上实施的扒窃行为被乘务员作为现行犯逮捕，乘务员准备在下一站的停车站台将行为人交给警察，在此过程中，行为人企图逃走而对乘务员施加暴行，在这种场合能够肯定事后抢劫罪的成立。[8] 此外，根据判例，一旦行为人在盗窃的犯行现场附近被发现、被追赶而来的警察逮捕，在被带走的途中对警察施加暴行，仍然能够成立事后抢劫罪。[9] 无论如何，一般认为，只要是处在能够确保行为人人身安全状态以前的阶段，就可以说紧迫的对立状态仍在继续中。

再者，学校的教官在盗窃的现场（汽车驾驶学校），用小汽车追

〔5〕 嶋矢贵之・ジュリ1247号（2003年）的论文中，使用的词语是“冲突状态”。此外，为了认定上述状态，通常需要行为人所实施的上述盗窃犯行被被害人一方所认识。不过，对盗窃的认识是概括的认识也可以，甚至，根据场合，即便被害人只存在对于侵入住宅等其他的犯罪事实的认识，也足以认定为属于该状态，存在这样解释的余地。

〔6〕 参见大判昭和8・6・5刑集12卷648页等等。

〔7〕 参见最决昭和33・10・31刑集12卷14号3421页等等。

〔8〕 参见最决昭和34・3・23刑集13卷3号391页。

〔9〕 参见最决昭和34・6・12刑集13卷6号960页。再者，在本案中，如果行为人是在被警察逮捕以前的阶段施加暴行的，只要具备其他要件，在该时点就可能肯定事后抢劫罪的成立。本案中，一旦因为被捕后的暴行而导致了伤害结果，考虑到被捕阶段之前的暴行，故以更重的抢劫致伤罪进行了追诉与处罚。

赶驾驶小汽车逃走的行为人，未发现行为人后又回到了盗窃现场（学校），而就在此时，在实施犯行约20分钟后的行为人因迷路再次出现在现场（学校）附近，受到教官们再次的追赶并被赶上，行为人为了逃避逮捕而施加暴行（使用菜刀刺杀），此案也肯定了事后抢劫罪（抢劫致死罪）的成立。[10] 在该案件中，暂时的追赶虽中断了，但是，在距离犯行发生时间较近的时间点上，由于行为人在犯行发生的现场附近再次成为被追赶的对象，行为人这时还不能被看做是已经脱离追赶处于安全状态，这样的事实是肯定事后抢劫罪的根据。此外，在工厂区域内实施盗窃行为的行为人，将盗窃物从侵入地点运送到13米以外的场所处，在使用准备好了的两轮拖车装载盗窃物时，由于该两轮拖车破损，就将盗窃物放置于该场所，盗取了其他的两轮拖车后又回到了该场所（其间，用去了25到35分钟的时间），之后在装卸搬运盗窃物的途中，行为人被门卫发现并被追赶，行为人对该门卫施加了暴行。对于该案，判决也肯定了行为人成立事后抢劫罪。[11] 在该案件中，在现场附近，行为人搬运盗窃物的意思持续着，仅仅是一时不得不中断了盗窃物的搬运（换言之，不过是运送盗窃物品离开时，比较费工夫，花了不少时间），在筹措了两轮拖车后再开始搬运，其后行为人被追赶，根据上述事实能够肯定事后抢劫罪的成立。再者，与被害人一起在自己家里饮酒，从入睡的被害人那里窃取了装有现金的钱包后，不久为了隐灭罪迹产生了杀害被害人的意思，因为有朋友们来访，经过了不少时间而不能实施杀害行为，等朋友们回去，已距离盗窃行为实施约11小时之后，行为人杀害了仍处于睡眠中的被害人。即便是这一案件，事后抢劫罪（抢劫杀人罪）的成立也得到了肯定。[12] 在该案件中，存在着被害人在行为人家中处于睡眠状态的特殊情况，行为人的杀害意思又处在继续之中，由此，肯定事后抢劫罪的成立也就成为可能。

相对于以上肯定了事后抢劫成立的判例、裁判例，有以下的案件，判决否定了事后抢劫罪的成立。首先，在距离盗窃的犯行现场约200米的路上，行为人被与犯行无关的出警中的警察招呼让其站住，

〔10〕 参见福冈高判昭和42·6·22下刑集9卷6号784页。

〔11〕 参见仙台高秋田支判昭和33·4·23高刑集11卷4号188页。

〔12〕 参见千叶地木更津支判昭和53·3·16判时903号109页。

在职务性的盘问就要进行时，行为人对该警察施加暴行，本案中事后抢劫罪的成立被否定了。[13] 在本案中，与犯行无关的职务性的盘问就要进行，这样的事实对于案件的判断很重要，由于盗窃的犯行被追究这样的对立状态是不存在的，一般认为，这是导致判决否定行为人成立事后抢劫罪的原因。其次，行为人实施盗窃未遂的犯行后，没有被追赶，从犯行现场一直逃离到约 100 米外的悬崖下，在该地点休息了大约 1 个小时后，在回去的途中，在路过距离悬崖约一百几十米的地点时，遇到了接到申请正在搜查中的警察，行为人被盘问而逃走，在逃走时杀害了该警察。对于该案，事后抢劫罪（抢劫杀人罪）的成立也被否定。[14] 如果以在距离犯行现场没那么远的地点实施暴行（杀害行为），行为人至此尚未逃脱警察的追赶为理由，肯定事后抢劫罪的成立也不是不可能的；但是犯人没有被追赶就逃走了，在此之后，紧迫的状态大致就消除了，这样的理解想来是否定事后抢劫罪成立的理由。再次，盗窃犯人在实施犯行后，未被任何人发觉，就带着盗窃物开着汽车离开了现场，在距离犯行现场 1 000 米的场所处，行为人平分了盗窃物，约 30 分钟后再次产生了盗窃的意思，回到了盗窃现场，侵入被害者家中，但在物色金钱与贵重物品之后不久，就被主人发现，行为人对主人实施了胁迫行为。对于该案，事后抢劫罪的成立也被否定。[15] 这是由于，犯行终了后，行为人带着盗窃物没有被发觉地离开了犯行现场，一旦行为人离开了犯行现场，行为人就处于没有受到被害人追究犯行的状态之下，既然如此，也就导致了否定事后抢劫罪的成立。

这样看来，较之于盗窃犯行的场所与时点，在以往的判例、裁判例中更是将行为人因犯罪行为被追赶的这种紧迫的对立状态是否继续着作为问题点，对于能够肯定这种对立状态继续的案件，事后抢劫罪的成立就被肯定。这是因为，在这种尚未平稳化的、紧迫的对立状态之下，行为人出于法所规定的目的，实施暴行或者胁迫行为，奠定了与抢劫罪近似的罪责基础。在平成 14 年判例以及 16 年判例中，被作为判断关键的行为人是否“处于容易被被害人发现，取回财物，或者

〔13〕 参见东京高判昭和 27・6・26 判特 34 号 86 页。

〔14〕 参见福冈高判昭和 29・5・29 高刑集 7 卷 6 号 866 页。

〔15〕 参见东京高判昭和 45・12・25 高刑集 23 卷 4 号 903 页。

被逮捕的状态”，正是属于这种尚未平稳化的、紧迫的对立状态而非其他。在这个意义上，平成14年以及16年的判例，可以评价为是立足于以往的判例、裁判例的集大成的基准之上。

（二）对于平成14年（2002年）判例的检讨

本案案情的特殊性是，犯人继续停留在犯行现场的顶棚里。第一审判决认为，顶棚是“距离上虽与犯行现场接近，但却是隔绝的空间”，但是，正像控诉审判决所认定的那样，可以认为“与盗窃现场之间在场所上的联结性是明显的”。此外，暴行的实施是在盗窃犯行实施经过约3个小时之后，关于这一点，控诉审判决将“行为人具有进一步实施盗窃的犯意”作为肯定暴行“与犯行存在时间上的联结性”的根据之一，但是，就像已经被指出的那样，肯定行为人打算实施另外的盗窃行为的意思本身，在判断暴行行为等是否仍处在前一已经实施的盗窃的机会继续之中时，其独自的重要性〔16〕是有疑问的。行为人具有实施另外的盗窃的意图本身，未必能够成为肯定“时间上的联结性”的根据。在本案中，已经被犯行实施约1个小时以后回家的被害人察觉到犯行这一点是重要的，与犯人在犯行现场的顶棚里继续停留着这一事实相结合，大概就能够肯定紧迫的对立状态的存在与继续了。

再者，在理解本判例时成为问题的是，是否只要盗窃犯人继续停留在犯行现场，则不管经过了多长时间，都可以认为属于“盗窃的机会继续中”〔17〕。的确，只要盗窃犯人停留在犯行现场，就能够认定犯行被被害人追究的可能性是继续着的，但是，即便犯行实施后经过了一天以上的时间，在这种场合下，还能将其认定为“盗窃机会继续中”吗？（即使是采用日常用语上的理解）这种理解恐怕

〔16〕 行为人侵入他人的店铺后，盗窃了金钱与贵重物品，正想着“就没有其他的可偷的东西吗”的时候，被发现了，行为人若实施了法所规定的目的的暴行或者胁迫，则成立事后抢劫罪（如果认定行为人的后一行为成立盗窃未遂，那么在与该行为的关系上，也成立事后抢劫罪，因此，不能肯定盗窃未遂之成立的场合就成为问题）。在这个意义上说，再次的盗窃意思的存在，对于处于盗窃的机会继续中的判断，尽管不能说是没有关系的，但是，若是与已经犯下的盗窃剥离开来，仅以再次的盗窃意思来肯定仍然处于盗窃的机会继续中，就是有疑问的。

〔17〕 井上宏在警察学论集55卷7号222页（2002年）的文章中肯定了这样的理解，而朝山芳史的论文（最判解刑事篇平成14年度69页）中，则对此理解提出了疑问。

仍是过分了。为了能够该当于“盗窃的机会继续中”，仅仅有犯行被追究的可能性是不够的，必要的是，因盗窃犯行产生的混乱状态与紧迫的对立状态的继续，一旦这种对立状态平稳化，就不能认为属于“盗窃的机会继续中”了。在处于与犯行时或者犯行现场同样的紧迫对立状态之下实施暴行等行为时，才能够肯定行为人为了逃避逮捕所实施的暴行等与基于财物夺取等目的而实施暴行的场合有相似的罪质。

（三）对于平成 16 年（2004 年）判例的检讨

肯定了事后抢劫罪成立的原判决认为，盗窃犯人将盗窃物装入口袋后，“为了实现最开始的盗窃目的，在约 30 分钟后又返回到了原盗窃的住宅中”，因此，在实质上，能够将本案同等地看待为这样的案件，即盗窃犯人在实施盗窃犯行后处于盗品能被取回的状态、并且为了物色盗窃物继续停留在犯行现场，想来判决是这样将其理解为属于“盗窃的机会继续中”（从而，此后被家人发现并追赶的行为人实施了胁迫行为而成立事后抢劫罪）。不过，最高裁判所更重视这样的事实，即被告人实施盗窃的犯行后，“无人发现，无人追赶，驾驶汽车到了 1 千米以外的公园处”。由于“无人发现，无人追踪，一旦离开了犯行现场，经过了一定程度的时间以后”，最高裁判所作出的判断是，能够被被害人追究到的状态一度已经消失了。如果被告人从一开始就打算马上回去，仅仅是一时地去了公园的话，可能会得出其他的结论，但是，在并非如此的本案中，被告人在去向公园的那一时段，认定为盗窃犯行实施终了是可能的，这样的事实评价没有什么不合理的。如果是在这样的场合，即便比照以前的判例、裁判例〔18〕，行为人一旦转移到安全的场所，就可以认为行为人被被害人等追赶的状态消失了。

四、其他问题

最后，笔者想就与事后抢劫罪有关联的一个经常被讨论的解释性问题，进行简单的评论。这就是，行为人在其他人实施盗窃行为以

〔18〕 参见前引东京高判昭和 45・12・25 高刑集 23 卷 4 号 903 页。

后，参与实施其他盗窃犯人出于法所规定的目的而实施的暴行或者胁迫行为，与这种参与者的罪责相关联的问题，即“事后抢劫罪是身份犯吗”的问题。

首先，有必要确认的是，事后抢劫罪是身份犯的见解，完全是为了解决上述共犯的罪责问题而提出的理论，与其他的解释论是没有关系的。因为，事后抢劫罪，在先行的盗窃行为是未遂的场合，也成立事后抢劫的未遂形态〔19〕，但是，如果认为事后抢劫罪是身份犯，据此得出上述结论则是不可能的。原因在于，如果将事后抢劫罪解释为身份犯，而如果本罪中的身份“盗窃犯”仅限于盗窃既遂的行为人的话，那么先行的盗窃行为在未遂的场合，就变得没有成立事后抢劫罪的余地了。与此相对的，如果认为“盗窃犯”也包括盗窃未遂的行为人，那么即便先行的盗窃行为处于未遂形态，出于法所规定的目的实施暴行或者胁迫行为，就会成立事后抢劫罪的既遂形态。总之，根据事后抢劫罪是身份犯的见解，在先行的盗窃行为是未遂的场合，无论如何都不能得出事后抢劫未遂罪的结论。

将事后抢劫罪理解为身份犯的见解，可以说是意图依据刑法第65条的适用，以形式的处理为目标，来认定上述共犯的罪责。原本，由于将形式的处理作为目的来理解，将其理解为身份犯本身欠缺实质性根据，因此，无法确定“盗窃犯”这一身份是刑法第65条第1项的身份，还是该条第2项之身份。〔20〕为了解决这一问题，在原本实质地理解第65条的身份的意义（根据其与违法、责任的关系）的基础上〔21〕，有必要追问，具有“盗窃犯”这一身份的行为人，实施了法所规定的目的的暴行或者胁迫行为的话，能够与抢劫罪施以同样处罚的实质性根据何在？不过，此时，特别是在先行行为是盗窃未遂的情形下，实质地说明其与抢劫未遂施以同样的处罚就会变得非常困

〔19〕参见最判昭和24·7·9刑集3卷8号1188页，等。通说也是采纳了此说。

〔20〕日本刑法第65条第1项规定：“对于因犯罪人身份而构成的犯罪行为进行加功的人，虽不具有这种身份的，也是共犯。”同条第2项规定：“因身份而特别加重或者减轻刑罚时，对于没有这种身份的人，判处通常的刑罚。”——译者注

〔21〕与此相对的，如果对刑法第65条作构成身份或者加减身份这种形式的理解的话，那么将这里的“盗窃犯”解释为哪一个身份为好，理论上的结论是没有的，只能根据“哪一个看上去好一些”的感觉来判断。

难。[22] 事后抢劫罪虽被形式上规定得像是身份犯，但由于不能否定行为人先行实施的盗窃罪或者盗窃未遂罪的违法性是事后抢劫罪之违法性的重要的构成要素，仅仅将事后抢劫罪解释为身份犯，是不能将这一点反映到解释之中的。[23]

〔22〕关于这一点，请参见山口厚：《刑法各论（第 2 版）》，227 页以下（2010 年）。简单地阐述其理由，就是因为不能肯定盗窃未遂犯人所实施的暴行、胁迫行为本身与抢劫未遂罪具有同样的违法性（因为有关盗窃未遂的违法性不被考虑），另外，在上述情形下，即便将盗窃未遂犯人所实施的暴行与胁迫解释为比一般的暴行或者胁迫行为的责任要重，恐怕也不能认为值得施以与抢劫未遂罪同样重的处罚。

〔23〕参见山口厚：《“共犯的因果性”的一个侧面》，载《神山敏雄先生古稀祝贺论文集（1）》，349 页以下（2006 年）。

第16章 诈骗罪中的交付行为

一、导言

刑法第246条所规定的诈骗罪，在两种场合下成立，即在“欺骗他人使其交付财物”的场合（第246条第1项），或者根据同一方法“取得财产上的不法利益，或者使他人取得”（第246条第2项）的场合下成立。前者是以财物为犯罪对象的诈骗罪（财物诈骗罪、诈骗取财罪、第1项诈骗罪），后者是以财产上的利益为犯罪对象的诈骗罪（利益诈骗罪、诈骗利得罪、第2项诈骗罪）。在法律条文上，关于第1项诈骗罪的成立，“使他人交付”财物是必要要件，在第2项诈骗罪中也是如此，因为取得财产上利益的方法与取得财物的方法是相同的，从而，“使他人交付”财产上的利益也就成为第2项诈骗罪成立的必要。这样看来，成立诈骗罪，以财物、财产上的利益从被欺骗人那里“交付”为必要，因此，基于欺骗的交付行为（也叫处分行为）的存在是诈骗罪的成立要件。平成7年（1995年）修订前的刑法第246条第1项仅仅规定了“欺骗他人从而骗取财物”，交付行为是“不成文的要件”，现在，该要件已被明文要求了，这一点是首先要留意的。

这样，被欺骗者的交付行为之存在是诈骗罪的成立要件这一点虽是明确的，但问题是，究竟能够将哪种情形认定为被欺骗者的交付行为呢？而且，比如说，即便是在公司的职员被欺骗后将公司的财产交付的场合，为了保护作为财产的归属主体的公司，想来也应该肯定诈骗罪的成立（或者是能够这样来理解），但是，承担损害的是作为财产归属主体的被害人，但又是被害人以外的人进行了财物的占有转移行为的场合，究竟在具备何种要件之下能够肯定诈骗罪的成立也成为问题（由于上述场合中的欺骗行为人、被欺骗人、被害人这不同的三者具有关联，上述场合被称为三角诈骗）。如后所述，在三角诈骗的情形下，被欺骗者与被害者虽是不同的人，但被欺骗者与交付行为者却必须是同一人，成为疑问的是，究竟什么样的人可能成为交付行为者。

最近，出现了包括上述这些问题的、与诈骗罪中交付行为问题相关的判例，给了笔者再次思考此问题的契机。笔者想在关注判例对于交付行为的构成、理解的同时，思考交付行为的含义与要件。

二、最高裁判所于平成 15 年（2003 年）12 月 9 日的决定〔1〕

（一）案情

在本案（以下，提到“本案”时，指的是与本决定相关的被诉案件）中，裁判所通过一些相关事实，肯定了被告人诈骗罪的成立，但是，在与最高裁判所判例的关系上，成为问题的是以下事实。

被告人是宗教组织的首领，他与 K 共谋，对因生病而苦恼的被害人等人伪称，生病的原因是“灵障”，进行“烧锅”（日文：釜焚き）的仪式有治愈疾病的效果，然而真相是，被害人生病的原因并非所谓的“灵障”，有“烧锅”之称的仪式也没有直接的并且是确实的治病的效果，被告人通过虚构上述事实，意图使被害人产生错误认识，并要求其支付以“烧锅费”名义的费用。并且，被告人劝不能立即支付“烧锅费”的被害人，让这些被害人假装从被告人等经营的药店去购买商品，并和支付这笔购入费用的信用业从业人员签订了信用合同（垫付金合同），劝被害人通过利用让信用业从业人员垫付垫付金的方法来支付“烧锅费”。同意了上述方法的被害人，从上述药店假装买卖商品，并签订了信用合同，基于此，信用业从业人员向被告人所管

〔1〕参见最决平成 15・12・9 刑集 57 卷 11 号 1088 页。关于该判例的解说有，多和田隆史：《甲欺骗乙意图使其交付金钱，为了达成上述目的，甲与乙又欺骗丙，从丙那里得到了上述金钱的交付，在上述场合，甲对乙是否成立诈骗罪》，最判解刑事篇平成 15 年度 605 页以下；林美月子：《诈骗来的被骗取金是因新的诈骗而进行的支付》，法教 287 号 104 页以下（2004 年）；木村光江：《使被害人通过信用公司来交付金钱的场合与诈骗罪的成立与否》，平成 16 年度重判解（ジュリ 1291 号）169 页以下（2005 年）；和田俊宪：《第三人对于被诈骗金的垫付与诈骗罪的构造》，ジュリ 1303 号 166 页以下（2005 年）；等等。

理的活期存款户头汇入了相当于货款的金额。

在第一审判决中，对于上述事实，辩护人主张，由于不存在商品交付，故信用合同不成立，那么支付垫付费用就应该是不可能的，此外，合同当事方也能够行使停止支付的抗辩权，尽管如此，合同当事方却没有行使抗辩权，是因为合同当事人就是伪造合同欺骗了信用业从业人员的人，诈骗的被害人就是骗取垫付款的诈骗犯罪人，限于这个意义上，公诉应该被驳回。对于辩护人的主张，第一审判决（青森地判平成11・11・18）以“上述被害人等，为了向K支付钱款，以药费的名义使信用公司垫付该费用，让信用公司负担了债务。这样的场合之中，由于各被害人使信用公司负担了债务，令信用公司垫付的金钱该当于诈骗的损害结果，这一点是明确的”为理由，肯定了诈骗罪的成立。

在控诉审中，辩护人主张，根据信用合同而汇入的金额部分，应该作为K以及一部分被害人对信用业从业人员所诈骗的骗取金来评价，因此，不能评价为被告人与K基于共谋诈骗的骗取金。但是，控诉审判决（仙台高判平成13・4・26）认为，“就原判决骗取金中根据信用合同汇入的金钱部分而言，其作为本案诈骗的结果，是由于被告人对顾客伪称本案烧锅仪式的有效性，顾客为了支付烧锅仪式的对价，与信用公司签订信用合同，并以购买中药货款的名义取得的垫付款，换言之，顾客因为本案的诈骗而被骗的结果，不过是就其已经决定支付的钱款的支付方法而言，利用了信用公司而已，顾客原本就决意接受烧锅仪式，并决意支付这一仪式的价款，就价款的筹措方法本身作出了新的行为这是另一回事，对于后一行为来说，不管顾客是否对信用公司成立诈骗罪，应该认为被告人对于前一行为，对顾客成立烧锅费用的诈骗罪”，以此为理由，驳斥了辩护人的主张。

被告人提出了上告，辩护人为支持上告，提出了以下主张：(1) 对于根据信用合同而汇入的金额部分，应该将其评价为是K以及一部分被害人对于信用业从业者的欺诈行为，将其评价为被告人与K共谋实施的诈骗行为是没有余地的。(2) 一部分被害人假装进行商品买卖，使信用业从业者垫付烧锅仪式对价的行为，对于信用业从业者而言是新的法益侵害行为，不能认定是为了支付烧锅仪式的对价，从信用业从业者那里得到了垫付款。(3) 本案被害人与K的行为是对信用业从业者的诈骗行为，因为K没有直接从被害人那里骗取金钱，所以既然对信用业从业者成立诈骗罪的既遂，又认定K与被告人共谋对被害人也成立诈骗既遂，结果就是对诈骗金额进行了二重评价。可以认为，原判决将从信用业从业者处基于伪装买卖产生的中药药费名义下取得金钱的行为，认定为属于被欺骗人（被害人）与财产上的被害人（信用业从业人员）不是同一人的场合，肯定了被告人成立诈骗罪的既遂。但是，由于被欺骗人不过是基于与K的共谋或是作为K的工具，从财产上的被害人那里骗取了金钱而已，对于诈骗目的物而言，被骗者既没有能够处分的权限又欠缺处分的地位，所以原判决的判示是不妥的。

（二）最高裁判所的决定

最高裁判所以以下判示，肯定了被告人成立诈骗罪。

“根据以上的事实关系，被告等人为了欺骗被害人等、骗取烧锅仪式费用名义下的金钱，让被害人等通过与信用业从业人员签订上述信用合同，通过垫付款的方式使被害人支付了金钱，这样的认定是妥当的。

“在这样的场合，被告人等以及被害人等假装进行商品买卖使信用业从业人员垫付垫付款的行为，是否对信用业从业人员构成另一个诈骗罪，不能左右本案诈骗罪的成立与否。

“因此，认定本案被告人成立诈骗罪的原判决，是正确的。”

（三）问题的所在

如果将本案中成为问题的事实关系进行单纯化与简略化的表示，那就是，X意图欺骗A并诈取其金钱，而让A支付金钱的方法是，让A与B缔结基于假装买卖的信用合同，根据该信用合同X从B那里取得了垫付款。X是欺骗行为人，A是被害人，但金钱是根据A与B之间的合同，由B向X支付（并且A使B垫付货款这个事实本身有构成诈骗罪的可能性），这一点是本案的特征所在。换言之，由于X的欺骗所导致的A的认识错误与由B所垫付的费用之间的关系应该如何把握，交付行为是如何构成的，是本案的问题点。如果，假设本案的案情是，A从B那里受领了金钱，其后，将其转移给X，该转移行为是基于X的欺骗行为而进行的交付行为，这种情况能肯定诈骗罪的成立是毫无疑问的。但是，在金钱不经由A而直接被支付给X的本案中，判决认为值得与上述设例进行实质上同样的评价〔2〕，那么需要追问的是，应该如何理解本案中的交付行为，从而能够肯定诈骗罪的成立？

对于这种类型的案件，在以前的下级审判决中，有这样的判决，即以“被欺骗者与作为欺骗的结果进行财产上处分的人（财产上的被害人）未必是同一人，只要在事实上或者法律上，被欺骗者有或者可能有，使财产上的处分人（被害人）处分被害财产的可能地位就足以认定诈骗罪的成立”为理由，对于欺骗了进口业的从业人员，使其在交易银行开设商业信用证，试图取得信用证的保证支付的利益的行为，肯定了诈骗未遂罪的成立。〔3〕不过，这种认为被欺骗者与交付行为者即使不同也成立诈骗罪的见解，如后所述，是有疑问的。另外，在C恐吓了D，让D与E信用公司订立了虚假的信用贷款协议，从E那里取得了金钱的这一事例中，D如果提出了债务不存在的抗辩，就无须负担贷款的支付义务，很难认为是C恐吓并取得了D所能支配的利益，D签订虚假的信用贷款协议使信用公司汇入垫付款属于新的法益侵害，无法评价诈骗行为与损害结果之间存在因果关系，而且，由于D与E之间没有特殊的权利义务关系，所以不能将C从E那里得到的汇款评价为是从D那里得到的交付，依据上述情况，也有检察实务方面的专家主张，被告人不成立对D的恐吓罪（而是成立对E的诈骗罪）。〔4〕因此，可以说，为了肯定类似于本案这样的事实关系的场合成立诈骗罪，存在几个应该需要检讨的问题。

〔2〕在顾客使信用公司垫付费用的行为不构成诈骗罪的场合，这一点就是很明白的。

〔3〕参见大阪高判昭和60·11·28刑月17卷11号1090页。关于该判例的解说有，垣口克彦：《信用证交易与诈骗罪——被欺骗者与处分行为者不同的情形下诈骗罪的成立与否》，载佐佐木史郎编：《判例经济刑法大系（3）刑法》，19页以下（2000年）。

〔4〕参见小黑和明：《胁迫使其签订汽车等的所谓信用贷款协议并取得金钱场合的法律适用》，研修597号87页以下（1988年）。此外，参见本江威憙监修：《与民商事交错的经济犯罪Ⅲ》，14页以下（1997年）。

三、交付行为的要件

作为对本案案件予以解决与评价的前提，笔者想先就诈骗罪成立要件中的交付行为的含义与要件进行检讨。[5]

（一）交付意思

规范物[6]的占有之移转的移转罪，一般被区分为违反了占有者意思的盗取罪（盗窃罪与抢劫罪）与基于占有者意思的交付罪（诈骗罪与恐吓罪），划分上述两种犯罪类型的界限，就是交付行为的要件。[7] 由此，有关物的转移的“占有者意思”的具体模式成为认定交付行为的重要标准（这是交付行为中交付意思的问题，在学说上，存在着要否及其内容之争[8]）。违反占有人意思转移物的占有的情形下，成立盗窃罪，所以，一般认为，诈骗罪的成立，至少需要占有的转移不违反占有者的意思，在这个限度之内，作为交付行为的要件，交付意思是必要的。

如果是基于占有人的意思转移占有人有认识的犯罪对象时，就能够否定违反占有者意思的占有转移，从而盗窃罪的成立被否定，毫无疑问应该将其认定为交付行为。此外，限于篇幅的关系，本书虽然要回避对盗窃罪与诈骗罪的差别进行详细的论述，但是从诈骗罪的含义

〔5〕 最近，对于交付行为加以检讨的研究有，山中敬一：《有关诈骗罪中的“处分行为”的一个考察》，载《阿部纯二先生古稀祝贺论文集·刑事法学的现代课题》，315 页以下（2004 年）；山中敬一：《诈骗罪中对于他人财产的处分行为》，关西大学法学论集 52 卷 4·5 号 475 页以下（2003 年）。此外，笔者关于交付行为的理解，参见山口厚：《诈骗罪中的处分行为》，载《平野龙一先生古稀祝贺论文集（上）》，441 页以下（1990 年）；山口厚：《问题探究 刑法各论》，146 页以下（1999 年）；山口厚：《刑法各论（第 2 版）》，254 页以下（2010 年）。

〔6〕 关于财产上的利益，除了仅以物为犯罪对象的盗窃罪以外，其他罪准照物的标准进行认定就足够了。

〔7〕 如果犯罪对象是物时，依据交付行为的有无，能够区别盗窃罪与诈骗罪；如果对象是财产上的利益时，能够区别诈骗罪与不可罚的利益盗窃。

〔8〕 从独自见解出发，对于这一问题加以整理与检讨的文章，参见铃木左斗志：《关于诈骗罪中的“交付”》，载《松尾浩也先生古稀祝贺论文集（上）》，515 页以下（1998 年）。

来看〔9〕，在考虑到能够明确地肯定交付行为的案件与是否成立盗窃罪的案件之间的实质的均衡性时〔10〕，产生了新的见解，即，即便占有人完全没有认识到移转的犯罪对象的存在，只要能够肯定物的移转是“基于占有人的意思”这一个方面，就能够（通过缓和交付意思要件）肯定交付行为。〔11〕目前，在学说中，类似于此类通过缓和交付意思的要件，更为宽泛地认定交付行为概念的见解，可以说是有力的见解。〔12〕但是，像这样宽泛地认定交付行为的范围的场合，可以说，没有被认识的物的移转也有作为“违反了占有人的意思”来看待的可能，因此，如果基于这一点，上述情形“难道不成立盗窃罪吗?”就可能是个问题。关于这一点，如果肯定盗窃罪与诈骗罪有成立竞合的可能性，因为法益侵害只有一个，那么这种竞合就属于法条竞合，这就产生了优先适用何者的问题。这一场合，由于早先两者的法定刑是一样的，很难确定优先适用哪个法条，这种情形下，“无论成立哪个罪都可以”〔13〕，这种说法终究不能成立，所以，就要求对于交付行为作适当的解释，从结果上避免两罪的竞合本身。现在说来，诈骗与盗

〔9〕笔者认为，诈骗罪（1）是利用了由于欺骗而导致的被欺骗者的错误的（间接正犯的）“自己加害罪”，其中，（2）将占有转移理解为基于交付行为而进行的。要求（2）的要件是因为，有必要将诈骗罪与盗窃罪的间接正犯形态相区别。在这个意义上说，对（2）交付行为之要件的理解，是有必要独立于对（1）的理解而单独作为问题的。

〔10〕均衡性问题本身，虽也属于学说上讨论的对象，一般认为，如果是对被移转物的价值进行的欺骗，能够成立诈骗罪（例如，销售对象物的价值不是100万元而是10万元），如果欺骗的不是所转移的物的价值，而是数量，在均衡性的问题上，肯定诈骗罪之成立也是可以想见的（例如，在装箱的销售对象有100个A时，欺骗说只有10个A）。此外，若是肯定对数量的欺骗成立诈骗罪，那么，如果混入的是异质物（例如，装箱的销售对象不是100个A，而是混装了比A价值更高的10个B），是否也能从均衡性上肯定诈骗罪的成立，也成为问题。

〔11〕林干人在他的《刑法各论（第2版）》（2007年）第235页中，针对通过交付行为来区别诈骗罪与盗窃罪的见解，批评说从诈骗罪的本质出发无法解释交付行为的含义。这是一种误解。那一见解也是意图通过考虑两罪的不同含义从而导出适当的结论，并非好歹只要将两罪区别开来就够了。

〔12〕这里所说的有力的见解，除了有一部分见解要求严格的交付意思以外，大部分的见解认为没有必要探讨所谓无意思的交付行为的肯定说与否定说。上述见解产生对立的原因是，交付意思是大致严格一些来认定还是能缓和一些来确认，这是差别的原因。

〔13〕林干人：《诈骗罪中的处分行为》，载芝原邦尔等编：《刑法理论的现代展开 各论》，214页（1996年）。

窃两罪法定刑的上限虽是一致的，由于罚金刑的追加使得盗窃罪的法定刑的下限变轻了[14]，所以主张应该优先适用诈骗罪这样的理解虽然也不是不可能的，但不管怎么说，应该要对交付行为的含义予以适当的解释，因交付行为的存在而否定盗窃罪的成立。在这个意义上，必须这样来理解，即交付行为划定了诈骗罪与盗窃罪（或者是不可罚的利益盗窃）的区别界限。

（二）三角诈骗中的交付行为

1. 扩张交付行为者范围的必要性

被欺骗而交付物或财产上的利益的人，虽在很多情况下都是由于被欺骗而丧失了物或财产上利益的被害人，但也不限于此。经济活动活跃化后，财产处分并非只能由财产权的主体所行使，从所有权主体那里得到授权者也开始能进行财产处分行为。即便是在欺骗被授权者使其作出错误的财产处分的场合，也有必要针对欺骗所导致的财产侵害而保护财产权的主体。这样，诈骗罪中交付行为的主体，较之遭受损害的财产权的主体而言，存在予以扩张的趋势。

因此，即便在被害人与交付行为人不是同一人时，诈骗罪的成立也会被肯定（三角诈骗）。这一场合，根据一直以来的判例与通说，被欺骗人与交付行为人必须是同一人。因为如果不是这样，就无法肯定“由于欺骗而交付”这一诈骗罪成立所必要的直接的关系。学说上，有见解以诉讼诈骗的案件为由，认为被欺骗者与交付行为者不是同一人也可以成立诈骗罪[15]；在上述情形时，也有见解认为，成立诈骗罪需要的是“处分行为者的行为处于被欺骗者的意思的支配之下”[16]。该见解是将交付行为作为现实地转移物的事实行为看待

---

〔14〕 原来日本刑法的盗窃罪（第 235 条）与诈骗罪（第 246 条）的法定刑是一样的，都是“十年以下惩役”。但是，2006 年 5 月 28 日，日本刑法作出了部分的修正，盗窃罪的法定刑被修正为“十年以下的惩役或者 50 万元以下的罚金”，对于盗窃罪的法定刑追加了可以选科 50 万元以下的罚金。——译者注

〔15〕 参见团藤重光：《刑法纲要各论（第 3 版）》，614 页（1990 年）。

〔16〕 福田平：《全订刑法各论（第 3 版）》，249 页（1996 年）。

的〔17〕，但是，在三角诈骗的场合，不仅被欺骗者与（根据上述见解的）交付行为者之间的“意思支配”关系之存在为必要的见解是过分的要求（一般认为，如果被授予了财产处分的权限，并不一定需要授权人与被授权人之间有“意思支配”的关系，被授权者就能够成为交付行为主体），而且如上所述，肯定被欺骗者与交付行为者不一致，这一见解原本就是不妥当的。

2. 三角诈骗中的交付行为者的范围与要件

那么，在三角诈骗的场合，究竟哪些人可能成为交付行为者？这里，诈骗罪与盗窃罪的间接正犯之间的区别成为问题。（例如，行为人看到别人家的院子里别人的足球，于是拜托路过的年轻人说：“那就是我自己的，想把它拿出来。”年轻人翻过栅栏取出了足球，上述情形中，行为人仅仅成立盗窃罪的间接正犯。上述案件表明，欺骗被害者以外的人从而取得被害者财产的行为也未必一定成立诈骗罪，同时也说明，究竟在何种情形下成立诈骗罪是需要解决的问题。）

行为人欺骗裁判所，取得了对自己有利的判决，并由此取得了他人的物，关于这一诉讼诈骗案件，判例认为，被欺骗者与被害者不是同一人时也可以成立诈骗罪，但是在这样的场合，“要求被欺骗者具有为了被害者能够处分其财产的权能或者地位”〔18〕。

学说之中，大部分的见解想来仅仅是停留在同意上述判例的立场上，但是，关于这个问题，大致上区分，还是有以下几种可能的见

〔17〕 在大塚仁《刑法概说（各论）（第3版补订版）》252页（2005年），高桥省吾《大コンメンタール刑法（第2版）（13）》74页（2000年）中，交付行为是被作为事实行为看待的，但是又另外肯定了财产处分行为的概念。而后者才是本章中作为问题点的交付行为。因此，上述论者所指的“交付行为”仅仅是一个不具有法的意义的事实概念。林美月子在《诈骗来的被骗取金是因新的诈骗而进行的支付》（法教287号104页，2004年）一文中也持类似见解，上述见解似乎有招致混乱的嫌疑。有关此点，参见山中敬一：《诈骗罪中对于他人财产的处分行为》，关西大学法学论集52卷4·5号480页（2003年）。

〔18〕 最判昭和45·3·26刑集24卷3号55页。虽然这里无法对有关诉讼诈骗的问题进行详细的论述，但请暂且参见芝原邦尔：《诈骗罪中的欺骗与骗取》，载西原春夫等编：《判例刑法研究（6）》，237页以下（1983年）；柳俊夫：《所谓的诉讼诈骗及其是否成立诈骗罪》，载《案例解说经营刑事法Ⅰ》，96页以下（1986年）；京藤哲久：《三者间诈骗》，载阿部纯二等编：《刑法基本讲座（5）财产犯论》，199页以下（1993年）；等等。

解：(1) 认为只要处分行为者属于被害者“阵营”足矣的阵营说[19]，(2) 必须要求是从被害者那里被授予了有关财产的处分权限的授权说[20]，(3) 指有可能使财产处分的效果及于被害人的效果说。首先，关于 (1) 阵营说，属于特别地试图以被欺骗者的主观为基础而扩张交付行为者的范围的一种论断，感觉上虽说也有容易理解的侧面，但同时，这样地扩张其范围，其规范的根据却未必明确。相对地，(2) (3) 说明显都是着眼于规范的侧面，可以说是比较相似的见解，两者的差别在于，对于所要求的交付行为者地位的性质，是从权限的侧面来看，还是从效果的侧面来看。不过，两者还是存在其他不同之处。即，根据 (2) 授权说，(a) 从被害人那里得到财产处分授权时，(b) 像诉讼诈骗案件中的裁判所那样，根据法的规定被授予财产处分权限时，能够肯定被授权人具有能够作出交付行为的地位；根据 (3) 效果说，还有 (c) 根据保护善意人的规定，在结局上能够具有处分他人财产的地位时（例如，Ⅰ债权的让与人 A，隐瞒了让与债权的事实，向债务人 B 发出了履行债务的请求，并得到偿还，其结果是，债权的受让人 C 对债务人丧失了债权的场合。Ⅱ受委托保管存款存折与印章的 A，不法地从银行 B 那里取回存款，而因银行免责，存款人 C 丧失存款债权的场合），也能肯定善意保护人能够具有进行交付行为的地位。虽然笔者以前一直支持授权说，但是，对于 (c) 类型而言（在上述设例中，不是将 B 看作诈骗的被害人，而是将 C 看作诈骗被害人），是否应该肯定三角诈骗的成立？（换言之，是否应该从正面来采用效果说？）关于此点，将经济上的被害人作为法律上的被害人对待是可能的（换言之，在上述设例中，不是将 B，而是将 C 作为被害者对待是可能的），笔者现在认为，尝试检讨采用效果说的可能性是有价值的。

3. 本案中的交付行为

在本案中，进行金钱转移的是信用业从业人员，对被害者而言，

〔19〕 参见中森喜彦：《刑法各论（第 3 版）》，122 页（1911 年）等等。

〔20〕 参见西田典之：《刑法各论（第 6 版）》，200 页（2012 年）；山口厚：《诈骗罪中的处分行为》，载《平野龙一先生古稀祝贺论文集（上）》，459 页以下（1990 年）；等等。认为前述判例的立场依据了这种学说是可能的。

若是肯定信用业从业人员具有“能够处分被害者财产的权能或者地位”〔21〕，那么，信用业从业人员自身才成为被害者，由此，作为诈骗罪的构成，被害者本人由于让信用业从业者交付了财产而自己遭受了损害，这样的理解想来才是对的。最高裁判所的判例也以“使被害者……交付了金钱”为理由，将被害者介入了信用业从业人员，使其汇入金钱的事实确认为交付行为了。

（三）直接性

交付行为，必须是直接转移物或者财产上利益的行为。这被称为交付行为的直接性要件。〔22〕在本案中，这也关系到对这个要件的理解。

为了认定交付行为的存在，如果对象是物，必须有使被害人转移物之占有的行为存在，在保持被害者占有的同时仅仅使其“迟缓”的行为是不够的。例如，A 通过欺骗引开物的占有者 B 的注意，趁机取得了对于物的占有的场合，成立盗窃罪而不是诈骗罪。原因何在？因为引开 B 的注意的行为，并非转移物的占有给 A 的行为，仅仅是使 B 迟缓了对物之占有的行为，为了转移对物的占有，欺骗行为者 A 进一步的对物的占有转移与取得行为是必要的，但这时的占有转移并非基于占有者 B 的意思，而是违反了其意思。〔23〕像这样，在被欺骗者的行为实施后，为了现实地转移物的占有，（1）在欺骗行为者的转移行为进一步成为必要的情形下，被欺骗者的行为不能说是转移物之占有的交付行为，但是，存在问题的是，被欺骗者的行为实施后，（2）如果第三者的行为成为必要的场合，（3）如果被欺骗者的进一步实施的

〔21〕林美月子：《诈骗来的被骗取金因新的诈骗而进行的支付》，法教 287 号 104 页（2004 年），该文像是肯定了信用业从业人员有处分被害者财产的权能或者地位，但是，却认为本案与三角诈骗有区别，所以该理解是不明确的（更进一步，请参见本章注〔17〕）。对交付行为本身与交付的方法和手段进行明确的区别是有必要的。

〔22〕林干人教授在其论文《诈骗罪中的处分行为》（载芝原邦尔等编：《刑法理论的现代展开 各论》，219 页，1996 年）中，对于是否需要直接性要件本身提出了疑问。但是，亦如本文所述，该要件具有重要的意义。

〔23〕在有关被欺骗者自己打算自己交付，于是将装入现金的包袱从家的里屋拿到大门口，门口只留下被告人一人，自己去了卫生间，被告人乘机拿着现金逃跑了的案件中，最判昭和 26・12・14（刑集 5 卷 13 号 2518 页）判示认为，被害人因为受欺骗将财物放置于行为人的自由支配范围内，故被告人成立诈骗罪。由此可以说，该判决是有疑问的。

行为成为必要的场合。

从结论上来看，在上述（2）的场合，将先前进行的被欺骗者的行为看作交付行为想来是不存在障碍的。例如，欺骗行为人以支付货款作为欺骗理由，被欺骗者将商品交付给欺骗行为人，在这一设例中，被欺骗者并非自己配送商品，而是委托配送公司上门配送商品，在这一案例中，能够肯定欺骗行为人诈骗罪的成立也是当然的（对于上述情形，能够认为，被欺骗者委托商品配送的行为是交付行为，配送公司的行为不过是指向占有转移的因果经过的构成事实而已）。与此相对的，就（3）的场合而言，有必要作出若干检讨。在上述设例中，在将欺骗行为者与被欺骗者签订商品买卖合同、被欺骗者负担商品的交货义务解释为交付行为时，委托配送公司配送这样的被欺骗者的行为，对于物的转移而言是进一步必要的。但是，在采用了这样的行为构成的场合，大概应该认为，欺骗行为者取得了对被欺骗者的商品的交付请求权，欺骗行为者成立第 2 项诈骗既遂。如果认为，由于物之现实的转移就应该肯定诈骗既遂的成立（原则上，这样理解是妥当的），那么对于类似于（2）的情形，就有可能将指向物的现实的转交行为确立为交付行为，在我看来，也应该这样来理解。无论如何，在与作为交付行为的要件之一的直接性要件的关系上，第三者行为的介入不能违反这一要件。

本案中被害者的交付行为，是令信用业从业人员垫付垫付款的行为，此后，信用业从业者虽也作出了给欺骗行为人汇入货款的行为，但是，从这一行为与直接性要件之间的关系来看，并不妨碍认定被害者上述使信用业从业人员垫付垫付款的行为是交付行为。

根据以上分析，本案中被欺骗者的交付行为是，被欺骗者在负担对于信用业从业人员的返还债务的义务的同时，也接受了其在金钱上的借贷，将所借贷的金钱通过信用业从业人直接汇入欺骗行为者所管理的存款户头的行为。通过汇款而转移了金钱，所以成立诈骗既遂（在本案中，第一审判决也肯定了对于汇款成立第 1 项诈骗罪，这一点也没有成为争议的焦点，该解释也没有被变更），被欺骗者使信用业从业人员进行汇款行为的反面是，被欺骗者负担对于信用业从业人员的返还债务，这属于实质的被害。在这里，信用业从业人员仅仅是作为被欺骗者即交付行为者的所谓“道具”，进行了金钱的转移行为。

四、对于本案的若干检讨

笔者已经论述过，作为被欺骗后所支付金钱的支付方法，使信用业从业人员垫付货款的事实本身，不妨碍肯定进行上述行为的委托人的行为是交付行为。但是，本案事实的特殊性在于，被欺骗者即被害者的（使信用业从业人员垫付货款的）交付行为，该行为本身，是能够成立诈骗罪的行为。关于这一点，最高裁判所作出了以下判示："假装进行商品买卖而使信用业从业人员交付垫付金的行为，是否对信用业从业者构成另一个诈骗罪，并不左右本案诈骗罪的成立与否"。

假设被欺骗者从信用业从业人员那里拿到了金钱，然后将金钱交付给了欺骗行为者，在这种情形下，不论从信用业从业人员那里取得金钱本身是否构成犯罪，能肯定欺骗行为者成立诈骗罪是没有疑问的。作为所交付金钱的筹措方法，不过是被欺骗者另外实施了犯罪罢了。在这个意义上，作为结论，就本案事实而言，即便被欺骗者的交付行为另外成立诈骗罪，想来也很难采纳否定欺骗行为者成立诈骗罪的结论。不过，在本案中重要的是，在诈骗罪的成立上成为问题的，是将对被欺骗者而不是对信用业从业人员造成的法益侵害作为诈骗罪成立的理由。在将这一法益侵害作为理由，考虑是否成立诈骗罪时，（对于信用业从业人员）是否造成了其他的法益侵害，只不过是就其他的法益侵害而言的另外的构成要件该当性的问题，在将对于被欺骗者所生的法益侵害而言的构成要件该当性作为问题的场合，两者是没有直接的关系的。再者，上述评价是以坚持将被欺骗者作为被害者来认定具有实质上的正当性这一点为前提而进行的。本案中信用合同的具体内容虽不明确，但是，如果存在被欺骗者以虚假买卖为理由不负担支付义务这类的事的场合，那么大概就应该存在这样的问题，即，其是否对信用业从业者成立诈骗罪。

此外，在本案中，公诉机关虽然没有提起对于信用业从业人员进行诈骗的起诉，但是，假设（妥当与否另当别论）提起了这样的诉讼，则成为问题的是，对被欺骗者进行的诈骗与对于信用业从业人员进行的诈骗之间的关系。就像辩护人所主张的上告理由那样，在这种场合，如果肯定了两罪的成立，就会产生一个问题，即一份骗取金，成为两罪成立的基础，这难道不会导致双重评价吗？关于这一点，由于信用业从业人员的垫付金和被欺骗者的支付债务是各自不同的法益侵害，故虽然两罪的罪数关系（是并合罪还是包括的一罪）可能是个问题，但是肯定两罪的成立恐怕并不是不可能的。[24]

〔24〕 林美月子在《诈骗来的被骗取金是因新的诈骗而进行的支付》（法教 287 号 105 页，2004 年）一文中，基于“被欺骗者具有使信用业从业人员垫付费用的地位”的立场，肯定了两罪的成立。在我看来，这样的理解存在所谓形式的矛盾。

第 17 章 信用卡的不法使用与诈骗罪的成立与否

一、导言

与信用卡公司签订会员合同，接受了信用卡之交付的人，到与信用卡公司签订了加盟店合约的加盟店去，通过出示信用卡，不支付现金也能进行购买商品等消费行为。这是因为，会员在加盟店内购入商品时，加盟店将已制作的销售票额发送给信用卡公司，基于此，加盟店从信用卡公司那里能够取得相当于价款金额的垫付款（正确的说，是从相当于价款的金额里扣除了一定手续费用后的金额），然后，由信用卡公司请求持卡会员支付相当于价款金额的金钱。〔1〕时至今日，使用具有上述功能的信用卡进行购买商品等交易（信用销售交易），已经非常的普及了。手头即便没有现金也能购买商品，这本身（对于消费者而言，此外，即便对于加盟店而言在促进了销售这一点上）就成为方便与利益〔2〕，但是也产生了滥用该制度、不法使用信用卡进行商品购买的案件。作为应对上述案件而作出的法的对应措施的一环，上述案件是否成立犯罪（特别是是否成立诈骗罪）就成了问题。

大致可以将信用卡的不法使用案件区分为：(1) 不法使用他人名义的信用卡案件；(2) 不法使用自己名义的信用卡案件。其中，后者 (2) 是，持卡会员没有向信用卡公司支付相当于购买商品等价款金额的能力与意思，仍然持信用卡在加盟店进行购买商品等消费行为的案

〔1〕 参见佐伯仁志、道垣内弘仁：《刑法与民法的对话》，182 页以下（2001 年）。

〔2〕 反过来说，信用卡制度也造成了持卡会员超出自己的还款能力购入商品所带来的多重债务问题，这一点自当别论。

件，问题是，持卡会员对能从信用卡公司领受相当于价款的垫付款的加盟店成立诈骗罪吗？以不成立诈骗罪说的主张为首，学说上展开了激烈的争论。与此相对的，关于前者（1），不法使用窃取的或者伪造的他人名义的信用卡，可以说，肯定其成立诈骗罪本身没有特别的疑问。不过，就肯定案件（1）成立诈骗罪的理由而言，还存在应该检讨的问题。此外，在有关从卡的名义者那里得到允许而使用了他人名义的信用卡的案件中，上述疑问就越为明显。最近，关于该问题，最高裁判所判决了一个具有深远意义的判例，因此，笔者希望以该判例为契机，对有关信用卡的诈骗案件予以若干的检讨。

以下，笔者首先将对（2）不法使用自己名义的信用卡案件加以检讨，其后，将进行有关（1）的不法使用他人名义信用卡案件的检讨。

二、不法使用自己名义的信用卡

行为人不具有支付相当于价款金额的能力与意思，却在加盟店持信用卡购买商品，在上述场合，行为人欺骗了加盟店，成立诈取商品的第1类诈骗罪（财物诈骗罪）[3]是下级审裁判例的态度。[4]在这一案件中，关于行为人是否成立诈骗罪，判断的关键是加盟店的责任。一般认为，加盟店的责任仅仅是需要确认，持卡会员所持有的信用卡没有因为被盗等事故变成无效卡，以及信用卡背面所记载的签名与销售票据的签名是同一的就足够了，关于顾客的资金能力，加盟店没有能力也没有义务调查或者确认，所以，不能将持卡人出示自己名义的信用卡作为诈骗行为看待，加盟店不知道顾客缺少支付价款的能力与意思也不属于诈骗罪中的错误认识。如今，学说上存在着以上述认识为理由，否定行为人成立诈骗罪的见解。[5]关于这个问题，裁判例认为，加盟店如果知道持卡人没有支付价款的能力与意思，就能拒绝持卡人的信用卡交易，

〔3〕当然，如果不是诈骗财物，而是通过欺骗不法取得住宿等服务时，不成立第1类诈骗罪，而成立第2类诈骗罪。

〔4〕参见福冈高判昭和56・9・21刑月13卷8-9号527页，名古屋高判昭和59・7・3判时1129号155页，东京高判昭和59・11・19判タ544号251页，等等。

〔5〕参见神山敏雄：《经济犯罪的研究（1）》，285页以下（1991年）；山中敬一：《关于不法使用自己名义的信用卡问题的一个考察（2・完）》，关西大学法学论集37卷1号94页以下（1987年）；等等。

而且也必须这样做，立足于信用原则或者是加盟店合约的宗旨来看，这样做是理所当然的，因此，持卡人没有支付价款的能力与意思而出示信用卡，并申请进行商品的购买，该事实该当于欺骗行为，加盟店不知持卡人没有支付能力与意思该当于诈骗罪中的错误认识。

上述裁判例的立场（A说），是以这样的理解为前提的，即如果不被欺骗就不会交付财物的场合，就肯定诈骗罪的成立。这一理论构成是简明的，而且，因为被诈取的商品属于赃物罪（刑法第256条）的犯罪对象，所以在缺乏资力者使用信用卡购入商品后，立即卖掉商品取得现金的案件中，可以认定不仅不法使用信用卡者成立诈骗罪，并且在知道上述情形后，仍然买下商品者成立有偿收受赃物罪（刑法第256条第2项），该见解具有这样的实务上的意义。不过，在学说上，有一种有力的见解认为，即便肯定诈骗罪的成立，也并非是对加盟店成立诈骗罪〔6〕，而是应该肯定对卡公司成立诈骗罪。〔7〕该见解的根据是，加盟店从卡公司那里能够取得相当于价款的垫付金，因此，加盟店经济上的损害是不存在的，但仅以上述理由否定持卡人对加盟店成立诈骗罪〔8〕是不可能的〔9〕，这是因为以下的内容成为问题。即，信用卡制度的意义在于，持卡人不带现金就能够购买商品，而作为加盟店，尽管是信用销售交易，因为能从有关顾客资力的危险中解放出来，所以作为加盟店，只要遵守加盟店规约贩卖商品，就能够从卡公司那里取得相当于价款的垫付款，从加盟店的立场上说，就是达到了交易目的，所以加盟店就交付商品这一点而言，不存在任何法益侵害性〔10〕，所以，就交付的商品所指向的法益侵害性来看，难

〔6〕与此相对，认为该理解奠定了对加盟店成立诈骗罪的基础的见解，参见林美月子：《信用卡的不法使用与诈骗罪》，载《平野龙一先生古稀祝贺论文集（上）》，465页以下。此外，把出于取利目的的财产侵害规定为诈骗罪的德国刑法的解释，不能原封不动地导入到将诈骗罪规定为“欺骗使其交付财物”的日本法中去。

〔7〕关于学说上的概况，请参见山口厚：《刑法各论（第2版）》，264页以下（2010年）。

〔8〕持这种见解的有，林干人：《刑法各论（第2版）》，142页以下、247页以下（2007年）；林干人：《诈骗罪的新动向》，曹时57卷3号14页以下（2005年）。上述见解与认为诈骗罪是所谓“对全体财产的犯罪”的见解是相同的解释。

〔9〕诈骗罪与背信罪是不一样的，因为没有被法规定为“对全体财产的犯罪”，所以，仅仅以取得了与被诈骗的财产相当的财产为理由，是不能够否定诈骗罪的成立的。在解释论上看，还必须有其他的“一些论据”。

〔10〕关于对诈骗罪的法益侵害性的理解，参见山口厚：《刑法各论（补订版）》，262页以下（2005年）。

以肯定持卡人对加盟店成立诈骗罪。[11] 在这个问题上，学说上存在着一种有力的见解，认为将加盟店作为被欺骗者与交付行为者，卡公司作为被害者看待，根据这种三角诈骗的构成，应该肯定持卡人对卡公司成立诈骗罪（B 说）。换言之，为了肯定三角诈骗的成立，必要的是被欺骗者具有被害者的“能处分其财产的权能或者地位”[12]，被欺骗者即加盟店，通过制作销售票额将其发送到卡公司，从卡公司那里能够取得相当于价款金额的支付，因此，能够肯定加盟店对于卡公司具有“能够处分其财产的权能或者地位”。并且，加盟店由于处于上述特殊的地位，为了卡公司，加盟店应注意不将商品贩卖给欠缺支付能力与意思的卡使用者，据此，卡使用者的欺骗行为以及基于此而导致的加盟店的错误与交付行为，以及，卡公司处于对加盟店应该支付相当于价款金额的地位，就能够肯定对卡公司的法益侵害性。上述理解是极有说服力的。不过，这样一来，又有见解认为，以 B 说的见解为基础，在此基础上再“推进半步”，能够肯定因欺骗而进行的财物等的交付行为存在法益侵害性也是必要的，从该见解来看，加盟店固有的立场是，使用信用卡进行信用销售交易，是以卡使用者对卡公司有支付价款的能力与意思为前提而进行的，因此，不贩卖商品给不具有支付价款的能力与意思者（如果贩卖了，就会给卡公司造成损害）对于信用卡交易来说具有重要的意义，以此为理由，与裁判例的结论是一样的，承认商品交付行为本身的（根据交易目标未达成来肯定）法益侵害性，进而肯定成立第 1 类诈骗罪也是可以考虑的（C 说）。[13]

三、不法使用他人名义的信用卡

（一）存在问题的案件

对于不法使用他人名义的信用卡的案件，首先，存在问题的是，通过伪造与窃取等手段不法地取得他人的信用卡后不法使用。信用卡

〔11〕 这种立场的前提是，仅仅依据知道了某种事实就不会交付财物，是由于被告知与该事实不同的情况（或者不告知该事实）而交付财物，是不能肯定诈骗罪的成立的；诈骗罪的成立，必须存在能够认定的与因欺骗而交付财物相关的实质的法益侵害性。

〔12〕 最判昭和 45・3・26 刑集 24 卷 3 号 55 页。

〔13〕 根据没有经济的损害就否定诈骗罪的立场来看，想来是无法采用上述见解的，但是如果以交易目的达成的有无作为立场，采用上述见解则是可能的。

是基于持卡会员个人的信用力，卡公司有可能提供无担保的信用供给的银行卡。因此，信用卡是以确认会员的支付能力与支付意思为前提，在卡公司与持卡会员签订合同后，被交付给持卡会员使用的。使用信用卡进行信用销售交易时只认可会员是理所当然的，如果非会员者冒充会员使用信用卡，由于这种欺骗损害的是信用卡交易的前提条件，所以肯定诈骗罪的成立本身应该没什么问题。〔14〕不过，不法使用他人名义的信用卡究竟在何种意义上成立诈骗罪？对此还有检讨的余地。关于这个问题，与解决不法使用自己名义的信用卡案件有关的思考（本章第二节中的A说至C说）相对应，存在以下几种见解。

（1）根据有关不法使用自己名义信用卡的裁判例的立场（第二节中的A说），在不法使用他人的信用卡的场合，也成立对加盟店的诈骗罪（如果诈取的是商品，成立第1类诈骗罪）是明确的。与此相对，（2）为了肯定诈骗罪的成立，必须就因欺骗而进行的有关交付财物等存在实质的法益侵害，根据该立场，该主张重视的情况是，只要加盟店履行加盟规约上的义务，就能从卡公司那里取得相当于货款金额的垫付款。据此，如果加盟店达成了商品交付（信用销售交易）的目的（第二节中的B说），此时，基于会员规约与加盟店规约，能够认定加盟店具有对卡公司的“能处分其财产的权能或者地位”，就能够考虑肯定不法使用他人信用卡的持卡人对卡公司成立诈骗罪。〔15〕不过，即便在有关诈骗罪的问题上采取与（2）同样的立场，（3）即便是进行了信用销售交易的加盟店，其将商品贩卖给没有正当使用信用卡的权限的人，由此，仅对信用能力被确认的卡的名义人（真正的持卡人）的持卡消费进行贩卖，这样的信用销售交易的目的可谓是没有达到，如果这样理解的话（第二节中的C说），通过欺骗使加盟店交付商品的行为本身就具有法益侵害性，能够肯定持卡人对加盟店成立诈骗罪（如果诈取的是商品，成立第1类诈骗罪）。

此外，从成立诈骗罪要求就被欺骗而交付财物行为具有实质的法益侵害性的立场出发，进一步推进上述（2）的见解（第二节中的B

〔14〕参见东京高判昭和60·5·9刑月17卷5-6号519页。

〔15〕但是，在该场合，由于持卡会员负担着会员规约上相当于价款金额的金钱支付义务，所以实质的受损害者是持卡会员（不过，有时该损害能通过保险来获得补偿）。

说），（4）可以认为，加盟店与卡公司都没有蒙受损失，能够成为最终的实质的被害者的是持卡会员，从上述理解出发，肯定不法使用者对持卡会员成立诈骗罪是可以考虑的。关于该说有一个需要解决的问题是，由于并不意味着持卡会员本身被骗了，所以，被欺骗者就只能是加盟店或者卡公司，而如果卡公司即便在事后知道了行为人伪造卡等的事实，也具有按照签订加盟店规约时的约定存在支付义务的话，由于不能认定卡公司是基于错误认识的原因进行的交付行为，结局是，被欺骗者只能是作出交付行为的加盟店了。即问题是，能否认定被欺骗者有对持卡会员的“能够处分其财产的权能或者地位”？为了肯定这一地位，根据加盟店规约以及会员规约规定，有必要认定加盟店通过制作销售票据，a）能使卡公司支付相当于价款金额的垫付款，同时，b）对进行了垫付付款的卡公司，取得了能使持卡会员负担价款支付义务的这种地位。这也许是有些技术性的解释，但是，作为有可能解释实际被害状况的角度来看，作为对（2）说思考的进一步推进，是可以考虑接受的主张。

与以上所分析的情形不同，使用的虽然是他人名义的信用卡，但是，如果该使用是从卡的名义人那里得到了许诺，又应该如何处理？在卡公司与持卡会员间签订的合约（会员规约）中，将信用卡转借他人是被禁止的，但是，实际上，例如妻子使用丈夫名义的信用卡购入商品，可以说，对这样的事情加盟店在事实上是允许的。考虑到上述实际情况，成为问题的是，能够将这样的得到了卡的名义人的许诺的使用，作为名义人以外者的不法使用，比照不法使用伪造或者窃取等得来的他人名义的信用卡的情形，而肯定诈骗罪的成立吗？最近，最高裁判所出现了一个判例〔16〕，处理了一个与上述情形相关的案件。笔者想在本文中，利用该判例对这个问题加以检讨。

〔16〕 参见最决平成 16・2・9 刑集 58 卷 2 号 89 页。作为本案的解说、评释有，多和田隆史：《判决认为冒充信用卡的名义人使用该卡购入商品的行为该当于诈骗罪的案件》，最判解刑事篇平成 16 年度 66 页以下；石山宏树：研修 675 号 25 页以下（2004 年）；野村稔：现刑 68 号 79 页以下（2004 年）；葛原力三：セレクト’04（法教 294 号别册付录）36 页（2005 年）；桥爪隆：《信用卡的不法使用》，平成 16 年度重判解（ジュリ 1291 号）171 页以下（2005 年）；等等。

（二）最高裁判所的判例

1. 案情

A从朋友B那里，收存（保管）该人名义的信用卡（以下，称“本案信用卡”）并得到允许使用该信用卡，约定A消费的该信用卡的金额，或者直接交付给B，或者汇入B所指定的存款账户。其后，被告人取得了本案信用卡。虽然被告人取得信用卡的具体原因不明〔17〕，但当时，A作为顾客出入以一种牌为工具的赌博店，与暴力团存在关系的被告人以该店为据点放贷赌金，从A与被告人两者有接触点等情况来看，不能排除A自发地将本案信用卡交付给包括被告人在内的第三者。此外，被告人与B之间并不认识，B也未许诺A以外的第三人使用本案信用卡。

被告人取得本案信用卡以后，立即在加盟店之一的加油站使用本案信用卡，冒充名义人B要求给汽车加油，被告人使营业员误信其为B本人，并得到了加油服务。上述加油站，是不接受名义人以外者使用信用卡的行为的。

在本案信用卡的会员规约中，信用卡只能由作为会员的名义人使用，将信用卡让与、借予、质押等行为是被禁止的。此外，在加盟店规约上，规定了加盟店具有确认信用卡的利用者是否为会员本人这样的作为善良管理人的注意义务。

此外，A还替朋友C保管着现金卡（cashcard，又可称自动提款卡，在现金卡余额不足的情形下，能够在一定限度内透支取现），同时持有着本案信用卡与C的现金卡，被告人亦取得并使用了该现金卡，在D信用金库的ATM机上窃取出现金20万元，上述事实也一并被起诉。

对于以上事实，第一审判决（京都地判平成13·9·21）根据以下理由，就被告人使用B名义的信用卡取得了汽油加油的行为，肯定了该行为成立诈骗罪（此外，判决认为，不能认定本案信用卡是不法取得的，也不能认定被告人具有信用卡是不法取得而来的认识）。判

〔17〕A当初是以遭遇抢劫被夺走了本案信用卡为由向110报警的，检察官也认为，A遭遇抢劫被夺取了本案信用卡，其后，被告人主张，自己是在知道对这些卡没有正当的使用权限的情况下使用这些卡的。不过，第一审判决否定了A的陈述的可信性。

决认为“加盟店在名义人本人出示信用卡的前提下交付商品，所以如果判明信用卡的出示者是名义人以外者，一般就不会交付商品，因此，伪装成信用卡的名义人，出示信用卡，购入商品，该行为本身原则上该当于诈骗罪”。“不过，即使出示别人的信用卡购入商品，如果通过该信用卡的名义人，有关该交易的价款债务将被偿还这一点是明确的，那么，从信用卡交易的构造来看，即使加盟店交付商品，因为没有造成特别的问题，就连在这样的场合，也认为出示他人名义信用卡者成立诈骗罪是不妥当的。换言之，信用卡的名义人，对该出示者承诺信用卡的使用，在此基础上，承担该交易所产生的价款债务，信用卡的名义人对这一点也了解，或者，名义人与该出示者之间，有客观地并且是很强地推认存在上述承诺与了解的关系（例如，在共同居住的亲族之间），此时，应该认为该出示者不成立诈骗罪。”本案中，“能够认为，B 或 A 与被告人之间，不具有很强的能够推认存在允许被告人使用该信用卡、并且自己了解且负担该价款债务的关系”，“不仅如此……也不可能认为，B 本人已经了解了负担该信用卡而产生的价款债务。”“如此，关于伪装成名义人的被告人的本案信用卡的使用行为，因为不存在特别的情况否定该行为成立诈骗罪，所以被告人的该行为该当于诈骗罪。”

此外，对于使用他人名义的现金卡，该判决是这样认定的，“从现金卡的名义人那里得到允许使用该现金卡者，代表名义人操作金融机构的 ATM 机，即便取出了现金，由于该行为不属于不具有正当权限者的行为，所以，不成立盗窃罪”。同样能够认定，即便使用得到允许的以他人名义的现金卡从金融机构的 ATM 机那里取得现金的贷款（即超出卡中余额取现）时，也不成立盗窃罪，“被告人使用本案现金卡，在取出公诉事实第 2 项的各现金时，因为不能认定该现金卡是被告人不法取得的，也不能认定被告人认识到了该现金卡属于不法取得的，所以，有关本案公诉事实是否成立盗窃这一点，属于没有犯罪证据的情形”。

针对上述判决的认定，辩护人主张，“应该认为，如果名义人同意他人使用信用卡，不成立诈骗罪，在本案中同样如此，就本案信用卡的使用以及由此产生的负担贷款的债务而言，能够看做是名义人 B 或者是从 B 那里被授予使用权限的 A 是承诺了被告人使用该信用卡的。即便就信用卡的使用以及由此产生的债务不存在 B 等的同意，由于被告人误认为存在B等的同意，所以基于事实错误的理由阻却被告人有诈骗的故意”等等。而控诉审判决（大阪高判平成14·8·22）作出了如下判示，肯定了被告人成立诈骗罪。“信用卡的运作系统是，以信用卡的名义人即会员个人的信用为基础，信用公司仅对本人不需要任何担保地提供一定限度内的信用金额的制度。”因此，要求加盟店确认出示信用卡者是信用卡的名义人。“因此，使用他人名义的信用卡出示给加盟店以申请购入商品或者提供服务的行为，纵使该信用卡并非是不法取得的，根据信用卡的使用者与其名义人之间的关系、有关使用信用卡的同意的具体内容、信用卡的使用状况等各种具体情况来看，除了有能与该信用卡的名义人所进行的使用行为同等看待的特殊的情况之外，伪装成具有信用卡的正当使用权限的行为该当于诈骗罪中的欺骗行为，从由于被告人的欺骗行为而误认为被告人有使用权限的加盟店那里取得了商品的交付或服务的提供时，被告人对加盟店成立关于上述财物或财产上利益的诈骗罪”。在本案中，“被告人对本案信用卡的使用，不能等同作为其名义人B对信用卡的使用看待，被告人不能免除对本案的诈骗罪的罪责”。此外，“实施上述行为的人，既然对使用他人名义的信用卡有认识，那么只要被告人没有误认为存在上述特别情况，就应该认为，不能阻却诈骗的故意”。不能认为，有被告人误信的上述的特别情况这种状况存在。

2. 最高裁的决定

接受了被告人上告的最高裁判所以以下判示为理由，驳回了被告人的上告。

“根据以上的事实关系，被告人冒充本案信用卡的名义人本人，不具有该卡的正当使用权限却装作有该权限，由此使营业员误信而取得汽油的交付，这一情况能够予以认定，因此，被告人的行为构成诈骗罪。假设，被告人从本案信用卡的名义人那里得到允许使用该卡，并且被告人误认为自己所使用的该卡的使用价款，卡的名义人遵从会员规约将会结算，即便有上述情况存在，也不能左右本案诈骗罪的成立。因此，认定被告人成立本案诈骗罪的原判决是正确的。”

（三）检讨

在购入商品时，得到名义人的允许使用他人名义的信用卡，这在会员规约与加盟店规约上虽是被禁止的事情[18]，但是，在加盟店买卖商品的现场，实际的情况是使用他人名义的信用卡的现象完全没有杜绝，因此，在上述场合如何判断诈骗罪的成立与否就成为问题。关于上述场合的解决思路，各学者所主张的主要有以下三种见解[19]，见解（1）认为，既然使用他人名义的信用卡是被禁止的，那么假冒他人名义使用信用卡就是欺骗行为，因此，该行为成立诈骗罪（a说）。见解（2）认为，原则上假冒他人名义是欺骗行为，使用他人名义的信用卡构成诈骗罪，但是，名义人把自己的信用卡借给配偶者等，类似的能够实质性地等同于名义人的使用看待时，例外的不成立诈骗罪（b说）。见解（3）认为，只要名义人将价款支付给了卡公司，实际上就没有什么不合适之处，所以，假冒他人名义还不足以作为欺骗行为对待，对相当于价款金额的结算的作伪才是欺骗行为，在此限度内成立诈骗罪（c说）。其中，a说是从假冒他人名义这种形式的作伪角度来肯定诈骗罪的成立，因此，该说的根据是所谓形式诈骗的理论，而c说可以说是以结算可能性这种实质问题，即所谓实质诈骗的理论为依据的见解。[20]

在裁判例中，有判决以如下判示为理由，采用了上述c说的主张。[21]即，“有名义人的同意，名义人以外者使用信用卡是否构成诈骗罪？这是个新的问题。应怎样解决这个问题虽然并不明确，但是，结果却是，如果名义人同意名义人以外者使用该卡，结算也没什么阻碍，卡公司也没有发出事故报告，因此，加盟店也没受到损害，于是谁也没有承受财产的损失。的确，因为名义人的同一性是信用卡系统运作的根本，所以，假冒名义人本身是不被允许的，因此，对此应予以处罚的见解也可能存在，但是，信用卡系统仅仅是为了方便个人经济交易的系统，既然该系统本身不包括很强的公共利益，那么可以说，达致公共利益程度的保护是没有必要的。不管怎么说，就诈骗罪

〔18〕与此相对，将现金卡交给他人委托其取出存款，这种情况不存在任何问题。因此，在本案中，判决否定了有关现金卡的不法使用成立盗窃罪。

〔19〕参见野村稔：现刑 68 号 82 页以下（2004 年）；石山宏树：研修 675 号 31 页以下（2004 年）。

〔20〕关于形式诈骗与实质诈骗，参见伊藤涉：《关于形式诈骗与实质诈骗》，载《松尾浩也先生古稀祝贺论文集（上）》，479 页以下（1998 年）。

〔21〕参见东京地八王子支判平成 8・2・26（卡犯罪・电脑犯罪裁判例集 130 页）。

这种财产犯罪来说，即便没有实质的财产法益侵害发生，也将其作为财产犯罪予以处罚，这恐怕是过头了。将诈骗罪如此程度的形式犯化，实质上，应该称之为名义人以外的使用禁止罪或者应该告知名义人的义务违反罪，这样的处理是不妥当的……结论是，信用卡系统，因为仅仅是便利商品等私的交易之手段，所以，既然最终承担了经济上负担的人是同意的，将名义人以外的使用者作为诈骗罪处罚就是困难的”。但是也有与本案一审判决与控诉审判决同样的，采 b 说的判决，散见于各裁判例之中。〔22〕此外，虽说是在有关被告人缺少支付能力与支付意思的案件中，但采 a 说的裁判例也是存在的。〔23〕

最高裁判所关于本案的判例认为，被告人假冒信用卡的名义人本人，假装自己有正当的使用权限，根据上述事实能够肯定被告人成立诈骗罪，判决认为纵使被告人从名义人那里取得了使用许诺，或者是名义人将价款结算了〔24〕，被告人成立诈骗罪的结论也是不变的，因此，能够认为最高裁判例所采的见解是与上述 a 说相同或者至少是相近的。换言之，本判例否定了 c 说，但是，是否就连 b 说也否定了是不清楚的。这是因为，本案不属于根据 b 说的见解也能否定诈骗罪的成立的案件（即根据 b 说也能够认定诈骗罪的成立——译者注），所以，根据基于欺骗而进行的财物等交付行为从而肯定诈骗罪成立的判例的立场来看，只要不立足于 c 说，诈骗罪就当然是成立的。在这个意义上，根据最高裁判所判例的立场，未必有必要认为，最高裁判所的判例甚至否定了可例外否定处罚可能性的 b 说，可以认为，判例仍然是对否认可例外地对于处罚可能性加以否定这一点，持保留态度的（将持这种见解的可能性留到了将来）。

在这里，关键是对卡的使用权限的理解。根据对它的理解，以及使用权限和与其相关联的对诈骗罪的理解（如果被欺骗交付了财物等的话就成立诈骗罪吗？就财物等的交付而言实质的法益侵害性是必要的吗？谁是被害者？）的排列组合来看，关于诈骗罪的成立与否以及

〔22〕参见大阪高判平成元・11・15（卡犯罪・电脑犯罪裁判例集 112 页），东京高判平成 3・12・26（判タ787 号 272 页）。

〔23〕参见东京高判昭和 60・5・9 刑月 17 卷 5-6 号 519 页。

〔24〕上述内容是被被告人称之为错误认识的内容，但是，如果要以被告人是因为对某种事实的误信为由否定犯罪的成立，则因为该事实的存在能够否定犯罪的成立是必要的，只有这样，否定犯罪成立的评价才有可能。

诈骗罪中谁被作为被害者看待等等，能够得出不同的结论。[25]

根据 a 说，就如同有关不法使用自己名义信用卡案件的裁判例所判决的那样，在考虑被告人是否对加盟店成立诈骗罪的场合，对于名义人以外者使用信用卡的案件，即便卡公司对加盟店垫付了价款（并且，名义人也对卡公司进行了支付），严格地说，也能成立诈骗罪（此外，在加盟店明确地知道了出示卡的人并非名义人之时，例如，出示卡的人告知，“这是丈夫的卡”时，由于没有欺骗行为，不能肯定诈骗罪的成立）。不过，在妻子使用丈夫的卡，丈夫现实地结算了相当于价款的金额的场合，根据 a 说可能会导致肯定诈骗罪的成立，不能否认这会给人以过头的感觉。根据上述情形，在一定限度内（比如像共同居住的家人这样的处在同一消费生活共同体的范围内）缓和 a 说的 b 说得以主张，但是，b 说的问题是，在加盟店与卡公司不知道是名义人以外者使用卡的时候，而名义人已经进行了价款结算，在上述场合，事实上没有发生任何问题，这是事实层面的问题，除此之外，在考虑这一见解规范意义上的正当化时，与专门在名义人的同意（承诺）这里寻求卡的使用权限之根据的 c 说不同，b 说所主张的限定在一定范围内认可名义人以外的人的卡的使用权限，其根据未必明确。根据 b 说，在加盟店事实上容许了名义人以外者使用卡的场合，此时，该使用者即便伪称自己为名义人，也并非存在基于欺骗的交付，不成立诈骗罪（不过，成立诈骗未遂的可能性还是有的）。与此相对，在并非那样的场合（加盟店并不容许名义人以外者使用卡），依靠名义人经济上的支持而与之现实上共同的消费与生活者，得到名义人的许诺使用该卡时，如同本案控诉审判决所认定的那样，上述场合能够与名义人的使用同等看待，因此，虽说是与 c 说加以区别的理由很是困难，b 说恐怕也只能是特别并且是例外地否定诈骗罪的成立。

与此相对的，在持卡会员同意名义人以外者使用该卡，并同意负担有关对卡公司的价款支付义务时，c 说认可了名义人以外者对卡的使用权限（但在名义人没有支付意思时，c 说认为上述情形与不法使用自己名义的信用卡会出现同样的问题，即都成立诈骗罪）。信用卡制度，虽说是以持卡会员个人的信用为基础，但是，既然持卡会员同

〔25〕 就得到名义人的同意使用他人的卡的相关案件来看，概而言之就是，a 说与 b 说是将加盟店或者卡公司作为受害者来理解的，c 说则是将持卡会员作为受害者来理解的。

意名义人以外者使用，实际上是同意了价款的支付，可以说，在法益侵害性上c说不存在问题。由于民事上被禁止的行为并不直接奠定刑法上禁止行为的基础，所以c说是明确并且有充分成立理由的。虽然如此，但即便是在刑事法上进行判断，c说可能意味着允许信用卡借给他人使用这一彻底的违反信用卡制度之构造与宗旨的情形与结果，从正面采用这样的见解仍存踌躇之处，就此看来，c说也还是存在疑问的。

第 18 章
文书的不法取得与诈骗罪的成立与否

一、导言

欺骗他人使之交付财物或者财产上利益的行为成立诈骗罪（刑法第 246 条）。这一点，即使行为人使被害人交付的对象是文书的话，也没有什么不同之处。换言之，A 欺骗 B，使 B 交付其占有（由 B 所有的）的重要文书，此时，A 当然成立诈骗罪。与此相对，在本章中，需要研究的问题是，欺骗文书的有权制作者，使该者依据制作权限制作了文书（证明书等），此时即便行为人取得了该文书的交付，能否根据行为人是欺诈取得文书交付这一理由，直接肯定行为人成立诈骗罪？例如，在 A 告知 B 虚伪的事实，基于此，使 B 制作了由 B 名义签发的（内容虚伪的）事实证明文书（证明书等），A 取得了该文书的交付的场合，行为人是否成立对该文书的诈骗罪？关于这个问题，理论上存在争议。如后所述，对于通过制作虚伪的申请书，取得了有虚伪记载的护照的行为，判例仅是以轻罪（1 年以下的惩役或者 20 万元以下的罚金），即公正证书等不实记载罪（刑法第 157 条第 2 项[1]）予以处罚（不过，在护照法第 23 条 1 项 1 号中，特别规定了以不法方法取得护照的行为，处 3 年以下惩役或者 30 万元以下罚金），认定不构成诈骗罪（虽说也有旁论[2]）。此外，告知

〔1〕 日本刑法第 157 条第 2 项：对公务员作虚伪的陈述，使其在许可证、执照或者护照上作不实记载的，处 1 年以下惩役或者 20 万元以下罚金。——译者注

〔2〕 这里的所谓旁论，是指在最高裁判所审理该案的大法官之中，也有人主张该行为不应以轻罪处理，不同意判例最终的意见，并且将该不同意见明确标示于裁判文书中。这也是日本等西方国家司法文书的一个特色。——译者注

虚伪的事实使制作名义人作成证明文书，并且取得了该文书交付的场合，是否成立诈骗罪？关于这个问题的现状是，在判例中，由于文书的种类不同，判例的结论有所不同；在学说上，也认为是否成立诈骗罪有检讨的必要性。

因此，如果行为人通过欺诈取得了属于财物的证明文书的交付，并不能立即肯定诈骗罪的成立，这究竟意味着什么？诈骗罪的成立，除了存在违法性阻却事由等情形时，在也并不存在明文的适用除外规定的限度内，只能以构成要件的不充足为理由否定诈骗罪的成立，那么，如何确定诈骗罪的要件就成为问题，这是因为，必须明确以何种理由或者原因来否定文书的不法取得不成立诈骗罪。证明书的不法取得，在学说上是作为诈骗罪中的“财产上的损害”问题来看待的，可是，在对于这种“财产的损害”的内容理解的同时，与法律明文将“财产上的损害”规定为要件的背信罪（刑法第247条）不同，在诈骗罪中对于“财产上的损害”缺乏明文的规定，因此，必须追问，究竟是根据什么对诈骗罪的构成要件作这样的（在诈骗罪要求没有明文规定的要件这个意义上的）限定解释的？

以下，笔者尝试着以提供了检讨素材的2个最高裁判所的判例作为研讨对象，对于上述问题，进行一些思考。

二、最高裁判所的两个判例

（一）最高裁判所于平成14年（2002年）10月21日的决定〔3〕

1. 案情

被告人使用不法取得的以A的名义投保的国民健康保险被保险证，意图开设A名义的存款账户，并取得A名义的存款存折。基于

〔3〕参见最决平成14・10・21刑集56卷8号670页。该判例的解说有，宫崎英一：《冒充他人开设存款账户从银行职员那里取得存折交付的行为与刑法第246条第1项的诈骗罪的成立与否》，最判解刑事篇平成14年度239页以下；甲斐行夫：《冒充他人在银行开设存款账户，并取得了存款存折交付的行为，该行为被认定为成立诈骗罪的判例》，警察学论集56卷3号200页以下（2003年）；长井圆：《刑法246条1项的“财物”与存款存折》，平成14年度重判解（ジュリ1246号）153页以下（2003年）；松原芳博：《使用他人的名字开设存款账户取得存款存折交付的行为与刑法246条第1项的诈骗罪的成立与否》，法教274号138页以下（2003年）；等等。

上述意图，被告人伪造了该人名义的“顾客专用的开设账户申请书”，并且，被告人自称为 A 本人，持上述国民健康保险被保险证，与刻有 A 名义的印鉴一同交给银行窗口的职员，使该职员误认为被告人就是 A 本人，并从该职员那里取得了一本储蓄综合存折的交付。

第一审判决（福冈地判平成 13・1・22）对于被告人的上述事实，肯定了被告人除了成立伪造私文书罪、行使伪造的私文书罪以外，还成立诈骗罪。与此相对，控诉审判决（福冈高判平成 13・6・25），以下列理由否定了被告人取得存款存折交付的行为成立诈骗罪。即“的确，通过存款账户的开设，作为该账户的名义人，就取得了能够使用银行所提供的存款的接受、保管、汇款等银行业务的便利地位，因此，可以说乍看上去行为人似乎取得了财产利益。不过，仅仅开设他人名义的存款账户，一直以来没有作为构成诈骗的事实而考虑，这是因为，一般认为，被告人的上述事实没有给银行造成任何损失，对于银行来说，其通过获得存款所得到的利益通常超过了提供便利这一负担，而这正成为作为银行的利益所在。根据上述事实进行考察，最近使用他人名义开立账户不再被允许了是因为，他人或者是虚假名义的账户被利用来进行偷税或者不法交易，为了防止上述行为，对其加以规制就成为必要，一般认为是上述原因导致了所谓的从国家角度出发的规制的施加。除了法律禁止使用他人或者虚假名义的账户这一点以外，以前的情况则没有发生任何变化，即便是使用他人或者虚假名义开设账户，银行也不过是与使用该账户的存款者之间，根据交易条款取得了债权债务，不存在由于上述账户的开设导致银行财产受损失的关系，但是，如果银行允许了上述账户不法开设，就会受到监督官厅的业务上的不利益处分，为了避免助长偷税与不法交易等行为以及受到与上述行为相关的指责，能够理解银行要求开户人依据法规出示证明书等文书。因此，以他人名义开设存款账户的利益，仅仅在上述程度以内，与以前一样，认为上述利益缺乏成立诈骗罪所需要的利益的定型性是正确的，认为行为人的行为即便有可能触犯了有关金融秩序的法规，但不该当于诈骗罪的见解是妥当的”。“并且，存款存折是用来证明账户的开设，以及记录开设后存入与取出存款时的使用状况的文书，因此，存款存折只不过是在开设账户时，当然应该交付的类似于证明书的文书。可以说，在与银行的关系上，存款存折不具有独立的财产价值，既然一般认为，以他人名义开设账户，缺乏诈骗罪成立所预定的利益的定型性，那么即便通过以他人名义开设账户取得存折，也应该认为不构成1项诈骗罪。”

2. 最高裁判所的决定

接受了检察官的上告的最高裁判所作出了以下判示，肯定了被告人诈骗罪的成立。

“存款存折，不仅其本身能够成为所有权的对象，而且能够认定通过使用存折，得以接受存入取出存款等等具有财产上的价值的服务，因此如果行为人以他人名义开设存款账户，并且从银行那里得到存款存折的交付，认为该存款存折该当于刑法第246条第1项的财物是正确的。并且，如上所述，被告人对假装成A本人向银行窗口的职员申请开设存款账户，从误信的该职员那里取得了一本储蓄综合存款存折的交付，因此，被告人成立诈骗罪是明确的。”（不过，“由于在本案中，成为诈骗罪对象的上述存折，本身的价值很少，加上本案诈骗罪与伪造私文书罪、行使伪造的私文书罪存在牵连犯的关系，原判决对于上述犯罪作出了有罪判决，并且，考虑到上述犯罪，与其他的9件盗窃罪等存在并合罪的关系，故而不能认为，被告人由于违反上述法令，若是不根据刑事诉讼法第411条之规定〔4〕撤销原判决就是显著地违反了正义”，最高裁判所以上述理由，作出了驳回上告的决定。）

（二）最高裁判所于平成12年（2000年）3月27日的决定〔5〕

1. 案情

被告人是在邮局工作的邮政事务官，从事推销简易人寿保险等工

〔4〕 日本刑事诉讼法第411条规定的是上告裁判所在什么情况下应该以判决撤销原判决。该条的具体规定如下：“虽然不存在第405条各项规定的事由，但存在下列事由时，上告裁判所如果认为不撤销原判决明显违反正义的，也可以用判决撤销原判决：一、违反法令的情形影响到判决的；二、量刑甚为不当的；三、重大的事实误认足以影响到判决的；四、存在相当于可以提出再审请求的事由的；判决后刑罚已经废止或变更，或者已经被大赦的。”——译者注

〔5〕 参见最决平成12·3·27刑集54卷3号402页。本案例的解说有，饭田喜信：《简易人寿保险证书的骗取与诈骗罪的成立与否》，最判解刑事篇平成12年度100页以下；伊藤涉：《简易人寿保险证书的骗取与诈骗罪的成立与否》，平成12年度重判解（ジュリ1202号）160页以下（2001年）；田中利幸：《认为不法领得简易人寿保险证书交付的行为成立诈骗罪的案例》，现刑31号91页以下（2001年）；古川伸彦：《简易人寿保险证书的骗取与诈骗罪的成立与否》，ジュリ1221号169页以下（2002年）；林美月子：《诈骗罪与财产损害（3）》，载《刑法判例百选Ⅱ各论（第6版）》，（2008年）；等等。

作，(1) A 与 B 因为交通事故受伤入院治疗，因为 A 作为被保险者已经签订了法定保险金最高额度为 1 000 万元的简易人寿保险合同，被告人知道 A 不能作为被保险者签订简易人寿保险合同，仍然同 A 共谋，隐瞒了上述情况，以 B 的名义申请了 2 份简易人寿保险合同申请书，使其签订了类似申请书的简易人寿保险，并且让 A 领取了上述 2 份简易人寿保险证书，(2) C 因病住院，被告人知道 C 不能作为被保险者签订简易人寿保险合同，在与 C 共谋的基础上，隐瞒上述情况，提出让 C 作为被保险者申请简易人寿保险合同申请书 1 份，使其签订了类似申请书的简易人寿保险，并让 C 领取了该简易人寿保险证书 1 份。

第一审判决（福冈地小仓支判平成 8・2・6）认为，根据上述事实，(1) 被告人有诈骗罪的故意，有不法取得的意思，(2) 保险证书是证明签订了简易人寿保险的重要文书，是受刑法保护的财物，(3) 简易人寿保险证书的骗取，既有侵害国家的、社会的法益的一面，同时，也侵害了诈骗罪的保护法益即财产权，既然充足了诈骗罪的构成要件，在相关法规中又没有排除诈骗罪适用的规定存在，因此诈骗罪的定型性事实是充足的，(4) 保险证书本身是受刑法保护的财物，所以诈取保险证独立于保险金欺诈之外，独立成立诈骗罪既遂这一点没有什么障碍。判决以上述理由肯定了本案成立诈骗罪。

控诉审判决（福冈高判平成 8・11・21）也认为，(1) 保险证书是证明保险合同的重要文书，有其本身的经济价值效用，属于值得刑法保护的财物，通过欺诈手段骗取保险证书的场合，认定诈骗罪的成立是正确的，(2) 既然保险证书本身具有重要的社会生活上的经济价值效用，就不能认为保险证书与刑法第 157 条第 2 项所规定的公文书是同样的，所以虽说存在该规定，也不能就本案否定其诈骗罪的成立（就不存在像第 157 条第 2 项这样规定的属于私文书的保险证券的骗取来说，只能认定成立诈骗罪，如果否定与上述保险证券有同样性质的简易人寿保险的保险证书的骗取成立诈骗罪，就会造成不均衡），(3) 骗取保险证书，处在骗取保险金的前阶段，虽说是一种保险金骗取的手段行为，但保险证书与保险金是不同的，是单独值得刑法保护的其他财物，第一审判决对于骗取保险证书，独立地认定其成立诈骗罪是没有什么障碍的。控诉审判决以上述理由，肯定了诈骗罪的成立。

2. 最高裁判所的决定

接受了被告人上告的最高裁判所作出了如下论述，认可了原判决的判断。

“此外，被告人对从事简易人寿保险合同工作的职员，隐瞒了被保险者因伤病正在住院，而且被保险者已经签订了法定的保险金最高额度的简易人寿保险合同的事实，通过申请签订合同，欺骗该职员与其签订简易人寿保险合同，并骗取该保险证书，对于被告人的上述行为，认为成立刑法第246条第1项的诈骗罪的原判决是正确的。”

（三）以前的判例与问题的所在

在上述的两个判例中，在通过欺骗使制作名义人制作文书，并受领交付该文书的场合，对于诈骗存款存折、简易人寿保险证书的各案件，肯定了诈骗罪的成立。同样，在判例中，肯定了诈骗罪成立的文书，还有，三餐外卖券〔6〕、家庭用主食购买凭证〔7〕、配送玻璃的合同证明〔8〕等等。不过在判例中，即便是在类似的场合，也存在否定成立诈骗罪的文书。例如，对于建筑物所有权证〔9〕、印鉴证明书〔10〕、护照〔11〕等，判例就否定了诈骗罪的成立。此外，就（国民）健康保险被保险者证来看，在下级审中对其是否成立诈骗罪存在争议，不过最高裁判所是肯定了诈骗罪的成立。〔12〕

作为否定成立诈骗罪的理由来说，就护照来看，判决指出：“刑法第157条第2项中所规范的对象，仅仅是对公务员提出虚假的陈述，使其对许可证、执照或者护照进行虚假的记载者。不过，类似于

〔6〕 参见最判昭和24・5・7刑集3卷6号706页。

〔7〕 参见最判昭和24・11・17刑集3卷11号1808页。

〔8〕 参见最判昭和25・6・1刑集4卷6号909页。

〔9〕 参见大判大正3・6・11刑录20辑1171号。

〔10〕 参见大判大正12・7・14刑集2卷650页。

〔11〕 参见最判昭和27・12・25刑集6卷12号1387页。此外，本案中，对于以村长名义制作虚假内容的证明书，使之交付的事实，不成立诈骗罪（虽然可以制作虚假公文罪被起诉，但不能以诈骗罪被起诉）。

〔12〕 参见最决平成18・8・21判タ1227号184页。在该判例之前，肯定（国民）健康保险被保险者证成立诈骗罪的有，大阪高判昭和59・5・23高刑集37卷2号328页等；否定成立诈骗罪的有，名古屋地判昭和54・4・27刑月11卷4号358页，大阪高判昭和60・6・26高刑集38卷2号112页等等。

许可证、执照、护照这样的资格证明书，如果不是证明书上的名义人持有就没有效用。因此，对公务员进行虚伪的申请使其在证书上进行不实记载就已充足了本罪的构成要件的同时，行为人接受了上述不实记载证书的事实也当然包含在本罪的构成事实中，将该条所规定的犯罪构成要件作上述的解释是正确的。而且，即便考虑刑法第 157 条第 2 项的刑罚不过是 1 年以下的惩役或者 20 万元以下的罚金，类似于接受颁发许可证、执照、护照的行为，也不应该问罪于刑法第 246 条的诈骗罪，正确的认定是，只能适用刑法第 157 条第 2 款的公正证书原本不实记载罪。”（但是，也存在旁论。）〔13〕

这样，在判例中，在行为人通过欺骗手段使制作名义人作成证明文书并取得证明文书的交付的场合，要是说判例并不是一概肯定了诈骗罪的成立的话，那么，判例是以诈骗罪的何种要件作为问题，对于该要件的存否应如何加以判断，从而决定诈骗罪的成立与否呢？这是要追问的。

三、文书的交付与诈骗罪的成否

（一）财物性

在最高裁平成 12 年决定一案的第一审判决、控诉审判决以及最高裁判所平成 14 年的决定中，简易人寿保险证书与存款存折的“财物性”被认为是问题的所在，肯定上述物品的财物性；是成立诈骗罪的主要根据。关于简易人寿保险证书，作为肯定其财物性的理由，判决指出了保险证书的意义与重要性；而对于存款存折，最高裁判所以下述理由，肯定了存折的财物性，（1）存款存折本身能够成为所有权的对象，（2）使用存款存折具有能够接受存款的存入、取出等具有财产上的价值的服务。该结论是沿用了以前的判例的判断，即认为财物

〔13〕 参见最判昭和 27・12・25 刑集 6 卷 12 号 1387 页。不过，本案是，有关打算通过欺骗非公务员从而取得内容并不虚伪的美国护照（并不属于日本刑法上的“护照”）颁发的案件，全然是与主题无关的旁论。此外，大阪高判昭和 60・6・26（高刑集 38 卷 2 号 112 页），判决排除诈骗罪适用所依据的是，（当时）健康保险法第 87 条第 1 项禁止（即处罚）企业主作虚伪报告的特别规定。

是指成为财产权（特别是所有权）对象的物[14]，得出该结论是理所当然的。原因在于，不法取得能证明存在一定法律关系事实的文书，这样的文书，既然是有着“证明利益”的价值的物，该物本身就属于财物，如果名义人以外者不法地取得了该类文书，当然成立盗窃罪或者诈骗罪。可是，在上述场合中的问题，并不是在一般的意义上能够肯定该文书的财物性。原因在于，如果仅在一般性的意义上肯定文书的财物性的话，那么即便是行为人通过虚伪的申请不法地取得了护照的场合，也很有可能成立诈骗罪。如果说否定上述的物成立诈骗罪的判例与学说的立场是妥当的（并且，想来也是这样的），那么此处就必须在判断是否成立诈骗罪时同时考虑新的因素，就护照而言通过否定这一因素从而否定诈骗罪的成立。在这个意义上，财物性在肯定某物具有财物性从而认定诈骗罪的成立时虽说是必要的，但是为了解决在本章中所检讨的问题，财物性又并非核心的、决定性的论点，必须将财物性之外的内容作为问题。

此外，一直以来，判例的立场是在存在排除诈骗罪的适用规定（即前引的刑法第 157 条第 2 项——译者注）这一点上，寻找不法取得护照等公文书不成立诈骗罪的理由的，这一点在学说上也得到了支持。[15] 不过，在我看来，这一理由虽然具有实务上的重要意义，并且也没有什么错误，但仍然是不充分的。这是因为，(1) 该规定仅仅是侵害了其他法益的犯罪的处罚规定，既然该规定没有明文地排除诈骗罪的适用，寻找排除诈骗罪适用的理由就是必要的（有必要揭示，侵害了其他法益的犯罪与诈骗罪之间为何不存在观念的竞合[16]），但是，上述立场并没有揭示该理由（上述立场只是说肯定诈骗罪的成立是不合适的，但这不过是只给结论而不论证而已[17]）。(2) 对于所有通过虚伪申请取得不实记载的护照交付的情形，都能否定诈骗罪的成立吗？关于这个问题，没有确定的答案，例如，不法取得他人名义的

〔14〕 参见山口厚：《刑法各论（第 2 版）》，172 页以下（2010 年）。在文中谈到了“财产的价值”，“财产的价值”对于财产性的判断是理所当然的，也是重要的。

〔15〕 参见西田典之：《刑法各论（第 6 版）》，206 页（2012 年）等。

〔16〕 参见林干人：《刑法各论（第 2 版）》，249 页以下（2007 年）。

〔17〕 例如，将被他人杀害的尸体遗弃的话，这种情况属于遗弃尸体罪与毁灭证据罪的观念竞合。属于该当构成要件的物理的事实的重合，绝不意味着必须排除其中某一规定的适用。因此，此处排除诈骗罪适用的宗旨，必须联系诈骗罪来进行说明。

（贴上了自己的照片的）护照时，如果认为，还存有诈骗罪成立的余地（至少有检讨其是否成立诈骗罪的余地）的话，那么，不在（刑法第 157 条第 2 项）法条的存在这种形式论中进行探讨，而是立足于诈骗罪的成立要件论的实质的探讨是必要的。

笔者认为，对于不法取得护照等文书，能够否定成立诈骗罪的，应该是被限制在以自己作为名义人进行不实的记载从而取得护照的场合。上述见解是否正确的评价，不立足于诈骗罪的要件论是不可能进行的。在判例中被作为问题的，判断是否存在排除诈骗罪适用的规定时，也必须从实质的角度（保护法益、法益侵害）思考该规定与诈骗罪规范之间的关系。

（二）财产的损害

否定不法取得护照等证明文书成立诈骗罪的理由，根据上述观点来看可能考虑的是，缺乏“财产的损害”（仅仅是“证明利益”的丧失，从实质上来看，不等同于财产的损害）。不过，对于上述见解，需要立刻回答的问题是，(1) 与法律明文要求“财产上的损害”作为要件的背信罪不同，就成立诈骗罪而言，并没有要求该要件；(2)（与 (1) 相关联的）就算成立诈骗罪要求财产的损害，其内容究竟是什么？

在学说上，也有见解主张，与因以“财产上的损害”为要件而作为“对全体财产的犯罪”被规定的背信罪一样，诈骗罪也属于“对全体财产的犯罪”〔18〕。根据上述见解，对于不法取得护照的案件，可以通过有无财产损害来判断是否成立诈骗罪，但是，就护照来看，盗取在颁发前处于保管中的护照的案件，是不能否定盗窃罪的成立的，因此，即使丧失的是仅仅被认定为有“证明利益”的物，也不得不肯定其属于财产的损害（“证明的利益”是护照财物性的基础，其丧失就

〔18〕 林干人：《刑法各论（第 2 版）》，247 页以下（2007 年）；林干人：《诈骗罪中的财产上损害》，现刑 44 号 48 页（2002 年）；等等。一般认为，松宫孝明在《证据证券的取得交付与诈骗罪》一文中所持的也是类似的见解，该文见立命馆法学 286 号 240 页（2002 年）。

意味着构成了盗窃罪法益侵害的基础[19]）。故而，以缺乏财产的损害为理由，不能直接否定诈骗罪的成立。[20] 此外，原本就与德国刑法中的以引起财产损害为成立要件的诈骗罪（与德国刑法中的背信罪相同）不同，日本刑法所规定的诈骗罪中（与日本刑法中的背信罪不同）并没有规定以“财产上的损害”为要件。不能无视这种规定上的不一致，所以要求财产的损害是诈骗罪的独立要件这本身就是不行的。

不过，虽说我们认为诈骗罪的成立不以财产的损害为独立要件，这也并不意味着连诈骗罪成立基础的法益侵害都不需要了。只不过是说，诈骗罪的成立不需要有因欺骗而交付的“财物”“财产上的利益”的丧失作为独立的要件而已。

那么，即便就护照等证明文书而言，肯定其财物性，就能够肯定使护照丢失一般而言属于作为财产犯罪成立基础的法益侵害，那么，又如何能够否定不法取得护照等证明文书的案件成立诈骗罪呢？在不被欺骗就不会交付财物的场合，判例的倾向是在形式上肯定诈骗罪的成立，根据判例的倾向，在不法取得护照的场合，似乎也逐渐难免会肯定其成立诈骗罪。但是，判例与学说中也并未采用上述结论。[21]

〔19〕 盗窃罪是对（形式上的）所有权的犯罪，侵害护照的所有权从而成立盗窃罪的见解，虽说其中所示的盗窃罪与诈骗罪的不同这一重要的视点不能忽视（该见解认为，盗窃罪与诈骗罪等对全体财产的犯罪有区别，是一种对所有权的犯罪），但是，该理解是在德国刑法上所采用的见解，由于上述见解混淆了德国刑法与日本刑法对于该问题的理解，因而是不能采用的解释。此外，就诈骗罪而言，应该毫不迟疑地独立讨论财产的损害问题，若能不将他国的刑法解释结论与本国刑法相混同（说得过分一点，这种解释方法缺乏区别的意思），则是幸事了。

〔20〕 林干人在《刑法各论（第2版）》249页（2007年）中，根据需要存在“交易关系”这一要件，以不存在这一要件为理由，否定了有关不法领得护照等案件之诈骗罪的成立。不过，恐怕没有特别要求存在“交易关系”这一要件的理由。因为如果那样的话，以他人为名义人通过虚假的证明文书不法领得等案件就成为不可罚的，而这并不妥当。此外，松宫孝明在《证据证券的取得交付与诈骗罪》[立命馆法学286号240页（2002年）]之中，对于不法领得“证据证券”的案件，认为作为有体物的“证券”不具有独立的意义（认为权利才是关键），但是根据松宫的理解很有可能得出与上述见解相同的结论，在这一点上是存在疑问的。

〔21〕 从这一点来看，判例是根据存在排除诈骗罪适用的规定，从这种形式的并且是（从诈骗罪的角度看）外在的理由来认定文书的不法领得不构成诈骗罪的。判例没有解释更深层次的理由，如果说出现了能够大致保证结论的理由就可以了的话，判例的这种态度也是不得已之举，但是，在学说上将判例作为评论的对象时是不能这样做的，不管怎么说还是必须探究不成立诈骗罪的根据。

从结论上来说，不法取得护照不成立诈骗罪的理由，还是应该在否定护照等证明文书的（诈骗罪的）法益侵害性中寻找。不过，如上所述，如果认定护照等证明文书是独立的“财产上损害”要件，就不能否定诈取上述文书成立诈骗罪。不仅如此，也无法否定护照等文书的法益侵害性。为了能够否定对于不法取得文书情形下成立诈骗罪，必要的是，要进入到诈骗罪的实质与构造中，更为“实质地”把握诈骗罪的法益侵害。

问题是，如何解释“实质的”法益侵害的内容，作为解释论，该内容的具体构成是怎样的？这里，若是仅将“实质的角度”视为必要，接下来却仅仅止于标示（根据直觉而得出的）一定的结论，其实质是一种思考停止的态度，恐怕不能说是好的解释论。〔22〕所以，“实质的”思考的出发点，必须是诈骗罪中的法益侵害的特质。

在盗窃罪中，以占有侵害为成立要件，财物可以说是作为静的存在被保护着的，如果行为人违反占有者的意思进行财物转移就成立盗窃罪。与此相对，在诈骗罪中，不仅要保护实体上的财物或者财产上的利益，由于本罪的成立要件要求有基于占有者意思的交付作为，所以“一定的目的达成手段”也是本罪所保护的对象，因此，侵害该“一定的目的达成手段”时成立本罪。〔23〕在这个意义上，一般认为，与盗窃罪相比，诈骗罪的法益侵害具备某种特殊性。〔24〕即，在盗窃罪中，如果占有人（违反其意思）丧失了对财物的占有就能够肯定其法益侵害性；但是，在诈骗罪中，在不能达成交付者想要达成的目的（在一般的交易场合中取得对等支付的目的，在捐赠场合的捐赠目的等）时，由于交付者交付财物或者财产上的利益就是为了达成某种目的，未能达成该目的而交付从而丧失了财物或者财产上的利益，才能够肯定法益侵害。换言之，对于不具备目的达成所要求的本质性的重

〔22〕大多数的教科书、体系书在诈骗罪部分论及财产的损害时，都缺乏这种“实质的视点”。

〔23〕参见山口厚：《刑法各论（第 2 版）》，266 页以下（2010 年）。关于诈骗罪中的法益侵害的理解，参见伊藤涉：《诈骗罪中的法益侵害》，警研 63 卷 4 号 27 页以下，5 号 28 页以下，6 号 39 页以下，7 号 32 页以下，8 号 30 页以下（1992 年）。

〔24〕诈骗罪的重要领域之一，就对等支付而言被欺骗的场合，因为被欺骗者对于交付的财产有认识，由于财产的丧失本身不存在（法益关系的）错误，只要将诈骗罪的成立局限在有财产损失的理解上，这种场合就无法奠定诈骗罪的法益侵害的基础。在这里，必须将理解诈骗罪的法益侵害的视野从财产损失本身扩张到目的未达成。

要条件这一点受到欺骗，交付从而丧失财物或财产性利益本身，能够肯定法益侵害性。如同在本章中所检讨的判决所判示的那样，在对交付的对象本身有充分认识的场合，为了肯定诈骗罪的成立，能够肯定目的不达成意义上的法益侵害是必要的，相反的，如果不能肯定上述意义上的法益侵害，就应该否定诈骗罪的成立。

关于这样的诈骗罪的法益侵害究竟应该需要哪些要件（可能有哪些问题），解说如下。

（三）错误认识的意义

诈骗罪在行为人通过欺骗使被欺骗者（陷入错误认识）交付财物或者财产上的利益时成立。因交付而丧失财物或者财产上的利益且存在法益侵害时，成立诈骗罪。尽管财物或者财产上的利益是基于被欺骗者的意思而交付的，但是，由于该移转财物或者财产上利益的意思是有瑕疵的，所以能够肯定法益侵害的发生。换言之，在有转移财物或者财产上利益的意思，而且在该意思没有瑕疵时，尽管丧失了财物、财产上的利益，也没有发生法益侵害（由于同意，就否定了移转与丧失的法益侵害性）。那么，如何判断移转意思是否有瑕疵呢？考虑到如上所述的诈骗罪的特质，在对转移对象有充分认识的场合，必须根据转移意思与交付财物或者财产上利益的目的之间的关系来判断。即，在交付者达成了通过财物或者财产上利益的交付想要达成的目的时，转移意思即没有瑕疵，就否定了财物或者财产上利益的转移与丧失的法益侵害性；在目的不能达成时，转移意思则是有瑕疵的。换言之，如转移支付者对于目的不达成这种法益侵害之发生不具有同意时，就能够肯定支付者丧失移转的财物或者财产上利益的法益侵害性。〔25〕因此，作为诈骗罪成立要件之一的错误认识的含义与法益侵害之成立就有了密切的关系，此外，错误认识的内容也有从法益侵害的观点来加以理解的必要（在这个意义上，错误认识是“法益关系的

〔25〕参见山口厚：《“法益关系的错误”说的解释论的意义》，司法研修所论集111号107页以下（2004年）。

错误”[26]）。就如下一章（第 19 章）所要检讨的那样，与之相似，判例所围绕的问题是，对于“作为交付判断基础的重要事项”是否受到欺骗。这在理论上作上述理解是可行的。

关于错误认识，接下来的问题是，是否在所有的不能达成目的的场合，都能肯定诈骗罪的法益侵害。这里，需要找到诈骗罪与其他犯罪（或者是不可罚的领域）的分水岭。否定“法益关系的错误”说的见解（在没有欺骗就不会有同意时，判例等的立场是否定同意的有效性）主张，犯罪成立的基础是，对于行为者的所有的目的未达成都肯定有法益侵害，从而奠定了犯罪成立的基础。即便根据上述见解，在诈骗罪与其他的犯罪或者规制（不作为犯罪处罚，或者仅仅成立该犯罪）之间的处罚范围的关系上，限定地理解奠定诈骗罪之法益侵害基础的目的未达成也是可能的，而且是必要的。这是因为，对于在本章中成为问题的具有“证明的利益”的文书而言，将文书交付给申请者即名义人就应该达成了目的，既然实现了该目的，从奠定诈骗罪成立基础的目的未达成不能被肯定的观点来看，应限定地理解“错误认识”，从而否定诈骗罪的成立。换言之，名义人所交付的文书内容的真实性本身，应该根据伪造文书罪等的规定来保护，通过上述形式，对于有关不法取得证明文书的案件，划分了伪造罪与诈骗罪适用领域的“分水岭”，这种解释作为一种实定法的解释看来是合适的。

因此，即便是没有欺骗恐怕就不会交付财物或者财产上的利益，但是（根据奠定处罚基础的法益侵害这一点所理解的）“错误认识”如果不存在就应该否定诈骗罪的成立。一直以来，对于不法取得护照等证明文书，有关案例是否定成立诈骗罪的，根据上述的见解，不成立诈骗罪是因为，通过否定其具有诈骗罪的法益侵害性，从而奠定了

〔26〕 从究竟根据哪些错误才能肯定诈骗罪的成立出发，成为处罚对象的法益侵害的内容得以明确。在这个意义上，奠定犯罪基础的错误认识必然是法益关系的错误，其实所谓否定“法益关系错误”说的论者的见解也与“法益关系的错误”说没有什么实质的不同，只不过是对于能够奠定犯罪的法益侵害的内容的理解有所不同罢了。换言之，围绕着“法益关系的错误”说的见解的对立，原因是对于法益侵害的理解方法不同，判例的见解（在没有错误认识恐怕就不存在同意的场合，同意无效）对于侵害不应该保护的利益也肯定了其法益侵害性，在这一点上看，判例的见解肯定的法益侵害范围过于广了；一直以来的“法益关系的错误”说对于侵害应该保护的利益也否定了其法益侵害性，在这一点上看，其所肯定的法益侵害的范围又过窄了。关于这个问题，参见山口厚：《“法益关系的错误”说的解释论的意义》，司法研修所论集 111 号 97 页以下（2004 年）。

否定诈骗罪之成立的基础。

（四）事案的检讨

1. 护照的不法取得

以上述见解为前提，第一，笔者希望检讨有关不法取得护照的案件。首先，对于护照的申请者对有关自己的事实进行虚伪的申请，并取得作了不实记载的护照的案件，从结论上来看，否定成立诈骗罪的判例与学说是妥当的。这是因为，交付护照的当局的目的仅仅是，将护照交付给缴纳了手续费的申请者，因为达成了该目的，故不存在（法益关系的）错误认识，所以不能就交付护照本身认定该行为的法益侵害性。因此，在申请者或者名义人以外的人（包括冒充名义人的人）通过欺骗取得护照的场合，由于当局的交付目的没有达成，所以成立诈骗罪（如果是在颁发前盗出护照，当然成立盗窃罪）。护照的记载内容与事实不同，确实应该属于许可证等不实记载罪的处理范围，通过这种形式，就划定了诈骗罪与伪造罪（许可证等不实记载罪）的“分水岭”。

如果对此作些总结的话，仅仅具有“证明的利益”的证明文书虽也可能该当于财物（因此，除了能够成为盗窃罪的犯罪对象以外，也不能直接将其排除出诈骗罪的犯罪对象），但是，只要该文书的申请者或者名义人在缴纳了手续费之后接受了该交付，就能够否定存在“认识错误”，诈骗罪就不成立了。相对的，该文书内容的真实性本身，应该根据伪造罪的规定，只是例外地被作为保护的对象。

2. 保险证书的不法取得

接下来，笔者将关注最高裁判所于平成12年的决定的案件，就保险证书的不法取得加以检讨。保险证书（保单）是证明保险合同存在的“证据证券”，当然具有“证明的利益”。因此，保险合同者以外的人通过欺骗取得保险证书时（除了在盗取时成立盗窃罪以外）成立诈骗罪，理由如上所述，这一点是明确的。问题是，保险合同订立者不法取得（尽管不可能签订保险合同）以自己名义订立的保险证书时的处理。

关于保险证书，与护照等证明文书的不同之处在于，保险证书证明被保险人根据保险合同取得了接受保险给付的地位，超过了单纯的“证明的利益”的范围，可以认为存在“证明的利益”以外的财产的利益（因为这种利益不能成为伪造罪所保护的对象，所以不能以限定处罚间接的无形伪造为理由限定诈骗罪的规范范围）。根据上述见解，由于保险证书的交付，给予了不应该被给予（具有财产价值的）保险给付地位的人该地位，在这个意义上，能够肯定上述保险证书的给付对于保险证书发行主体（基于法益关系的错误）的法益侵害。有关不法取得了健康保险的被保险者证的案件，同样的理解也是妥当的。〔27〕

在学说中，根据以上同样的理解，却有见解主张，重要的是，保险证书的不法取得就意味着不法取得了合同上的地位，所以应该直接肯定保险证书的骗取成立第 2 类诈骗罪（即财产利益诈骗罪）。〔28〕这样的见解也有一定道理，但是，以根据合同在具备一定要件的场合取得受领给付的地位，将其本身作为财产上的利益的受付与交付，由此肯定第 2 类诈骗罪的成立，这是否合适？从欠缺给付现实性的立场出发，可以说还有疑问的余地。在这里，应该认定上述地位所表示的证书之受付与交付这一外在的事实以及证书本身存在的重要性，在这个限度内，应该仅止于限定地肯定第 1 类诈骗罪（即财物诈骗罪）的成立（而不应该考虑是否成立第 2 类诈骗罪的问题）。

3. 存款存折的不法取得

最后，笔者将特别关注最高裁判所平成 14 年决定中的案件，就存款存折的不法取得问题加以检讨。最近，因为使用存折进行“汇款诈骗”等案件的发生，不法使用存款账户成为问题〔29〕，此外，关于存款账户的使用，为了防止洗钱等不法行为，法律规定金融机关有确认开户人为本人的义务（有关金融机关等机构确认开户人是本人的法律是《金融机关本人确认法》）。有必要在这样的背景下，思考不法取得存款存折的问题。

〔27〕参见伊藤涉：《健康保险证的不法取得与诈骗罪》，东洋法学 38 卷 2 号 249 页以下（1995 年）。

〔28〕参见松宫孝明：《证据证券的取得交付与诈骗罪》，立命馆法学 286 号 231 页以下（2002 年）。不过，虽说即便没有证书也能行使权利，但这并不意味着证书的存在是没有意义的。

〔29〕参见菅原胞治：《存款账户的不法使用与金融机关的对应》，金融法务事情（简称“金法”）1709 号 9 页以下（2004 年）等等。

存款存折是证明存款合同存在等的文书，证明利益是存款存折最低限度的内容。而且，存款存折的持有人能够接受存款的存入与（最高裁判所在平成 14 年决定的案件中所显示的案情是，在行为人持有账户名义人的印章的场合的）取出等服务。在这个意义上，可以说存款存折也具有财产的价值。问题是，有关交付相对人与名义人的含义的理解。以前，开设存款账户并不严格要求确认开户人为本人，因为金融机关有取得存款的利益，所以事实上假名账户与借名账户盛行，在那样的时代，将仅向作为出资者的现实的账户开户人交付存款存折理解为交付存款存折的目的是可能的、有余地的。在这样的场合，即便是假名账户或者借名账户，由于是向作为存款出资者的账户开设者交付存折就达成了存款存折交付的目的，因而上述场合与账户开设者以外的人伪装成存款的存入者取得账户的场合是有区别的，前者的场合能够否定诈骗罪的成立。不过，现在法律上要求严格地确认开户人为本人，现在成立诈骗罪的情形与以前就有所不同了，由于公共的规制导致了存款存折的意义产生变化，将存款存折交付给经过确认为本人的人，把这理解为金融机关的目的想来并非是不可能的。因此，A 伪装成 B，以 B 的名义开设存款账户，取得 B 名义的存款存折，那么金融机关的目的即将 B 名义的存款存折交付给 B 是不可能达成的（由于交付给 A 了），所以能够考虑肯定诈骗罪的成立。

平成 14 年的最高裁决定之后，《金融机关本人确认法》被改正，存款存折等的不法取得、买卖等成为处罚的对象（该法第 16 条之 2 的第 1 项、第 2 项）。而且其法定刑是 50 万元以下的罚金这么轻（如果行为人将不法取得、买卖存款存折作为一种营业来经营，法定刑就转化为 2 年以下惩役或者 300 万元以下罚金或者并科处罚）。在已经是这样的状况的现在来说，从区分诈骗罪与《金融机关本人确认法》的罚则的“分水岭”的见地来看，倒不如说就存款存折的不法取得而言，否定诈骗罪的成立这种观点反而更为妥当。

不过，最近，在隐瞒了准备将存款存折以及现金取款卡（cashcard）让渡给第三人的意图、向银行职员申请开设自己名义的普通存款账户，同时申请获得自己名义的存款存折以及现金取款卡，并获得了该存款存折以及现金取款卡的事案中，最高裁判所作出了如下的判示，否定了上述的“分水岭”论。即，“意图将存款存折以及现金取款卡让渡给第三人却予以隐瞒所作出的上述申请行为，无非是诈骗罪中所说的欺骗他人的行为，依据这一欺骗行为接受了存款存折以及现金取款卡之交付的行为，构成了刑法第 246 条第 1 项的诈骗罪这一点是很清楚的”〔30〕。由于可以作这样的理解，即《金融机关本人确认法》的罚则是有关接受了银行交付的存款存折等的处罚规定，而并不是来自银行对于存款存折等的不法取得行为的评价，所以上述的最高裁判例与《金融机关本人确认法》的罚则互相结合，可以说是对于出于不法使用目的的存款存折等的不法利用行为下了一剂猛药。

〔30〕 最决平成 19・7・17 刑集 61 卷 5 号 521 页。作为解说，前田严：《隐瞒了准备将存款存折等让渡给第三人的意图、向银行职员申请开设自己名义的存款账户等并取得了存款存折之交付的行为，是否该当于刑法第 246 条 1 项的诈骗罪》，ジュリ 1347 号 63 页以下（2007 年）；长井圆：《隐瞒让渡给第三人的意图取得自己名义的存款存折的交付与“欺骗他人”的含义》，平成 19 年度重判解（ジュリ 1354 号）181 页以下（2008 年），等等。

第 19 章
根据诈骗对象限定诈骗罪的处罚

一、导语

从第 16 章开始，处理的都是有关诈骗罪成立要件的诸问题，特别是在前章（第 18 章）中，从“文书的不法取得”这一内容出发，处理诈骗罪处罚的射程或界限等相关问题。在对此进行处理的判例出现后，对于其关联问题，重要判例也依次出现。本章以此为素材，根据新的判例，对诈骗罪处罚界限的有关问题，特别是对一直以来学说中通过“诈骗罪的财产损害”来处理的问题追加探讨，同时是对第 18 章所述内容的补充。

对于诈骗罪中虽使用欺诈手段，但以定价或相当的价格取得物品的一些案件〔1〕，或如第 18 章处理的不法取得一定文书的案件〔2〕，否定成立诈骗罪的见解在学说上予以展开，判例中也存在同样的倾向，这种倾向虽然有一定限度，但可以被觉察。基于诈骗罪要求具有“财产的损害”这一要件，因不存在财产的损害所以不成立诈骗罪的见解在学界是极为有力的，但是，与将“财产上的损害”作为明文的成立要件的背信罪不同，法律没有在诈骗罪中明文规定该要件。其中，成为问题的是如何能够恰当地划定诈骗罪的处罚范围。关于这一

〔1〕 行为人并非医生，但通过诊察使被害人以规定的价款购买了合适药物的案件（大决昭和 3・12・21 刑集 7 卷 772 页），或伪造医生的证明文件，购买具有强烈毒性的药品的案件（东京地判昭和 37・11・29 判タ140 号 117 页）等。

〔2〕 对于印章证明文件（大判大正 12・7・14 刑集 2 卷 650 页“否定财产上的损害”），美国护照（最判昭和 27・12・25 刑集 6 卷 12 号 1387 页）等，否定成立诈骗罪。

点最近判例采取的立场，可与通过“财产的损害”要件来解决问题的有力说进行对比，进而加以检讨。

以下，关于将飞机的登机牌秘密让渡给第三人的案件，和在拒绝暴力团成员利用的高尔夫球场上，暴力团成员秘密使用其设施的案件，最高裁判所作出相关判例，以此素材对上述问题进行检讨。

二、最近的最高裁判所判例

（一）最高裁判所平成 22 年（2010 年）7 月 29 日决定〔3〕

1. 案情

（1）被告人与 A 共谋，为了让中国人通过搭乘飞机非法入境加拿大，欺骗航空公司职员，企图让其交付从关西国际机场出发到温哥华的登机牌，平成 18 年（2006 年）6 月 7 日，在关西国际机场旅客航站楼内的 P 航空检票柜台处，A 意图将飞往温哥华的 P 航空 36 次航班的登机牌交给在关西国际机场的过境旅客区域待机并想非法入境加拿大的中国人，后者以被登记为乘客的 A 的身份搭乘该航班非法入境加拿大。A 将上述计划隐瞒，假装由 A 搭乘，出示了 A 的飞机票和日本国护照，请求 P 航空（以下称为“本案航空公司”）接受业务委托的公司职员交付 P 航空 36 次航班的登机牌，该职员错误地相信了 A，向 A 交付了该航班的一张登机牌。（2）被告人与 B 共谋，同年 7 月 16 日，在上述检票柜台处，B 以同样的意图和样态，出示了 B 的机票与日本国护照，请求交付飞往温哥华的 36 次航班的登机牌，职员向 B 交付该航班的登机牌一张。

一审判决（大阪地岸和田支判平成 19・11・20〔4〕）认为，“搭乘者是谁，即人员的同一性，是判断是否发放登机牌的重要要素”，

〔3〕 最决平成 22・7・29 刑集 64 卷 5 号 829 页。对此的解说或评注，参见增田启祐：《隐瞒使他人搭乘的意图，请求负责登机牌的航空公司职员向去往国外的自己交付登机牌，取得其交付的行为构成诈骗罪的案件》最判解刑事篇平成 22 年度 171 页以下，和田俊宪・平成 22 年度重判解（ジュリ 1420 号）212 页以下（2011 年），照沼亮介・刑事法ジャーナル 27 号 87 页以下（2011 年），田山聡美・判评 659 号（判时 2202 号）35 页以下（2014 年）等。

〔4〕 大阪地岸和田支判平成 19・11・20（参见刑集 64 卷 5 号 855 页）。

“登机牌要求本人具有同一性，其发放是为了使公司获利，航空公司向没有真实搭乘意思的人发放登机牌，会导致航空公司遭受社会的、可见的经济价值的损害，而且航空公司处分财产的前提事实是，真实的搭乘者与机票和护照上记载的人是同一的，被告人伪造了该事实，使航空公司误信，构成‘欺骗’行为”，肯定诈骗罪的成立。

二审判决（大阪高判平成20・3・18〔5〕）也认为，“登机牌与机票或乘客名单记载的被认可的搭乘者之间要有同一性，否则就不允许搭乘飞机，所以登机牌明显具有值得财产罪保护的充分的社会的、经济的价值，那么上述没有同一性的人使用登机牌，即，搭乘飞机会导致飞机的航行安全受到重大弊害的危险性，与航空公司社会信用的低下、业绩的恶化相关联，而且在本案中，因航空公司发放票券的不完善导致使用登机牌的人非法入境加拿大，在该场合航空公司必须向该国政府支付最高3 000美元，这对于航空公司来说，防止登机牌的不当使用有着极大的财产利益。那么，登机牌自然满足作为诈骗罪的客体的财物性，合理管理登机牌，对航空公司来说是涉及重大财产的关心内容，是否交付登机牌是判断上的重要事项，对该事项进行伪造，接受公司交付的登机牌的行为，明显出现财产的侵害”，“如果搭乘飞机的人与乘客名单上作为搭乘者所记载的人不一致的话，航空公司仅以此为由就能够拒绝交付登机牌，其实质的理由如上……按照这几点，在判断是否交付登机牌的时候，人的一致性是极为重要的考虑事项，伪装一致来请求交付登机牌的行为，导致航空公司的职员对重要事实陷入认识错误，误导了关于是否交付登机牌的判断，符合诈骗罪中的欺骗行为，这是没有疑问的，基于该错误交付登机牌构成引起公司财产损害的处分行为，这一点已经明确阐述”，肯定诈骗罪的成立。

2. 最高裁判所决定

接受了被告人上告的最高裁判所作出了如下判示，肯定了诈骗罪的成立。

“本案中，机票和登机牌的任何一个都记载了乘客的姓名，面对

〔5〕 大阪高判平成20・3・18（参见刑集64卷5号859页）。

请求交付登机牌的人，本案中的公司职员要求其出示护照和机票，将护照的姓名和照片与机票上记载的乘客姓名以及请求人的容貌进行对照，确认请求人为乘客本人后，交付登机牌。机票上记载了姓名的乘客以外的人搭乘飞机，会导致飞机航行安全上重大弊害的危险性，或者为了防止非法入境到加拿大，本案航空公司负有合理发放登机牌的义务等，基于这些方面，这种严格确认本人的做法，不让乘客之外的人搭乘飞机，对本案航空公司的航空经营具有重要性，本案职员在不能确认上述内容的场合，不可以交付登机牌。同样，本案职员如果知道请求交付登机牌的人具有将登机牌再交给其他人进而使乘客以外的人搭乘飞机的意图，则不能对其交付。”“从上述事实关系出发，请求交付登机牌的人自身是否搭乘飞机，乃是本案职员判断交付登机牌的基础性重要事项，因此隐瞒自己将登机牌让渡给他人而使他人搭乘的意图，向本案职员请求交付登机牌的行为，肯定是诈骗罪的欺骗他人的行为，由此取得交付的登机牌的行为明显构成刑法第 246 条第 1 项的诈骗罪。被告人在本案中的各行为成立诈骗罪的共同正犯，维持一审判决的二审判决是正当的。”

3. 本判例的意义

本判例的重要意义是，首先，对于“作为交付判断基础的重要事项”进行欺诈时，成立诈骗罪。重要的是，通过明确欺骗行为的对象和错误的内容，划定诈骗罪的成立范围。即，本案中，对搭乘者的同一性进行欺骗是否属于对“作为交付判断基础的重要事项”的欺骗，由此来判断是否成立诈骗罪。其次，判断欺骗的对象是否为“作为交付判断基础的重要事项”时，本判例认为，“不让乘客之外的人搭乘飞机，对本案航空公司的航空经营具有重要性”，由此肯定其属于重要事项，这一点也是重要的。因为原判决指出，在非法入境的场合，必须向加拿大政府“支付最高 3 000 美元”，以“防止登机牌不当使用所具有的财产利益”为重要依据，肯定诈骗罪的成立；但本判例没有采用上述理由，而是将“该乘客以外的人不能搭乘飞机”是“运营上重要”事项作为诈骗罪成立的根据。这对于思考欺骗对象是否属于“作为交付判断基础的重要事项”的判断基准，具有重要的意义。

（二）最高裁判所平成26年（2014年）3月28日判决[6]以及同日决定[7]

1. 无罪判决的案件

（1）被告人是暴力团团员，与同组织副会长A一起，在平成23年（2011年）8月15日去已经预约了的高尔夫球场Q俱乐部，在接待前台，作为宾客[8]真实地将姓名、住所、电话号码等填入“宾客登记表”，向前台的职员申请利用高尔夫球场的设施。此时，登记表上没有用来确认是否是暴力团关系人的一栏，没有采取措施让宾客宣誓不是暴力团关系人，职员没有确认宾客是否是暴力团关系人，被告人自己也没有作出其不是暴力团关系人的虚伪表述。被告人打完高尔夫球，利用该俱乐部设施后，支付了自己的使用费。还有，该俱乐部的高尔夫球场虽然属于会员制，但对会员，或会员的同伴者、介绍者不作限制，宾客均被允许利用设施。

（2）同月25日，B在宫崎县招待工作伙伴，因为对打高尔夫球有兴趣，所以给自己是会员的高尔夫球场R俱乐部打电话，预约同年9月28日的活动后，因为成员人数发生调整，所以邀请被告人。被告人在同月28日前往该俱乐部，在前台真实地将姓名填入“宾客记录表”，向前台的职员申请利用高尔夫球场的设施。此时，记录表上没有用来确认是否是暴力团关系人的一栏，没有采取措施让宾客宣誓不是暴力团关系人，职员没有确认宾客是否是暴力团关系人，被告人自己也没有作出其不是暴力团关系人的虚伪表述。被告人在与B等共同打完高尔夫球，利用该俱乐部设施后，支付了自己的使用费。还有，该俱乐部的高尔夫球场属于会员制，原则上限于会员和会员的同伴者、介绍者才被允许利用设施。

此外，Q俱乐部和R俱乐部在高尔夫球场的使用细则或条款中，都规定拒绝暴力团关系人利用设施，由于加入了九州高尔夫球场联盟、宫崎县高尔夫球场防范协会等，所以在俱乐部的出入口处设置了印有“暴力团关系人谢绝入内打球”的牌子，明示拒绝暴力团关系人

〔6〕 最判平成26・3・28刑集68卷3号582页。

〔7〕 最判平成26・3・28刑集68卷3号646页。

〔8〕 本案中的宾客特指“不是会员而临时付款使用会员制俱乐部设施和高尔夫球场等的人”。——译者注

利用设施的意思。但是，在此之外没有相关措施去确认利用设施的客人是不是暴力团关系人。而且，在本案各高尔夫球场，以及同样设置牌子表明拒绝暴力团关系人利用设施意图的周边高尔夫球场，多数默认允许暴力团关系人利用设施，被告人也有着同样的经历，本案发生时，没有由警察等指导实施彻底排除暴力团的活动。

一审判决（宫崎地判平成 24・5・21〔9〕）认为，“A 等隐瞒自己是暴力团团员的事实，向职员申请利用高尔夫球场的行为，其通过举动实施的欺骗行为（即所谓‘举动型欺诈行为’〔10〕），正是诈骗罪中的欺骗他人的行为，由此取得被害人所提供的便利，构成刑法第 246 条第 2 项的诈骗罪，基于该判断，每人成立共同正犯”，二审判决（福冈高宫崎支判平成 24・12・6〔11〕）也同样肯定了诈骗罪的成立。

2. 最高裁判所判决

接受了被告人上告的最高裁判所驳回二审判决和一审判决，判决无罪，作出了如下判示。

“在上述事实关系中，作为暴力团关系人的宾客没有告诉该事实，与普通的宾客一样，将规定的事项真实地填入‘宾客登记表’等，并将其交给前台的相关职员，申请利用设施，这些行为本身乃是申请人以通常方法来利用高尔夫球场的设施，表明利用后支付使用费的意思，但由此尚不能认为申请人表明其当然就不是暴力团关系人。那么本案中，被告人和 A 申请利用本案各高尔夫球场的设施的行为，不符合诈骗罪中的欺骗他人的行为。

“此外，对于利用 R 俱乐部的设施，被告人作为宾客的申请行为本身是实行行为，虽然以 B 会员的预约等事实的存在为前提，但是否能从预约中明确读出保证同伴不是暴力团关系人的趣旨，也是有疑问的。还有，被告人并没有积极推动 B 去预约，另外，对于诸如预约等状况，没有积极地加以利用。以此，很难得出这样的评价，即上述举动含有自己不是暴力团关系人的意思表示。”

“因此，一审判决认为被告人和 A 申请利用本案各高尔夫球场设施的行为属于欺骗行为，成立诈骗罪，原判决（二审判决）维持一审

〔9〕宫崎地判平成 24・5・21（参见刑集 68 卷 3 号 628 页）。

〔10〕“举动型欺诈”是指通过日常生活中常见的举动而实施的欺诈。——译者注

〔11〕参见福冈高宫崎支判平成 24・12・6（刑集 68 卷 3 号 636 页）。

判决的做法，存在对影响判决的重大事实的误认，如不驳回则明显违反正义。”“那么……本案各公诉事实不能充分证明犯罪的成立，宣判被告人无罪。”

此外，对于本判决，以下为小贯法官的反对意见。

本案讨论的是欺骗行为的有无，多数意见认为每个事件都要否定欺骗行为的存在，虽然对于Q俱乐部事件，本人与多数意见相同，但对于R俱乐部事件，如下所述，不赞同多数意见。

1. 诈骗罪中的欺骗他人行为，是对作为财产处分行为的判断基础的重要事项进行隐瞒（参见最高裁平成……19年7月17日第三小法庭决定·刑集61卷5号521页，最高裁平成……22年7月29日第一小法庭决定·刑集64卷5号829页）。由此得出，欺骗行为由隐瞒对象（以下称为“重要事项”）和隐瞒行为两个要素构成，为了构成欺骗行为，各个要素必须充分，在R俱乐部事件中，上述要素是充分的。以下依次进行探讨。

2. 首先，对重要事项进行认定。

(1) 一般而言，暴力团员利用高尔夫球场的设施会使舒适的打球环境受到侵害，很有可能导致高尔夫俱乐部的评价降低、经营业绩变差等，因此这并非在营业上可以无视的事项。但是，排除暴力团并非法律的义务，高尔夫球场对暴力团的排除要贯彻到什么程度则听凭于其营业方针，排除暴力团只是有大致合理的理由，不直接属于欺骗行为所必要的重要事项。对于是否是重要事项的认定，有必要对每一个高尔夫俱乐部将排除暴力团放在何种位置进行客观观察，探讨能否被评价为作为财产处分行为判断基础的重要事项，判断排除暴力团所处的位置，应当具体基于各高尔夫俱乐部为排除暴力团采取了何种举措。

(2) 对于高尔夫球场排除暴力团的措施，考虑1）禁止入内的公告，2）通过会员的介绍或同行保证宾客人物的身份，3）在前台通过书面或口头确认不是暴力团关系人，4）其他排除措施等。假如实施了3）的前台确认，若在前台对是否属于暴力团的情况说谎，则因表明了虚伪事实，欺骗行为的问题便可以解决，重要事项符合性也容易得到肯定。但是，本案当时高尔夫球场前台基本上没有采取措施，前台的确认会使顾客心情不愉快，而且担心在对方是暴力团员的场合引发混乱，高尔夫球场对于采取这一措施犹豫不决，从起因于宾客是暴力团关系人的事件来看，前台的确认并非必需的条件。对于 1)，尽管宫崎县的大量高尔夫球场设立禁止入内的公告，但从暴力团团员屡屡利用高尔夫球场设施的实际状况来看，只以禁止入内的公告为依据，不足以认定其符合重要事项。那么，在具体检讨是否属于重要事项的场合，2) 和 4) 的措施居于中心地位。

(3) 对 R 俱乐部进行分析，在该俱乐部中，门口处有暴力团关系人禁止入内的公告，原则上将宾客利用设施限定在通过会员介绍或同行的场合，本案发生的数月前，(俱乐部) 对作为共犯的会员 B 提出的场地用于暴力团团员打球的申请进行拒绝，而且在本案发生时，职员怀疑有暴力团团员打球，对此前去观察确认等，这些事实的存在说明，R 俱乐部客观上明确将排除暴力团作为重要的经营方针，足以认定该俱乐部不让暴力团关系人利用设施，这些是作为财产处分行为判断基础的重要事项。

3. 其次，对欺骗行为进行检讨。

(1) 在没有积极表明虚伪事实的案件 (举动型欺诈行为的案件) 中，对于欺骗行为，有必要仔细思考作为实行行为的申请行为是否能被评价为，包含不是暴力团关系者这一含义。如果检讨其与高尔夫俱乐部为了排除暴力团采取的上述措施之间的关系的话，也可以将 1) 理解为，禁止入内的公告的重点是期待暴力团自发放弃使用设施，在没有采取其他排除暴力团的措施的场合，仅仅采取禁止入内的措施难以直接将申请评价为欺骗行为。

(2) 可是，R 俱乐部根据其会则和使用条款，明示拒绝暴力团关系人使用设施，当会员是暴力团关系人时，将受到除名等处分，会员介绍宾客要以拒绝暴力团关系人的使用为前提，并对宾客在俱乐部内的一切行为承担连带责任。由此，该俱乐部要求，宾客申请使用高尔夫球场设施原则上需通过会员介绍或陪同，会员的个人担保对排除暴力团具有实效性。在采取该措施的高尔夫球场中，宾客通过会员介绍或陪同利用设施的申请能被评价为，无论在前台申请的事实行为人是会员还是宾客，会员都保证被介绍或陪同的人不是暴力团关系人，这样的 (隐瞒暴力团关系人的事实) 申请能够成立欺骗行为。

(3) 另一方面，Q 俱乐部虽然制定了同样的规则等，但宾客在没有会员的介绍或陪同时也可以利用设施，本案中，被告人等作为宾客在没有会员的介绍或陪同的情况下被允许利用设施，这样在没有会员的个人担保的状况下，暴力团利用设施的申请难以认定为欺骗行为。

4. 多数意见认为，对R俱乐部的欺骗行为，不能认定实施实行行为的被告人积极利用B会员的预约等状况，以此否定欺骗行为的存在。但是，对于因不是会员而不能单独利用设施，且因为是暴力团团员被拒绝利用设施的被告人而言，如果想打球，就不能不通过会员的介绍或陪同提供个人担保，在这一状况下，被告人利用设施的申请，是不是能够被评价为积极利用了B的介绍或陪同所提供的个人担保呢？而且，多数意见列举的积极利用的示例即'被告人推动B去预约'，虽然是与共谋或犯意相关联的事项，但能否作为判断欺骗行为该当性时的事项，并非没有疑问。

5. 对于R俱乐部的事件，根据上述内容，能够认定构成重要事项及欺骗行为，而且被告人明知该俱乐部拒绝暴力团关系人利用设施，获得会员B的介绍或陪同，为了共同打球，提出利用设施的申请，因此其与B并不欠缺共谋。根据以上内容，对于R俱乐部事件，应当维持原判决中认定有罪的结论。

3. 有罪决定的案件

被告人是暴力团团员，A是本案高尔夫俱乐部的会员，被告人与A共谋，于平成22年（2010年）10月13日，在长野县内的高尔夫俱乐部打球，尽管该俱乐部根据其高尔夫球场利用条款等，禁止暴力团团员进入和利用设施，但隐瞒被告人是暴力团团员的事实，A对该俱乐部的职员提交记载了"○○○○"等的组合表，委托其在签名册上代签被告人的名字等，被告人申请利用高尔夫球场的设施，该俱乐部职员误认为被告人不是暴力团团员，因此，被告人与该俱乐部达成利用高尔夫球场的合同，被告人利用该俱乐部的设施，以此，通过欺骗他人获得财产上的不法利益，被起诉。

本案的高尔夫俱乐部不允许暴力团团员以及与暴力团团员有交友关系的人入会，在入会之际，要求对包含"是否是暴力团或与暴力团团员有交友关系"这一项目的调查进行回答，同时提出，要在记载了"我与暴力团等没有任何关系。而且，不会陪同或介绍暴力团关系人，给贵俱乐部造成麻烦"的誓约书上签字盖章。高尔夫球场利用条款也禁止暴力团团员进入以及利用设施。平成21年（2009年）6月左右，共犯人A在申请该高尔夫俱乐部的入会审查时，对于上述调查项目，回答为“否”，在上述誓约书上签名盖章，成为该俱乐部的会员。

长野县内的高尔夫球场对暴力团团员关系人利用设施表现出严厉态势，被告人是暴力团团员，认识到可能被拒绝利用设施，但受到 A 的邀请，作为其同伴到访该高尔夫俱乐部。

本案高尔夫俱乐部的高尔夫球场利用条约与其他高尔夫球场的一样，无论是会员还是宾客，利用设施的人都要在前台亲自签署“签名册”来申请利用设施。但是，A 在申请利用设施时，唯恐他人发觉被告人是暴力团团员，没有将该事实告知，自己于前台亲自在“签名册”上署名，而被告人等 5 名同伴的信息在事先预约时，杂乱填写到该俱乐部准备的“接受预约书”的“组合表”一栏中，“△△”“○○○○”“××○○××”等姓氏和名字交错，A 将其交给该俱乐部的职员，委托职员代签到“签到表”中，通过这种破例式的方法，被告人没有前往前台签名就已解决，被告人申请利用其设施，该俱乐部职员相信会员的同伴中没有暴力团关系人，准许利用设施的申请。此外，在申请的时候，A 对该俱乐部职员的“同伴不是暴力团关系人吧”，没有重新确认，也没有亲自表明同伴不是暴力团关系人这一虚假之意思。

另一方面，被告人在与妻子一起到达本案高尔夫俱乐部后，没有去俱乐部大厅，而将车停在高尔夫球场内的练习场附近，直接到练习场开始练习，妻子询问道“没有登记可以吗，到哪里去登记”，被告人对此置之不理，委托 A 去申请利用设施。之后，被告人始终没有去前台，穿过俱乐部大厅，开始打球。而且，对于被告人利用设施的费用等，A 在第二天通过信用卡精确算出。

高尔夫球场拒绝暴力团关系人利用设施是因为，在利用的人中混入暴力团关系人导致一般的利用设施的宾客产生畏惧等，不能确保适宜的打球环境，与利用人数的减少存在关联，或者有损于高尔夫俱乐部的信用、评定等级等，基于防患于未然的意图，高尔夫俱乐部从经营上的观点出发，设定该措施。

本案的高尔夫俱乐部规定，根据高尔夫球场利用条款禁止暴力团团员进入和利用设施，在入会审查时，按照上述内容，采取签订不会陪同或介绍暴力团关系人的誓约等方法，此外，其他加盟的高尔夫球场排除暴力团的信息被形成数据库，由长野县防范协会事务局提供，预约或接受预约时能确认利用人的信息是否被数据库录入，由此对暴力团关系人的利用防患于未然。本案中，如果得知被告人是暴力团团员的话，则不能进行相应的设施利用。

一审判决（名古屋地判平成24・4・12〔12〕）认为，被告人没有欺诈的故意，否定诈骗罪的成立。与之相对，二审判决（名古屋高判平成25・4・23〔13〕）认定存在欺诈的故意和与A的共谋，肯定诈骗罪的成立。

4. 最高裁判所决定

接受了被告人上告的最高裁判所作出了如下判示，肯定诈骗罪的成立。

“根据上述事实关系，在入会之际签订誓约不得陪同或介绍暴力团关系人，本案高尔夫俱乐部的会员A实施的同伴者利用设施的申请本身，表明其保证该同伴者不是暴力团关系人的意思，那么利用人是否是暴力团关系人，属于本案俱乐部职员判断是否允许利用设施的基础性重要事项，没有告知同伴者是暴力团关系人而申请利用设施的行为，导致职员误认为该同伴不是暴力团关系人，当然是诈骗罪中的欺骗他人的行为，由此签订利用设施的契约，被告人与A通过意思沟通，利用设施的行为明显构成刑法第246条第2项的诈骗罪。被告人成立诈骗罪的共谋共同正犯的原判断，其结论是正当的。”

而且，本决定中小贯法官的意见为，“在会员个人担保被告人不是暴力团团员的情况下，实施申请，由此能够认定符合诈骗行为”。

5. 本判例的意义

上述两个判例也通过是否对“作为交付判断基础的重要事项”进行欺骗这一构造，对是否成立诈骗罪进行检讨。高尔夫球场设施的利用人不是暴力团关系人，对是否允许利用设施而言所具有的意义或重要性，要根据排除暴力团活动的实际状况进行判断，该评价不是辨明诈骗罪成立与否的内容。而且，如后所述，重要的一点是，若不被欺骗就不会交付的事项，并非全部都属于“作为交付判断基础的重要事项”。因为在判断欺骗行为与交付行为之间的条件关系（没有欺骗就不会交付）之前，上述内容已经得到了判断。

〔12〕 名古屋地判平成24・4・12（参见刑集68卷3号674页）。
〔13〕 名古屋高判平成25・4・23（参见刑集68卷3号686页）。

关于暴力团关系人利用高尔夫球场设施这一事实类型的判断，需注意以下几点：即，出现诈骗罪的成立与否这一问题的高尔夫球场所在地宫崎县、长野县虽然制定了排除暴力团的条例，但对高尔夫球场而言，拒绝利用设施没有在条例层面被义务化。在出现诈骗罪成立与否这一问题的高尔夫球场，根据规约或条款等，任何暴力团关系人被禁止利用设施，基于这一趣旨球场设置了看板等。这意味着，在否定诈骗罪成立的宫崎县高尔夫球场案中，虽然拒绝暴力团关系人利用的意向本身被表达出来，暴力团关系人对此明知却申请利用设施，利用是否会被拒绝，对此最高裁判所没有作出判断，这与原判决等存在不同。在此之前，周边的高尔夫球场的利用被许可或默认的事例占多数，因此，在设置看板等措施以外，还要采用何种措施成为问题。就是说，在将拒绝利用可能性（欺骗行为与交付行为的条件关系）作为问题之前，利用人不是暴力团关系人是否属于“重要的事项”的评价或判断，要以对高尔夫球场运用的实际状况为基础。这样的话，作为欺骗对象的事实是否属于“重要的事项”，应超越拒绝利用可能性（欺骗行为与交付行为的条件关系）预先进行独立的评价或判断。该案中，对此具有决定意义的是运用的应有状况，虽然小贯法官认为存在个人担保就足矣，但相比之下，多数意见则稍作更加限定的理解。总之，该判断的脉络在阐释判断诈骗罪的应然性、方向性这一点上极为重要。

三、诈骗罪处罚的限定

（一）判例中的处理方法

如第二部分所见的那样，判例认为，欺骗“作为交付判断基础的重要事项”是肯定诈骗罪成立的必要内容。而且如前所述，是否符合“重要事项”只是根据如果知道真相就不交付这一点来判断〔14〕是不合理的，对于重要性应作一定程度的独立评价，此乃判断的前提。〔15〕不过，在第二部分列举的判例中，作为欺骗他人的行为，举动型欺诈

〔14〕 参见前田岩·最判解刑事篇平成 19 年度 323 页。

〔15〕 也可参见上岛一高：《最近裁判例中围绕诈骗罪的诸问题》，刑事法ジャーナル31 号 20 页以下（2012 年）。

成为问题，为此也要考虑对“重要事项”作特别限制性理解的可能性。但是，即便是在隐瞒让渡给第三人的目的开设存款账户，取得银行存折或银行卡的案件中，虽然举动型欺诈构成欺骗他人的行为〔16〕，但是判例认为，存款规定禁止让渡，如果知道让渡的目的，则不存在相应的存款账户开设和存折等的交付，肯定诈骗罪的成立。与之相对，在登机牌的案件中，航空运送事业的营运重要性，为确认搭乘者是本人的重要性提供基础。在高尔夫球场案件中，不能仅限于提及利用条款，还要判断高尔夫球场排除暴力团活动的实际状况，不能只判断如果知道利用人是暴力团关系人是否会拒绝利用设施。这意味着，在近期的判例中，对符合“重要事项”进行评价，依然要允许预先进行一定的独立判断。

因此，在判例中，实质地决定诈骗罪的成立与否的是，作为欺骗对象的事项是否属于“作为交付判断基础的重要事项”。即，判例关注的问题是欺骗他人的行为要件，采取与诈骗罪的成立直接要求财产损害这一有力学说不同的解释方法，来划定诈骗罪的成立范围。

（二）对“重要事项”的判断

问题是，在判例对诈骗罪的这种判断框架中，“作为交付判断基础的重要事项”之重要性应如何判断。判例强调对出现问题的个别案件进行评价，在必要的限度内进行判断即可，没有必要设定一般性的妥当基准，而且那种一般的妥当、具体适当的基准在现实中并不存在。不过，通过与作为判断对象的案件之间的关联性来对判决的内容予以探讨，由此能够获得一定的提示。

首先，看一下登机牌案件。如前所述，一审判决认为，“登机牌的发放是为了使公司获利，航空公司向没有真实搭乘意思的人发放登机牌，会导致航空公司遭受社会的、可见的经济价值的损害”，这对财产损害有所言及。二审判决也认为，“没有同一性的人使用登机牌，即，搭乘飞机会导致飞机的航行安全受到重大弊害的危险性，与航空公司社会信用的低下、业绩的恶化相关联，甚至在本案中，因航空公司发放票券的不完善导致使用登机牌的人非法入境加拿大，在该场合航空公司必须向该国政府支付最高3 000美元，这对于航空公司来说，防止登机牌的不当使用有着极大的财产利益”，这同样对财产损害有

〔16〕 最决平成19·7·17刑集61卷5号521页。

所言及。与之相对，最高裁判所没有强行涉及财产损害，“在机票上记载了姓名的乘客以外的人搭乘飞机，会导致飞机航行安全上重大弊害的危险性，或者为了防止非法入境到加拿大，本案航空公司负有合理发放登机牌的义务等，基于这些方面，这种严格确认本人的做法，不让乘客之外的人搭乘飞机，对本案航空公司的航空经营具有重要性”，将搭乘者的同一性“作为交付判断基础的重要事项”。

在此重要的是，财产损害可能性不能为“重要事项”的认定提供直接基础，对于经营航空运送事业的航空公司而言，“经营上”的重要性才为“重要事项”提供基础。再者，不能忽视的是，成为问题的是对交付者而言的重要性，决非社会的重要性。〔17〕而且，对于作为交付者的航空公司而言，经营乃是与公司相关的最重要事项，由“经营上”的重要性来为“重要事项”提供基础，具有充分的理由。由此，确认搭乘者是本人属于“作为交付判断基础的重要事项”，这在诈骗罪的框架内予以说明。

其次，看一下高尔夫球场案件。认定成立诈骗罪的决定认为，“高尔夫球场拒绝暴力团关系人利用设施是因为，在利用的人中混入暴力团关系人导致一般的利用设施的宾客产生畏惧等，不能确保适宜的打球环境，与利用人数的减少存在关联，或者有损于高尔夫俱乐部的信用、评定等级等，基于防患于未然的意图，从高尔夫俱乐部的经营上的观点出发，设定该措施”，此对“经营上的观点”有所言及。这一点，与登机牌案中所涉及的航空公司“经营上”的重要性相同。无论哪一个案件，作为欺骗对象的事项属于“作为交付判断基础的重要事项”的理由，来自营业者开展与营业相关的“经营上的观点”或“经营上（的）重要性”。

如果案件不同，则有必要或有可能进行不同的考虑，对于交付者不是营业者的案件，不得不留给今后来判断，但至少在关于营业者的案件中，在从“经营上的观点”出发肯定重要性的场合，存在肯定诈骗罪成立的可能。

（三）所谓的财产损害的意义・再论

至此，如所见的那样，判例采取的方法是，通过将欺骗“作为交

〔17〕 这意味着诈骗罪不是针对社会法益的犯罪。

付判断基础的重要事项”作为要件，划定诈骗罪的处罚范围。关于其与学说之间的关系，对错误这一诈骗罪要件进行限定（以此确保间接的实质的法益侵害性）的法益关系错误说与之在方法上能够具有亲和性；反之，不能采用的方法是，有力说那样的将财产损害作为要件来划定诈骗罪范围（实质的个别财产说、全体财产说〔18〕）。

不将财产损害作为诈骗罪的成立要件，而通过判例中的解释方法划定诈骗罪的成立范围，在解释上是适当的，不过对于其理由，再次作如下确认。〔19〕

首先，应当指出，要求将财产损害作为要件的解释根据是不明确的。即，超出法条上规定的“交付财物或财产性利益”这一要件，要求关于全体财产或个别财产的财产损害，在解释上存在依据吗？根据法条，与将“财产上的损害”作为要件的背信罪不同，当存在交付或转移财物或财产性利益时即成立诈骗罪，因此有力说将财产的损害作为“不成文的构成要件要素”，但这一见解的最大难点是缺乏解释上的根据。从诈骗罪是财产犯罪这一点，只能得出，通过交付失去（所交付了的）财物或财产性利益这一要件。确实，盗窃罪等要求非法占有的意思这一“不成文的构成要件要素”，但这是从其与器物毁损罪等其他规定的关系中得出来的，具有解释上的根据。诈骗罪与其不能同一而论。

其次，如果将财产的损害作为要件，其内容也成为问题。判例认为，背信罪的“财产上的损害”，是从经济的视角出发评价本人的财产状态的。〔20〕但是，诈骗罪不能采用相同的思考方法。如果与背信罪采取相同基准是妥当的，则在提供价格相当的商品的案件中，就不能肯定诈骗罪的成立，这样的结论一般难以被认可。〔21〕对此，即便背信罪和诈骗罪都是财产犯罪，其法益侵害的内容却表现出相当的不

〔18〕 采取实质的个别财产说的是，西田典之：《刑法各论（第 6 版）》203 页（2012 年），山中敬一：《刑法各论（第 2 版）》340 页（2009 年），前田雅英：《刑法各论讲义（第 5 版）》350 页（2011 年），高桥则夫：《刑法各论（第 2 版）》323 页以下（2014 年），井田良：《刑法各论（第 2 版）》128 页（2013 年）等。采取全体财产说的是，林干人：《刑法各论（第 2 版）》143 页（2007 年）。

〔19〕 参见桥爪隆：《诈骗罪成立的界限》，《植村立郎判事退官纪念论文集·现代刑事法的诸问题（第 1 卷）》175 页以下（2011 年）。

〔20〕 最决昭和 58·5·24 刑集 37 卷 4 号 437 页。

〔21〕 最决昭和 34·9·28 刑集 13 卷 11 号 2993 页，肯定诈骗罪的成立。

同，从诈骗罪是财产犯罪不能轻易推导出财产损害的要件。总之，诈骗罪的财产损害（法益侵害）的内容应如何划定，这是个应当被追问的课题。

这样的话，即便是持诈骗罪需要具有财产损害的立场，也不能像背信罪那样从经济的视角明确地评价损害。尽管如此，还有观点固执地坚持经济损害，通过援用财产损害的可能性，以限定诈骗罪的处罚范围。〔22〕但是，该观点中所说的财产损害的可能性能否与背信罪中的“财产上的损害”作相同认定存在很大的疑问。而且，另一个难以消除的疑问是，这种财产损害的可能性难道不是将诈骗罪既遂后事后的后续损害作为诈骗罪的成立要件吗？通过对比登机牌的原判决与最高裁判所的判例，可明显发觉上述见解的问题。事实上，在该见解中，财产损害可能性的问题只是判断是否存在交付者的“作为交付判断基础的重要事项”时的考虑事项。就是说，此时虽然要求财产损害，但已经脱离了其原有的讨论框架。

因此，问题并不是财产损害的有无，而是通过判断欺骗对象是否属于“作为交付判断基础的重要事项”，来划定诈骗罪的处罚范围，判例采取的该路径具有妥当性。而且，在对交付所应达成何种目的进行判断时，该判断与前章检讨内容之间具有表里一体的关系。即，虽然“被害”是交付了的财物或财产性利益的丧失，但保证存在实质的法益侵害性的是“作为交付判断基础的重要事项”中的重要性判断的内容。虽然直接要求实质的财产损害的见解近乎一种实质的考虑，但其并不是独立的构成要件要素，实质的法益侵害性要通过欺骗对象的重要性予以间接性的考虑。

〔22〕 西田典之：《刑法各论（第 6 版）》，203 页（2012 年）；佐伯仁志：《诈骗罪(1)》，法教 372 号 113 页以下（2011 年）等。

第 20 章 错误汇款与财产犯罪

一、导言

银行汇款是指，汇款委托人委托 A 银行（支付银行）汇到收取汇款人在 B 银行（被支付银行）存款账户内的一定金额而形成的款项。如果在这个过程中，介入了错误，将与汇款委托人本来意图所不同的汇款汇入收款人的存款账户内，被称为错误汇款。〔1〕此时，存款账户的名义人（以下也称“收款人”）明知错误汇款的事实，仍然请求取出存款，上述情形是否构成犯罪是一个问题。〔2〕如果错误汇款是因为银行的错误而导致的，则依照合同条款由银行直接“划还款项”（清除收款人存款账户中的汇款记录）给汇款人，而无须收款人介入；但是，如果错误汇款是由于汇款委托人的错误导致的，“划还款项”要得到收款人的同意。（与前者不同）在后者的场合，问题是，即使收款人享有对存款的债权，在知道错误汇款事实的情况下仍然取出汇款时，成立诈骗罪（通过银行窗口的职员取出汇款时）或者盗窃罪（在取款机上取出现金时）吗？在本章中，笔者将对有关由于汇款委托人的错误而发生的错误汇款案件进行检讨。其中，也涉及对“存款的占有”的理解。

以前，在下级审的判决中，对于收款人在知道存款是他人的错

〔1〕关于汇款交易与错误汇款的具体介绍，参见森田宏树：《汇款交易的法构造——“误汇”案件的再检讨》，载中田裕康、道垣内弘人编：《金融交易与民法原理》，123 页以下（2000 年）。

〔2〕例如，如果在还剩余 50 万元存款的账户内错误汇入 40 万元并登载于存款账户，此时如果存款账户的名义人取出的存款金额在 50 万元以下，犯罪的成否就不是问题。如果认定了存款账户的名义人取出了错误汇入的 40 万元（的全部或者一部分），此时方才产生问题，所以要认定犯罪，收款人提出了超过 50 万元金额的取款请求这一点就是必要的。

误汇款时仍取出存款的案件，虽有判决判定成立遗失物等侵占罪〔3〕，但在其后，判决则认为在银行窗口从职员那里取得汇款时成立诈骗罪〔4〕，使用自动提款卡（cashcard，亦可称现金卡，应该是日本人最常说的银行卡——译者注）从自动取款机上取出汇款时成立盗窃罪。〔5〕后面这样的判决得到了肯定的评价。〔6〕关于犯罪成立的理由，判决指出了存款债权的不成立、缺少正当的取汇权限等理由。

在有关错误汇款的案件中，在平成 8 年，最高裁判所判决了一个应该引起关注的民事案件。〔7〕该案件是由于汇款委托人的错误，在向错误的汇款对象账户中汇入金钱后，由于收款人的债权人冻结了存款债权，汇款委托人因而提起了第三人异议的诉讼案件。对于该案件，判决肯定了收款人具有对银行的存款债权，即“汇款委托人向收款人的银行普通存款账户汇入金钱时，不管汇款委托人与收款人之间是否存在成为汇款原因的法律关系，收款人与银行之间的普通存款合同是成立的，收款人对银行取得相当于上述金额的普通存款债权，这一认定是正当的”。“此外，尽管汇款委托人与收款人之间不存在成为汇款原因的法律关系，但由于汇款，收款人取得了相当于汇款金额的存款债权时，汇款委托人仅仅对收款人有相当于上述金额的不当得利返还请求权，而没有阻止上述存款债权让与的权利，因此，应该说汇款委托人不能请求不准许收款人的债权人对上述存款债权予以强制执行。”

上述民事判决认为：由于汇款委托人的错误而错误汇款的场合，收款人对银行成立存款债权。问题是，迄今为止的下级审刑事判决是以存款债权的不成立为理由，从而肯定诈骗罪等罪的成立的，能够继续维持这样的判决吗？

〔3〕参见东京地判昭和 47·10·19 研修 337 号 69 页。

〔4〕参见札幌高判昭和 51·11·11 刑月 8 卷 11-12 号 453 页。

〔5〕参见东京高判平成 6·9·12 判时 1545 号 113 页（不过，该案件是由于支付银行的错误而导致的误汇案件）。

〔6〕参见原田国男：《错误汇款的取出与脱离占有物侵占罪的成否》，研修 337 号 75 页（1976 年）；大谷晃大：《由于支付银行的错误本人的普通存款账户汇入过剩金钱，使用自己的自动提款卡从自动取款机中取出，不成立侵占罪，而是该当于盗窃罪的案件》，研修 573 号 25 页以下（1996 年）。

〔7〕参见最判平成 8·4·26 民集 50 卷 5 号 1267 页。

二、近年来刑事判例与学说的动向

（一）下级审

即使在平成 8 年的民事判例以后，对于由于汇款委托人的错误而导致的错误汇款案件，仍然有下级审判决肯定了诈骗罪的成立。〔8〕判决认为，即便汇款本身是有效的，汇入的资金已经成为收款人在银行的普通存款债权的一部分，但有关的错误汇款最终也不属于收款人这一点是明确的，既然如此，“银行绝不能漫不经心地支付存款给收款人”。既然收款人认识到了错误汇款的事实，仍然取出存款的行为“从银行交易上的诚实信用原则看是不能被允许的行为”，那么至少从收款人与银行之间的关系来看，收款人对错误汇入的那部分金额“不具有取出的正当权限”。“银行如果从开户人那里被告知‘误汇的事实’，就不会漫不经心地同意支付存款了，因此，开户人隐瞒实情装作正常支取存款的行为，该当于使银行职员陷入错误的违法欺骗行为”。判决以上述理由肯定了本案成立诈骗罪。若是收款人取出相当于错误汇款金额之存款的权限被否定，就可能会肯定诈骗罪的成立，这恐怕意味着，刑事判决在一定程度上修正了平成 8 年的民事判例所判示的法则。

同一案件的控诉审判决认为，应该避免与民事判例之间的冲突，不过判决仍然肯定了诈骗罪的成立，作出了如下判示：“即便是像本案这样的汇款委托人错误地汇款给收款人的场合，也有以前的判例认为，汇款本身是有效的，汇款的接收者即存款账户的开设者，对该银行取得了有效的存款债权（最高裁判所平成 8 年 4 月 26 日判决，民集 50 卷第 5 号 1267 页），因此，即便是取出了因错误汇款而得到的汇款金额，就取款人与银行的关系来看，也是有效的取款，在民事上，收款人取出错误汇款没有任何问题（只不过在取出存款之后，存在取款人与汇款委托人之间的不当得利的返还问题）。但是，刑法上的问题是不同的。如同原判决（对于争议点的判断）所认定的那样，如果汇款委托人通过支付银行提出错误汇款的说明申请，银行应该直接‘划还款项’；如果是接收汇款的收款人一方提出存在错误汇款的

〔8〕参见大阪地界支判平成 9·10·27 刑集 57 卷 3 号 351 页。

申请，应该通过被支付银行履行通知汇款委托人查询等事后处置措施，以上都是银行的实务；在银行同意了取款人取款的场合，作为银行来说，即使不因此而承担法律上的责任，事实上也有可能被卷入汇款委托人与收款人之间的纷争。依照以上种种情形，由于该存款是错误汇款而汇入的金额，对于同意了收款人取出请求的银行而言，这应该说是不可忽视的事态，收款人隐瞒错误汇款的存在而取出汇入金额，该当于诈骗罪中的'欺骗行为'，此外，应该说，银行一方在这一点上的错误应该认为该当于诈骗罪中的'错误'（原判决的说明虽说稍有不同，但基本的思路想来是相同的）。"

（二）学说上的对应

在学说上，一种有力的见解认为，根据平成 8 年的民事判例，能够承认收款人（根据存款债权的成立）对存款有取出权限，因此，将民事法上被允许的存款取出请求作为处罚的对象，违反了"法秩序的统一性"原则，是不能被允许的；此外，能够否定收款人对银行具有错误汇款的告知义务，根据此等理由，应否定诈骗罪等罪的成立。〔9〕不过，以没有理由获得"意外之财"（所谓"天上掉馅饼"）这一理解为背景，（1）至少，作为刑事法上的评价，不应该肯定收款人存款债权的成立〔10〕；（2）对于恶意的收款人（由于权利滥用），不能认为其

〔9〕 参见松宫孝明：《过剩的汇款金额与财产犯》，立命馆法学 249 号 404 页以下（1997 年）；松宫孝明：《错误汇款与财产犯的解释以及立法》，立命馆法学 278 号 1 页以下（2001 年）；松宫孝明：《错误汇款与财产犯罪》，载《齐藤诚二先生古稀纪念・刑事法学的现实与展开》，403 页以下（2003 年）；松宫孝明：《明知是错误汇款的收款人隐瞒该信息取出存款的情形与诈骗罪的成立与否》，法教 279 号 132 页以下（2003 年）；川口浩一：《错误汇款与诈骗罪》，奈良法学会杂志 13 卷 2 号 1 页以下（2001 年）等等。此外的否定诈骗罪成立的见解有：林干人：《刑法各论（第 2 版）》，281 页以下（2007 年）；上嶌一高：《基于存款的占有》，载西田典之、山口厚、佐伯仁志编：《刑法的争点》，199 页（2007 年）；等等。民法学者也对该种情形成立诈骗罪提出了疑问，参见松冈久和：《错误汇款案件中刑法与民法的交错》，刑法 43 卷 1 号 90 页以下（2003 年）；此外，佐伯仁志、道垣内弘人：《刑法与民法的对话》，38 页以下（道垣内教授的论断）（2001 年）；中田裕康、西田典之、道垣内弘人、佐伯仁志：《座谈会 民法与刑法（1）》，法教 241 号 51 页（道垣内、中田两教授的论断）（2000 年）。

〔10〕 西田典之：《由于错误汇款而取得误汇款与诈骗罪的成立与否》，セレクト'98（法教 222 号别册附录）30 页；西田典之：《刑法各论（第 6 版）》，236 页（2012 年）；三浦守：《因错误汇款而取得该汇款与诈骗罪的成立与否》，警察学论集 52 卷 11 号 200 页（1999 年）；高桥省吾：《大コンメンタール刑法（13）（第 2 版）》，95 页（2000 年）；等等。

具有正当的取得权限〔11〕；（3）银行如果知道了错误汇款的事实，是不会同意收款人取出存款的请求的。〔12〕从以上理由出发，肯定诈骗罪等罪成立的见解仍然是多数说。〔13〕

（三）最高裁判所

最高裁判所接受了被告人针对前述控诉审判决所提出的上告，以以下理由，根据与原审判决同样的立场，肯定了诈骗罪的成立。〔14〕

“在本案中，汇款委托人与收款人即被告人之间虽不存在成为汇款原因的法律关系，但是，即便在此类汇款中，收款人即被告人与汇入的银行（被支付银行）之间也成立相当于汇款金额的普通存款合同，被告人对银行取得了相当于上述金额的普通存款债权（参见最高裁判所平成4年（才）第413号同8年4月26日第二小法庭判决，民集50卷5号1267页）。（判例中原文另行）不过，另一方面，如果进行汇款委托但错误汇入被支付银行账户的汇款委托人提出返还的申请，即使在银行对收款人的存款账户的汇入处理程序已经完毕的场合，银行也要取得收款人的承诺，办理返还手续，使汇款回到汇款委托前的状态（‘划还款项’），这是银行实务上的一贯做法。此外，如果是收款人向银行指出存在错误汇款的事实，银行一方面会确认本行对汇入金额的处理是否有误，另一方面也会施行通知汇款委托方银行以及通过该银行通知汇款委托人，询问有无该汇款的错误等处置措施。（判例中原文另行）这些措施是根据普通存款规定、汇款规定等规定的原则而实施的应对措施，一般认为，这些措施对维持安全的汇款制度是有益的。并且，可以说为了避免银行被卷入汇款委托人与收

〔11〕参见佐藤文哉：《取出因错误而汇入的存款与财产犯罪》，载《佐佐木史朗先生喜寿祝贺·刑事法的理论与实践》，338页以下（2002年）。

〔12〕参见渡边惠一：《取出因错误而汇入的存款的行为与犯罪的成立与否》，研修599号113页（1998年）。

〔13〕参见大谷实：《误汇汇款的取得与刑法上的对应措施》，研修662号3页（2003年）；今井猛嘉：《存款的占有·错误汇款与财产犯罪的成立与否》，现刑55号108页（2003年）；等等。

〔14〕最决平成15·3·12刑集57卷3号322页。本判例的解说有：宫崎英一：《明知存在错误汇款的收款人隐瞒该情况取出该汇款与诈骗罪的成立与否》，最判解刑事篇平成15年度112页以下；林干人：《错误汇款与诈骗罪的成立与否》，平成15年度重判解（ジュリ1269号）165页以下（2004年）；伊东研祐：《从自己在银行的账户中取出他人的错误汇款与诈骗罪的成立与否》，ジュリ1294号168页以下（2005年）；等等。

款人之间的纷争，这也是必要的。此外，从防止汇款委托人、收款人等关系者之间发生无用纷争的观点来看，这也是具有社会意义的。因此，对银行而言，被请求取出的存款是否为错误汇款，在决定是否立即支付相应款项上不得不说是一个重要的事实。从收款人的立场来看，收款人作为根据与银行间的普通存款交易合同而进行持续的存款交易的人，在知道了有错误汇款进入了自己的账户的场合，为了使银行施行上述措施，收款人应该基于诚信原则上的义务告知银行错误汇款事实。根据社会生活上的道理看也是这样。收款人必须将错误汇款返还给汇款委托人，由于收款人不具有将相当于错误汇款的那部分金额最终作为自己的财物的实质上的权利，所以说上述告知义务可谓是理所当然的。因此，知道了错误汇款事实的收款人，隐瞒该信息请求取得汇款，该当于诈骗罪中的欺骗行为，此外，应该认为关于有无误汇的错误该当于诈骗罪中的错误，因此，收款人从陷入错误的银行窗口职员那里取出存款的场合，成立诈骗罪。”

在这里，收款人与银行之间有关存款债权的权利义务所具有的样态（根据民事判例，收款人的存款债权被肯定）另当别论，刑事判例强调的是银行在面对错误汇款时实际上执行的应对“措施”及其意义，判例肯定了在误汇的场合，银行对于“应该立即支付……吗”这一问题有予以判断的余地。我们在这里能够找到诈骗罪成立的根据。

三、关于“存款的占有”

（一）“存款的占有”论

在上述判例中，虽肯定了收款人对银行占有的金钱成立诈骗罪，但是，在刑法上，有时能认定存款人取得了“存款（从而金钱）的占有”，有必要检讨这两者之间的关系。

银行存款不是物而是债权，存款者对于银行而言仅仅享有债权而已。不过，有判例肯定了在存款人受委托将一定的金钱存入银行的场合，受托人即存款人“占有存款（从而金钱）”〔15〕；还有判例认为，

〔15〕 大判大正元·10·8 刑录 18 辑 1231 页。该判例是有关村长将属于村里的基本财产的金钱存入银行，又将其（私自）提取的案件。

存款人基于不法取得的目的提取存款的行为构成委托物侵占罪。〔16〕学说上的多数也不反对这样的结论。一般认为，该判例的判示是根据以下判断，即不论受托人是打算将受委托的金钱就这样直接占有，还是打算将其存入银行，其作为金钱保管者的地位是不变的，并且委托人同样应该被保护。根据这种见解，有主张认为，对于被委托的金钱，占有概念可以扩张到受托人甚至"占有存款"〔17〕。有必要注意的是，在存款者与银行的关系上看，这种理解有否定财产犯罪成立的意义。〔18〕在这里，问题是受托人对"存款（从而金钱）的占有"的根据与要件，并且，受托人与银行的关系是一个必须正面回答的问题。

（二）取款权限与"存款的占有"

首先能够指出的是，"存款的占有"不是由有取款可能性而对存款事实上的支配而奠定其基础的。这一结论根据以下判例〔19〕的判示也可以予以明确。判例认为窃取了存款存折与登记印鉴的犯人，凭借上述物品取出存款时，不仅成立盗窃罪，并且也成立诈骗罪。即判例认为，为了肯定对"存款的占有"并不要求存款者有能够支配存款的事实上的可能性，有必要认定的是存款者具有正当的取款权限。因此，拾得存款存折与登记印鉴或者自动提款卡的人自不用说，仅仅因保管而被委托的占有人，也不能认定其对"存款的占有"，只能肯定被授予了存款取款权限的人有对"存款的占有"。所以，银行仅对正当的取款权限人有还款义务，（就其他人而言）对于未予付款这一点不存在值得保护的利益。因此，在行为人具有对存款的正当的取款权限的场合，行为人对银行所占有的金钱不成立诈骗罪等犯罪。如果是那样，区分"存款的占有"的有无（并且，对银行是否成立诈骗罪）的标准是，对于还款请求，有无银行需要保护的利益。因此，即便没

〔16〕参见大判大正8·9·13刑录25辑977页。

〔17〕仅仅就被委托的金钱而肯定"存款的占有"的见解有，西田典之：《刑法各论（第6版）》，235页（2012年）；佐藤文哉：《取出因错误而汇入的存款与财产犯罪》，载《佐佐木史朗先生喜寿祝贺·刑事法的理论与实践》，343页（2002年）。与此相对，在上嶌一高：《基于存款的占有》，载西田典之、山口厚、佐伯仁志编：《刑法的争点》，199页（2007年）一文中，甚至肯定了在不具有委托关系时也存在"存款的占有"。

〔18〕例如被委托人从银行盗出相当于受委托存入的存款，由于被委托人本身就占有存款，因而必须否定被委托人成立盗窃罪。——译者注

〔19〕参见最判昭和25·2·24刑集4卷2号255页，等等。

有被委托存入存款的场合，如果有其他的某种理由能够认定存款人具有正当的取款权限，肯定存款人对“存款的占有”就有了可能。

（三）误汇的场合

如上所述，正当的取款权限成为区分“存款的占有”的有无，进而成为区分对银行是否成立诈骗罪等罪的标准。而最高裁判所肯定了在错误汇款的场合，收款人成立对银行的存款债权，并同时肯定了诈骗罪的成立，这一最高裁判例的态度与以上结论之间的关系就成为问题。从结论来说，判例肯定取得错误汇款即成立诈骗罪是因为最高裁判所对收款人的取款权限进行了“一定的制约”，否则，就会因有关银行返还的要保护利益是不存在的，导致也应该否定诈骗罪等犯罪的成立。换言之，肯定诈骗罪成立的最高裁判所，在肯定了收款人的取款权限的同时，也对该取款权限加以制约。可以说，在这个限度内，刑事判例对民事规则在事实上加以一定的改变。问题是，最高裁判所对取款权限进行的制约，是以想要肯定诈骗罪成立的银行的利益为基础的吗？

四、欺骗行为

（一）诈骗罪的构造

诈骗罪在行为人通过欺骗行为，使被欺骗者产生错误认识，并由于该错误认识交付物或者利益，将其转移给行为人或者第三者时成立。诈骗罪中的法益侵害是所交付的财产，出于“有瑕疵的意思”而进行的财产交付是法益侵害的基础。交付者尽管有某种错误，但这种错误在为诈骗罪奠定基础的法益侵害的观点来看，并非“重要”的错误的场合，就属于基于“完整的意思”进行的交付，也就能够否定诈骗罪的成立。这种错误认识的“重要”与否，通过欺骗行为与诈骗罪规范所要保护的利益之间的关系加以判断，因此，欺骗行为与错误认识的含义本身，是由诈骗罪规范所要保护的利益确定的。[20] 在对财

〔20〕 这是“法益关系的错误”说在诈骗罪中的意义，也可以说其中有该说的真正价值。参见山口厚：《“法益关系的错误”说的解释论的含义》，司法研修所论集 111 号 97 页以下（2004 年）；以及山口厚：《刑法各论（第 2 版）》，266 页以下（2010 年）。

产转移本身有完全的认识的场合，交付者即被欺骗者对通过财产交付所要达成的目的的认识错误（即因为想着能够达成目的才交付财产，但目的并不能达成），是诈骗罪法益侵害的基础。

（二）欺骗的对象

由于汇款委托人的错误而导致错误汇款时，如果认为收款人的存款债权不成立或者恶意的收款人不具有正当的取款权限，银行就有了拒绝支付的可能，因此，就能够根据有关该错误汇款的欺骗而肯定诈骗罪的成立。[21] 不过，这样的理解，实际上有修正或者限定平成8年民事判例所判示的法则的意思。所以，如果打算避免与民事判例的法则产生冲突，采用该见解是困难的。

此外，民事规则姑且不论，对于错误汇款，银行会闪烁其词、环顾左右而事实上不同意收款人取出存款，问题是，收款人有可能通过隐瞒可能使银行产生上述事实上的对应的事实来欺骗银行。既然以不否定收款人存款债权的成立或者正当的取款权限的存在为前提，银行不同意取出存款就是违法的，应该认为诈骗罪是无法保护拒绝取款这一违法利益的。根据认为只要存在对物或者利益的占有侵害就能够肯定财产犯罪成立的“占有说”的立场来看，肯定诈骗罪的成立或许也不是不可能，但是，“占有说”本身是有疑问的，此外，判例就诈骗罪而言也没有采取这样的态度。[22] 而且，认可为了使对方作出违法的对应的告知义务恐怕也是有疑问的。

因此，接下来的问题是，如果存在错误汇款，银行事后的处置措施是，确认错误汇款的事实，如果是因为银行的错误就直接予以“划还款项”，如果是由于汇款委托人的错误则需要请求收款人的同意，然后“划还款项”，因此，有必要授予银行调查或者确认错误汇款的机会，将之作为银行对于取款权限的制约，认可银行在上述限度以内可以不立即同意支付的利益。一般认为，收款人隐瞒错误汇款的事实导致的银行上述限度的不利益就属于欺骗行为。最高裁判所通过强调维持汇款制度与防止纷争发生的意义、授予银行事后

〔21〕 参见山口厚：《刑法各论（第2版）》，297页（2010年）。

〔22〕 参见最判平成13·7·19刑集55卷5号371页；樋口亮介：《因欺骗在承包货款本来的支付时期之前的受领与诈骗罪的成立与否》，ジユリ1249号156页以下（2003年）。

处置的机会，奠定了制约取款权限之重要性的基础。上述制约也包含在判例所认定的取回存款的含义与目的之中，可以说，判例是打算通过因收款人的欺骗致使未达成上述制约（银行未获得调查、确认错误汇款的机会等）来肯定诈骗罪的成立的。的确，在银行错误的场合，银行拒绝收款人的取款请求具有正当的利益，能够考虑肯定银行的这种确认是否属于错误汇款、属于何种错误汇款的利益。[23] 不过，在汇款委托人错误的场合，如果已经提出了取款请求的收款人没有同意“划还款项”的意思，即便告知收款人该汇款属于意料之外的汇款（不当得利），从结果上来说，也无非确认了取款人取款这一点而已，虽说存在确认的利益，也不过是这种程度的确认利益。意图通过对取款权限附加这样的制约来肯定诈骗罪的成立，虽然是充分站得住脚的理论，但是实质上这一论理却不能不说是脆弱的。

五、告知义务

平成 15 年最高裁判所的判例，肯定了收款人有向银行告知错误汇款的告知义务。该义务是“诚信原则上的义务”，该义务的根据是收款人具有“继续进行存取款交易的人”的地位，援用的是“社会生活上的条理”。有学说对于判决肯定“诚信原则上的义务”是作为义务提出了批判[24]，作为最高裁判所的判例，有余地将其理解为，是通过论及银行与收款人存在继续的交易关系，来限定地界定告知义务的。

在本案的场合，认定收款人是否存在告知义务之前的问题是，收款人隐瞒错误汇款事实，请求取款，是属于作为的欺骗还是不作为的欺骗呢？如果是前者，收款人是否存在告知义务就应该不成为问题了。不过，在该场合，认为在存款的取款请求中，甚至还包括要求取款人作出“不存在有关错误汇款的存款记录”这样的意思表示，这恐

〔23〕 不过，特别是由于被支付银行存在错误时，有见解认为这种制约是基于银行对于银行财产的一种保护义务，这个问题还有讨论的余地。

〔24〕 参见川口浩一：《诚信原则违反与诈骗罪（1）》，奈良法学会杂志 13 卷 3-4 号 191 页以下（2001 年）。

怕是无理的要求（尽管在逻辑上看不是不可能的，但这种特殊情形不具有普遍性）。在这个意义上，最高裁判所将告知义务作为解决问题的切入点想来是正确的。此外，如果认为无论是否存在错误汇款，银行都“应该一声不吭地支付”，银行无法左右是否同意错误汇款场合的取款请求，根据这样的见解，错误汇款的事实不再重要，这从根本上就否定了收款人的告知义务。另外，根据判断的风险应该由被告知人负担的观点来看，也能够考虑否定收款人存在告知义务，但是，要求银行在收款人取款前一一确认是否属于错误汇款的情形终究是不可能的，恐怕也是不妥当的。

六、补论：遗失物等侵占罪的成立与否

与判例不同，在（无条件）肯定收款人具有存款的取款权限的场合，如前所述，能够肯定收款人对“存款的占有”，因此，能够否定收款人成立对银行的诈骗罪。通常，只要没有取出存款的委托，就不能认可被委托人的取款权限，但是由于汇款委托人的错误而导致错误汇款的场合，即便不具有委托也能肯定取款权限。在这个意义上，认定“占有存款”的收款人在没有得到委托的情况下取出错误汇款的行为，成立遗失物等侵占罪是可能的。

不过，问题是，能够说相当于错误汇款的金额属于“他人的物”吗？换言之，在金钱被委托的场合，能够认定被委托人的“存款的占有”，能够认为该存款为“他人的物”，能够肯定委托物侵占罪成立。根据上述立场，问题是，在与上述情形不同的不具有委托关系的场合，能够认定汇款委托人对与错误汇款有关的存款有“更强的权利”吗？民事判例的见解否定了汇款委托人对收款人的债权者提出的扣押存款债权的第三者异议诉讼。以该判例的见解为前提，积极地认定汇款委托人对相当于错误汇款金额的存款债权具有“更强的权利”仍然是困难的。因此，即便能够认定收款人对因错误汇款而取得的存款的占有，因为该金额是“收款人的物”，而不能说是“汇款委托人的物”，所以也能够否定遗失物等侵占罪的成立。

七、结论

这样看来，对于因汇款委托人的错误而导致错误汇款的场合，恶意收款人请求取款的案件，肯定诈骗罪或者遗失物等侵占罪的成立，只有程度上的差别，但却都有难度。即便可能肯定诈骗罪的成立，认真地考虑平成 8 年民事判例的判决，实质上恐怕仍然留有疑问。有见解认为，倒不如说依靠合同等强化汇款委托人的权利的内容，借此来肯定遗失物等侵占罪成立的主张才是正确的做法。这一见解想来也是有理由的。

第 21 章 亲属关系与财产犯罪

一、导言

刑法第 244 条是“有关亲属间犯罪的特殊规定”，该条规定：“(1) 配偶、直系血亲或共同居住的亲属之间犯盗窃罪、侵夺不动产罪或者这些罪的未遂罪的，免除处罚（该条第 1 项）。(2) 前项规定的亲属以外的亲属之间，犯前项所规定的犯罪的，属于告诉才能提起公诉的亲告罪（该条第 2 项）。(3) 非亲属的共犯不适用（1）、(2) 的规定（该条第 3 项）。”一直以来，上述特别规定又被称为亲属相盗的特例，该特例也准用于诈骗罪、使用计算机诈骗罪、背信罪、恐吓罪及其未遂罪（第 251 条）；准用于侵占罪、业务上侵占罪、遗失物等侵占罪（第 255 条）。考虑到（1）的法律后果是免除处罚，检察官实际上不会提起诉讼，通常可以认为就（1）而言实际上与否定了犯罪之成立没有多大差别，而若是被作为亲告罪的话，只要告诉权人不提起控告就不会被追诉。在这个意义上，刑法第 244、251、255 条所规定的亲属相盗特例具有很强的法效果。〔1〕

在适用亲属相盗特例时，有以下几点成为问题。首先，法律究竟是根据哪些理由、依据，是基于什么原则认可上述特例的？特别需要研究的是，规定的适用范围甚至包括了没有共同居住在一起的亲属，法律在如此大的范围内认可该特例的原因何在？其次，以以上理解为基础，我们需要研究特例适用的要件有哪些？换言之，法律有必要认可多大范围内的人与犯罪人之间的亲属关系。关于这个问题，可以说

〔1〕 关于亲属相盗特例的谱系的研究，请参见石堂淳：《亲属相盗特例的谱系与根据》，法学 50 卷 4 号 113 页以下（1986 年）。

有必要根据法律规定亲属相盗特例的原意，对各具体犯罪进行检讨。

最近，就亲属相盗特例的适用与准用来说，最高裁判所作出了一个判例，相关的判示十分重要。在本章中，将在介绍上述判例的同时，针对这一特例的旨趣与适用范围，连带提及相关问题，对该判例加以检讨。

二、最近的最高裁判例

1. 案情

本案是有关未成年人的监护人不法处分被监护人即未成年人的财产，即有关业务侵占的案件。

被告人A是未成年人Y的母亲M（平成13年6月死亡）的母亲，被告人B是Y的舅父（Y的母亲M的兄长），被告人C是被告人B的妻子。被告人A是在平成13年8月被家庭裁判所选任为Y的监护人的，其主要工作是保管、收支Y的存款。由于被告人们实施了以下各侵占Y财产（业务侵占）的事实，故被起诉。(1) 为了实现3名被告人自身的消费，3名被告人经过共谋，从平成13年8月开始一直到平成15年11月之间，前后共5次在F中央邮局以及其他四个地方，从被告人A业务上所保管的关乎Y继承的M名义的定额邮政储蓄账户以及其他两个账户中，恣意地取出了共计677万余元的存款。(2) 为了实现被告人A与被告人B的消费，A与B经过共谋，从平成14年2月一直到平成15年11月间，前后共9次，在F农业合作组合总店及其他两处场所，从被告人A业务上所保管的Y名义的普通储蓄账户中，取出了共计859万元的存款。此外，新被选任的Y的监护人仅仅对被告人A与被告人B提起了告诉，没有对被告人C提起告诉。

辩护人主张被告人C与被告人A以及B之间不存在共谋，从而C无罪。不过，3名被告人之间的共谋被认定，被告人C就上述(1)的业务侵占事实而言也成立犯罪。与后面将要论及的最高裁判所的判例的关系上，辩护人的重要主张是：(1) 被告人A是Y的外祖母，与Y有着直系血亲关系，根据刑法第255条以及第244条第1项，应该对其免除处罚。(2) 被告人C是Y的舅母（母亲兄长的妻子），属于没有与Y共同居住的亲属，根据刑法第255条以及刑法第244条第2项，只要告诉权人不提起告诉就不允许检察官提起公诉，因为告诉权人没有对被告人C提起告诉，所以对该被告人所提起的公诉应该被驳回。

第一审判决（福岛地判平成18·10·25）认定被告人等成立业务上侵占罪，针对辩护人的上述（1）、（2）两项主张，作出了如下判示。

首先，就辩护人的主张（1），刑法第255条、第244条所规定的亲属相盗特例的立法旨趣，是基于以下政策上的考虑，即基于“法不侵入家庭”的思想，国家节制动用刑罚权来干涉亲属之间的财产犯罪，而是希望由亲属之间的习惯、族规来解决。在上述政策上的考虑不起作用的领域，是不能适用刑法第255条以及第244条的。监护人，即便是被监护人的亲属，也是因为遗嘱或者家庭裁判所的选任方才取得了管理、处分被监护人的财产的权限，并在家庭裁判所的监督之下履行上述职责，所以，监护人的地位是基于家庭裁判所的信任关系而得到的。监护人违背家庭裁判所的信任，将家庭裁判所这一不属于亲属的第三人卷入进来的本案罪行，没有适用亲属相盗特例的余地。此外，监护人由于被选定，就不必等待被监护人的委托行为，而对被监护人的财产有法律上的支配权，此后也是一样，监护人的管理处分权也持续地受到家庭裁判所的监督，因此，家庭裁判所与监护人之间的委托信任关系，与监护人对被监护人的财产的支配关系是表里一体的关系，尽管家庭裁判所不是财产上的被害人，但也应该适用业务上侵占罪来保护上述委托信任关系的维持。

其次，就辩护人的主张（2），刑事诉讼法第238条第1项规定，对犯亲告罪的共犯人中的一人或者数人提起告诉的，该告诉的效力及于其他未被提起告诉的共犯者。在本案中，Y及其监护人对被告人A与被告人B提起了告诉，该告诉的效力也及于作为共犯者的被告人C。像本案这样，既然对本案中的共同居住的亲属被告人A都提起了告诉，认为该告诉的效力不及于没有共同居住的亲属即被告人C，是不当的。

虽然被告人们提出了控诉，但控诉审判决（仙台高判平成19·5·31〔2〕）对亲属相盗特例的旨趣的理解与第一审判决相同，故对该

〔2〕 参见堀内捷三：《监护人的侵占行为是否可以适用亲属相盗的特例》，法教325号12页以下（2007年）。

案是否适用亲属相盗特例作出了如下判示，驳回了被告人的控诉。

亲属相盗的特例，仅仅在罪行是利用了亲属间的亲属关系而实施的场合适用。未成年人的监护人取得了监护的地位，就意味着其作为未成年人保护的一环，法赋予了其管理未成年人财产的权限，与此同时，其也要受到家庭裁判所的监督，未成年人的亲属并不是基于亲属间的亲属关系而被委托管理上述财产的，因此，因为行为人是亲属所以法益侵害的程度变得轻微，这一理由是不成立的；因为行为人是亲属，犯罪所产生的诱惑变得高了，这一理由也是不成立的；从政策的角度来考虑，不处罚亲属间的财产犯罪的必要性，对于未成年人的监护人来说，实际上也是不存在的。因此，对于未成年人的监护人来说，没有适用亲属相盗特例的余地。而对被告人C来说，也没有必要一定要告诉权人对C提出告诉。

2. 最高裁判所于平成20年（2008年）2月18日的决定〔3〕

对于被告人提出的上告，最高裁判所虽认为上告的主张不符合允许上告的理由，还是依据职权对于被告人犯业务上侵占罪作出了以下判示，并驳回了上告。

“准用于刑法第38章‘侵占犯罪’各罪（刑法第255条之规定）的刑法第244条第1项的规定是基于某种政策上的考虑，即国家节制对亲属之间一定的财产犯罪行使刑罚权，是希望求诸亲属之间通过自己的法规或者习惯来解决，不过是对一定的与被害人有亲属关系的犯罪人的处罚设置了特例，而并非是否定了其犯罪的成立（最高裁判所昭和25年（れ）第1284号，昭和25年12月12日第三小法庭的判决·刑集4卷12号2543页）。

“家庭裁判所选任的未成年人监护人管理未成年被监护人的财产，代表未成年被监护人行使与其财产有关的法律行为（民法第859条第1项），不管监护人与被监护人之间是否具有亲属关系，监护人行使上述权限都需要尽善良管理者的注意义务，承担处理被监护人事务的责

〔3〕 参见最决平成20·2·18刑集62卷2号37页。其解说有，家令和典：《家庭裁判所选任的未成年人监护人侵占未成年被监护人的财产的场合与能否准用刑法第244条第1项》，最判解刑事篇平成20年度28页以下；宫崎香织：《家庭裁判所选任的未成年人监护人，侵占业务上占有的未成年被监护人的财产的场合，判决认为没有余地准用刑法第244条第1项即免除处罚的案件》，研修719号17页以下（2008年）等等。

任（民法第869条、第644条），并都要受家庭裁判所的监督（民法第863条）。此外，当未成年人监护人实施了某些不当行为，违反了监护职责时，家庭裁判所能够依据职权解除对其的委任（民法第846条）。如上所述，在民法上，未成年人的监护人与未成年被监护人之间是否具有亲属关系是没有区别的，都要同等地承担诚实管理未成年被监护人的财产的法义务，这一点是明确的。

“这样的话，未成年人监护人的监护职责具有公的特性的一面，家庭裁判所所选任的未成年人监护人，如果侵占了其业务上占有的未成年被监护人的财产，根据上述理解来看，应该说，认为可以准用刑法第244条第1项免除对其刑法上的处罚的余地是不存在的。因此，不对本案适用刑法第244条第1项，不免除对被告人的刑罚的原审判决的结论是正确的。”

3. 本决定的意义以及相关裁判例

作为最高裁判所来说，本决定是其所作出的第一个相应判例，即针对作为亲属的未成年人监护人侵占被监护人即未成年人财产的案件，否定了通过援引刑法第255条、准用刑法第244条第1项的刑罚的免除规定（有关亲属间犯罪的特别规定，即所谓亲属相盗特例），对于监护人不法处分被监护人财产的案件，明确了即使该监护人是被监护人的亲属，也能够对其处刑，就这一点而言，可以说判例具有极为重要的意义。这一判例，使得一直以来不属于刑事处罚对象的对财产作不当处分的亲属也成为处罚的对象。另外，虽然本案中监护人是未成年人的监护人，不过对于成年人的监护人实施的同样的业务侵占案，否定其准用亲属相盗特例的判决几乎是与本案的第一审判决、控诉审判决同时期出现的（秋田地判平成18·10·25判タ1236号342页；控诉审判决见仙台高秋田支判平成19·2·8判タ1236号104页）。虽说案件事实终归存在差异，但本案判决的结论可以认为同样也能适用于此类案件（成年人的监护人实施的业务侵占案）。此外，在本决定之后，最高裁对于成年人的监护人，也作出与本决定相同的判断（最决平成24·10·9刑集66卷10号981页）。

问题是，从刑法解释的角度来看，是根据什么理由与依据，对于即便是亲属仍否定适用、准用亲属相盗特例的。为了使有关本案的各裁判所判决的意义与特征更加清晰，笔者将简单地介绍一下上述本案以外的两个判决的裁判理由。首先，秋田地判平成18・10・25认为，准用亲属相盗特例的必要条件是，行为人、所有人以及委托人之间具有亲属关系。监护人是由家庭裁判所选任的，因此，监护人在进行管理被监护人财产的事务时也要受到广泛的监督，即认为家庭裁判所处在委托人的地位。由于委托人不是亲属，所以能够否定亲属相盗特例的准用。与此相对，仙台高秋田支判平成19・2・8〔4〕则认为，亲属以外者在该财产犯罪的法律关系中具有重要关联时，即便该人并未直接或者间接地在受到法益侵害这个意义上成为"被害人"，也能够排除亲属相盗特例的适用与准用，行为人不仅要与物的所有权或者其他本权的被害人之间有亲属关系，与形成了委托关系的人之间也要有亲属关系，如果没有，则不能准用亲属相盗的特例。这样，虽然选任监护人的家庭裁判所并不是委托人（因此，家庭裁判所不是被害人，没有告诉权。不过，将家庭裁判所解释为委托人还是有充分依据的），但是因为家庭裁判所与行为人之间形成了委托信任关系，所以不能对行为人准用亲属相盗的特例。

三、亲属相盗特例的适用与准用

1. 亲属的判断标准

关于亲属相盗特例的适用，首先需要解决的问题是，亲属的判断标准。判例以及学说的一般理解认为，应该根据民法的规定来判断。因此，与配偶及直系血亲这种在法条上有明确规定的用语不同，（根据民法第725条的规定）6亲等以内的血亲、3亲等以内的姻亲都属于亲属，亲属的范围相当广泛。因此，平时没有来往、互相之间连是亲戚这回事都不知道等而被起诉，在审理的过程中才知道是亲属的情形也可能是存在的。

存在争议的是，姘居的配偶。在学说中，有见解认为应该适用与

〔4〕 参见小池信太郎：《就成年人的监护人侵占与其有亲属关系的成年被监护人的财产案，判决否定准用亲属相盗特例的案例》，刑事法ジャーナル10号108页以下（2008年）。

准用亲属相盗的特例〔5〕，判例则以既然法律规定对配偶有必要免除刑罚，也就有必要明确免除者的范围为理由，否定了对姘居的配偶适用或者类推适用亲属相盗的特例。〔6〕姘居关系的情况很复杂，因此，对于被认可有必要免除刑罚这种法效果的配偶来说，将配偶扩张到姘居关系的范围，正如判例所指出的那样，由于其界限不明确，不能说是妥当的。另外，从立法论的角度来看，认可对配偶有必要免除刑罚这一点可能也还是有疑问的，所以说就更无法认可有必要将这一规定扩张适用到姘居者的见解。

2. 亲属相盗特例的旨趣及其要件

(1) 旨趣

关于亲属相盗特例，其最基本的问题是，法律认可该特例的立法旨趣与根据何在？关于这一点，本案判例的理解〔7〕是，“准用于刑法第38章‘侵占犯罪’各罪（刑法第255条之规定）的刑法第244条第1项的规定是基于某种政策上的考虑，即国家节制对于亲属之间一定的财产犯罪行使刑罚权，是希望求诸亲属之间通过自己的法规或习惯来解决，不过是对一定的与被害人有亲属关系的犯罪人的处罚设置了特例，而并非是否定了其犯罪的成立”。本案的第一审判决以及控诉审判决也采用了上述见解，即将亲属相盗特例的立法旨趣理解为，像“法不侵入家庭”这一说法所体现的那样，是基于上述政策上的考虑。〔8〕

对于上述理解，以前曾经有过批判。〔9〕其中，有见解指出，上

〔5〕参见大谷实：《刑法讲义各论（新版第4版）》，225页（2013年）；松原芳博：《犯罪概念与可罚性》，414页（1997年），等等。

〔6〕参见最决平成18·8·30刑集60卷6号479页。其解说有，芦泽政治：《刑法244条第1项与姘居的配偶》，最判解刑事篇平成18年度328页以下，等等。

〔7〕即使在适用了亲属相盗特例的场合，也引用了认为被盗财物具有被盗物性质的最判昭和25·12·12的判例（刑集4卷12号2543页）。

〔8〕学说中也有持与判例相同理解的见解，如大塚仁：《刑法概说（各论）（第3版增补版）》，209页（2005年）；大谷实：《刑法讲义各论（新版第4版）》，212页（2013年）；前田雅英：《刑法各论讲义（第5版）》，276页（2011年）；山口厚：《刑法各论（第2版）》，209页以下（2010年）；等等。

〔9〕关于批判的内容，请参见八木国之：《亲属关系与犯罪》，载《刑法讲座（6）》166页以下（1964年）；青木纪博：《亲属相盗特例的适用》，产大法学30卷1号14页以下（1996年）；川口浩一：《亲属相盗特例中人的适用范围》，奈良法学会杂志9卷3·4号178页以下（1997年）；松原芳博：《犯罪概念与可罚性》，370页以下（1997年）；等等。

述理解仅仅是一个结论，作为解释根据是不够的，不过，要而言之，批判的本意在于，仅仅指出亲属相盗特例是出于政策的考虑是不够的，有必要实质性地指出法律认可该特例的正当性或者依据。由此，上述批判还指出，特例的根据在于违法性的减少或者责任的减少。其中，违法性减少说的理由是，亲属之间具有共同所有与共同占有的关系，这种共同的所有或占有的区分并不明确，因此，亲属相盗的法益侵害是轻微的；还有一种理由是，可以认为亲属之间对于侵害存在推定的同意。〔10〕与之相对，责任减少说的理由是，因为亲属关系是诱致犯罪的要因，所以责任减少。〔11〕

在学说中，还有在上述见解的延长线上，进一步主张配偶、直系血亲、共同居住的亲属之间实行财产犯罪的，或者是阻却违法性，或者是阻却责任，试图否定亲属相盗案件成立犯罪本身。〔12〕该见解认为，比较疏远、没有共同居住在一起的亲属犯一定之罪的，被设定为亲告罪，不告诉就不能予以处罚（刑法第244条第2项）；因此，对于该条第1项中的属于更为亲近关系的配偶，从法条之间平衡的角度来看，应该在不可罚这一意义上来理解“免除刑罚”。不过，考虑到检察官为了免除被告人的刑罚而提起公诉实际上是不可能的，若是将处理的平衡作为问题的话，将第1项也理解为亲告罪就足够了。〔13〕由于“免除刑罚”在现行法上属于有罪判决的一种〔14〕，所以在与刑法第244条的规定无关系的意义上，即便能够考虑有可能否定（亲属间的某种行为）成立犯罪，也不得不说将第244条第1项中的“免除

〔10〕参见平野龙一：《刑法概说》，207页（1977年）；中森喜彦：《刑法各论（第3版）》，104页以下（2011年）；齐藤丰治：《有关亲属相盗特例的考察》，载《西原春夫先生古稀祝贺论文集（3）》，203页（1998年）；等等。

〔11〕参见曾根威彦：《刑法各论（第5版）》，126页（2012年）；西田典之：《刑法各论（第6版）》，164页（2012年）；林干人：《刑法各论（第2版）》，203页（2007年）；松原芳博：《犯罪概念与可罚性》，389页（1997年）；等等。

〔12〕参见齐藤丰治：《有关亲属相盗特例的考察》，载《西原春夫先生古稀祝贺论文集（3）》202页（1998年）（可罚的违法性阻却）；松原芳博：《犯罪概念与可罚性》，390页（1997年）（可罚的责任阻却）；川口浩一：《亲属相盗特例的适用范围》，奈良法学会杂志9卷3·4号182页（1997年）（责任阻却）；等等。

〔13〕参见团藤重光：《刑法纲要各论（第3版）》，582页（1990年）；山口厚：《刑法各论（第2版）》，208页（2010年）。

〔14〕参见刑事诉讼法第334条。

刑罚”解释为不可罚或者无罪是不合适的。因此，在解释上，不是“阻却”违法性或是责任，而只不过是以可能“减少”为问题而已。

首先，关于违法性减少说，有见解指出，该说存在1）即使亲属之间对财产的所有与占有具有特殊性，但窃取共有物、共同占有物的行为仍然是成立盗窃罪的[15]，那么将财产特殊性作为亲属相盗特例减少违法性的根据，就需要解释上述结论之间的差异，即存在两种结论如何匹配的问题。2）正犯的违法性尚且减少了，那么参与了这样的正犯行为的共犯同样应该如此，但是根据刑法第244条第3项的规定，“非亲属的共犯不适用前两项的规定”，上述结论之间同样存在如何匹配的问题。不过，该说更为基本的问题是，真实的情况是否支持违法性减少了这一用来说明特例的依据。[16] 与此相对，关于责任减少说，虽然能够回避上述2）中的问题，但责任减少也是以能够成为违法性减少之根据的事实为前提的，所以，与违法性减少说一样，责任减少说也存在没有实例支持确实减少责任的问题。另外，就亲属相盗特例的适用事例来说，还存在着不能说因为亲属关系而一般地减少了一般预防与特殊预防的必要性的问题。

要而言之，范围如此之广的所有适用亲属相盗特例的亲属关系自不用说，即使仅就刑法第244条第1项适用的亲属关系来看，也未必能够找到支持违法性减少或者责任减少的真实的情况，所以可以说想要实质性地说明亲属相盗特例的根据是困难的。[17] 由于属于对现行法的解释，所以限定刑法第244条的适用范围是不合适的，只能根据法条文义的范围来适用，同样，立法的当否暂且不论，上述特例的正当化依据只能是打出“法不侵入家庭”这种政策上的考虑这张牌。这样，虽说是在某种消极的意义上得出的，不过，也可以说，该见解是能够支持本案决定中的理解的。[18]

---

〔15〕参见大判大正8・4・5刑录25辑；最判昭和25・6・6刑集4卷6号928页；等等。

〔16〕即使确实有真实的情况支持违法性减少这一判断，也不能说法条所规定的范围内的亲属都存在违法性减少的情况。参见八木国之：《亲属关系与犯罪》，载《刑法讲座(6)》，175页以下（1964年）；青木纪博：《亲属相盗特例的适用》，产大法学30卷1号14页以下（1996年）；等等。

〔17〕对于法律认可亲属相盗特例持消极立场的见解有，林美月子：《亲属间的财产犯罪》，载《内田文昭先生古稀祝贺论文集》，331页以下（2002年）。

〔18〕也请参见山口厚：《刑法各论（第2版）》，209页（2010年）。

(2) 适用要件

对于亲属相盗特例的解释而言，重要的是其适用要件，即需要解释当犯罪人与哪些人之间存在亲属关系时，能够适用亲属相盗特例。即使是亲属，但是与财产犯罪无关，也不能适用亲属相盗的特例，这自不用说；不过，所谓与财产犯罪有关的人，归根结底，指的就是被相应的犯罪侵害了利益的人（被害人）。只有当被罪行侵害到利益的人都与犯罪人之间有亲属关系时，才能适用亲属相盗的特例的见解是妥当的。一般认为，就算是从（1）中所检讨的特例的立法旨趣出发，也能得出上述见解；从法条的用语“在某某之间犯某种罪的”来看，也能够支持上述见解。如后所述，在与亲属相盗特例相关的盗窃案件中，也可以认为判例也采用了上述的见解。

相对地，本案的第一审判决（福岛地判平成18・10・25）以及前面提到过的仙台高秋田支判平成19・2・8，是以犯罪人与被害人之外的人的亲属关系作为切入点，来否定其适用亲属相盗特例的。在学说中也有见解[19]在亲属相盗特例与保护法益之间的关联性上提出了疑问，认为犯罪人与被害人之外的人具有亲属关系也是适用亲属相盗特例的要件。不过，根据上述见解来判断亲属相盗的适用要件，会在判断犯罪人与哪一范围的人存在亲属关系时能够适用亲属关系的特例时，变得极不明确，甚至可能导致要求犯罪人与“所有人的债权人”之间也要有亲属关系[20]，而这是不合适的。不管怎么说，想来还是应该止于以受犯罪行为侵害的被害人与犯罪人之间的亲属关系作为问题。

以下，笔者将检讨各个个别犯罪的亲属相盗特例的适用要件。

3. 盗窃罪与亲属相盗特例

就盗窃罪而言，判例认为，当所有人以及占有人与犯罪人之间存在亲属关系时，能适用亲属相盗的特例。在大审院的时代，对于占有人不是亲属的案件（但是，物品在公务所的管理之下的场合）[21]以及所有人不是亲属的案件[22]，全部否定了亲属相盗特例的适用。不

〔19〕参见前田雅英：《刑法各论讲义（第5版）》，278页以下（2011年），等等。

〔20〕参见佐伯仁志、道垣内弘人：《刑法与民法的对话》，341页（2001年）。

〔21〕参见大判大正4・9・30刑录21辑1368页，等等。

〔22〕参见大判昭和12・4・8刑集16卷485页。

过，在行为人窃取由非亲属占有的财物的案件中，最高裁判所的旁论却认为亲属相盗特例要根据“盗窃罪的直接被害人即占有者与犯人之间的关系来判断”〔23〕。这样，认为最高裁判所与大审院不同、与对包括盗窃罪在内的财产罪的保护法益采占有说的立场〔24〕相关、最高裁判所仅将占有人与犯罪人之间的关系作为问题的理解就是可能的，这就导致了下级审判决在这一问题上产生了混乱。〔25〕在这样的背景下，最高裁判所明确指出，只有当犯罪人与所有人以及占有人之间都具有亲属关系时，才能适用亲属相盗的特例。〔26〕

即使以占有说（即认为盗窃罪的保护法益是占有权）为前提，判例的立场也是正确的。这是因为，占有说只不过认为通过占有侵害能够认定盗窃罪的构成要件该当性，绝不意味着盗窃罪的保护法益不包括所有权。假如认为所有权不包括在保护法益之中的话，那么对不仅存在占有侵害也存在所有权侵害这类典型的盗窃案件，为了评价所有权侵害，在盗窃罪之外，就不得不承认还成立其他犯罪（如遗失物等侵占罪），就不能避免产生这种谁都没有预想到的结论。即便从占有说的立场出发，由于所有人也是盗窃罪的被害人，所以为了适用亲属相盗的特例，犯罪人不仅要与占有人有亲属关系，与所有人之间的亲属关系也是必要的。根据这一结论，可以说，要求被害人以外的人与犯罪人之间具有亲属关系就完全没有必要了。

如果根据的是占有说以外的立场，为了认可适用亲属相盗特例，就要求犯罪人与所有人之间，以及有值得保护的利益被侵害了的占有人之间有亲属关系。对于这里所谓的“值得保护的利益”的理解，可以说与和占有说的距离密切相关。比如，根据本权说的理解，会认为违法的占有人不存在被保护的利益，若是认为虽属于违法的占有人，针对权利人（从违法的占有者那里）夺回自己的财产的行为，在不能

〔23〕最判昭和24·5·21刑集3卷6号858页。

〔24〕参见最判昭和24·2·8刑集3卷2号83页，最判昭和24·2·15刑集3卷2号175页，最判昭和30·10·14刑集9卷11号2173页，最判昭和34·8·28刑集13卷10号2906页，最判昭和35·4·26刑集14卷6号748页，最决平成元·7·7刑集43卷7号607页。

〔25〕认为只要在占有人与犯罪人之间有亲属关系时，就可以适用亲属相盗的特例的判决有，仙台高判昭和25·2·7判特3号88页，东京高判昭和38·1·24高刑集16卷1号16页等等。与此相对，认为只有当犯罪人与所有人以及占有人之间都具有亲属关系时，才适用亲属相盗的特例的判决有，札幌高判昭和36·12·25高刑集14卷10号681页，等等。

〔26〕参见最决平成6·7·19刑集48卷5号190页。

说该行为属于被允许的自救行为的限度内，违法的占有人那里也还仍有值得保护的利益，这样理解的话，结果还是回到了占有说的理解。

4. 侵占罪与亲属相盗罪

本案属于与业务侵占有关的案件，就普通的侵占罪而言，有必要判断究竟哪些人与犯罪人之间存在亲属关系时，能够准用亲属相盗的特例。上述判断应该通过确定侵占罪的保护法益是什么、被害人是谁来决定。物的所有人是被害人是没有疑问的，问题是，财产的委托人。犯罪人与委托人之间的亲属关系是必要的吗？看一下以前的判例的话，有判决（大判昭和6・11・17刑集10卷604页）对于委托人是亲属但所有人不是亲属的案件，否定了对其准用亲属相盗的特例。该判决不过是由于所有人不是亲属而否定了准用亲属相盗特例，并没有作出只要犯罪人与所有人之间存在亲属关系，就足以对侵占罪准用亲属相盗特例这样的判断。关于这一点，一般认为，本案的第一审判决（福岛地判平成18・10・25）、前面提到过的秋田地判（平成18・10・25）、仙台高秋田支判（平成19・2・8）是基于要求犯罪人与财产的委托人之间也有亲属关系的立场（在秋田地判〔平成18・10・25〕中明确指出了这一立场，一般认为另外两个判决也是根据这一立场作出的，因为上述的两个判决都要求犯罪人与较委托人而言更宽的范围的人有亲属关系）。与此相对，本案的最高裁判所的决定——控诉审判决（仙台高判平成19・5・31）也是一样——并没有就这一点给出判断。其原因是，本案最高裁判所的决定，是从未成年人的监护人的监护事务具有公的特性，即使未成年人的监护人是未成年被监护人的亲属，也不能以亲属来看待未成年人的监护人这一点上，来寻找否定本案适用亲属相盗特例的依据的，因为从根本上说，应该将亲属相盗的特例理解为对亲属以亲属的身份实施犯罪时的特别规定。因此，本案中成为问题的是选任未成年人监护人的家庭裁判所的身份问题〔27〕，未成年人监护人的监护权是依据法律而产生的，所以认为家庭裁判所是财产的委托人尚有质疑的余地〔28〕，虽说如此，但是将犯

〔27〕认为家庭裁判所是委托人的见解有，星景子：《家庭裁判所选任的监护人的侵占行为与亲属相盗特例》，研修712号99页以下（2007年）。

〔28〕参见家令和典：《家庭裁判所选任的未成年人监护人侵占未成年被监护人的财产的场合与能否准用刑法第244条第1项》，最判解刑事篇平成20年度42页。

罪人与委托人以外的人的亲属关系作为判断亲属相盗特例的适用标准，从亲属相盗特例适用要件的明确性这一点来看既然也是有疑问的，那么将家庭裁判所理解为财产的委托人，可以说也是一种合理的应对方法。

那么，抛开本案的案情进一步思考，在其他侵占案件中，是否也应该要求犯罪人与财产的委托人之间具有亲属关系呢？关于这一问题，有见解认为，所有人以外的委托人在委托以后就失去了对委托物的使用、收益、处分地位，因此委托人在刑法上没有应该被保护的利益，由此，没有必要以犯罪人与委托人之间是否具有亲属关系来作为适用亲属相盗特例的标准。〔29〕这一观点，从就财产犯的保护法益上采取本权说的立场出发虽也是能够理解的，但即便是以本权说立场为前提，是否就必然得出那样的结论也是有疑问的。原因在于，委托者不恰当，有时会由于是不合适的委托者而损害所有人的利益，因此对于对此加以关照的委托人来说，委托给合适的人本身就可以说是一种利益。不能无视委托人在这一点上的利益。应该认为，在准用亲属相盗特例时，行为人与所有人以及委托人之间具有亲属关系是必要的。

〔29〕参见堀内捷三：《监护人的侵占行为是否可以适用亲属相盗的特例》，法教325号15页（2007年）。

第 22 章
赃物的返还与赃物罪的成立与否

一、导言

虽然刑法将赃物罪（刑法第 256 条。在平成 7 年的刑法修订之前，罪名是“有关赃物的犯罪”，修订之后，罪名是“有关盗窃物等的犯罪”）规定为对财产的犯罪，但对其罪质存在争议。本罪的成立条件是，对于盗窃物或者其他财产犯罪行为所得之物（以下简称“盗窃物等”）无偿收受（刑法第 256 条第 1 项），搬运、保管、有偿收受或者进行有偿处分的斡旋（以上为刑法第 256 条第 2 项）（综合以上，本文以下将其简称为“赃物罪”）。〔1〕本罪法定刑的上限是惩役 10 年，与盗窃罪、诈骗罪、恐吓罪、业务上侵占罪的法定刑上限相同，此外，在本罪有罚金刑的并科处罚这个意义上，可以说本罪在实质上是比上述犯罪更为严重的犯罪。另外，与背信罪、委托物侵占罪、遗失物等侵占罪相比，本罪的法定刑也更重。赃物罪是将盗窃罪等取得罪的事后行为作为处罚对象而形成的罪，不得不追问的是，与直接侵害财产权的盗窃罪等犯罪相比，怎样理解刑法给予本罪如此之重的刑罚评价？当前，有关赃物罪罪质的理解，存在很多不同的见解。

最近，最高裁判所判决了一个与赃物罪有关的案件〔2〕，对于以

〔1〕日本刑法第 256 条第 1 项：无偿收受盗窃的物品或者其他财产犯罪行为所得之物的，处 3 年以下惩役。同条第 2 项：搬运、保管或者有偿收受前项规定之物，或者就该物的有偿处分进行斡旋的，处 10 年以下惩役以及 50 万元以下罚金。——译者注

〔2〕最决平成 14・7・1 刑集 56 卷 6 号 265 页。本判决的解说有，朝山芳史：《以盗窃等被害人为交易对象进行盗窃物等有偿处分的斡旋与盗窃物等处分斡旋罪的成立与否》，最判解刑事篇平成 14 年度 106 页以下，等等。

盗窃的被害人为交易对象进行盗窃物有偿处分斡旋的案件，判例肯定了盗窃物处分斡旋罪的成立，该判例广受关注。以下，笔者首先将对于赃物罪罪质的相关讨论进行简单的介绍，然后以该平成 14 年最高裁判所的判例为考察的对象，对赃物罪的成立要件加以检讨。

二、赃物罪的保护法益与罪质

一直以来，关于赃物罪的保护法益与罪质，存在以下几种见解。

首先，曾经有见解主张，以平成 7 年修订前刑法的规定即本罪的犯罪对象是“赃物”（条文用语就是“赃物”）为前提，本罪的犯罪对象是“以财产侵害为内容的犯罪所取得的财物”，本罪的罪质是“继续维持因犯罪行为所形成的违法财产状态”，该主张被称为“违法状态维持说”〔3〕。不过，由于现在的法条将本罪的犯罪对象规定为“盗窃物或者其他财产犯罪行为所得之物”，上述见解已经无法继续维持了。

相对于上述见解，自旧的规定以来，为大多数学说所主张的见解认为，赃物罪的保护法益是因前提犯罪而产生的财产罪被害者对被害物的回复请求权，即“请求权说”（日文原文为“追求権説”，按照中文习惯译为“请求权说”——译者注）〔4〕。判例也认为，赃物罪的保护法益是“被害人的返还请求权”，所根据的理论就是请求权说。〔5〕例如，有判例认为：“刑法对赃物罪科以制裁是为了防止赃物被转移，以保护被害人之返还请求权”〔6〕，有判例认为“与赃物有关的犯罪的本质在于，由于转移赃物会使被害人的返还请求权行使困

〔3〕木村龟二：《刑法各论》，166 页（1957 年）。

〔4〕团藤重光：《刑法纲要各论（第 3 版）》，660 页（1990 年）；平野龙一：《刑法概说》，233 页（1977 年）；大谷实：《新版刑法讲义各论（新版第 4 版）》，342 页（2013 年）；中森喜彦：《刑法各论（第 3 版）》，145 页（2011 年）；曾根威彦：《刑法各论（第 5 版）》，192 页（2012 年）；西田典之：《刑法各论（第 6 版）》，269 页以下（2012 年）；山口厚：《刑法各论（第 2 版）》，337 页（2010 年）；等等。

〔5〕根据判例的上述立场，判例认为，挖掘坟墓取得尸体（大判大正 4・6・24 刑录 21 辑 886 页），违反渔业法规取得的海藻（大判大正 11・11・3 刑集 1 卷 622 页）等等，不属于赃物罪的犯罪对象。

〔6〕大判大正 4・6・2 刑录 21 辑 721 页。

难或者不能"[7][8]。不过，即便根据请求权说的立场，尽管规定了轻的法定刑的盗窃物等无偿受让罪（刑法第256条第1项）另当别论，盗窃物等搬运罪等罪（刑法第256条第2项）的法定刑，比起直接侵害财产权的盗窃罪等的法定刑实质上或者形式上更重，这一点仅仅用请求权的侵害来说明是困难的。一般认为，由于赃物罪是对前提犯罪（从前提犯罪与赃物罪的关系出发，也被称为"本犯"）行为人对盗窃物等物品的使用与处分行为的援助，所以能够认定赃物罪具有一般的、类型性的促进财产罪的特性（助长本犯的特性），这是赃物罪的参与行为[9]，由于这个原因，能够对其给予较重的评价。

可见，就请求权说而言，是以请求权的侵害为要件，仅仅补充考虑法条上所规定的行为的本犯助长性；而在学说中，也存在通过强调赃物罪的事后从犯特性（本犯助长的特性），而打算缓和请求权侵害要件的"新违法状态维持说"[10]。该说的意图是，即便是对于能否肯定请求权侵害存疑的案件，也通过着眼于赃物罪这种事后行为本身的属性，肯定赃物罪的成立。例如，即便在财物的转移是由于不法原因给付（民法第708条），很难认定被害人具有返还请求权的场合，根据该说也能够肯定赃物罪的成立[11]，根据这一点，能够将该说评价为，在认定赃物罪时甚至不需要有对请求权的侵害。问题是，该说很难避免这样的批判，即作为对于这一点予以正当化的理由所援用的"违法状态维持"是没有具体内容的。[12] 要问的是，"违法状态"恐

〔7〕 最判昭和23·11·9刑集2卷12号1504页。

〔8〕 除上述判例以请求权说为理论依据以外，请参见最决昭和34·2·9刑集13卷1号76页（后述判例（3））。前田雅英：《赃物罪》研修663号5页（2003年）一文，尽管是根据请求权否定说的立场，却认为判例"并非是根据请求权说来进行理解与说明"，这恐怕是不合适的。判例归根结底还是意图在请求权说的范围内解决问题。在朝山芳史：《以盗窃等被害人为交易对象进行有偿处分斡旋的场合与盗窃物等处分斡旋罪的成立与否》，曹时56卷2号301页（2004年）一文中也认为，"判例的见解并非固执于请求权说"，可以说，在该文中只不过是采纳的是仅以盗窃物的物理返还为问题的"狭义的请求权说"而已。

〔9〕 在判例中也是着眼于赃物罪的这种法性格（参见昭和26·1·30刑集5卷1号117页）。

〔10〕 大塚仁：《刑法概说（各论）（第3版增补版）》，332页以下（2005年）；《刑法各论讲义（第5版）》，414页以下（2011年）。

〔11〕 参见大塚仁：《刑法概说（各论）（第3版增补版）》，336页（2005年）；前田雅英：《刑法各论讲义（第5版）》，414页（2011年）。

〔12〕 参见平野龙一：《赃物罪的一个考察》；以及平野龙一：《刑法的基础》，198页（1996年）。

怕原本在以被害人的请求权为前提时方才会得到承认。在这个意义上，“新违法状态维持说”（就算从实质的内容来看）是有疑问的。出于以上考虑，最近也有见解从不将请求权侵害作为问题的立场出发，将赃物罪作为一种对于“禁止财产领得罪的刑法规范的实效性”这种观念上的、抽象的法益的犯罪来理解〔13〕，但该主张否定了赃物罪具有财产罪的特性，而且也需要说明赃物罪的法定刑有时超过财产罪的法定刑这一现象，这都是这一主张所遗留的问题或曰疑问。〔14〕

这样看来，必须认为请求权说仍然是正确的主张〔15〕，而请求权说的问题是，对于“请求权”的理解。本章检讨的最高裁判所平成14年判例的案件中，恰好涉及了该问题。

三、有关盗窃物返还案件的最高裁判例

（一）案情

A公司的181张期票（票面价值合计约为7亿8 578万元）等物品被盗，目前不明人士委托被告人等销售上述被盗票据中的部分票据，即上述期票中的131张（票面价值合计约5亿5 313万元），被告人明知上述票据为盗窃物，仍将上述票据以合计8 220万元的价款交付兑换给A公司的关联公司B公司，被认为属于是盗窃物的有偿处分之斡旋的案件。在本案中，对于被告人将盗窃物斡旋销售给被害人是否成立盗窃物等处分斡旋罪是有争议的。辩护人主张，对盗窃被害人的销售，并不能使被害人请求权的行使变得困难，以上述等等的理由，极力认为被告人不成立本罪。

关于本案，第一审判决（福山地判平成13·3·27），以“向被害

〔13〕 参见井田良：《赃物罪》，载芝原邦尔等编：《刑法理论的现代展开 各论》，254页以下（1996年）。此外，参见伊东研佑：《现代社会与刑法各论（第2版）》，287页以下（2002年）。

〔14〕 也就是，相比而言，有可能对损害禁止财产取得罪的刑法规范的实效性的行为（盗窃物等的参与行为）较之违反了禁止财产取得罪的刑法规范的行为（本犯行为），给予更重的评价吗？

〔15〕 从不将请求权作为本罪的保护法益的立场来看，本犯的被害人也有可能成为本罪的处罚对象（参见铃木左斗志：《赃物罪》，载西田典之、山口厚、佐伯仁志编：《刑法的争点》，214页，2007年），在被害人与赃物罪行有关的场合，存在着使限定处罚被害人变得困难的问题。

人暗示不买赎就会使回收变得困难，从而向盗窃被害人强行出售盗窃物的行为，是妨碍被害者正当的返还请求权行使的行为，这一点是明确的，没有理由否定赃物罪的成立”为理由，肯定了盗窃物等处分斡旋罪的成立。控诉审判决（名古屋高金沢支判平成 13・10・4）也以“即便在进行对被害人的买卖等有偿处分的斡旋的场合，使被害人无偿的返还请求权变得困难这一点也是不变的，另外，可以说上述行为还有助长诱发如盗窃等财产犯罪的危险，因此，应该说不应该将此类斡旋行为从本项的犯罪对象中排除。本来在法条中也仅仅是将本罪的对象规定为‘进行有偿处分的斡旋’，对于斡旋的对象则没有任何的限定。因此，应该认为行为人在对被害人进行有偿处分的斡旋的场合，也包含在赃物罪的犯罪对象之内”为理由，与原判决的结论相同，肯定了盗窃物等处分斡旋罪的成立。于是，被告人提出了上告。

（二）最高裁判所的决定

最高裁判所虽认为被告人的上告理由不符合日本刑事诉讼法第 405 条有关上告的规定，同时也依据职权作出了以下判决，驳回了其上告。

“此外，鉴于辩护人提出的辩护主张，本裁判所依据职权进行判断，即便在以盗窃物的被害人作为处分的相对人的场合，盗窃物的有偿处分斡旋行为，不仅是使被害人对盗窃物的正常取回变得困难的行为，还是有助长诱发盗窃等犯罪危险的行为，因此，认定行为人该当于刑法第 256 条第 2 项中的盗窃物‘有偿处分的斡旋’是正确的（参照最高裁判所昭和 25 年（れ）第 194 号，昭和 26 年 1 月 30 号第三小法庭判决・刑集 5 卷 1 号 117 页；最高裁判所昭和 26 年（あ）第 1580 号，昭和 27 年 7 月 10 日第一小法庭决定・刑集 6 卷 7 号 876 页；最高裁判所昭和 31 年（あ）第 3533 号，昭和 34 年 2 月 9 号第二小法庭决定・刑集 13 卷 1 号 76 页）。根据与上述判决相同的见解，认为被告人的行为该当于盗窃物等处分斡旋罪的原判决，是正确的。”

（三）该决定的意义及与以前判例之间的关系

该决定认为，即便是在以盗窃物的被害人作为处分的相对人的场合，（1）使被害人对盗窃物的正常取回变得困难，（2）有助长、诱发盗窃等犯罪危险的行为，决定以上述理由，肯定了盗窃物等处分斡旋罪的成立。该决定以将盗窃物的被害人为处分相对人的斡旋行为侵害了请求权的同时还能肯定其具有本犯助长性为理由，肯定了盗窃物等处分斡旋罪的成立，可以说是确认了判例采取了请求权说的立场这一点。

该决定引用了以下3个判例：(1) 最判昭和26・1・30刑集5卷1号117页，(2) 最决昭和27・7・10刑集6卷7号876页，(3) 最决昭和34・2・9刑集13卷1号76页。判例（1）认为，只要是进行了盗窃物等销售的斡旋行为，即使尚未完成盗窃物的买卖也成立赃物牙保罪（牙保，是指对赃物的有偿处分进行斡旋的行为，即盗窃物等处分斡旋罪）。辩护人主张，既然买受人的买受意思没有决定，交易尚未开始，就没有使被害者的返还请求权行使变得不能或者困难之虞，所以不成立本罪。对此，判决以"一概地如辩护所说的那样，狭隘地认为赃物罪仅仅是对被害人返还请求权的犯罪是不妥当的（法律惩罚赃物牙保不仅是由于牙保使被害者的返还请求权行使变得困难，同时也因为一般而言这还有助长诱发如抢劫罪等犯罪的危险）"为理由，肯定了赃物牙保罪的成立。判例（2），受盗窃被害人委托返还盗窃物的被告人，将盗窃物搬运致被害人家中予以返还（该案中的问题点是被告人将盗窃物返还给了盗窃等罪的被害人，在这个意义上，与本决定的案件是相通的），判决以"原判决认定……被告人X以及原审同案被告人Y等对本案赃物的搬运并非是为了被害者而实施的行为，而是为了盗窃犯罪人的利益，继受取得盗窃物，转移赃物所在地的行为，因此上述行为使被害人对于该赃物的正常取回变得极为困难，以此为由判决肯定了被告人赃物搬运罪的成立，并没有作出与辩护方所提到的判例相反的判断"为理由，肯定了赃物搬运罪（盗窃物等搬运罪）的成立。判例（3），是有关即时取得盗窃物或者遗失物（民法第192条）的特例（民法第193条）在赃物罪中的意义成为问题的案件，判例在括号之内作出了如下判示，"赃物罪，以保护被害者的财产权为目的，被害者既然依据民法之规定没有丧失对物的回复请求权，如同原判决所认定的一样，就有可能就该物成立赃物罪"。

上述判例（3）认为，赃物罪以保护被害者的财产权（回复请求权）为目的，但是就判例（1）中的判决的文义上看，也有可能解释为即便不致使返还请求权的行使变得困难，但有在一般意义上助长本犯特性的行为被实施时，就能够肯定赃物罪的成立。不过，上述判决应该在与辩护人的主张的关系上进行理解，在此成为问题的是，盗窃物的销售交易进行到哪一个阶段成立盗窃物等处分斡旋罪呢？恐怕可以说，该问题实质上仍然是，成立盗窃物等处分斡旋罪要求的请求权侵害的危险程度问题。在这个意义上，实际上能够认为，判例（1）并非没有肯定对于盗窃物处分斡旋行为的处罚可以与请求权保护相脱离。

在上述判例与本决定之间的关系上，判例（2）是更为重要的。在该判例中，认定了“为了盗窃犯人的利益，继受取得盗窃物，转移赃物的所在地”，因而“使该赃物的正常取回变得极为困难”，判决认为，“为了盗窃犯人的利益”的“继受取得”行为是助长本犯的行为，上述行为侵害了请求权，是赃物罪成立的根据。换言之，在判例（2）中明确了，成立赃物罪，不仅要求行为具有本犯助长性，肯定行为具有请求权侵害也是必要的。在本决定中，也同样通过对请求权侵害与本犯助长性两者的肯定，肯定了盗窃物等处分斡旋罪的成立。另外，在判例（2）中，更为重要的是，对于为了将盗窃物返还给被害者而搬运盗窃物的行为，判决以“使该赃物的正常取回变得极为困难”为理由，肯定了赃物搬运罪的成立，判决认为请求权的内容是盗窃物的“正常取回”。即，判决明确了，即便盗窃物返还给被害者，在这种回复不是“正常的回复”的场合，就能够肯定赃物罪的成立，本决定的作出也是以这样理解请求权为前提的。

因此，最高裁判所在判例（2）以及本决定中，明确了有关对于被害人返还赃物的案件成立赃物罪的态度，但是对于本犯助长性与请求权侵害之间的关系，还需要进行检讨。换言之，成为问题的是，如果失去请求权另当别论（参照案件（3）），但是，如果行为人实施的是具有本犯助长性的事后行为，能够肯定该行为侵害了请求权就总是成立赃物罪吗？如果不是这样的话，依据请求权说能够否定在哪些场合不适用赃物罪的处罚呢？关于这个问题，有一个否定了就被害人返还案件成立赃物罪的下级审判决受到了关注。该案件的案情是，被告人是日莲宗的信徒，被交易方要求买进身延山久远寺的寺宝，即日莲亲笔所画并流传下来的、在信仰上与日莲等视的三幅被并称为“同日三幅本尊”的画作。被告人从交易对手的打扮等来看，觉得不立即买进画作就有散失的危险，如果通知警察又怕交易方有逃走或者损坏画作的危险，出于买下后返还给久远寺的意思，就买下了画作。对于被告人的上述行为，判决否定了成立故意买赃罪（盗窃物等有偿受让罪）。〔16〕为了承认上述结论，有必要对判例的上述立场加以限定，需要进一步明确判例的见解。

（四）学说的态度

对于返还盗窃物等给被害者的案件，是否成立赃物罪，本决定所引用的昭和27年的判例（上述判例（2）），已经成为了学说讨论的对象。有见解以请求权侵害仅仅根据客观的要素无法判断为理由，支持昭和27年判例的立场〔17〕，但是学说上的多数说的态度是，既然将盗窃物等返还给了被害人，就不能认定返还请求权的侵害，因此应该否定赃物罪的成立。〔18〕已经有见解主张，即便对于平成14年的判例，同样应该否定盗窃物等处分斡旋罪的成立〔19〕，但是，也有见解以请求权说为前提，赞成判例的结论。〔20〕这些是学说上的现状。

此处存在疑问的是，返还请求权的含义，接下来，笔者将对此加以检讨。

四、请求权的含义

如果立足于判例与通说所采纳的返还请求权说的立场，对于将盗窃

〔16〕东京高判昭和28·1·31东高刑时报3卷2号57页。

〔17〕参见齐藤丰治：《赃物罪》，西原春夫等编：《判例刑法研究（6）》，392页以下（1983年）；前田雅英：《刑法各论讲义（第5版）》，343页（2011年）；井田良：《赃物罪》，载芝原邦尔等编：《刑法理论的现代展开 各论》，262页以下（1996年）；等等。

〔18〕参见大塚仁：《刑法概说（各论）（第3版增补版）》，338页（2005年）；大谷实：《新版刑法讲义各论（新版第2版）》，330页以下（2007年）；曾根威彦：《刑法各论（第5版）》，195页（2012年）；西田典之：《刑法各论（第4版）》，250页（2007年）；林干人：《刑法各论（第2版）》，306页（2007年）；林美月子：《赃物罪》，载芝原邦尔编：《刑法的基本判例》，166页（1988年）；丰田兼彦：《有关赃物罪（三）》，爱知大学法经论集161号1页以下（2003年）；等等。

〔19〕参见高山佳奈子：《盗窃物等的被害人与盗窃物等有偿处分斡旋罪的成立与否》，平成14年度重判解（ジュリ1246号）155页以下（2003年）；高山佳奈子：《以盗窃物等的被害人为交易对象进行盗窃物等的有偿处分斡旋的场合与盗窃物等有偿处分斡旋罪的成立与否》，现刑54号58页以下（2003年）；上嶌一高：《以盗窃等的被害人为交易对象进行处分与盗窃物等处分斡旋罪》，法教276号92页以下（2003年）；丰田兼彦：《以盗窃等的被害者为交易对象进行盗窃等的有偿处分斡旋的场合与盗窃物等有偿处分斡旋罪的成立与否》，爱知大学法经论集162号1页以下（2003年）；等等。

〔20〕参见今井猛嘉：《赃物罪的成立与否》，现刑57号97页以下（2003年），等等。

物返还给被害者的案件的解决来说，有决定性意义的是如何理解请求权的含义，然后是如何理解请求权侵害或者有请求权侵害危险的含义。

反对昭和27年判例的见解认为，在盗窃物被返还给被害人的场合，不存在对请求权的侵害，对于要求被害人支付返还的对价金钱等行为，不过是另外的能够成立恐吓罪等罪而已。〔21〕该见解是以请求权仅仅是指要求物理地返还盗窃物等赃物的权利，来确认请求权的含义的。因此，该见解认为盗窃物既然被返还了，就不存在请求权的侵害了。不过，被害者对于盗窃物的返还请求权，不可能是指在附带对价的支付等条件下要求返还的权利（不过也有例外，参见民法第194条）〔22〕，能够认为，请求权本来就意味着，是一种无须承担额外负担就能够请求返还盗窃物的权利。〔23〕在这个意义上，可以说，昭和27年判例以及平成14年判例是以请求权的内容是"正常取回"切入的，这是可以充分认可的。

在这里，请求权作为要求"正常地取回"的权利，其中的"正常地取回"的内容成为问题。虽然大致上可以认为，请求权是无须支付对价就能够取回盗窃物的权利，但是既然"正常地取回"也需要花费费用，故而也可以说将请求权称为"无偿返还请求权"是稍稍有些不准确的。〔24〕在这个意义上，如同上述所分析的，严密地说，应该说是"无须承担额外负担就能够请求返还的权利"。即便这样来理解请求权的含义，通过处罚达到保护的实体对象，也并非是从返还或者回复的请求权转移到了"作为负担所被要求的利益"〔25〕。归根结底，请

〔21〕例如，参见高山佳奈子：《盗窃物等的被害人与盗窃物等有偿处分斡旋罪的成立与否》，平成14年度重判解（ジュリ1246号）156页（2003年）；丰田兼彦：《以盗窃等的被害者为交易对象进行盗窃等的有偿处分斡旋的场合与盗窃物等有偿处分斡旋罪的成立与否》，爱知大学法经论集162号17页（2003年）。

〔22〕日本民法第194条：在盗窃物品或者遗失物的占有者是在拍卖或者国家的市场上，或者是从出售该物以及同种物品的商人处善意买得的场合，被害人或者是遗失者只有在赔偿了占有者所支付的代价之后，方可取回该物品。——译者注

〔23〕参见河上和雄、渡边咲子：《大コンメンタール刑法（第2版）（13）》，481页（2000年）；松尾诚纪：《刑事判例研究》，北大法学论集54卷5号187页（2003年）；等等。

〔24〕参见高山佳奈子：《以盗窃物等的被害人为交易对象进行盗窃物等的有偿处分斡旋的场合与盗窃物等有偿处分斡旋罪的成立与否》，现刑54号62页（2003年），等等。

〔25〕深町晋也：《有偿处分斡旋罪的成立与否》，载《刑法判例百选Ⅱ各论（第6版）》，151页（2008年）；松尾诚纪：《刑事判例研究》，北大法学论集54卷5号186页（2003年）。

求“正常地取回”的权利是赃物罪保护的对象这一点是没有变的。此外，关于所谓“额外的负担”，通常成为问题的是，何谓正常对价的支付。例如，犯罪人提出不通知侦查机关这样的条件，这是不属于额外的负担的。这是因为，它与旨在盗窃物的返还的民事权利之实现相区别（不向侦查机关通报，仅仅与事后的处罚有关）。在犯罪人谢罪“因为我会无偿地返还，希望不要通知警察”，并打算无偿返还的场合，没有对被害人的返还请求权造成任何损害。

问题是，在被害人同意通过对价的支付来取回盗窃物的场合，能够认为请求“正常地取回”的权利即请求权被侵害了吗？首先，有必要确认的是，请求权是财产上的权利，被害人能够放弃该权利。〔26〕此外，以归属于自己的权利即请求权的侵害为理由来处罚被害者本人这种情况是不存在的，这也是不言自明的“当然法理”。以上述见解为前提，被害人同意支付对价时，必须追问，请求“正常地取回”的权利是被侵害了（有可能成立赃物罪）呢，还是未被侵害（否定了赃物罪的成立）？可以说，这两者究竟以什么为标准进行区别、是否能够加以区别是问题的核心。〔27〕关于这一点，首先，根据被害者意思的压制程度来区别两者是困难的，再者，昭和 27 年判例的案件事实是受到被害人委托后返还，判例的立场是肯定了该案件盗窃物等搬运罪的成立。根据判例的立场，能够指出，即便被害者愿意积极地进行对价的支付并有取回物品的委托，对于认定请求权的放弃来说，仍然不一定充分。这样一来，被害者本人另当别论，几乎在其他所有的场合，似乎以请求“正常地取回”的权利被侵害为理由，盗窃物返还的相关者都成立赃物罪。但是，如上所述，对于请求权侵害的限定无论

〔26〕 在朝山芳史《在以盗窃的被害人为交易方进行盗窃物等的有偿处分斡旋的场合与盗窃物等处分斡旋罪的成立与否》，ジュリ 1239 号 136 页（2003 年）一文中，认为存在“被害者承诺”的余地，在大场亮太郎《以盗窃的被害人为交易方是否成立盗窃物等有偿处分斡旋罪》，警察学论集 56 卷 6 号 205 页以下（2003 年）一文中，肯定了放弃请求权的可能性。

〔27〕 参见上嶌一高：《以盗窃等的被害人为交易对象进行处分与盗窃物等处分斡旋罪》，法教 276 号 93 页（2003 年），该文认为应根据“提出的条件是被害人容易接受的”与否进行区别。也有见解对于区别的可能性表示疑问，参见高山佳奈子：《盗窃物等的被害人与盗窃物等有偿处分斡旋罪的成立与否》，平成 14 年度重判解（ジュリ 1246 号）156 页（2003 年）。

如何都是必要的。[28] 在这里，关于应该否定赃物罪的成立的情形，能够考虑到的首先是按照无偿返还看待的场合[29]，如上所述，(1) 要求了（经济上的含义可以忽略的）特别交换条件（典型例子是，不通报给侦查机关）的场合。此外，在所要求的对价与依据法律的途径和手段所需经费相等或在其之下的场合，即便被害人所支付的取回费用与法律手段所需经费相等，由于与支付对象的关系上既然仍然属于额外负担，径直否定赃物罪的成立是有困难的。[30] 其次，(2) 在相关参与人是作为被害人的代理人，专门在被害人的指挥与命令之下，基于从属的立场而行动的场合（在这种情形下，即便有对价的支付也没关系），恐怕应该否定赃物罪的成立。因为，在这种场合，相关参与人的作用有可能评价为，其不过是从属地帮助了被害人本人的取回而已。此外，根据客观事实推定被害人有请托代理意思时相关参与人行动的场合，甚至即便是在相关参与人主观推定被害人有请托代理意思的情形之下相关人行动的场合，也能够考虑以同样的理由（在后者的场合，犯罪的不成立是以相关参与人缺乏故意为理由）否定赃物罪的成立。[31]

〔28〕 以在所有的场合，本犯被害人的同意是不自由的为理由，从而否定同意的效果是不合适的，因为，既然不能说是剥夺了被害人的意志自由，就不能够否定有可能存在应该否定赃物罪成立的案件。此外，即便根据“是为了被害人的利益的行为，还是为了本犯利益的行为”（参见林美月子：《赃物罪》，《刑法的基本判例》，166 页〔1988 年〕）来划定处罚与不处罚的界限，也有必要明确不能说是“为了本犯利益的行为”的条件。

〔29〕 根据可罚的违法性的理论，可以与无偿同样看待的程度的付费的场合也能包括在无偿返还的范围内（此外，参见民法第 194 条）。

〔30〕 参见松尾诚纪：《刑事判例研究》，北大法学论集 54 卷 5 号 187 页（2003 年）。

〔31〕 根据该见解，能够认可东京高判昭和 28・1・31（东高刑时报 3 卷 2 号 57 页）的判决。

第23章
制作名义人的含义与有形伪造

一、导言

围绕着伪造文书罪（刑法第154条以下），近年来产生了各种问题。曾经，对于“复制伪造”是否成立伪造文书罪是有所争议的[1]，在该争议中，文书的含义是最成为问题的地方[2]；而近年来，在有关“伪造”（有形伪造）的基本理解上，产生了很多解释上的问题。所谓有形伪造，一直以来，在判例[3]与学说中，是将其解释为“文书的制作名义人以外的人，没有制作权限，利用文书制作名义人的名义制作文书”[4]。相对的，近年来，“伪造文书的制作名义人与实际制作者之间的人格同一性”这一定义也被经常使用。[5] 判例认为，上述两种定义没有区别，不过是对同一实体概念使用了不同的语言来表现而已。[6] 在制作名义人的含义被正式地追问的近年诸多事案之

〔1〕 判例虽肯定了伪造文书罪的成立（最判昭和51·4·30刑集30卷3号453页，最决昭和54·5·30刑集33卷4号324页），而在学说上，反对说是有力的主张。学说上的反对说，可见团藤重光：《刑法纲要各论（第3版）》，273页（1990年）；平野龙一：《复制伪造》，《犯罪论的诸问题（下）各论》，409页以下（1982年）；大谷实：《刑法讲义各论（新版第4版）》，442页以下（2013年）；西田典之：《刑法各论（第6版）》，356页（2012年）；等等。

〔2〕 参见山口厚：《刑法各论（第2版）》，430页以下（2010年），等等。

〔3〕 例如，大判明治43·12·20刑录16辑2265页。

〔4〕 最判昭和51·5·6刑集30卷4号591页。

〔5〕 参见最判昭和59·2·17刑集38卷3号336页，最决平成5·10·5刑集47卷8号7页，最决平成11·12·20刑集53卷9号1495页，等等。

〔6〕 参见最判昭和59·2·17刑集38卷3号336页。

中，由于后者的定义（人格的同一性说）比较实用，该定义在判例之中常被应用。根据上述理解，可以说伪造文书罪的罚则，是为了担保有关文书的实际制作者就是文书的制作名义人的这种信用性。

在本章中，笔者希望以近年来在最高裁判所的判例中以文书制作名义人的含义为争议问题的案件为素材，对伪造文书罪中的有形伪造的概念加以检讨。

二、最高裁判所于平成 15 年（2003 年）10 月 6 日的决定

（一）案情

被告人与自己的亲兄弟们一起共谋，制作了以“国际旅行联盟(ITA)”为颁发者的国际驾驶许可证这样的文书，由此，公诉机关以伪造私文书罪起诉了被告人。被告人辩称，本案所制作的文书是受“国际旅行联盟”委托制作的，但是，根据 1949 年 9 月 19 日在日内瓦签订的有关道路交通条约（日内瓦条约）的规定，条约的缔约国等并没有授予“国际旅行联盟”颁发国际驾驶许可证的权限。

第一审判决（东京地判平成 13・12・25 判时 1811 号 159 页）认为，“根据相关判例的解释，伪造私文书罪的本质在于，由于行为人在文书的制作名义人与实际制作者之间的人格同一性上作伪，行为损害了社会一般公众对文书所具有的公共信用（参照最高裁判所于平成 5 年 10 月 5 日第一小法庭的决定・刑集 47 卷 8 号 7 页），因而，在判断成为争议点的文书制作名义人时，除了需要考虑文书所记载的团体名称与个人名称等等以外，文书的形状与记载的内容，特别是文书所能够体现的使用目的等也要考虑，在此基础上，判断在该文书中所认识到的人格主体是谁，这样来判断是正确的。通过上述判断方法来尝试判断有关本案中的类似于国际驾驶许可证的文书的话……该文书所记载的内容不仅非常类似根据日内瓦条约而颁发的国际驾驶许可证，文书的大小与颜色也几乎一样，所以本案中类似国际驾驶许可证的文书，是在将其作为根据日内瓦条约正规发行的国际驾驶许可证使用的意图下进行制作的，这一点是明确的。因此，如果比照本案中类似于国际驾驶许可证的文书与正规的国际驾驶许可证的形状与记载内容，那么，可以认为该文书的制作名义人，是‘根据日内瓦条约具有颁发国际驾驶许可证权限的团体 ITA’。” “如上所述，可以认定，本

案中的类似于国际驾驶许可证的文书的制作名义人是‘根据日内瓦条约具有颁发国际驾驶许可证权限的团体ITA’，但是，既然该团体实际上是并不存在的，那么就应该说辩护人所主张的ITA团体与本案国际驾驶许可证的制作名义人，是不同的人格主体，所以，被告人在上述白色小册子上使用胶皮戳制作本案中类似国际驾驶许可证文书的行为，能够解释为该当于以虚假团体名义伪造文书的行为。”判决以上述理由，肯定了本案成立伪造私文书罪。

控诉审判决（东京高判平成14·5·28判タ1120号288页）也以与第一审判决相同的理由，维持了原判决。

（二）决定的要旨

接受了上告的最高裁判所作出了以下判示，维持了原判决，驳回了上告。[7]

“本案文书……非常类似于根据日内瓦条约颁发的国际驾驶许可证的形状、记载内容等等。此外，在本案文书的封面上盖上了用英文刻就的国际旅行联盟的印章等等，可以说，本案文书是将国际旅行联盟作为颁发者予以颁发的。从上述文书的形状、所记载的内容来看，本案文书足以使一般人相信，是由作为根据日内瓦条约具有国际驾驶许可证颁发权限的团体的国际旅行联盟所制作的正规国际驾驶许可证。”“判例认为，伪造私文书的本质是，在文书的制作名义人与实际制作者之间的人格同一性问题上作伪（参照最高裁判所昭和58年（あ）第257号，昭和59年2月17日第二小法庭判决·刑集38卷3号336页，最高裁判所平成5年（あ）第135号，同年10月5日第一小法庭决定·刑集47卷8号7页）。就本案来看……比照本案文书的记载内容、性质等等，可以认为，由根据日内瓦条约具有国际驾驶许可证颁发权限的团体所制作，正是本案文书社会信用性的基础，因

〔7〕 参见最决平成15·10·6刑集57卷9号987页。关于该判决的解说有，平木正洋：《判决认定以没有制作权限的团体的名义制作酷似正规的国际驾驶许可证的文书的行为该当于伪造私文书罪》，最判解刑事篇平成15年度431页以下；长井长信：《使用没有发行国际驾驶许可证权限的团体的名义与伪造私文书罪》，平成15年度重判解（ジュリ1269号）177页以下（2004年）；上嶌一高：《判决认定使用没有发行权限的团体的名义制作酷似正规的国际驾驶许可证的行为该当于伪造私文书罪的案件》，ジュリ1308号219页以下（2006年）；等等。

此，应该认为，本案文书的制作名义人是'作为基于日内瓦条约具有国际驾驶许可证颁发权限的团体的国际旅行联盟'。由于国际旅行联盟不具有基于日内瓦条约的条约缔约国授予其国际驾驶许可证的颁发权限，所以，即便具有像被告人所叙述的那样，国际旅行联盟是实在的团体、其委托了被告人制作本案文书这一前提，被告人使用国际旅行联盟的名称制作本案文书的行为，也不得不说是属于在文书的制作名义人与实际制作者之间的人格同一性上弄虚作假的行为。因此，原判决认定被告人成立伪造私文书罪，是正确的。"

三、有形伪造的含义

（一）文书的含义

在本章中，笔者将以上述平成 15 年的决定为素材，对有形伪造以及制作名义人的含义加以检讨，作为其前提，是要对伪造文书罪的犯罪对象即文书的含义，进而就伪造文书罪理解的基本观点，进行初步的涉及。

判例认为，作为伪造文书罪的犯罪对象的文书一般是指，通过文字以及能够代替文字的可视符号记载在一定物体之上，能够在一定时间内保持一定的状态，以表示人的意思或者观念〔8〕，并且文书的制作名义人是可能被认识到的。文书，不仅仅表示意思或者观念，并且还附加地要求制作名义人是可能被认识到的。这是因为，文书是以"表现制作名义人的意思或者观念的证据"而成为保护对象的。文书的证据作用，在实践中，例如在考虑到贷款债权人从债务者那里取得其制作的"借用证书"的意义（即该文书是为了证明什么）时也是明确的。在法律条文上，也是同时将"事实证明"与"权利、义务"并列作为文书的限定要件而表示的。文书作为证据成为法的保护对象，那么伪造文书罪，就是制作了不能作为证据的物，在这个意义上，该罪属于一种妨害了文书作为证据的信用性的证据犯罪。〔9〕

〔8〕 参见大判明治 43・9・30 刑录 16 辑 1572 页，等等。

〔9〕 参见山口厚：《刑法各论（第 2 版）》，429 页（2010 年）。此外，参见川端博：《伪造文书罪的理论（新版）》，6 页（1999 年）。根据上述见解，在学说上，否定缺少了制作名义人的认识可能性这一要件的"复制伪造"的文书性，进而否定其成立伪造文书罪。参见团藤重光：《刑法纲要各论（第 3 版）》，273 页（1990 年）。

根据上述理解，文书的抄写与复印，只是能够证明存在着抄写复印对象的文书（原件）的物，在文书抄写复印的制作者没有对抄写复印件予以认可（通过书面认证等方法）时，该抄写复印件就缺乏作为证明原本存在的证据的意义（是谁写的都不知道，是不能作为证据的），因此，能够否定抄写、复印的文书性。上述结论，在文书复写件由手工书写时是明确的，即使使用机械的手段照相复制时也没什么不同（是否原样复制了原件是可能产生问题的，而这正显示出了“复制伪造”的事件本身是有问题的）。因此，对于“复制伪造”，多数学说以复制欠缺文书性为由，否定成立伪造文书罪。

（二）制作者与制作名义人

对于作为证据犯罪的伪造文书罪中有形伪造概念的理解来说，不可缺少的是，文书的制作者以及制作名义人的含义。根据文书是表示意思或者观念的证据的见解来看，有形伪造是指，意思或者观念的表示主体（即文书的制作人）所制作的文书并非是文书上所被认识的人（即文书的制作名义人）的意思或者观念之表示。这就意味着，所谓有形伪造，是指使文书的制作名义人与制作者之间的人格同一性不一致（即在同一性上弄虚作假，伪造同一性）。根据上述理解，界定制作名义人与制作者的含义，对于判断两者间的同一性是否不一致是必需的。

其中，如上所述，文书的制作名义人是指，作为意思或者观念的表示主体（制作者）而在文书中被认识的人。在这个意义上，制作名义人的概念是从制作者的概念中派生出来的，因此，有必要首先确定制作者的概念。〔10〕 关于制作者的含义，在学说上，有 4 种主张：（1）事实说认为制作者是指物理性的制作现实文书的人；（2）意思说认为制作者是指文书中所表示的意思或者观念的来源者〔11〕；（3）效

〔10〕 围绕制作者概念的议论，参见林干人：《有形伪造的考察》，载《现代经济犯罪》，103 页以下（1989 年）；松宫孝明：《关于伪造文书罪中的制作者与制作权限者》，立命馆法学 264 号 1 页以下（1999 年）；山中敬一：《有关伪造文书罪中的“伪造”的概念》，关西大学法学论集 50 卷 5 号 1 页以下（2000 年）；等等。

〔11〕 参见林干人：《刑法各论（第 2 版）》，356 页以下（2007 年）；伊东研佑：《现代社会与刑法各论（第 2 版）》，364 页（2002 年）；等等。

果说认为制作者是指文书效果的归属者〔12〕；（4）法的责任说认为制作者是指对于文书的制作承担法的责任的人。〔13〕

首先，根据（1）事实说，在企业干部名义的文书由秘书代笔的场合，以及在印刷业者在印刷法人名义的文书的场合，秘书、印刷业者成为实际的制作者，有可能成立伪造文书罪〔14〕，而这种结论明显是不合适的。因为伪造文书罪不是损害制作名义人的犯罪〔15〕，所以不能认为基于制作名义人对于文书制作的同意就可以阻却违法性。因此，以制作名义人对制作文书存在同意、意思为根据，来否定伪造文书罪的成立，就意味着对事实说的放弃。

其次，就（2）意思说而言，虽然不具有事实说的缺点，但是在文书是基于人的意思这一点上，存在暧昧性的问题。假如要将文书表示内容的形成具体的现实的是根据谁的意思作出的这一点作为问题的话，在代理人制作代理名义的文书时，因为文书的意思是来源于代理人，代理人就成了既是制作者又是制作名义人，那么就可以认为冒用代理名义的案件，属于不可罚的私文书无形伪造〔16〕，而这是不合适的。〔17〕另外，要是将文书的表示内容之形成究竟来源于谁作为问题的话，滥用文书权限者授予的文书制作权限制作文书构成有形伪造，但这样的结论就连意思说的主张者也是拒绝的。意思说肯定了表示内容与意思内容的抽象化，严格地说来，即便不是依据制作名义人的意思制作的文书也可以肯定其制作权限，从而能够否定有形伪造的成

〔12〕参见平野龙一：《刑法概说》，254页以下（1977年）；町野朔：《犯罪各论的现在》，312页（1996年）；等等。

〔13〕参见今井猛嘉：《伪造文书罪的一考察（4）》，法协116卷6号88页以下（1999年）。

〔14〕或者这么来理解，东西从外观上一看就是专门的印刷业者所印刷出来的，就此来说，因为缺少印刷业者的记载，不存在制作名义人的认识可能性（无法认识到谁是制作名义人），不能称这样的物为文书。（这样理解，会导致印刷物不可能成为所有的伪造罪的犯罪对象，仍然是不正确的。）

〔15〕伪造文书类的犯罪被认为是针对社会法益的犯罪，具体是针对交易安全的犯罪，而不是针对个人法益的犯罪。——译者注

〔16〕参见岛田聪一郎《代理、代表名义的冒用，资格的冒用》，现刑35号49页以下（2002年），等等。不过，如后所述，根据这种见解，不是单纯的A，而是制作了有代理权的A（虚无人）名义的文书，肯定伪造罪成立的可能性是存在的。不过，这种见解存在非显名代理文书全部都成了伪造文书的问题，是有疑问的。

〔17〕有判例（大判明治42·6·10刑录15辑738页，最决昭和45·9·4刑集24卷10号1319页，等等）认为这种场合属于有形伪造，学说上所持的理由姑且不说，也对判例的立场予以了支持（请参照山口厚：《刑法各论（第2版）》，460页以下，2010年）。

立。因此，在这个场合，可以说意思说的问题是，将（滥用文书权限者）表示的内容客观地归属给了制作名义人（而这可能是不合适的）。

（3）效果说将文书效果的归属作为切入点，认为就效果归属主体与文书上所表示的人不得不承担责任的文书而言，由于其信用性没有受到侵害，就没有必要认定为有形伪造。不过，在本说中，存在以下缺点。第一，即便是以自己的名义制作的文书，由于违反了公序良俗原则，在违反原则的法律效果并不归属于制作名义人时，根据效果说，这种场合属于有形伪造，这是不妥当的；第二，就事实证明文书而言，效果说没有回答为何该文书的法律效力（与该文书的内容相对应的法律效果）要归属于文书的制作名义人这一问题；第三，法律效果与文书的内容有关，而与文书的证据性没有直接的关系。此外，根据效果说，即便丧失了制作名义人所授予的制作权限仍然制作文书时，依据民法上的善意保护规定，能够追及与文书内容相对应的法律效果的场合，根据效果说，能够否定该情形属于有形伪造，这是有疑问的。〔18〕如前所述，文书是作为表示意思或者观念的证据而被保护着的，因此，文书是作为表示意思或者观念的证据而可能使用的呢，还是根据这些证据而应该被证明的实体关系所对应的法效果能够被肯定？这两个问题应该加以区别。

（4）法的责任说，即便其所论示的法的责任的见解本身是正确的，不过论者的意图暂且不论〔19〕，所谓的“法的责任追及”的含义是不清楚的，总觉得仅依靠该见解无法解决问题。原因在于，即便在伪造文书的场合，虽说可能根据该说追究制作伪造文书的法律责任，但是这种“法的责任的追究”恐怕没有明确解释任何问题。责任追究的内容，即在法律责任的追究过程中对有关文书的具体理解才是问题的核心。换言之，如果以法的责任作为问题的切入点理解文书，就必须明确，是关于什么的法律责任、以什么为基础与根据追究法律责任的。〔20〕上述回答在仅仅论及法的责任时是无法引导出来的。可以认为，上述的（1）、（2）、（3）说都试图对上述问题给予回答，追求的

〔18〕此外，也参见岛田聪一郎：《代理、代表名义的冒用，资格的冒用》，现刑35号51页（2002年）。

〔19〕参见今井猛嘉：《伪造文书罪的成立与否（1）》，现刑61号112页（2004年）。

〔20〕也请参见成瀬幸典：《伪造文书罪的保护法益——有形伪造的本质》，现刑35号35页以下（2002年）。

是在同一层次上的说明（在法的责任说中，假使将根据文书而对文书中的实体关系进行责任追究作为问题点的话，就会与效果说的见解一致。法的责任说的具体化才是我们所追求的）。[21] 对于责任说，对“基于什么，是怎样的法律责任”进行追问是有必要的。本书认为，对追究的责任进行如下解释是妥当的，即该责任是与制作名义人作出了意思或者观念的表示有关的责任，因此，有形伪造是指制作出了不能作为这样的追究责任的证据而使用的文书。

（三）意思或者观念表示的归属

本书的立场是将文书解释为表示意思或者观念的证据，根据这一立场，意思或者观念的归属主体应该是制作者（归属说）。[22] 因为制作者是指表示意思或者观念之主体，所以，上述意思或者观念在客观上所归属的人被作为意思或者观念的表示主体来看待也可谓理所当然。因此，文书上所表示的意思或者观念所客观地归属[23]的主体是制作者，在文书上署名者、即能够让外界认识者是制作名义人，如果两者不一致时就能够肯定构成有形伪造。换言之，有形伪造是指，制作的文书上所表示的意思或者观念不能归属于制作名义人。根据这样的理解，滥用制作名义人所授予的一般的文书制作权限而制作文书时，在文书上所表示的意思或者观念能客观归属于制作名义人的限度内，就会否定滥用权限人有形伪造的成立。

四、制作名义人的含义

（一）以前的判例

在平成 15 年决定的案件中，成为问题的是，怎样具体地确定文书的制作名义人？因为在文书的制作名义人与现实的制作者不同的场合，就能够肯定有形伪造的成立。在该决定中引用了相关判例的结

〔21〕 法的责任说的论者当然也表示了一定的见解，比如今井猛嘉：《伪造文书罪的一考察（4）》，法协 116 卷 6 号 88 页以下（1999 年），该文原则上采用的是意思说，但是，责任的具体根据才是问题所在。

〔22〕 参见山口厚：《刑法各论（第 2 版）》，437 页以下（2010 年）。

〔23〕 参见松宫孝明：《关于伪造文书罪中的制作者与制作权限者》，立命馆法学 264 号 1 页以下（1999 年）。

论，包括（1）最判昭和59·2·17刑集38卷3号336页以及（2）最决平成5·10·5刑集47卷8号7页这两个判例。

首先，判例（1）的案情是，偷渡进入日本的被告人，取得了他人即A名义的外国人登陆证明书，由于被告人一直持续地在相当广的公私范围内的生活中使用着A的名义，所以A这一名字就是指该人这一点在相当广的范围内被确认。被告人因打算出国，需要取得A名义的再入国许可，于是被告人制作了A名义的再入国许可申请书向入境机关申请入境。判例认为，对于该案件，根据再入国许可申请书的性质，从文书上记载的A姓名所代表的人，即被允许合法居留在本国的人是A，而偷渡入境、没有任何留境资格的被告人是另外一个人，这一点是明确的，因此，判决以本案文书的制作名义人与制作者的同一性产生了不一致为理由，肯定了被告人伪造私文书罪与行使伪造的私文书罪的成立。其次，判例（2）的案情是，并非律师的被告人，利用存在与自己同名同姓的律师B这一点，冒充律师，附上律师的头衔，制作了律师报酬金请求书、汇款委托书、请求书、领收证等文书后交付给委托人的案件。判例认为，既然本案中的各种文书是具有律师资格的人所制作的与律师业务相关的形式、内容的物，本案各文书中所表示出来的制作名义人是真正的律师B，不具有律师资格的被告人是另外的人，这一点是明确的，因此，被告人的行为使本案各文书的制作名义人与制作者之间的同一性产生了不一致，成立伪造私文书罪与行使伪造的私文书罪。

关于案件（1）中的再入国许可申请书，既然再入国许可以居留资格的存在为前提，从再入国许可申请书关系到出入境管理的观点来看，可以确定与偷渡者即被告人具有不同人格的、具有合法居留资格的A是再入国许可申请书的制作名义人。案件（1）关系到经常使用名的使用问题，可以认为，根据本案文书所使用的事务与性质，经常使用名的固定使用度大致上不成为问题。根据这个观点，既然是以户籍名来管理交通违法记录，那么交通案件原件供述书中也同样是以户籍名作为制作名义人是正确的。[24] 再者，在学说上存在见解认为，再入国许可申请书中对住所的记载无误，既然能够将再入国许可申请

〔24〕 在最决昭和56·12·22刑集35卷9号953页中，对于在限定的范围内使用妹夫的姓名作为经常使用名制作交通案件原件供述书的案件，根据该判决的结论，可以说制作权限者的含义与经常使用名的固定度没有关系。

书送达至 A 那里，就应该否定被告人的有形伪造。一般认为，不把 A 理解为制作名义人，而是在住所的意义上就没有制作权限而制作的文书追究 A 的责任，就没有了追究伪造责任的意义。就算在这个意义上，上述见解过分强调了“责任追究”，由于过分强调“责任追究”，导致在对制作名义人的含义判断中，过度地重视了住所的表示〔25〕，是有疑问的。

有关（2）中的律师报酬金请求书，判例认为，被告人伪造律师资格进行活动，以律师资格制作文书，但能够确定，文书的制作名义人并非是被告人 B，而是有律师资格的 B。不过，该案件不仅仅是冒用律师的头衔与资格的案件，而是装成确实存在的同名同姓的他人的案件，确实存在的律师 B 作为制作名义人是特定的，因此可以说，肯定（2）案例属于有形伪造的案件是容易的。不过，委托人事先并不知道存在同姓同名的律师 B，如果彻底地贯彻判例（2）的见解，即便不存在律师 B 的场合恐怕也是能够成立有形伪造的。如欠缺医师资格者 C，在冒用医师资格制作诊断书等文书时，由于并不存在的医生 C 是特定的制作名义人，因此有可能肯定有形伪造的成立。〔26〕不过，这一见解还有继续讨论的必要。原因在于，如果适用该见解，以前基本上认为属于不可罚的资格、头衔的冒用案件，除了冒用与资格头衔无关的文书（例如，冒用虚伪的“剑道五段”头衔制作土地买卖合同书），原则上都可以被认定为有形伪造。将这种见解与以前的理解相比较时，就有可能认为该见解有导致过度的犯罪化之嫌。在案例（2）中，同名同姓的他人的存在是重要的事实，在该事实射程内限定地理解案例（2）成立有形伪造的意义是必要的。

此外，笔者想要检讨一下，在平成 15 年决定中没有引用的，冒用他人 D 的名义求职的案件。在简历上使用了 D 这一虚假的姓名，同时填上了出生年月日、住所、经历等等，贴上了被告人的照片并加盖了印章，制作了履历书与雇佣合同书等等就职文书，然后申请就职。

〔25〕 参见今井猛嘉：《伪造文书罪的一考察（6·完）》，法协 116 卷 8 号 92 页·95 页·145 页，等等（1999 年）。即使在住所地能够找到 A，但是不能找到的是具有合法的居留资格的 A。对于 A 所追究的，只是伪造文书的法律责任。此外，根据偏重住所的记载的见解，只有住所的记载不充分，才可能肯定有形伪造的成立，这种见解是有疑问的。

〔26〕 反对该见解的主张，请参见林干人：《有形伪造的新动向》，载《田宫裕博士追悼论集（上）》，456 页以下（2001 年）。

对于这一案件，最决平成 11・12・20 刑集 53 卷 9 号 1495 页的判决肯定了伪造有印私文书罪、行使伪造的有印私文书罪的成立，该判决具有深远意义。该案件虽也属于冒充他人的案件，判决指出，从履历书的记载上所认识到的制作名义人是拥有上述文书中所记载的身世与经历的 D，能够认定 D 与被告人是不同的人。被告人即便没有免除由文书所产生的责任的意思，文书的制作名义人与被告人不是同一人这一点是明确的，故被告人成立有形伪造，判决将是否有“追究责任”的可能性问题与有形伪造的判断问题划清了界限，这一点具有深远的意义。

（二）平成 15 年决定与制作名义人的限定

在平成 15 年决定的案件中，被告人从团体“国际旅行联盟”那里取得了文书的制作权限（在此范围内，不能以权限不存在为理由直接肯定伪造行为），制作了以该团体为颁发者的文书，本案中的问题点是该文书的制作名义人。最高裁判所认为，文书的制作名义人不是“国际旅行联盟”（这一实际的团体），而是“具有国际驾驶许可证颁发权限的国际旅行联盟”（这一并不存在的团体）。本案文书是在以具备法所授予的颁发权限为前提下才有可能制作的物，而且对于制作名义人的理解而言，重要的不是团体本身的名称，而是颁发权限，所以可以说，本案在伪造不具有的制作权限这个意义上，是典型的有形伪造案件。本案的特色在于，其并非是冒充具有国际驾驶许可证颁发权限的其他团体（冒充其名义），而仅仅是在该团体本身有颁发权限这一点上作伪。在这个意义上说，本案件并非是冒用资格的案件，而是与伪造并不存在的代理权限（等于文书的制作权限）即代理权限的冒用一样，所以能够肯定有形伪造的成立。再者，根据上述见解，反而言之，在冒用显名代理的代理权的场合，以制作名义人不仅包括 C，还包括有代理权的 C（该人在现实中是不存在的）为理由，肯定有形伪造的成立是可能的。〔27〕

平成 15 年的决定，是通过文书的制作权限来确定与限定制作名

〔27〕不过，在冒用代理名义的场合，被代理的本人的记载是文书信用性的基础，根据这一点，能够认为本人是制作名义人。在非显名代理的场合，不得不采用上述见解来判断。

义人的含义的。在这样理解之前存在一个问题，即通过奠定文书信用性之基础的属性（（1）资格、头衔，（2）制作文书的外观条件）来确定与限定制作名义人的含义[28]是否恰当。平成15年的决定也是通过述及文书的“社会信用性”来确定制作名义人的含义的。从结论上来说的话，制作名义人的含义，虽说作为“信用”的对象，与信用性有关联，但是慎重地对待上述解释是必要的。换言之，一般认为，有必要慎重地检讨“信用的根据”。（1）首先，如前所述，根据该见解，对于冒用头衔与资格的案件比较宽泛地肯定有形伪造成为可能，而这是有疑问的（以前一般认为冒用头衔或者资格属于不可罚的案件，根据该见解，此类不可罚案件会大范围地成为处罚对象，在这个意义上，就有关案件的可罚性评价来说，原则与例外之间就换了位）。[29]在制作名义人的限定中能够援用的资格等等，目前应该限定于，能够作为“权限”明确予以把握的范围之内。（2）再者，对于援用所制作的文书的外在条件（例如，交通案件原件陈述书的外在条件是行为人违反了交通规则成为交通调查的对象，考试答案的外在条件是在考场回答答案）来限定制作名义人这一方式，有见解指出，能够援用于限定制作名义人的条件与不能援用于限定制作名义人的条件之间的区别存在疑问。（例如，关于交通案件原件陈述书，为何单纯违反交通规则而尚未成为调查对象时，不是限定制作名义人的条件？关于考试答案，为何具有在答案中所反映出的学力不是限定制作名义人的条件？）[30] 存在上述疑问是因为，该见解意图在文书的一部分（在关于制作者的含义）上导入事实说的基准，虽说如此，由于该基准并非是事实说本身，那么判断基准的内容就有不明确之处。关于该见解，只有文书这样的外在条件被要求的理由才应该是问题的关键，因为只能

〔28〕 参见西田典之：《刑法各论（第6版）》，375页（2012年）；今井猛嘉：《伪造文书罪的一考察（4）》，法协116卷6号106页以下（1999年）；等等。

〔29〕 即原来认为，单纯的冒用头衔或者资格一般是不可罚的，只有在例外的情况下才处罚（例外），而根据通过奠定文书信用性之基础的属性来确定与限定制作名义人的含义的见解，单纯的冒用头衔（资格）原则上也可能处罚（原则）。这就是所谓的原则与例外的换位。——译者注

〔30〕 参见林干人：《有形伪造的新动向》，载《田宫裕博士追悼论集（上）》，455页以下（2001年）。

根据要求该外在条件的理由才能寻找认定有形伪造的依据[31]，论者援用外在条件来限定制作名义人，正是基于上述考虑，并且也应该这样考虑。

〔31〕即，要求在一定的外在条件下制作文书是因为，不满足上述条件作出表示的名义人的责任归属是不被允许的（入学考试要求申请考试者解答，代理人的解答不能归属于申请考试者），应该认为其中存在肯定有形伪造的根据。参见山口厚：《刑法各论（第2版）》，465页以下（2010年）。如果不具有上述根据，就不能确定所要求的外在条件的内容。

第 24 章
贿赂罪的职务关联性

一、导言

与公务员之间，如果因职务关系赠与和接受贿赂，能够成立贿赂罪（受贿罪与行贿罪）（刑法第 197 条以下）。贿赂罪的保护法益[1]，根据判例[2]与学说上的通说[3]，是指“公务员的职务公正性以及社会公众对于该公正性的信赖”（信赖保护说）。根据信赖保护说，贿赂罪的保护法益不仅仅是指“公务员的职务公正性”，对于公正还附加了“社会公众的信赖”，附加“信赖性”是为了说明下述两种场合，即（1）即使其本身是针对合法的职务行为的，如果在赠送和接受了贿赂的场合，仍然成立贿赂罪；（2）职务行为实施后再赠送和接受贿赂时，也是可罚的。针对上述见解，在学说之中，也有见解通过批判信赖保护说中的信赖的不明确性，主张公务员的职务公正性（纯粹性说）[4] 是本罪的保护法益。根据这一见解，在上述（1）的场合，即便是对合法的职务行为赠与和收受贿赂的场合，也会导致“职务行为有处于贿赂影响下的危险”，在这个意义上，可以说贿赂行为具有妨害职务

〔1〕 参见嶋矢贵之：《贿赂罪》，法教 306 号 55 页以下（2006 年）。

〔2〕 参见最大判平成 7・2・22 刑集 49 卷 2 号 1 页（洛克希德案件）。

〔3〕 参见团藤重光：《刑法纲要各论（第 3 版）》，129 页（1990 年）；大谷实：《刑法讲义各论（新版第 4 版）》，635 页（2013 年）；中森喜彦：《刑法各论（第 3 版）》，237 页（2011 年）；西田典之：《刑法各论（第 6 版）》，489 页（2012 年）；齐藤信治：《刑法各论（第 4 版）》，291 页以下（2014 年）；前田雅英：《刑法各论讲义（第 5 版）》，665 页（2011 年）；等等。

〔4〕 参见町野朔：《受贿罪》，载芝原邦尔等编：《刑法理论的现代展开 各论》，349 页以下（1996 年）；曾根威彦：《刑法各论（第 3 版补正 3 版）》，326 页（2006 年）；林干人：《刑法各论（第 2 版）》，442 页以下（2007 年）；山口厚：《刑法各论（补订版）》，604 页以下（2005 年）；等等。

公正的危险性，这样来理解，纯粹性说能够说明（1）的场合。此外，在（2）的场合，在职务行为实施以前，“由于预计能够得到的贿赂会对职务行为的公正产生影响”，根据纯粹性说也能够加以说明。在这个意义上，大概也可以说纯粹性说是将信赖保护说中的“社会公众的信赖”作为对职务公正性产生危险的内容来理解的。笔者认为，纯粹性说在“社会公众的信赖”受到侵害时，将其存在方式作为问题，在将社会公众的信赖予以明确化这一点上是具有优势的。

在上述意义上，虽然也可以说信赖保护说与纯粹性说之间没有实质的区别，但是也不能断言完全如此。这是因为，在作为贿赂罪的基本要件的，应该与贿赂处于对价关系的职务行为之范围的判断上，信赖保护说想来能够变得较为宽泛。原因在于，可以想象的是，根据信赖保护说的见解，有独立于公务公正性来认定信赖的可能性，如果是使一般人能够认为是属于公务的行为的话，对此赠与和收受贿赂就会损害公众对于公务整体的信赖，因此，这样的行为也会被纳入贿赂罪的保护范围之中。

从上述信赖保护说与纯粹性说的观点来看，在贿赂罪的解释上，与贿赂应处于对价关系的职务行为（职务关联性）的概念是最成为问题的。以下，笔者将以最近最高裁判所的相关判例为素材，将上述问题作为对象进行检讨。

二、最近的最高裁判例

（一）最高裁判所于平成17年（2005年）3月11日的决定〔5〕

1. 案情

被告人是警视厅的候补警部〔6〕，在警视厅调布警察署地区课工作，

〔5〕参见最决平成17·3·11刑集59卷2号1页。关于本决定，参照平木正洋：《在警视厅A警察署地区课工作的警察官从该厅B警察署刑事课相关侦查案件中提出检举书的人那里接受现金的提供，判决认定该案件成立受贿罪的案件》，最判解刑事篇平成17年度1页以下；堀内捷三：《在警视厅A警察署工作的警察官从该厅B警察署相关侦查案件中接受现金的提供，判决认定该案件成立受贿罪的案件》，平成17年度重判解（ジュリ1313号）177页以下（2006年）；长井长信：《警察官职务权限的界限》，セレクト’05（法教306号别册附录）38页（2006年）；只木诚：《警察官一般职务权限的范围》，法教302号118页以下（2005年）；等等。

〔6〕警部，日本警察的职级之一，位于警视之下。——译者注

担任着犯罪的侦查等职责。因公证证书原本不实记载罪等案件，某人向警视厅多摩中央警察署长递交了检举书。被告人明知该人希望得到自己对该案检举书的研讨、指导、提供侦查情报、影响进行侦查的有关人员等等有利且方便的照顾才向自己提供金钱，仍然接受了该人提供的现金。

第一审判决（东京地八王子支判平成 14・6・3）认为，“作为候补警部的被告人 M，在所供职的调布警察署能够负责检举案件的相关工作，这在法令上是很明确的，而且即便是对于已经告发至其他警察署的案件，仍然可以进行与检举人会谈、检举内容的研讨与指导、从处理上述检举案件的警察官那里取得情报并向检举人提供上述情报，或者是影响该等警察官请求其尽早处理等，上述工作也可以认为是属于被告人的职务权限。即便认为被告人不具有上述职务权限，被告人 M 在调布警察署处理检举案件的职务与上述多摩中央警察署担任检举案件的职务之间，有着事实上的密切联系，这一点是明确的。据此能够认定，与其职务相关，被告人 M 是把所提供的上述现金作为贿赂予以接受了”。辩护人以“被告人 M 是调布警察署的警察官，即便被告人取得了由多摩中央警察署进行的本案检举案件的侦查情报，也不能影响侦查担当者的侦查”为理由，主张被告人的上述行为“不属于被告人 M 的职务行为”。对于该主张，判决认为“被告人 M 虽说是在调布警察署工作的警察官，但由于警视厅内部的调动，被告人与很多的警察官有交往，所以，事实上，就不能说被告人对于已经由警视厅所管辖的其他官署所受理的检举案件，不能请求其他警察官提供情报并不能影响处理该案的警察官了”。

控诉审判决（东京高判平成 15・1・29）认为，“即便是对已经向其他警察署检举的案件，被告人答应与检举人会谈并提供指导，通过向上述警察署的警察官询问侦查的进展等，收集情报并将之提供给检举人，还催促处理案件的警察官加快侦查进程等等，上述行为或者属于被告警察官的职务权限，或者是与此存在密切关联的，这样来理解是合适的”，以此为理由，驳回了控诉。判决还认为“根据相关法规以及通知的规定，与是否属于管辖区域内的案件无关，与检举人就检举案件进行会谈是警察官当然之职，此外，即便是在地区课工作的警察官，能够将作为侦查参考的其他警察署所受理的检举案件的情报，通过报告给其所属警察署长并通过该署长通报给受理警察署，通过这种方法警察官能够对检举案件的侦查施加影响。”

2. 最高裁判所的决定

最高裁判所作出了以下判示，驳回了被告人的上告。

“根据警察法第64条等相关法令，警视厅警察官的与犯罪侦查相关之职务权限，及于该厅的管辖区域即整个东京都的全部范围。被告人是在调布警察署下属的派出所工作，虽说没有参与多摩中央警察署刑事课所担当的上述案件的侦查工作，但根据上述法令，应该说被告人的上述行为，是与其职务行为有关的贿赂的收受。因此，认定被告人成立刑法第197条第1项前段的受贿罪的原判决，是正确的。”

3. 本判例的意义

本案中，在警视厅调布警察署下属的派出所工作的警察官，对于其他警察署所受理的检举案件，向检举者提供检举书的研讨、指导，提供侦查情报，影响进行侦查工作的有关人员，并对以上行为接受提供的现金，在上述场合，行为人是否成立受贿罪？公务员对于属于其一般职务权限的行为收受贿赂，成立受贿罪。但是，在本案中，成为问题的是，以与以上行为之间的关系来判断受贿罪的成立与否为前提，警视厅警察官有关犯罪侦查的一般职务权限的范围能够达致何处被作为问题（除了属于一般职务权限的行为以外，判决也认定了后述的职务密切关联行为在受贿罪成立中的地位）。本判例从将职务权限的范围“及于该厅的管辖区域即东京都的整个区域”的理解出发，将被告人的上述行为作为受贿罪的对象，根据以前的“一般职务权限”论，这一理解是有疑问的，特别是，检举书的研讨、指导姑且不说，就对于侦查情报的提供、影响进行侦查工作的有关人员来说，实际上实行起来是困难的，仅此一点，就对一般职务权限以及职务密切关联行为的理解来说，本判例与一直以来的相关判决之间的关系就成为问题。

（二）最高裁判所于平成18年（2006年）1月23日的决定[7]

1. 案情

被告人作为医疗法人理事长经营着一家医院，由于在对派遣医生

〔7〕 参见最决平成18·1·23刑集60卷1号67页。关于本判决的解说有，松田俊哉：《判决认定县立医科大学教授兼该大学附属医院诊疗科部长将隶属于医务室的医生派遣到其他医院的行为具有贿赂罪的职务关联性的案件》，最判解刑事篇平成18年度37页以下；中森喜彦：《判决认定派遣医务室医生的行为具有贿赂罪中的职务关联性的案件》，平成18年度重判解（ジュリ1332号）176页以下（2007年）。

到其经营的医院上得到了方便等帮助，出于表示感谢的想法，被告人给 N 县立医科大学（以下简称“N 医大”）急救医学教室教授，并且是该大学附属医院（以下简称“附属医院”）急救科部长的 A，提供了金钱。

N 医大，是根据 N 县的条例而设立的公立大学，附属医院是该公立大学的附属机构。N 医大的各临床医学教室与附属医院的各诊疗科室是一一对应的关系，在临床医学教室的医学教育研究与在诊疗科通过诊疗的医疗教育研究同时进行，在人员的构成上也是如此，临床医学教室的教授对应担任的是诊疗科的部长，临床医学教室的副教授对应担任的是诊疗科的副部长等等，即人员的组成是所谓的一体性组织，发挥着一体性组织的作用。A 在本案当时，是 N 医大的急救医学教室教授，同时也是附属医院急救科的部长，根据教育公务员特别条例的规定属于教育公务员，具有地方公务员的身份，具有教育供职于急救医学教室以及急救科的副教授以下的教员、医生以及临床研修医生，并指导其研究的职务权限。与其他很多的大学医学部或者附属医院一样，在 N 医大也存在与临床医学教室以及诊疗科相对应的被称为医务室（日文“医局”——译者注）的医师集团。N 医大的医务室除了医务室的领导即教授之外，由副教授以下的教员、医生、临床研修医生、大学生、专修生以及研究生等人员所组成，他们中的大部分人将自己的医师资格挂靠在大学的临床医学教室或者附属医院的诊疗科，但是也有不将医师资格挂靠在那里的人。并且，教授主宰着以自己为首的医务室，承担着管理医务室的任务，教育指导该医务室的组成人员，把持着医务室的人事权。而且，A 还掌握着供职于 N 医大急救医学教室以及急救科的副教授以下的教员的任用与升职，特聘讲师以及临床研修医生的任用，专修生以及研究生的入学许可等等实质的决定权。此外，A 还有向关系医院，即向因为需要供职于医务室的医师继续被派遣到本医院等原因而与医务室有一定关系的其他医院派遣医师的最终决定权，对 A 而言，将自己所教育、指导的医师派遣至关系医院，无论是在对医师的教育、指导上，还是对将来的急救医学教室的教员的培养上，都具有重要的意义。

根据以上事实，第一审判决（大阪地判平成 14・9・30 判タ1129 号 274 页）以下列理由，即“A 将供职于急救医学教室以及急救科的医师派遣至关系医院的行为，虽还不能说是其本来的职务行为，但是，认为该行为作为职务密切关联行为具有职务关联性是正确的”，肯定了被告人成立行贿罪，控诉审判决也肯定了这一结论。

2. 最高裁判所的决定

最高裁判所进行了以下判示，驳回了被告人的上告。

“根据以上事实关系，应该说，作为N医大的急救医学教室教授兼附属医院急救科部长的A，派遣其指导的医师至关系医院，是与教育、指导以上医师这种职务行为有着密切关系的行为。因此，原判决认定，作为医疗法人理事长经营着医院的被告人，由于在对派遣医生到其经营的医院上得到了方便等帮助，出于表示感谢的想法，给A提供金钱的本案行为该当于行贿罪，判决的结论是正确的。”

3. 本判例的意义

在本案中，判决认为，公立医科大学的临床医学教室教授兼附属医院诊疗科部长，向关系医院派遣供职于以自己为首的医务室的医师的行为，虽不属于职务行为，但是，却属于与职务行为有密切关系的行为，判决肯定了给上述行为提供金钱构成行贿罪。在本案中，判决将上述行为认定为“职务密切关联行为”，认定与职务有密切关联的行为存在对价关系的贿赂的赠与或者收受，成立行贿罪或者受贿罪。有关“职务密切关联行为”的范围，是一个早有争议的问题，那么问题是，在与一直以来的“职务密切关联行为”论的关联上，如何理解本判例？

（三）问题的所在

贿赂罪成立要件的核心是，贿赂与职务行为对价关系的存在。即职务行为若与贿赂存在对价关系，就能够肯定贿赂罪成立，职务行为之范围（职务关联性），就成为极为重要的解释问题。如果公务员具体地担当了属于法令上所规定的职务，公务员实施与贿赂存在对价关系的法定职务行为，在这种场合，当然能够肯定贿赂罪的成立。但是，直到现在的判例与学说，可以说一直是扩张了职务关联性的范围来理解职务行为的。上述扩张的论理是，(1)“一般的职务权限”论，(2)“职务密切关联行为”论。上述的最高裁判所判例，分别根据上述(1)和(2)的理论，认定了该公务员行为的职务关联性，肯定了贿赂罪的成立。以下，笔者想就应该如何理解（1）和（2）各自的论理来进行检讨。

三、一般的职务权限

一般的职务权限这一概念，有两个侧面或者含义。第一，“公务员在某种具体情形下能否合法地进行某种行为，是不需要理会的”，在这个意义上，“与贿赂存在对价关系的行为，如果属于法令上规定的公务员的一般职务权限行为就足够了”〔8〕。换言之，作出某种行为的必要的具体要件实际上并不存在，因此，实施的是不可能合法的行为，即便如此，如果具备了具体要件，行为人就能够实施适法的职务权限行为，针对这样的行为相应地收受贿赂，也成立贿赂罪。这一点，从行为人“实施了职务上不法的行为或者没有实施合适的职务行为”而收受贿赂时成立加重受贿罪（刑法第 197 条之三的第 2 项）来看，就很明确了。简而言之，在具体的场合中，不论该行为能否合法施行，只要行为在一般的职务权限范围内，并且接受了对该行为的贿赂，就成立贿赂罪。

第二，在具体的事务分担上，即便是与该公务员并不担当的事项有关的职务，也存在职务关联性被肯定的场合，在这个意义上，一般的职务权限成为问题。〔9〕在这一场合，一直是将该公务员所属组织（在中央官厅的场合是“课”，地方的小规模行政机构的场合是要比课大一点的机关〔10〕）管辖的事务解释为该公务员的一般职务权限。问题是，将上述事务认定为一般职务权限的依据与理由何在？在学说上，以公务员对于一般职务权限范围的事项的担当并非不可能来进行说明的见解，可以说是近来的有力见解。〔11〕这一见解是以具有损害

〔8〕 最大判平成 7・2・22 刑集 49 卷 2 号。

〔9〕 最近的有关研究，请参见嶋矢贵之：《贿赂罪》，法教 306 号 62 页以下（2006 年）。

〔10〕 参见最决昭和 32・11・21 刑集 11 卷 12 号 3101 页。

〔11〕 参见平野龙一：《刑法概说》，297 页（1997 年）；中森喜彦：《刑法各论（第 3 版）》，274 页（2011 年）；町野朔：《受贿罪》，载芝原邦尔等编：《刑法理论的现代展开 各论》，364 页（1996 年）；西田典之：《刑法各论（第 6 版）》，494 页（2012 年）；山口厚：《刑法各论（第 2 版）》，616 页（2010 年）；等等。

公务公正的危险性作为根据，以此作为一般职务权限的要件（不过，该见解也认为，并不需要公务员必须有担当该职务的具体可能性）。与此相对，也有见解认为，如果公务员对于属于一般职务权限的行为收受贿赂，由于行为妨害了对公务公正的信赖，是否有担当的可能性就不是问题了。〔12〕 的确，从以对信赖的侵害作为问题点的信赖保护说的理解出发，公务员是否实际上能够担当具体职务并不重要，从社会上的观念来看，属于公务员担任的职务就足以认定为属于一般的职务权限了。并且，根据上述见解，成为贿赂赠与和收受对象的行为甚至不需要是公务员本人所供职的部署所管辖的事务，甚至只要看上去像是所属部署管辖的事务（根据一般人的认识）就足以认定为属于一般的职务权限。不过，在上述理解中，职务权限的范围被社会的一般观念所左右，所以其界限就不是很明确。因此，在该见解的基础之上，基于法令等根据对于事务的管辖范围进行制约与限定，实际上是有必要的。换言之，从信赖保护说出发，限于存在法令等根据的情况下，具体的担当可能性就不再是问题了，只要被认为属于公务员职务权限的行为，就意味着能够肯定其职务关联性。平成 17 年的最高裁判所判决也认为："根据警察法第 64 条等的关系法令，该厅（警视厅）警察官的有关犯罪侦查的职务权限，及于该厅的管辖区域即东京都的整个区域"，能够认定，警视厅多摩中央警察署刑事课担当的检举案件的侦查，也在警视厅调布警察署地区课下属警察官即被告人的一般职务权限的范围内。根据该见解，可以说，就相应成为问题的行为来说，其是否有实行的可能性不是问题〔13〕，以属于一般职务权限的行为或者是职务密切关联行为〔14〕为依据，从而肯定其职务关联性，根据该见解是能够理解的。此外，从将职务担当的可能性（虽然说的是职务担当的可能性，但是实际上只要担当并非不可能，就足以肯定其职务关联性）也作为必要的见解来看，成为问题的是如何判断这种事实上的可能性。也可以认为，在平成 17 年的最高裁判例的原判决中，是将这种可能性作为判断是否属于一般职务权限行为的关键。

〔12〕 参见古田佑纪、渡边咲子、五十嵐さおり：《大コンメンタール刑法（第 2 版）(10)》，25 页（2006 年）。

〔13〕 提供侦查情报与催促处理案件的警察加快侦查进程实际上是很难的。

〔14〕 检举书的研讨、指导虽一般会被认为属于一般职务权限的范围，但是对于侦查情报的提供，如后所述，是将其作为属于一般职务权限的行为，还是认为其属于职务密切联系行为，还有讨论的余地。影响进行搜查的有关人员这一点也是如此。

四、职务密切关联行为

（一）职务行为及其界限

被认定为属于职务权限范围内的行为（职务行为），并非限定在存在法令上明文的根据与规定的范围内。为了实现职务目的而必要的行为有时是多样的并且是非定型的，将此类多样的且非定型的行为也解释为属于职务权限范围内是可能的并且是必要的。[15] 从这一点出发，已经能够实质地理解职务行为的范围本身，但是，即便这样理解职务行为的范围，也还存在难以说是属于职务权限的行为。并且，一直以来的见解是，在这些难以说是属于职务权限的行为中，若承认了职务关联性，行为人因此类行为而收受贿赂的话，也应该肯定贿赂罪的成立。这种行为被认为属于后述的职务密切关联行为。在平成 18 年最高裁判所判例的案件中，公立医科大学的临床医学教室的教授兼附属医院的诊疗科部长，派遣供职于以自己为首的医务室的医生至关系医院的行为，就是此类职务密切关联行为，判例肯定了行为的职务关联性。[16]

此外，行为人实施的行为是违法的、不被允许的行为，作为职务行为，能否肯定其具有职务关联性也成为问题。在从前的判例中，关于情报的不法公开案件，存在以下两种见解：（1）认定行为人有隐匿情报的职责，肯定了其职务关联性[17]；（2）肯定了情报不法公开属于职务密切关联行为，具有职务关联性。[18] 将完全不可能成为正当的行为作为职务行为看待，是有疑问的，从这个观点来看，像（2）那样，作为职务密切关联行为来把握大概是有必要的。

（二）职务密切关联行为的范围

不属于公务员的职务权限内的行为（职务行为），但作为与职务行为有密切关联的行为而肯定职务关联性，这就是职务密切关联行

〔15〕 参见古田佑纪：《贿赂罪中的职务行为》，载芝原邦尔编：《刑法的基本判例》，192 页以下（1988 年）。

〔16〕 与此相对，大阪地判平成 14・4・30 判タ1129 号 268 页，认为属于职务行为本身。

〔17〕 参见最决昭和 32・12・5 刑集 11 卷 13 号 3157 页。

〔18〕 参见最决昭和 59・5・30 刑集 38 卷 7 号 2682 页。

为。问题是，究竟是根据什么，在何种范围内能够肯定这种职务密切关联行为？〔19〕

从信赖保护说的见解来看，如果就与公务有关联的行为收受了贿赂，就会使公众对公务本身的公正性产生疑问，据此能够肯定职务密切关联行为的职务关联性。根据这样的理解，要求行为具有社会观念上的公务性，具体而言，需要根据行为与本来职务的联系程度加以限定，据此来划定职务密切关联行为的界限是有必要的。不过，因为信赖的侵害也就是公众对于公务本身之公正性的疑问的内容是不明确的，所以，为了在实质的意义上为贿赂罪的成立奠定基础，将究竟在何种意义上会发生损害职务公正的危险（可以说这种危险是对信赖的侵害）作为问题是有必要的。一直以来，在学说中，有关职务密切关联行为的判断标准，有以下三种观点：（1）具备公务特征的行为，（2）影响本来职务的行为，（3）对相对人施加影响力的行为。〔20〕其中，就（3）说而言，除去能够将行政指导本身认定为职务行为的场合以外，作为职务密切关联行为肯定其具有职务关联性可以说是有疑问的。原因在于，虽能说是基于本来的职务权限，因与职务没有关系的行为收受贿赂，这样的公务员尽管能说是腐败的公务员，但与公务的公正性之间的关系还仅仅是间接的。〔21〕另外，（1）说中的公务的特征，是以对于不属于本来职务行为的评价作为问题点的，所以，仅止于从消极意义上能够认定有关欠缺公务性的行为不能肯定其职务关联性而已。

这样来看，重要的见解是，为了担保本来职务行为的公正性，将要求担保公务员本身的职务行为的公正性的行为理解为职务密切关联行为，该见解，恐怕与上述（2）说的理解是相关联的。在这个意义上，由于公务员所实施的行为影响了其本来的职务，将这种需要担保

〔19〕最近的有关研究，参见嶋矢贵之：《贿赂罪》，法教306号59页以下（2006年）。

〔20〕参见堀内捷三：《贿赂罪中职务行为的含义》，载《平野龙一先生古稀祝贺论文集（上）》，505页（1990年）。

〔21〕在洛克希德案件中，虽然对全日空航空公司特定机种的选定购入进行奖励是运输大臣职务权限外的行为，对奖励内容给予指示也是内阁总理大臣职务权限外的行为，但通过自己的职务权限行使事实上具有影响力的行为，该当于职务密切关联行为，上述解释仅仅是草场法官等人的意见，多数意见认为上述行为属于内阁总理大臣的职务权限。参见最大判平成7·2·22刑集49卷2号1页（洛克希德案件）。

本来职务公正性的行为解释为职务密切联系行为想来是合适的。[22]就情报的不法公开案件而言，根据上述见解，以对本来的职务带来了影响为理由，能够认为其属于职务密切关联行为。[23]

在平成 18 年最高裁判所判例的事案中成为问题的是，被告人将自己教育、指导的医师派遣至关系医院的行为的职务关联性。判例认为该行为对于医师的教育、指导具有重要意义，能够将影响了医师的教育、指导这种本来职务的行为，确认为职务密切关联行为。此外，在平成 17 年最高裁判例的事案中，就对于侦查关系者的推动行为而言，虽也可能说其属于职务密切关联行为，但是根据判例中所显示的对于一般职务权限的理解，将其解释为属于一般职务权限的行为也不是不可能的。与此相对，就提供侦查情报的行为而言，还是稍微有点问题。关于属于一般职务权限的侦查，认可对于侦查进展状况的情报予以隐匿或者是适当传达的职务，将其本身作为属于一般的职务权限行为来理解尽管也是可以考虑的，但将侦查情报的提供理解为职务密切关联行为的场合，将该行为与职务的联系作为理由（从信赖保护说的立场出发）对此加以肯定，想来是有必要的。

〔22〕 例如，最决昭和 60・6・11 刑集 39 卷 5 号 219 页，等等。

〔23〕 在最决昭和 59・5・30（刑集 38 卷 7 号）中的大学设置审议事件中，由于行为人在专门委员会的中间的审查结果正式通知之前，就将该审查结果通知给了他人，使预定成为教师的人的更换等成为可能，导致影响了最终的审查结果。

附　录

日本刑事诉讼法

第三编　上诉

第一章　通则

第351条　检察官或被告人，可以提起上诉。

2　依照第266条第2项的规定而交付裁判所审判的案件，当其与其他案件合并审判而裁判所仅作出一个裁判时，根据刑法第268条第2款的规定，执行检察官职务的律师以及其他案件的检察官，可以各自对该案件独立提起上诉。

第352条　如果裁判所决定的对象是检察官或者被告人以外的人，检察官或者被告人以外的人可以提起抗告。

第353条　被告人的法定代理人或者保佐人（类似于监护人——译者注），可以为被告人的利益提起上诉。

第354条　被告人被逮捕的，已经请求告知逮捕理由的人，在逮捕理由被告知时，可以为了被告人的利益提起上诉。对不予受理该上诉的裁定，也可以提起上诉。

第355条　原审的代理人或者辩护人，可以为被告人的利益提起上诉。

第356条　前三条的上诉，不得违反被告人的明示意思。

第357条　可以只对裁判的某一部分内容提起上诉。没有限定于对裁判的某一部分内容提起上诉时，视为对裁判的全部内容提起上诉。

第358条　上诉的提起期间，自裁判被告知之日起计算。

第359条　检察官、被告人或者第352条所规定之人，可以放弃或者撤回上诉。

第 360 条　第 353 条或者第 354 条所规定之人，经被告人书面同意后，可以放弃或者撤回上诉。

第 360 条之二　不受前二条规定的限制，不得放弃对于被判处死刑、无期惩役、无期监禁的判决的上诉。

第 360 条之三　放弃上诉的声明应当以书面的形式提出。

第 361 条　已放弃或者撤回上诉的人，不得对该案件再次提起上诉。同意放弃或者撤回上诉的被告人，亦同。

第 362 条　依照第 351 条至第 355 条的规定，可以提起上诉的人，由于不可归责于自己或者代理人的事由，未能在上诉期间内提起上诉的，可以向原审裁判所请求恢复上诉权。

第 363 条　上诉权恢复的请求，应该自事由消失之日起，在相当于上诉期间的期间内提出。

2　提起上诉权恢复请求的人，必须在进行该请求的同时提起上诉申请。

第 364 条　对于有关上诉权恢复请求的决定，可以提起即时抗告。

第 365 条　原审裁判所收到上诉权恢复的请求时，可以在作出前条决定之前，作出停止执行裁判的决定。此时，可以对被告人签发逮捕证。

第 366 条　在刑事设施内的被告人，在上诉的提起期间内，向刑事设施内的长官或其代理人提出上诉申请书时，视为已在上诉期间内提起了上诉。

2　被告人无法自己书写上诉申请书时，刑事设施内的长官或者他的代理人应当代为书写，或者让其所属的职员代为书写。

第 367 条　前条的规定，准用于在刑事设施内的被告人放弃或者撤回上诉或者请求恢复上诉权的场合。

第 368 条　删除。

第 369 条　删除。

第 370 条　删除。

第 371 条　删除。

第二章　控诉

第372条　对于地方裁判所或者简易裁判所所作出的第一审判决，可以提起控诉。

第373条　控诉提起的期间为14日。

第374条　控诉必须以申请书的形式向第一审裁判所提起。

第375条　明显是在控诉权消灭后提起控诉的，第一审裁判所应当作出不予受理的决定。申请人可以对该决定提起即时抗告。

第376条　控诉申请人应当在裁判所规则规定的期间内，向控诉裁判所提交控诉理由书。

2　控诉理由书应当根据本法或者裁判所规则的规定，附具必要的说明资料或者检察官或辩护人的保证书。

第377条　在以下列事由为理由提出控诉申请时，控诉理由书应当附具检察官或者辩护人出具的能够充分证明该事由的保证书：

一、判决裁判所不是根据法律成立的；

二、依照法令不得参与判决的裁判官参与判决的；

三、违反审判公开的规定的。

第378条　在以下列事由为理由提起控诉申请时，控诉理由书应当援引足以证明该事由的诉讼记录及原审裁判所已调取的证据：

一、管辖违法或者管辖错误的；

二、违法受理或者不受理公诉的；

三、对请求审判的案件没有予以判决，或者对没有请求审判的案件作出判决的；

四、判决没有附具理由，或者理由存在矛盾的。

第379条　除前两条所规定的情形之外，在以诉讼程序违反法令且该违法明显影响判决为理由提出控诉申请时，控诉理由书应当援引足以使人相信明显影响判决的违反法令的事实是存在的诉讼记录及原审裁判所已调取的证据。

第380条　以适用法律有误且该错误明显影响判决为理由提起控诉申请时，控诉理由书应当指出该项错误及该项错误明显影响判决的事项。

第381条　以量刑不当为理由提起控诉申请时，控诉理由书应援引足以使人相信量刑是不当的诉讼记录以及原审裁判所所调取的证据。

第382条　在以事实认定错误且该误认明显影响判决为理由提起控诉申请时，控诉理由书应当援引足以使人相信该误认明显影响判决的诉讼记录以及原审裁判所已调取的证据。

第382条之二　因不得已的事由导致在第一审辩论终结前，未能通过请求调取证据使人相信存在前二条所规定的控诉申请的理由的事实的，如果有诉讼记录以及原审裁判所已调取的证据所证明事实之外的事实，也可以在控诉理由书中加以援引。

2　在第一审辩论终结后判决前所发生的事实，足以使人相信存在前二条规定的申请控诉的理由的事实时，也可以在控诉理由书中加以援引。

3　在前二款的场合，在控诉理由书中应当附具说明该事实的资料。在第1款的场合，还应当附具说明因不得已的事实未能请求调取该证据的资料。

第383条　以下列事实为理由提起控诉的，在控诉理由书中应当附具说明该事实的资料：

一、存在可以提出再审请求的事由的；

二、判决后刑罚规定已经废止或者变更，或者已经被大赦的。

第384条　仅限于以第377条至第382条以及前条所规定的事由为理由时，才可以提起控诉申请。

第385条　控诉的申请明显违反法令或者在控诉权消灭后才提起的，控诉裁判所应当作出不予受理控诉的决定。

2　可以对前款的决定提出第428条第2款所规定的异议声明，此时，也准用有关即时抗告的规定。

第386条　在以下场合，控诉裁判所应当作出不予受理控诉的决定：

一、没有在第376条第1款规定的期间内提出控诉理由书的；

二、控诉理由书违反本法或者裁判所规则所规定的方式的，或者在控诉理由书中未依照本法或裁判所规则的规定附具必要的说明资料或保证书的；

三、控诉理由书中提出的控诉申请理由，明显与第377条至第382条及第383条所规定的事由不相符合的。

2　前条第2款的规定，准用于前款的决定。

第387条　控诉审，不得选任律师以外的人为辩护人。

第388条　控诉审，为了被告人的利益而进行的辩论，不得由辩护人以外的人进行。

第389条　公开审理时，检察官和辩护人应当围绕控诉理由书的内容进行辩论。

第390条　控诉审，公开审理时被告人无须到场。但是对于相当于50万元（刑法、与处罚暴力行为有关的法律以及与经济关系罚则的调整有关的法律所规定的罪名之外的罪名，目前的刑罚为5万元）罚金或者科料以外的案件，裁判所如果认为被告人的出庭对于保护其权利是重要的，可以令被告人出庭。

第391条　在辩护人未到庭或者没有选任辩护人时，除依照本法需要辩护人或者已经决定需要辩护人的情形以外，可以在听取检察官的陈述后判决。

第392条　控诉裁判所应当对控诉理由书所包含的事项进行调查。

2　对于控诉理由书中没有包含，但与第377条至第382条及第383条规定的事由相关的事项，控诉裁判所也可以依职权进行调查。

第393条　控诉裁判所在进行前条的调查时，必要时可以根据检察官、被告人或辩护人的请求，或者依职权，对事实进行调查。但对于已存在的第382条之二所规定的事项，只要该事项对于证明量刑不当或者事实的误认足以影响判决是不可缺少的，必须进行调查。

2　控诉裁判所在认为有必要时，可以依职权，对第一审判决后足以影响量刑的情节进行调查。

3　前二款的调查，可以由合议庭的组成人员进行，也可以委托地方裁判所、家庭裁判所或简易裁判所的裁判官进行。此时，受命裁判官以及受托裁判官与裁判所或者审判长具有同等的权限。

4　已经进行过第1款或者第2款所规定的调查的，检察官以及辩护人可以根据调查的结果进行辩论。

第394条　在第一审中能够作为证据的证据，在控诉审中也能够将其作为证据使用。

第395条　控诉申请违反法令所规定的方式的，或者在控诉权消灭后才提出的，应当作出不予受理控诉的判决。

第 396 条　不存在第 377 条至第 382 条以及第 383 条所规定的事由的，应当作出不予受理控诉的判决。

第 397 条　存在第 377 条至第 382 条以及第 383 条所规定的事由的，应当通过判决来撤销原判决。

2　依据第 393 条第 2 款的规定进行调查的结果，如果认为不撤销原判决明显违反正义时，可以用判决来撤销原判决。

第 398 条　以违法宣告管辖错误或者未受理公诉为理由撤销原判决时，应当用判决将案件发回原审裁判所。

第 399 条　以违反认定管辖为理由撤销原判决的，应当以判决将案件移送有管辖权的第一审裁判所。但控诉裁判所对该案件有第一审管辖权时，应当作为第一审裁判所进行审判。

第 400 条　依据前二条规定的理由之外的理由撤销原判决的，应当以判决将案件发回原审裁判所，或者移送与原审裁判所同级的其他裁判所。但控诉裁判所根据诉讼记录和原审裁判所及控诉裁判所所调取的证据，认为可以直接予以判决时，可以对被告人重新作出判决。

第 401 条　为了被告人的利益而撤销原判决时，如果该撤销的理由是提起控诉案件的共同被告人所共同具有的，也应当对该共同被告人撤销原判决。

第 402 条　对于被告人提起控诉或者为被告人的利益而提起控诉的案件，不得宣告重于原判决的刑罚。

第 403 条　如果原审裁判所没有决定不予受理公诉是违法的，就应当作出不予受理公诉的决定。

2　第 385 条第 2 款的规定，准用于前款的决定。

第 403 条之二　对于依据简略的手续作出即日裁判的判决，不论第 384 条如何规定，不得以该判决的宣判中就所列示的应成为犯罪的事实而言存在第 382 条中所规定的事由为理由，而提出控诉申请。

2　原裁判所依据简略的手续作出即日裁判的案件，不论第 397 条第 1 款如何规定，控诉裁判所不得以该判决的宣判中就所列示的应成为犯罪的事实而言存在第 382 条中所规定的事由为理由，而撤销原判决。

第 404 条　除本法有特别规定的以外，第二编关于公审的规定，准用于控诉的审判。

第三章　上告

第 405 条　对高等裁判所作出的第一审或者第二审判决，可以以下列事由为理由，提出上告申请：

一、违反宪法或者错误解释宪法的；

二、作出与最高裁判所的判例相反的判断的；

三、在没有最高裁判所的判例时，作出与大审院或者作为上告裁判所的高等裁判所的判例或者本法施行后作为控诉裁判所的高等裁判所的判例相反的判断的。

第 406 条　即使属于前条规定的允许上告的情形之外的情况，最高裁判所如果认为案件涉及有关法令解释的重要事项，只要是在判决确定之前，可以根据裁判所规则的规定，作为上告审自行受理该案件。

第 407 条　根据裁判所规则的规定，应当在上告理由书中写明申请上告的理由。

第 408 条　上告裁判所根据上告理由书及其他文书，认为上告申请的理由不存在这一点是明确的，可以不经辩论，直接作出不予受理上告的判决。

第 409 条　上告审，在公开审理时不需要传唤被告人。

第 410 条　当存在第 405 条各项规定的事由时，上告裁判所应当以判决撤销原判决。不过，如果上述事由未对判决造成影响是明确的，则不在此限。

2　当只存在第 405 条第 2 项或者第 3 项规定的事由时，如果上告裁判所认为变更判例维持原判决是合适的，则不适用前款的规定。

第 411 条　虽然不存在第 405 条各项规定的事由，但存在下列事由时，上告裁判所如果认为不撤销原判决明显违反正义的，也可以用判决撤销原判决：

一、违反法令的情形足以影响到判决的；

二、量刑甚为不当的；

三、重大的事实误认足以影响到判决的；

四、存在相当于可以提出再审请求的事由的；

五、判决后刑罚已经废止或变更，或者已经被大赦的。

第 412 条　以认定管辖违法为理由撤销原判决时，应当通过判决将案件移送有管辖权的控诉裁判所或者有管辖权的第一审裁判所。

第 413 条　以前条规定的理由以外的理由撤销原判决时，应当以判决将案件发回原审裁判所或者第一审裁判所，或者移送与原审裁判所或第一审裁判所同级的其他裁判所。但上告裁判所根据诉讼记录和原审裁判所及第一审裁判所调查的证据，认为可以直接判决的，可以对被告案件重新作出判决。

第 413 条之二　第一审裁判所依据简略的手续作出即日裁判的案件，不论第 411 条如何规定，上告裁判所不得以该判决的宣判中就所列示的应成为犯罪的事实而言存在该条第 3 项中所规定的事由为理由，而撤销原判决。

第 414 条　除本法有特别规定的以外，前章的规定，准用于上告的审判。

第 415 条　上告裁判所在发现其判决的内容存在错误时，依据检察官、被告人或者辩护人的申请，可以通过判决予以改正。

2　前款的申请，应当自判决宣告之日起 10 日以内提出。

3　上告裁判所认为适当时，依据第 1 款所规定的人的申请，可以延长前款的申请期间。

第 416 条　改正的判决，不经辩论也可作出。

第 417 条　上告裁判所不改正判决时，应当迅速作出不予受理申请的决定。

2　对于改正的判决，不得提出第 415 条第 1 款的申请。

第 418 条　上告裁判所的判决，自宣告之日起，经过第 415 条所规定的期间时确定，如果在该期间内，提出同条第 1 款的申请的，则于作出改正的判决或不予受理的决定时确定。

第四章　抗告

第 419 条　除可以提起即时抗告的特别规定以外，抗告可以对裁判所作出的决定提起。但本法有特别规定的不在此限。

第 420 条　除本法有可以提起即时抗告的特别规定的以外，对判决以前所作出的有关裁判所的管辖或者诉讼程序的决定，不得抗告。

2　前款的规定，不适用于关于逮捕、保释、扣押或扣押物退还的规定以及出于鉴定之需要的关于拘留的规定。

3 对于逮捕，不论前款如何规定，不得以没有犯罪的嫌疑为理由提出抗告。

第421条 除即时抗告以外，抗告可以随时提起。但撤销原决定已经没有实际利益的，不在此限。

第422条 即时抗告的提起期间为3日。

第423条 提起抗告，应当向原审裁判所提出申请书。

2 原审裁判所认为抗告合理时，应当对决定予以更正。认为抗告的全部或者一部分没有理由时，应当自收到申请书之日起3日内附具意见书，将其送交抗告裁判所。

第424条 除即时抗告外，抗告没有停止判决执行的效力。但原审裁判所可以在对抗告作出裁判前，以决定停止执行裁判。

2 抗告裁判所可以通过决定停止执行裁判。

第425条 即时抗告的提起期间内以及已经提出该抗告的申请的，停止裁判的执行。

第426条 抗告程序违反规定或者抗告没有理由的，应该作出不予受理抗告的决定。

2 抗告合理时，应当以决定撤销原决定，在必要时，应当重新作出裁判。

第427条 不得对抗告裁判所的决定提起再抗告。

第428条 不得对高等裁判所的决定提起抗告。

2 对于高等裁判所所作出的可以提起即时抗告的决定和依照第419条及第420条的规定可以提起抗告的决定，可以向该高等裁判所提出异议声明。

3 前款的异议声明，准用有关抗告的规定。对于可以提起即时抗告规定的决定提出异议声明时，也准用有关即时抗告的规定。

第429条 裁判官作出以下裁判时，不服裁判者，对简易裁判所裁判官所作出的裁判可以向管辖裁判所，对其他裁判官所作出的裁判可以向该裁判官所属的裁判所，请求撤销或者变更该项决定。

一、驳回申请回避的裁判；

二、有关逮捕、保释、扣押或者返还扣押物的裁判；

三、因为鉴定的需要而命令拘留的裁判；

四、命令证人、鉴定人、口译人或者笔译人交纳罚款或者赔偿费用的裁判；

五、命令接受身体检查的人交纳罚款或者赔偿费用的裁判。

2 第420条第3款的规定，准用于前款的请求。

3 受理第1款请求的地方裁判所或者家庭裁判所，应当通过合议庭作出决定。

4 撤销或者变更第1款第4项或者第5项的裁判的请求，应当自作出该项裁判之日起3日以内提出。

5 在前款的请求期间及已有该项请求时，停止裁判的执行。

第430条 对检察官或者检察事务官所作出的第39条第3款的处分或者有关扣押或返还扣押物的处分不服的人，可以向与该检察官或者检察事务官所属的检察厅相对应的裁判所，请求撤销或者变更该项处分。

2 对司法警察所作出的前款处分不服者，可以向司法警察执行职务地的管辖裁判所或者简易裁判所，请求撤销或者变更该项处分。

3 前二款的请求，不适用于有关行政案件诉讼的法令的规定。

第431条 提起前两条的请求，应当向管辖裁判所提出请求书。

第432条 第424条、第426条及第427条的规定，准用于已经提出第429条以及第430条所规定的请求的场合。

第433条 对于根据本法不得声明不服的决定或者命令，限于以具有第405条所规定的事由为理由时，可以向最高裁判所提起特别抗告。

2 前款的抗告的提起期间为5日。

第434条 除本法有特别规定的以外，第423条、第424条及第426条的规定，准用于前条第1款的抗告。

第二版译者后记

这本《从新判例看刑法》，是我在东京大学留学、访问期间的指导教师山口厚教授的一本新作，其第2版出版于2008年10月。这本书分为21个专题，对于日本最高裁判所以及各级裁判所的真实判例（裁判例）作了细致的勾勒，并给出了刑法理论上的生动解读。2006年10月我准备离开日本回国时，这本书刚出第1版，当时就非常喜欢并产生了翻译的冲动。如今，翻译出版这本书的愿望就要实现了，而且，是对第2版的翻译。我相信，读者们通过这本并不太厚的书，可以了解日本的刑事判例在相关问题上的脉络和走向，也能了解日本刑法理论最前沿的研究成果对于相关判例的态度。对于我国刑法学的理论研究乃至刑事司法实践来说，这本书都是有价值的。

关于本书的译名，需要有一个交代。本书的日文书名是「新判例から見た刑法」，直译的话，当译为《从新判例所看到的刑法》或者《通过新判例所看到的刑法》等，但这些译名都有些拗口，“文雅但不够响亮”；冯军教授曾建议我直接使用《新判例刑法》的书名，但这样的书名恐怕难以准确地标示出本书以判例为切入探讨刑法理论问题的定位和品位，“响亮但不够文雅”，也被我放弃。陈兴良教授曾经说，我应该重新为这本书创作一个书名，因为对原书名的简单翻译注定会存在一个语境转换的问题。确实，将中文版的书名确定为诸如《从日本的最新判例看刑法理论的发展》或者《刑法理论的发展方向——以日本的最新判例为视角》之类，某种意义上可能更符合中文读者的习惯。陈老师的这一建议无疑是有道理的，但真要是定成这样的一个译名，其可能更像一篇论文的名称而不像是书名，而且，熟悉日文的读者或许会误以为是山口先生另外的一本著作，所以，这个意见也被我放弃。最终，我选定了《从新判例看刑法》这个译名，是希望译名尽量地文雅和响亮，同时也尽量地忠实于原名。

这里，有几点背景性的内容需要简单交代。首先，在本书中，

“判例”和“裁判例”的用语是有区别的。高等裁判所和最高裁判所（特别是后者）作出的生效判决属于“判例”，对于下级裁判所具有一定的指导意义；而地方裁判所所作出的生效判决则属于“裁判例”。这一区分，是需要提请读者注意的。其次，对于一般的刑事案件而言，日本实行三审终审制，地方裁判所（地裁）负责案件的第一审判决，经控诉之后，由高等裁判所（高裁）作出控诉审判决即第二审判决，被告人对于控诉审判决不服的，满足一定条件的情况下可以进行上告，上告之后的第三审判决为终审判决，由最高裁判所作出。了解了这些背景，对于我们掌握以日本的判例和裁判例为切入研习刑法问题的本书内容，是有帮助的。为了便于读者了解日本的判例、裁判例的基本知识以及控诉、上告等不同于中国的刑事诉讼程序，我特意请本书的另外一名译者刘隽博士翻译了日本刑事诉讼法的第三编“上诉”（包括控诉和上告等）部分，作为附录附于本书之后。阅读这一内容，有助于读者更深入地了解本书。除了以上中日之间的刑事诉讼构造的不同之外，在刑事实体法上，中日之间也存在一些差异。最明显的可能包括两方面：一是一些在日本存在的犯罪，比如暴行罪、背信罪等，中国刑法之中并不存在；二是就同样的犯罪而言，中日两国的规定可能也并不一致，典型的是对于诈骗罪等财产犯罪，日本刑法之中（在是否成立犯罪的意义上）并无犯罪数额的要求，而中国刑法之中存在犯罪概念的定量因素，诈骗等财产犯罪也存在数额的要求。所以即便是同一个罪名，两国成立犯罪的条件也未必完全相同。以上这些，都是在阅读本书时需要注意的。此外，在日本（以及其他的西方国家），刑法之外的其他法律可以直接规定罪刑规范，这在本书中也有比较明显的反映（比如，参见第 16 章）。而在我国，所有的罪刑罚则必须规定在刑法典之中，刑法典在保持了权威性的同时也不得不面临着经常被修改的危险。日本的罪刑规范立法的双轨制特色，是阅读本书的读者需要注意并且值得思考的一个问题。最后交代两个技术性的问题。其一，原书较多地采用了年号纪元，译本遵照了原书的习惯，未作改动，在有些地方作了些标注，比如平成 16 年（2004 年）。请读者在平成元年为公元 1989 年（昭和元年为 1926 年、大正元年为 1912 年）、平成 21 年为公元 2009 年的意义上，自己在阅读时计算其与公元纪年的对照。其二，原书在正文的最后附有事项索引和判例索引两部分，这对于原文的读者来说固然是重要的，但对于中文读者来说，意义可能没有那么大。因此，经再三考虑，译者放弃了这部分本身并不困难的翻译，就此请山口先生以及中文版的读者们理解。

感谢山口老师对我的培养和对我的宽容，感谢他在明知我的日文水平还有不小差距时，仍慷慨同意将自己的最新著作交给我们翻译。对于老师的帮助，我打算在其他的场合专门撰文叙述，这里，只能是恭敬地呈上我的感激。同时也要感谢有斐阁对于本书翻译的授权，对于本书中译本的面世来说，这显然是必不可少的。也要感谢日本成蹊大学法学部的金光旭教授，金老师为这本书的翻译也倾注了极大的关心。同时也要感谢我的导师，北京大学法学院陈兴良教授为本书的中译本赐序，陈老师的译序能够使读者更清楚地看到翻译本书的价值。

感谢我的合作者刘隽博士。这是一个有点内向但绝对内秀的小伙子，虽然话语不多，但他的认真和踏实令我印象深刻。本书由我翻译了其中的两版前言、中文版序言和正文的前7章（即本书的总论部分），刘隽博士翻译了正文第8～21章（本书的各论部分）以及本书的附录部分，我们进行了互校并由我最终校对定稿。由于我们两人的日文水平包括刑法理论水平（这对翻译来说同样重要）都还有限，所以翻译之中的错误在所难免，对此还请山口老师以及中译本的各位读者多多包涵，也请诸位留学日本的前辈们多多批评指教。这绝非客套。

译事艰辛，非亲力亲为者绝难体会。而且，对于一个年轻的学者来说，翻译工作的付出和回报可能更不成比例。但是，翻译总要有人做，特别是，能够翻译日本当代刑法学的代表性学者山口厚先生的著作，对我来说，既是一种责任，更是一种荣幸。

2009年5月底，山口厚先生被选为日本刑法学会的新任理事长，这是一种崇高的学术荣誉，体现了日本学界对先生的充分肯定。对于本书的中文读者来说，能够读到新任日本刑法学会理事长的最新力作，同样也是一件幸事。

付立庆

2009年6月25日晚于中国人民大学明德法学楼

第三版译者后记

《从新判例看刑法》是我访学东京大学两年期间的指导教师山口厚先生的著作，通过对日本最高裁判所的最新判例的研读剖析，延展至对相关刑法理论的深入探讨。该书日文第1版于2006年9月出版，紧接着在2008年10月又推出了第2版，在日本的刑法理论和司法实务界产生了很大影响。我非常喜欢这本书的风格、体例，在该书第2版问世之后即着手翻译，并获得了山口先生的大力支持。经我和刘隽博士的努力，该书第2版的中译本于2009年9月在中国人民大学出版社出版，并在较短时间内获得了很多的好评。这本中译本也是山口先生的著作第一次在我国翻译出版，至今算来已经整整十年了。

2015年2月《从新判例看刑法》的第3版出版后不久，我就注意到了，并在当年9月从访问中国的山口先生手中得到了签名版。说实话，对于是否要再翻译第3版我一直非常矛盾。翻译成果不在各种评价指标体系之中，其本身也是个“费力难讨好”的苦差事，而且，我本身还有繁重的教学、科研压力。再者，山口先生的《刑法总论》第3版日文版于2016年出版，继2011年翻译出版山口厚《刑法总论》第2版之后，跟进翻译《刑法总论》第3版以便中国读者能够了解山口先生的最新观点，这在某种意义上可谓我的责任。事实上，《刑法总论》第3版的翻译也确实占据了我很多的时间和精力。由于这些原因，尽管我知道山口老师本人的心愿，对于《从新判例看刑法》第3版的翻译，我在内心里仍十分犹豫。不过，人民大学出版社方明老师多次告诉我该书第2版的中译本早已断货，并多次提议我跟进翻译该书的第3版。最终，我在确认更多承担组织工作的前提下，决心接受他的建议，也就有了这个《从新判例看刑法》第3版中译本的诞生。

第3版与第2版相比，作者除了对原有的21章进行了内容的扩充和细节的完善之外，还新增加了3章内容，即第7章“共犯的因果性与共犯关系的解消”、第8章“承继的共犯”、第19章“根据诈骗对象限定诈骗罪的处罚”。总体上，改动不算太大，可也不小。与第 2 版的主要翻译工作交给了刘隽博士一样，我将这本书第 3 版的主要翻译任务交给了更年轻的刑法学人陈少青博士。少青本、硕、博都在人大法学院学习，并在早稻田大学留学两年，目前在清华大学法学院从事博士后研究。这样的经历足以保证，他在专业和语言上都是可以信赖的。在他对新增的内容翻译之后，我们还对全书进行了通读，修改了一些之前的翻译瑕疵和文字错误。当然，由于水平和精力等原因，第 3 版翻译上的错误注定仍会存在，责任主要也应该由我来承担。

山口厚先生于 2017 年年初被任命为日本最高裁判所的判事，完成了从权威刑法学者到最高裁大法官的华丽转身。借到日本一桥大学参加学术会议的机会，我于 2018 年 7 月 2 日专程前往日本最高裁判所拜会了先生，并在他的亲自向导之下，参观了最高裁的大法庭、他所在的第一小法庭以及最高裁图书馆，并且和他共进了午餐。在两人一小时的聚餐交谈之中，我再次感受到他对我的殷切期望，这也注定是我的动力所在。先生出生于 1953 年 11 月 6 日。可以肯定，在他 2023 年 11 月年满 70 周岁而从最高裁退休之前，这本《从新判例看刑法》是不会再出新版的。在这期间，他会是日本最高裁判所刑事判例的直接生产者。想到这一点，这本《从新判例看刑法》第 3 版的翻译，就又多了一层的意义和价值。

付立庆

2019 年 7 月 13 日 于明德楼研究室

图书在版编目（CIP）数据

从新判例看刑法：第3版/（日）山口　厚著；付立庆，刘隽，陈少青译．—2版．—北京：中国人民大学出版社，2019.8
（当代世界学术名著）
ISBN 978-7-300-27224-5

Ⅰ．①从…　Ⅱ．①山…　②付…　③刘…　④陈…　Ⅲ．①刑法-研究-日本　Ⅳ．①D931.34

中国版本图书馆CIP数据核字（2019）第172332号

当代世界学术名著
从新判例看刑法
第3版
［日］山口　厚　著
付立庆　刘　隽　陈少青　译
Cong Xinpanli Kan Xingfa

出版发行	中国人民大学出版社		
社　　址	北京中关村大街31号	**邮政编码**	100080
电　　话	010－62511242（总编室）		010－62511770（质管部）
	010－82501766（邮购部）		010－62514148（门市部）
	010－62515195（发行公司）		010－62515275（盗版举报）
网　　址	http://www.crup.com.cn		
经　　销	新华书店		
印　　刷	北京东君印刷有限公司	**版　　次**	2009年9月第1版
规　　格	155 mm×235 mm　16开本		2019年8月第2版
印　　张	23　插页2	**印　　次**	2020年8月第2次印刷
字　　数	354 000	**定　　价**	75.00元